刑罚执行
常见问题手册

李斌 等 著

——北京——

图书在版编目（CIP）数据

刑罚执行常见问题手册 / 李斌等著. -- 北京：法律出版社，2025. -- ISBN 978 - 7 - 5244 - 0129 - 2

I. D924.13 - 62

中国国家版本馆 CIP 数据核字第 20252KQ040 号

刑罚执行常见问题手册
XINGFA ZHIXING CHANGJIAN
WENTI SHOUCE

李　斌　等著

策划编辑 周　洁
责任编辑 周　洁
装帧设计 李　瞻

出版发行 法律出版社	开本 880 毫米 × 1230 毫米　1/32
编辑统筹 司法实务出版分社	印张 18.125　　字数 423 千
责任校对 王晓萍	版本 2025 年 5 月第 1 版
责任印制 吕亚莉	印次 2025 年 5 月第 1 次印刷
经　　销 新华书店	印刷 三河市龙大印装有限公司

地址：北京市丰台区莲花池西里 7 号（100073）

网址：www.lawpress.com.cn　　　　　　销售电话：010 - 83938349

投稿邮箱：info@lawpress.com.cn　　　　客服电话：010 - 83938350

举报盗版邮箱：jbwq@lawpress.com.cn　　咨询电话：010 - 63939796

版权所有·侵权必究

书号：ISBN 978 - 7 - 5244 - 0129 - 2　　　　定价：65.00 元

凡购买本社图书，如有印装错误，我社负责退换。电话：010 - 83938349

为点亮那束微光的法律人点赞

2024年12月28日是《社区矫正法》颁布5周年的纪念日，在我以中国政法大学犯罪学研究所、海德智库社区矫正研究院、法商智库预防犯罪战略研究院、社区矫正宣传网等主办单位的名义举办"纪念《中华人民共和国社区矫正法》颁布五周年暨贯彻落实疑难问题研讨会"之际，收到李斌律师（也是我中国政法大学的学生）的微信，邀请我为其即将在法律出版社付梓出版的新书《刑罚执行常见问题手册》写序，并传来了该书的第一章"服刑过程中亲属常见问题"的电子版，见到该章所书写的"服刑前准备"和"亲属关怀"两节中诸多接地气、管用且好懂的题目及内容，例如，如何确定判决、裁定是否已经生效？并在这些问题的回答之后，还将《监狱法》《反有组织犯罪法》等相关的法律法规、规章制度和规范性文件等一并列出，充分体现了严格依法依规依政策文件的学术研究及其法理解释精神，我便毫不犹豫地答应了。

时逢元旦且又要筹备和举办2025年1月8日"纪念《中华人民共和国监狱法》颁布三十周年暨修改完善疑难问题学术研讨会"及随后的去内蒙古和黑龙江调研"扫黑除恶"常态化工作及其涉黑恶服刑人员分类监管和教育改造情况，故一拖再拖未交稿。

1月12日，在冰天雪地的齐齐哈尔偶然在网上看到《刑罚执行常见问题手册》在法律出版社出版发行的消息，便非常遗憾地主动微信李斌律师，告之正准备写序呢，没想到这么快就出书，若愿意，老师可以将功补过写个书评。李斌秒回，说只是做了几本样书供老师们审阅提意见，马上寄一本样书给我审读。

1月15日回京后，果然在第二天收到了印刷精美且厚达500多页的样书，这两日几乎全身心地沉浸在此书的阅读之中，真正体会了一把"痛并快乐着"的感受！

"痛"并非是阅读的痛苦，诚然500多页的书稿，要想在两三天之内认认真真地完全看完，的确很辛苦很不容易，但更主要的是本书的话题非常重要、问题非常难写。

"话题非常重要"，是因为本书研究的对象是罪犯，罪犯是因实施了严重危害社会的触犯刑法的应受刑事处罚的行为并被审判机关依法定罪量刑的已决犯。与在刑事司法环节中的侦查和检察环节的"犯罪嫌疑人"和审判环节的"被告人"等未决犯相比，已决犯的罪行、罪责及宣告刑已尘埃落定，正在和已经交付执行，其身份与法律地位已经发生了重大变化。我国《刑法》规定的主刑有5个，从重到轻为死刑、无期徒刑、有期徒刑、拘役刑、管制刑。死刑又可以分为死刑立即执行和死刑缓期2年执行，死刑缓期2年执行又可以分为一般死缓、限制减刑的死缓和死缓减为无期徒刑后不得再减刑假释的终身监禁。附加刑有罚金、没收财产、剥夺政治权利，对外国人和无国籍人还有驱逐出境。一般而言，被判死缓、无期徒刑、有期徒刑和拘役等罪犯要在监狱和看守所等监禁场所执行刑罚。但为了避免短期和长期监禁刑罚的弊端，如交叉感染、监狱烙印、囚犯超员、成本高昂和监狱人格，我国与世界各国一样，针对短期监禁刑罚的不足，对3年以下有期徒刑和拘役刑的罪犯，如果其犯罪情节、悔改表现、没有再犯罪风险和不收监执行对所居住社区没有重大不良影响的罪犯，可以同时宣告适用缓刑并交付社区矫正。针对长期监禁刑罚的不足，对已在监狱服刑的被判处有期徒刑的罪犯，执行原判刑期一半以上，被判处无期徒刑的罪犯，实际执行13年以上，如果认罪服法、确有悔改表现、没有再犯罪的危险的，可以适用假释并交付社区矫正。此外，基于人道主义考虑，我国《刑事诉讼法》《监狱法》《社区矫正法》还规定了针对严重疾病需要保外就医的有期徒刑以下罪犯、怀孕或者正在哺乳自己婴儿的无期徒刑以下女犯予以暂予监外执行并交付社区矫正制度。

在2003年我国开展社区矫正试点工作以前，几乎90%以上的罪犯都在监狱和看守所等监禁场所服刑，存在再社会化和回归社会后如何融入不断发展的社会并预防再犯的问题。社区矫正在我国全面推开后，尤其是2011年《刑法修正案（八）》和2012年修正的《刑事诉讼法》中明确规定对管制刑、缓刑、假释、暂予监外执行的4类罪犯依法实行社区矫正以后，非监禁的社区矫正对象的规模有原来的几万人发展到每年七八十万人，几乎是所有在监人员的1/2，其社区矫正期间的再犯率仅为0.2%，成本更是在监狱行刑成本的1/10都不到，取得了良好的政治经济和社会法效果。

本书关注的是所有刑罚执行问题，重点是在监狱和看守所等监禁场所服刑的罪犯及家属常见的问题。由于监狱和看守所的特殊性、封闭性和神秘性，以及为了维护和保障作为国家暴力机器的安全、稳定和秩序，我国监狱进行了一系列的管理体制、监狱生产、经费保障和布局调整，尤其是1994年《监狱法》颁布以来，监狱管理的规范化、制度化、人性化、社会化、信息化等都发生了巨大的变化。与此同时，在市场经济大潮的冲击下，关系到每一个在监服刑人员能否早一天离开囹圄空间而回归家庭、社区和单位的自由生活的"减假暂"亦出现了一系列的恶性腐败案件和顽瘴痼疾问题，不仅引起了民愤和社会舆论的喧嚣，也引起了党和政府领导人的高度关注。习近平总书记亦多次作出重要指示，要求严厉惩治腐败分子和治理监管场所的顽瘴痼疾，继续坚持与落实以改造人为宗旨，把罪犯改造成为守法公民的监狱工作方针，加强狱政管理、严格依法治监、尊重与保障人权，促进罪犯的再社会化，创建中国式的现代化公正廉洁高效文明监狱。在此背景下，研究监狱行刑和服刑在内的刑罚执行问题，重点回答在监禁场所服刑人员及其家属的常见问题，帮助社会各部门关心关注"高墙"内行刑与改造事业，共建平安法治和谐智慧监狱，具有极大的价值和意义。

之所以说"问题非常难写"，是因为要想将所有的刑罚执行问题尤其是监狱服刑人员及其家属最关心、最迫切需要了解的常见问题尤其是真问题找出来并汇总在一起加以甄别与研究，并依法依规依政策依法理解释清楚、回答明白、言简意赅，真的不是一件容易做到和完成得了且做得好的事情。 也正因为如此，一些著名政法院校和实务部门的专家教授曾组织编写过此类书籍，大都力不从心，其成果质量欠佳，社会反响平平。伴随改革开放的不断深入，工业化、城市化和市场经济及全球化发展的正负效应的不断释放，国内国际形势异常复杂，犯罪尤其是重新犯罪越来越成为威胁人民生命财产安全、公共安全和国家安全的最为严重的社会问题。任何一个个体的犯罪行为，看起来是其个体的问题和原因，实际上都或多或少折射出社会和时代的问题及其原因。被判刑的罪犯除极少数罪大恶极的必须依法执行死刑立即注射或枪决剥夺生命以外，其他被判处刑罚的罪犯包括死刑缓期2年执行的死缓犯（除极个别又故意触犯严重犯罪和终身监禁不得减刑假释的外）则会在监狱服完法定刑期后被依法释放重新回归社会，如果我们不把监狱改造工作做好和刑满释放接茬帮教工作衔接上，没有充分尊重人权、把罪犯当人看，甚至不讲人道主义、依法治监，严重侵犯受刑人的合法权益和做人的尊严，那么这些人在刑满释放后再次犯罪甚至变本加厉报复社会实施更加严重的恶性暴力犯罪，一定是个大概率事件。因此，在"二战"之后，联合国十分重视对囚犯的人权保障和法律救济工作,制定了一系列规则,诸如针对所有囚犯最低待遇的《曼德拉规则》、针对未成年犯的《北京规则》、针对女犯的《曼谷规则》和针对非监禁处遇对象的《东京规则》。2021年又通过了针对再犯预防和帮助违法犯罪人员重新融入社会的《京都宣言》。对于这些新变化和新规定,如果没有持之以恒的跟踪研究、系统学习和专业训练,是无法知晓和难以掌握的。

"快乐"是我这几天阅读《刑罚执行常见问题手册》一书中慢慢地从"痛"的担忧中解脱出来的感觉或者情绪,因为李斌律师及其团队显然是用心、尽力在研究与撰写这本书,**其深度和广度让我觉得此书的含金量较高,写作的内容与时俱进,初步达到了排疑解惑、实用管用好用的工具书或者普法读物的目的**。具体而言,有以下几个特点:

一是体系完整、内容全面。全书共11章,375个问题,较全面地涵盖了所有刑罚种类及其执行内容,重点突出监禁刑罚的执行问题,也兼顾了社区矫正、死刑执行和财产刑执行问题,甚至对涉罪精神病强制医疗执行过程中的常见问题也列出专章进行了研究与解答。

二是结构合理、编排新颖。全书的前7章都是围绕监禁刑罚的执行问题展开,重点回答了从入监到出狱全过程服刑人员及其家属最关心同时也是经常可能遇见的各种问题,突出对监管场所服刑人员的权利义务、服刑人员的社会保障、监狱计分考核制度、减刑假释暂予监外执行制度、服刑人员刑满回归前后的出狱前准备和出狱后安置帮教衔接制度及政策。几乎在每一个问题的解答之后都列出相关的法律法规和规章制度及政策文件的内容,有些还是各省、自治区、直辖市的规定,如北京市监狱管理局《监狱罪犯会见办事指南》,这样就便于依法学习、依法应用与依法维权。

三是以案说法,通俗易懂。我国目前监狱罪犯的文化水平远未达到真正的中等教育文化程度。对于家属而言,同样存在文化程度不高、对法律知识缺乏系统学习与掌握的问题，因此问题指南与普法类读物就不能太学究气和理论性太强。本书则充分注意到了这一点，为便于读者学习还特意增加了典型案例，如关于服刑期间领取的养老保险是否应当依法退回的北京市大兴区社会保险事业管理中心与冯某文行政非诉执行裁定案。

让我"痛并快乐"最深层的地方是，因为律师工作参与罪犯行刑维权和教育矫治工作是联合国的一贯主张和我作为中国法学会律师法学研究会副会长的一贯响应。《联合国囚犯待遇最低限度标准规则》认为，在监禁的情况下，被监禁者与律师的接触是最重要的，此类接触不应当受到妨碍，而且不应当是秘密的。该规则规定，除了辩护的目的，法律帮助也可以是为缩短监禁期限或改善监狱状况所必需的。此外，法律帮助还可以是为与监禁并不直接相关的原因所需要的。诸如婚姻家庭和企业经营等法律事务。所有遭逮捕、拘留或监禁的人都应有充分机会、时间和便利条件，毫不延迟地、在不被窃听、不经检查和完全保密的情况下接受律师来访和与律师联系协商。这种协商可在执法人员能够看见但不能听见的范围内进行。此方面的规定，在联合国《保护所有遭受任何形式拘留或监禁的人的原则》和《关于律师作用的基本原则》中都获得确认。我国《刑事诉讼法》第1编第4章专门规定了律师"辩护与代理"的业务范围，可惜没有明确规定刑事（罚）执行环节的辩护和代理工作，但服刑人员在监所又犯罪和减刑、假释的实质性开庭审理裁定时，律师已经广泛地参与辩护和代理工作。尤其是在服刑人员控告、检举、申诉和平反冤假错案过程中，充分体现了律师参与其中的核心价值和重要作用，如著名的呼格案、佘祥林案、赵作海案和聂树斌案。

我一直关注研究并倡导践行联合国有关律师参与刑事（罚）执行全过程中的法律服务。《社区矫正法》第48条第2款就明确规定，"人民法院拟撤销缓刑、假释的，应当听取社区矫正对象的申辩及其委托的律师的意见"。在 2025 年 1 月 13 日召开的中国法学会律师法学研究会 2025 年研究与活动规划的会长会上，我又提出了重视与加强律师在监狱行刑和社区矫正工作中的作用及对《刑法》《刑事诉讼法》《监狱法》的修改和编撰"刑事执行法典"时，将律师事务纳入其中的建议及其课题研究设计。

显然，如此重大而敏感的课题需要众多的专家学者尤其是律师朋友们的参与及支持。正好李斌是资深法律人和颇具影响力的刑事律师，目前又热衷并专注于服刑人员及家属在刑事（罚）执行过程的法律问题及法律服务，其理念与想法与我不谋而合，其认知与境界已经达到相当高的水平。这真是，踏破铁鞋无觅处，得来全不费功夫，不亦快哉！

李斌在中国政法大学攻读本科和刑法硕士、博士学位过程中，就非常刻苦用功，曾荣获首届中国政法大学研究生优秀毕业论文奖（据说还是我颁的奖），以优异的成绩硕士毕业后到检察机关任职，工作了十余年并获得优秀公诉人、十佳调研能手等荣誉和称号，其间又去中国社会科学研究院法学所攻读刑事诉讼法学博士后。为了实现人生更大的抱负和理想，辞掉检察官的"金饭碗"，做了几年法律科技，又回归老本行，做了一名刑事律师，短短数年就成为北京海润天睿律师事务所的高级合伙人，第十二届北京律师协会刑法委员会副主任，出版了《精细化量刑辩护指南——办案高手随身的 267 个锦囊》等 13 部著作（独著 3 部、合著 10 部），在《法学杂志》《中国刑事法杂志》《人民检察》等核心期刊上发表了 60 余篇学术论文。

对于如此优秀的学生，作为老师的我，当然是由衷地高兴并非常乐意牺牲自己的几天时间学习与研究《刑罚执行常见问题手册》一书，甘当人梯地推荐此书和作者，并借此为向受刑人（受刑人的称谓是国际范围内的通称，其外延比服刑人员宽泛。受刑人亦不完全是服刑人，如缓刑社区矫正人员，其原判刑罚还未交付监狱看守所收监执行。此外，受刑人可能是被冤枉的无罪人，其本人亦不认罪服法，对其法律服务和救济就应该无罪推定为无辜的受害者）及其家属提供法律服务和智力支持的所有律师点赞。希望李斌及广大律师朋友们在未来的旅途中始终不渝地关注、关心、关爱阳光下最艰难的行刑与矫正工作，倾注更多热情和精力到使受刑人回归社会更生保护预防再犯的事业中，一起点亮那束微光，照亮受刑人回归之路！

中国政法大学刑事司法学院教授、
中国法学会律师法学研究会副会长
王顺安

解读刑罚执行制度和实践的有益尝试

——《刑罚执行常见问题手册》序

犯罪之后被判刑的人,就是罪犯,他们是社会中一个特殊的群体,具有独特的身份,受到不同的对待。目前,在我国,大体而言,国家刑事司法机关会采取三类措施对待这些人,也使用不同的名称来称呼他们。

首先,人数最多的一类人可能会被判处剥夺自由的刑罚。这类人包括被判处死刑缓期2年执行的人,被判处无期徒刑的人,被判处有期徒刑的人,被判处拘役的人。这类人大部分都在监狱中执行刑罚,往往被称为"服刑人员",通常所讲的服刑人员就是指这些人;少部分人(被判处有期徒刑在被交付执行刑罚前的人,剩余刑期在3个月以下的人以及被判处拘役的人)在看守所代为执行,这部分人也属于"服刑人员"。

其次,相当一部分人被适用社区矫正。我国的社区矫正是指依法在社区中监管、改造和帮扶罪犯的非监禁刑执行制度。被适用社区矫正的人,实际上包括三部分:第一部分是由于罪行轻微而被判处管制、拘役或者3年以下有期徒刑而被宣告缓刑的人;第二部分是虽然罪行比较严重,但是在监狱服刑期间认真遵守监规,接受教育改造,确有悔改表现，没有再犯罪的危险，因而被假释的人；第三部分是由于具有法律规定的条件而被暂予监外执行的人，其中的大部分是有严重疾病需要保外就医的人，一小部分是怀孕或者正在哺乳自己婴儿的妇女，还有一些是生活不能自理，适用暂予监外执行不致危害社会的人。所有这些被适用和执行社区矫正的人，被称为"社区矫正对象"，他们在社区中执行刑罚。

最后，极少一部分人被判处和执行死刑。这部分人是罪行极其严重的人，他们对社会造成了极其严重的危害，并且具有极大的人身危险性，不判处和执行死刑的话，会继续对社会造成危害。

国家刑事司法机关对于上述三类人所做的工作，属于刑罚执行工作；对于很多罪犯而言，在刑罚执行完毕之后，还有一个回归社会的过程，只有顺利地通过这个过程，他们才能再次融入社会，过上守法生活。国家通过法律、法规和部门规章等形式，规定了很多具体的刑罚执行和回归社会的制度。如果不仔细关注和认真研究这些制度，可能无法准确了解它们的内容。不仅对于罪犯自身而言是这样，对于他们的家属和其他相关人员也是这样。**因此，仔细了解相关制度和规定，是准确执行刑罚和顺利回归社会的重要方面。**

长期以来，人们以不同的形式介绍刑罚执行和回归社会方面的制度。相对而言，比较多的是各种教科书。例如，我自己曾经撰写和主编过这类教科书，其中包括《监狱学导论》（法律出版社2012年版）、《刑事执行法学》（中国人民大学出版社2019年第2版）、《社区矫正导论》（中国人民大学出版社2020年第2版）。教科书是在从事教学活动时供教师和学生使用的书籍，它虽然具有体系完整、论述深入、学术性强等特点，但是也存在不够通俗等问题，并不适合所有人阅读，因此，需要通过具有其他特点的书籍来帮助人们更好地了解这方面的内容。李斌律师从执业的角度出发，研究和解读了相关的制度，形成了这本书籍，这是帮助人们准确理解刑罚执行和回归社会制度的很好尝试。

本书有几个显著的特点：

第一，文字通俗易懂。作者用比较浅显的文字，介绍了刑罚执行和回归社会的相关制度；同时，用提问的方式进行介绍，也使内容显得通俗易懂，能够使更多的人明白相关制度的含义。

第二，内容细致全面。作者用提问的方式介绍相关的内容，这种写作方式可以将各个方面的内容都呈现出来，不遗漏所有需要了解和值得关注的内容，尽可能做到内容全面细致。可以说，本书论述的375个问题，全面地涉及了这个领域中方方面面的内容。

第三，论述引用结合。作者不仅通过自己的论述介绍相关的制度和做法，帮助人们理解相关的内容，而且也附上法律、法规和部门规章等文件的条文原文，引用这些内容来补充论述的内容。这种做法既便于人们查找相关条文，也能够帮助人们将作者的论述与条文的原文进行对照，从而有利于更加准确地了解制度和规定的内容。

第四，视角新颖独特。由于作者是律师，以律师的独特视角论述相关内容，提出相关建议，这更便于普通读者更好地理解相关的制度和做法。而且，在论述中，还介绍了他们在从事律师业务中了解到的不少相关信息，例如，一些比较详细的办事程序，一些应该注意的具体事项等，这些内容对读者很实用，能够给他们提供切实的帮助。

从我国目前的情况来看，社会各界对于罪犯及其刑罚执行事务关注很少，对于相关的制度与做法了解有限。这种状况既不利于依法准确地开展刑罚执行工作，也不利于罪犯刑满释放之后顺利回归社会，对于国家、社会、个人而言都是不利的。李斌律师在从事律师业务之余，能够关注这个领域，潜心钻研这方面的制度和规定，认真撰写出这本书，很好地为这个领域贡献了自己的力量，作为一名资深的刑事执行法学研究者，我认为是值得充分肯定的，是应该赞赏的。**希望这本书的出版，有助于人们更好地了解这个领域，特别是希望本书能够**

给一些有切实需要的人提供有效的帮助。

这些年来，在我国刑罚执行领域进行了很多改革，包括减刑、假释案件实质化审理的改革。这些方面的改革给刑事司法机关提出了新的任务，也带来了新的挑战。**希望在刑罚执行制度的未来发展中，律师能够以不同形式更多地参与到刑罚执行事务中，在这个领域中发挥独特的积极作用；如果能够这样发展，不仅可以扩展刑事律师的业务领域，也有利于通过他们的参与，促进刑罚执行领域的制度完善和人权保障。**

北京师范大学刑事法律科学研究院教授、博士生导师
吴宗宪

自　序

提起服刑人员及其家属，您会想到谁？是《肖申克的救赎》中的银行家安迪，还是《第二十条》中的王永强？在这些光鲜或悲情的背后，是一群真实的人，是数百万个家庭，他们时刻面对现实生活中的种种挑战和困惑。

作为一名刑事律师，日常工作都是代理辩护、控告，但人进了"高墙"之后，往往就意味着刑事法律服务的终结——《刑事诉讼法》并未规定在刑罚执行阶段当事人可以委托律师提供法律服务，不产生业务的地方，往往就少有人去研究。

但这个领域并非不存在问题。

家属什么时候才能会见当事人？怎么会见当事人？怎么减刑、假释？监狱里服刑到底是怎样的生活？

哪怕是被判处缓刑的当事人，也会遇到如何报到、如何请假、居住地变更后是否需要变更执行机关、能否减刑等一系列看上去不大但往往不存在现成答案的问题。

有问题，就要有答案。

本书就是这样一本出于公益心而诞生的小册子。

一个个我们帮助过的当事人和家属，面对刑罚执行阶段的问题，在问搜索引擎而不得的情况下，还是选择向我们提问。作为法律人，我们不能说这个问题不清楚，建议找其他人，更不能拿网上一些似是而非的答案随便应付一下。

解决问题的方法，只有穷尽知识、穷尽法律，找到答案。

于是，从一开始一二十个问题，到百问百答，再到现在375个问题，历时一年多整理资料，更加深入地了解到服刑人员家庭面临的诸多困境，从法律咨询的缺乏到心理压力的重重负担，他们的需求不被觉察。而这个领域又属于法律服务的盲区，很少有人愿意研究，涉及的知识又非常庞杂，缺少现成的、系统的规定，各地规范也不一致。

写作过程中，我们不仅广泛搜集了大量的咨询问题，也以申请政府信息公开的方式，获取了全国主要省区市监狱计分考核办法，进一步提升了答案的实用性和针对性，尝试探讨和解答这些家庭在服刑过程中可能遇到的常见问题。

内容也考虑全面性和针对性，覆盖了从服刑前家属关注的问题、服刑过程中的权利保护，到监狱计分考核制度、减刑、假释、暂予监外执行等法律程序，以及服刑人员回归后的权利救济，如出狱前的准备、出狱后的社会待遇、就学与再就业问题等，还有社区矫正、死刑执行、精神病强制医疗等特殊刑罚执行程序中的重点问题，对财产刑的执行也进行了拆解，一共11章，采用一问一答的方式，详细解答了家属们关心的常见问题，比如，如何申请减刑、假释，如何处理服刑人员的财产和债务。

目前完成了375个问题的解答，每一个问题都提供了较为完整的解决方案和法律依据，全书超过40万字。

我们希望这本书不仅是一本法律指南，更是一份温暖的陪伴，让服刑人员和他们的家人能在漫长的等待和艰难的抉择中找到一些光明和希望。

我们也希望更多的法律工作者能够关注这个领域，立法者也能关注这个领域的盲区,共同帮助那些陷在泥淖中的人们,早日走上重返社会、重拾尊严的坦途。

我们希望这本书不仅是一本法律咨询手册,更是服刑人员回家途中的陪伴者和温暖者。

回归之路,我们一同守护。

李 斌

2025 年 4 月

目录
CONTENTS

第一章　服刑过程中亲属常见问题 …………………………… 1

第一节　服刑前准备 ………………………………………… 1

问题1：如何确定判决、裁定是否已经生效 ………………… 1
问题2：如果有多名当事人，如何判断生效时间 …………… 3
问题3：如何确定是否已经移送执行 ………………………… 3
问题4：如何确定在哪个羁押场所执行 ……………………… 4
问题5：家属可以向哪个机关了解交付执行情况 …………… 5
问题6：判决后长期未收监执行如何救济 …………………… 6
问题7：如何确定去哪个监狱服刑 …………………………… 12
问题8：服刑过程中是否会更换服刑监狱 …………………… 14
问题9：监狱服刑一般分为几个阶段 ………………………… 16

第二节　亲属关怀 …………………………………………… 18

问题10：哪些人可以与服刑人员会见、通信 ……………… 18
问题11：如何办理会见 ……………………………………… 19
问题12：会见时有哪些注意事项 …………………………… 21
问题13：能否与服刑人员通话 ……………………………… 22
问题14：通信时有哪些注意事项 …………………………… 22
问题15：通话、会见多久一次 ……………………………… 29

问题 16：如何给服刑人员汇款 ………………………………… 30
问题 17：如何给服刑人员寄送物品 ……………………………… 31
问题 18：家属如何了解服刑人员服刑情况 ……………………… 33
问题 19：如果公开渠道未能获取相关信息，应当如何处理 …… 33
问题 20：监狱不予公开相关信息时，能否提起行政诉讼
要求信息公开 …………………………………………… 35

第二章　服刑人员权利义务 **41**
第一节　服刑人员社会保障 …………………………………… 41
问题 21：服刑人员是否保留原来户籍 …………………………… 41
问题 22：家属能否领回服刑人员身份证 ………………………… 41
问题 23：服刑人员驾驶证到期如何换证 ………………………… 42
问题 24：非公职人员被追究刑事责任的，用人单位是否可以
单方解除劳动合同 ……………………………………… 44
问题 25：公职人员被追究刑事责任的，是否一定会被开除
公职 ……………………………………………………… 44
问题 26：被追究刑事责任后，还能否领工资 …………………… 45
问题 27：服刑期间能否继续缴纳、享受养老保险 ……………… 51
问题 28：服刑期间能否享受医疗保险 …………………………… 52
问题 29：服刑人员能否享受失业保险 …………………………… 53
问题 30：服刑期满后能否享受养老保险 ………………………… 59
问题 31：公职人员涉刑期间是否可以办理退休手续 …………… 69
问题 32：公职人员涉刑后能否享受退休待遇 …………………… 70
问题 33：公职人员仅受政务处分、未被判刑的，能否
享受退休待遇 …………………………………………… 71
问题 34：公职人员退休后受到刑事处罚，经再审宣告无罪或
免予刑事处罚，且不追究政纪责任的，如何处理 …… 71

问题35：服刑人员是否可以购买商业保险 …………………… 77
问题36：服刑期间原购买的商业保险是否会失效 …………… 77
问题37：服刑人员能否参与民事诉讼 ………………………… 80
问题38：服刑人员如何参与民事诉讼 ………………………… 81
问题39：服刑人员能否委托/会见律师 ……………………… 83
问题40：非服刑人员代理律师，能否会见服刑人员 ………… 83
问题41：律师会见在押服刑人员时，如何办理会见手续……… 84
问题42：律师会见服刑人员时，是否被监听、监视 ………… 84
问题43：服刑人员能否结婚…………………………………… 87
问题44：服刑人员能否离婚…………………………………… 89
问题45：服刑人员能否进行遗产继承 ………………………… 94
问题46：夫妻一方服刑的，另一方能否要求变更抚养权…… 94

第二节 服刑人员权利义务 ………………………………… 97

问题47：监狱服刑人员是否必须参加劳动改造 ……………… 97
问题48：老病残犯如何认定…………………………………… 98
问题49：被认定为老病残犯后是否仍需进行劳动改造 ……… 99
问题50：服刑期间一般从事哪些劳动 ………………………… 100
问题51：服刑期间能否取得劳动报酬 ………………………… 101
问题52：服刑期间劳动改造是否有加班费…………………… 101
问题53：在监狱服刑期间因劳动受伤、患病能否认定工伤…… 103
问题54：服刑期间如何进行工伤认定 ………………………… 104
问题55：在监狱服刑期间因工负伤的，享受何种待遇 ……… 106
问题56：服刑人员在服刑期间伤亡、受到虐待，能否
　　　　申请国家赔偿 …………………………………… 110
问题57：服刑人员在服刑期间因其他服刑人员致伤致残的，
　　　　如何维权 …………………………………………… 111
问题58：其他原因导致服刑人员伤亡的，能否申请国家赔偿…… 114

问题 59：如何申请国家赔偿 ……………………………… 115
问题 60：如何证明符合国家赔偿条件 …………………… 117
问题 61：国家赔偿金额如何计算 ………………………… 118
问题 62：服刑人员在服刑期间如何就医 ………………… 130
问题 63：服刑人员在服刑期间是否需要自行承担就医费用 … 131
问题 64：服刑人员刑满后继续留在监狱安排的医院治疗的，
　　　　 后续治疗费用由谁承担 ………………………… 131
问题 65：服刑人员能否离监探亲 ………………………… 137
问题 66：哪些服刑人员可以离监探亲 …………………… 137
问题 67：服刑人员如何申请离监探亲 …………………… 138
问题 68：亲人去世的，服刑人员能否奔丧 ……………… 138
问题 69：服刑人员的权利义务是否相同 ………………… 141
问题 70：服刑人员违反监规是否影响减刑、假释 ……… 142
问题 71：服刑期间发现漏罪应如何处理 ………………… 147
问题 72：服刑期间发现的漏罪由哪个司法机关审理 …… 147
问题 73：服刑人员违反监管规定、情节严重的，
　　　　 会有哪些严重后果 ……………………………… 149
问题 74：服刑期间再犯新罪应如何处理 ………………… 151
问题 75：服刑期间再犯新罪的由谁进行侦查 …………… 151
问题 76：服刑期间再有新刑事案件的，是否需要
　　　　 重新拘留、逮捕 ………………………………… 153

第三章　监狱计分考核制度 ……………………………… **154**
第一节　计分考核基本问题 ……………………………… 154
问题 77：为什么要设立计分考核制度 …………………… 154
问题 78：服刑人员从何时开始计分考核 ………………… 155

- 问题 79：日常考核分如何计算 …… 155
- 问题 80：服刑人员如何做到基础考核不丢分 …… 156
- 问题 81：服刑人员如何取得加分 …… 158
- 问题 82：专项加分和立功哪一个对减刑、假释更有利 …… 160
- 问题 83：什么情况会被扣分 …… 161
- 问题 84：计分考核和等级评定有何关系 …… 163
- 问题 85：等级评定结果会对服刑人员产生哪些影响 …… 164
- 问题 86：出现哪些情形不能评为积极等级 …… 164
- 问题 87：出现哪些情况会被认定不合格等级 …… 165
- 问题 88：因丧失劳动能力无法参加劳动的，计分考核是否会受到影响 …… 165
- 问题 89：年老、残疾、患有疾病但未丧失劳动能力的，计分考核是否会受到影响 …… 166
- 问题 90：因伤病无法参加劳动，但尚未丧失劳动能力的，是否影响计分考核 …… 166
- 问题 91：因不可抗力无法参加劳动是否影响计分考核 …… 167
- 问题 92：服刑人员当月因病只劳动部分天数的，如何计算考核分 …… 167
- 问题 93：暂停劳动前，劳动改造有加分、扣分的，如何计算劳动分 …… 168
- 问题 94：哪些服刑人员会被从严计分 …… 168
- 问题 95：从严计分中的"职务犯罪"应如何界定 …… 169
- 问题 96：职务犯罪"从严认定"主要体现在哪些方面 …… 172
- 问题 97：服刑期间又犯新罪或者被发现漏罪的，考核分如何计算 …… 179
- 问题 98：服刑人员被解回作证的，解回期间应如何计分考核 …… 180

问题 99：服刑人员因再审被解回的，解回期间应如何
　　　　　计分考核 ·· 180
问题 100：服刑人员转押的，计分考核如何延续 ············· 182

第二节　计分考核程序 ·· 182
问题 101：服刑人员如何获得计分 ···································· 182
问题 102：如何保证计分考核过程公平、公正 ················ 184
问题 103：计分考核由谁监督 ·· 185
问题 104：服刑人员不服考核结果的，如何维权 ············· 185
问题 105：家属是否可以对考核结果提出异议 ················ 186
问题 106：服刑人员可以对狱警的哪些违规行为进行
　　　　　举报、控告 ·· 187
问题 107：狱警违法违规的，如何处理 ···························· 188

第四章　减刑、假释 ·· **198**
第一节　减刑、假释的基本问题 ·· 198
问题 108：服刑人员是否都可以减刑 ································ 198
问题 109：哪些人员减刑会受到限制 ································ 199
问题 110：在看守所留所服刑人员是否可以减刑 ············ 200
问题 111：哪些人不能假释 ·· 202
问题 112：哪些人从严适用假释 ·· 202
问题 113：哪些服刑人员更容易获得假释 ························ 203
问题 114：申诉是否会影响减刑、假释 ···························· 207
问题 115：减刑、假释程序中是否可以委托律师或适用
　　　　　法律援助 ·· 209

第二节　减刑、假释的实体条件 ·· 211
问题 116：符合哪些实体条件才有减刑资格 ···················· 211

问题117："确有悔改表现"如何判断 …………………………… 212
问题118：什么情况会被认为"无悔改表现" …………………… 213
问题119：如何认定阻止犯罪活动型立功 ……………………… 214
问题120：如何认定检举揭发、提供线索型立功 ……………… 214
问题121：服刑人员揭发他人对自己的犯罪行为，是否
构成立功 …………………………………………… 216
问题122：如何认定协助抓捕型立功 …………………………… 217
问题123：如何认定对国家和社会有贡献，从而构成立功 …… 218
问题124：符合哪些条件即"应当减刑" ………………………… 221
问题125："重大立功"如何认定 ………………………………… 221
问题126：死刑缓期执行罪犯符合什么条件可以申请
减为无期徒刑 ……………………………………… 222
问题127：死刑缓期执行期间故意犯罪的，是否必然
会被执行死刑 ……………………………………… 223
问题128：死刑缓期执行考验期内过失犯罪、未履行财产性
判项或有违反监规情形的，能否减为无期徒刑 …… 225
问题129：死刑缓期执行罪犯符合什么条件可以申请减为
有期徒刑 …………………………………………… 226
问题130：符合哪些条件才能假释 ……………………………… 226

第三节　财产性判项履行与减刑、假释 …………………… 230

问题131：服刑后直接向一审法院退赔、缴纳罚金的，
如何提供相应履行证据 …………………………… 230
问题132：服刑后直接向被害人退赔的，如何提供相应
履行证据 …………………………………………… 231
问题133：服刑后被强制执行的，如何提供相应履行证据 …… 231
问题134：生效裁判中未明确退赔、追缴数额，导致无法
履行财产性判项的，是否影响减刑、假释 ………… 232

问题135：未履行财产性判项的能否减刑 ………………… 233

问题136：未履行财产性判项是否一概不得减刑 ………… 234

问题137：共同犯罪案件中没有足额退赃、承担附带民事
赔偿连带责任的，是否影响减刑、假释 ………… 235

问题138：同案犯没有缴纳罚金、没收财产刑的，是否
影响自己的减刑、假释 …………………………… 235

问题139：单位犯罪中，单位未履行财产性判项而注销的，
能否要求两责人员承担财产性判项或者追加股东
承担连带责任 ……………………………………… 237

问题140：单位犯罪中，单位未履行财产性判项，两责人员
能否减刑、假释 …………………………………… 241

问题141：对被害人另行提起的民事诉讼未履行的，是否
影响减刑、假释 …………………………………… 248

问题142：服刑人员家属有收入、财产，是否会认定服刑
人员本人也有履行能力 …………………………… 250

第四节 减刑、假释的程序性条件 ……………………………… 255

问题143：有期徒刑犯服刑多久后可以减刑 ……………… 255

问题144：看守所的羁押期限是否计入实际执行刑期 …… 256

问题145：因同一违法行为被行政拘留的，是否计入
实际执行刑期 ……………………………………… 257

问题146：无期徒刑犯服刑多久后可以减刑 ……………… 261

问题147：死刑缓期执行罪犯服刑多久可以减刑 ………… 262

问题148：是否可以连续多次减刑 ………………………… 263

问题149：职务犯罪案件的减刑是否有特殊程序性要求 …… 264

问题150：一次减刑可以减多少刑期 ……………………… 268

问题151：减刑最多能减多少 ……………………………… 270

问题152：服刑多久可以假释 ……………………………… 271

问题 153：减刑之后是否可以马上假释 ………………… 272
问题 154：如果既符合假释条件，又符合减刑条件，应当
如何处理 ………………………………………… 272
问题 155：因申请假释导致考核周期内尚有奖励未使用的，
应如何处理 ……………………………………… 273
问题 156：余刑不满 1 年的，是否有假释机会 …………… 273

第五节　减刑、假释程序 ……………………………………… 274
问题 157：监狱提请减刑、假释后多久可以收到裁定 …… 274
问题 158：通常由哪个机关报请减刑、假释 ……………… 275
问题 159：监狱等执行机关在裁定作出前，是否可以撤回
减刑、假释申请 ………………………………… 275
问题 160：家属是否可以参与减刑、假释程序 …………… 277
问题 161：减刑、假释案件是否都要开庭审理 …………… 277
问题 162：在减刑、假释案件审理过程中，服刑人员是否
有机会发表意见 ………………………………… 278
问题 163：办理减刑、假释过程中，服刑人员家属可以
提供哪些帮助 …………………………………… 282
问题 164：服刑人员家属对减刑裁定不服有何救济手段 … 283
问题 165：裁定减刑、假释后，发现不符合减刑、假释
条件或适用法律存在错误的，是否可以撤销裁定 … 284
问题 166：减刑裁定作出后，服刑人员又严重违反监狱
管理规定的，减刑裁定能否撤销 ……………… 286
问题 167：再审维持原判的，原减刑裁定是否继续有效 … 288
问题 168：再审改判的，原减刑裁定是否继续有效 ……… 288
问题 169：服刑期间发现漏罪的，之前的减刑裁定是否有效 … 290
问题 170：服刑期间又犯新罪的，之前的减刑裁定是否有效 … 294
问题 171：服刑期间再犯新罪的，对后续减刑是否有影响 ……… 294

问题 172：假释作出后还会被撤销吗 …………………………… 295
问题 173：假释考验期内出现哪些违反假释监督管理规定的
行为会被撤销假释 …………………………………… 296
问题 174：违规/犯罪部分行为发生在假释考验期内，
部分发生在期满后，是否会被撤销缓刑 …………… 297
问题 175：假释考验期内又犯新罪的，是否成立累犯 ………… 298
问题 176：假释考验期内又犯新罪、发现漏罪的，
原减刑裁定是否有效 ………………………………… 298
问题 177：前罪符合犯罪记录封存条件，在前罪假释考验
期限内又犯新罪的，是否撤销假释 ………………… 298
问题 178：假释被撤销后是否可以再申请假释 ………………… 304

第五章　暂予监外执行 ……………………………………… 308
第一节　暂予监外执行基本问题 …………………………… 308
问题 179：符合哪些条件可以适用暂予监外执行 ……………… 308
问题 180：哪些情形适用暂予监外执行会受到限制 …………… 308
问题 181：哪些情况不得适用暂予监外执行 …………………… 309
问题 182：哪些情况适用暂予监外执行有服刑期限限制 ……… 310
问题 183：可以向哪些机关申请暂予监外执行 ………………… 311
问题 184：暂予监外执行期限如何确定 ………………………… 311
问题 185：暂予监外执行的期间是否会计入执行刑期 ………… 312
问题 186：暂予监外执行期间是否继续计分考核 ……………… 313
问题 187：暂予监外执行期间能否减刑、假释 ………………… 313
问题 188：暂予监外执行程序中是否可以委托律师或适用
法律援助 ……………………………………………… 314

第二节　暂予监外执行的条件 ·············· 315
问题 189：哪些医疗机构可以进行暂予监外执行相关的诊断、
检查 ·············· 315
问题 190：可以申请保外就医的严重疾病包括哪些 ·············· 315
问题 191：如何判断"生活不能自理" ·············· 317
问题 192：认定是否符合暂予监外执行是否需要进行
司法鉴定 ·············· 318
问题 193：因怀孕而暂予监外执行的，暂予监外执行
期限到何时 ·············· 319
问题 194：暂予监外执行中的哺乳期一般多久 ·············· 321
问题 195：以怀孕为由申请暂予监外执行后流产的应
如何处理 ·············· 321
问题 196：通过多次怀孕逃避入狱服刑，能否收监 ·············· 322
问题 197：如何证明"适用暂予监外执行"无社会危险性 ······ 322

第三节　暂予监外执行程序 ·············· 327
问题 198：审判阶段是否可以申请暂予监外执行 ·············· 327
问题 199：监狱尚未收监的，如何申请暂予监外执行 ·············· 328
问题 200：服刑人员及其家属申请暂予监外执行的，需提交
哪些材料 ·············· 328
问题 201：暂予监外执行的审批包括哪些环节 ·············· 330
问题 202：法院适用暂予监外执行是否可以听证 ·············· 332
问题 203：如何对拟暂予监外执行服刑人员进行诊断、检查 ····· 332
问题 204：如何进行生活不能自理的鉴别 ·············· 334
问题 205：申请暂予监外执行后多久有审批结果 ·············· 335
问题 206：法院暂予监外执行决定作出前，罪犯尚未送交监狱
执行的，该期间内如何适用强制措施 ·············· 336

问题 207：服刑人员及其家属不服（不予）暂予监外执行
结果的，是否有救济手段 ·················· 337

问题 208：暂予监外执行期限从什么时间开始起算 ········· 337

问题 209：批准暂予监外执行后，是否需要罪犯本人前往
司法行政机关办理交接手续 ·················· 338

问题 210：被决定暂予监外执行的，一般在哪里执行 ········· 341

问题 211：暂予监外执行地后续是否可以变更 ············ 342

问题 212：暂予监外执行是否需要提出保证人，如何确定
保证人 ······································ 344

问题 213：暂予监外执行的保证人需履行哪些义务 ········ 345

问题 214：出现哪些情况会被收监执行 ·················· 346

问题 215：发现不符合暂予监外执行程序条件的，是否
一定要收监 ································ 346

问题 216：刑期届满后发现原暂予监外执行不符合条件的，
是否还收监执行 ····························· 347

问题 217：法院决定收监执行而执行机关认为不符合收监
执行条件暂不予收监执行的，应如何处理 ········ 348

问题 218：暂予监外执行期间严重违反法规，是否一概收监 ······ 349

问题 219：暂予监外执行期间严重违法违规，是否还能适用
暂予监外执行 ····························· 350

问题 220：暂予监外执行期间又犯新罪的，应如何处理 ········· 350

问题 221：暂予监外执行期间发现漏罪是否应当重新收监 ······ 351

问题 222：暂予监外执行期间逃避刑罚执行是否构成脱逃罪 ······ 352

问题 223：异地暂予监外执行完毕的，如何重新收监执行 ········· 355

第六章 违规计分考核、减刑、假释、暂予监外执行的法律责任 ········· 361

问题224：服刑人员利用不正当手段计分考核的，会有什么后果 ········· 361

问题225：服刑人员利用不正当手段计分考核的，是否会影响后续减刑、假释 ········· 362

问题226：服刑人员利用不正当手段计分考核的，是否有刑事责任 ········· 363

问题227：减刑、假释、暂予监外执行过程中相关工作人员的哪些行为有可能构成刑事犯罪 ········· 364

问题228：徇私舞弊减刑、假释、暂予监外执行罪中"徇私"应如何认定 ········· 366

问题229：徇私舞弊减刑、假释、暂予监外执行罪中"情节严重"应如何认定 ········· 366

问题230：犯徇私舞弊减刑、假释、暂予监外执行罪的同时又有其他犯罪的，将如何处理 ········· 368

问题231：服刑人员家属如果向司法人员请托违规计分考核或减刑、假释、暂予监外执行，也构成犯罪吗 ········· 371

第七章 服刑人员刑释回归 ········· 375

第一节 出狱前准备 ········· 375

问题232：服刑人员刑满释放日期如何确定 ········· 375

问题233：刑满释放时，需要办理哪些手续 ········· 375

问题234：刑满释放时，家属能否前往监狱接回 ········· 376

问题235：家属接回服刑人员时需携带哪些手续、物品 ········· 376

问题236：个人返回的如何乘坐交通工具 ········· 377

第二节　刑满释放人员的社会待遇 ····················· 377
　　问题237：刑满释放人员可否继续享受社保待遇 ········ 377
　　问题238：如何安置帮教刑满释放人员 ················ 377
　　问题239：城市户籍的刑满释放人员，是否可以申请最低
　　　　　　生活保障 ·································· 378
　　问题240：农村户籍的刑满释放人员，是否可以申请最低
　　　　　　生活保障 ·································· 379
　　问题241：服刑记录是否会影响个人征信 ·············· 379
　　问题242：服刑记录是否会影响个人信用 ·············· 379
　　问题243：服刑记录是否会影响申请贷款 ·············· 381
　　问题244：刑满释放人员是否可以短期出国（境）······· 381
　　问题245：刑满释放人员是否可以移民或取得居留资格 ··· 382

第三节　就学与再就业 ································ 384
　　问题246：有前科是否可以参加高考，学校是否可以有前科
　　　　　　记录为由不予录取 ·························· 384
　　问题247：学校是否可以涉刑事犯罪为由开除学籍 ······ 387
　　问题248：劳动者是否应如实告知犯罪前科，用人单位
　　　　　　是否可以有犯罪前科为由解聘 ················ 389
　　问题249：有犯罪前科从事哪些职业会受到限制 ········ 389
　　问题250：被适用禁止令的，会有哪些职业限制 ········ 397
　　问题251：刑满释放人员享有哪些就业扶持优待 ········ 399

第四节　未成年人特殊保护 ···························· 403
　　问题252：未成年人前科情况是否可以不披露 ·········· 403
　　问题253：对哪些未成年人可以适用犯罪记录封存 ······ 403
　　问题254：未成年人与成年人共同犯罪案件如何适用前科
　　　　　　封存 ······································ 404
　　问题255：未成年人哪些犯罪记录应纳入封存范围 ······ 404

问题 256：符合封存条件但相关单位未依法封存的，
　　　　　如何提出封存申请 ·················· 406
问题 257：未成年人在前科封存后，是否还有披露、
　　　　　报告义务 ························ 407
问题 258：前科封存后，是否可以查询 ············ 407
问题 259：前科封存后，是否可以申请无犯罪记录证明 ········ 408
问题 260：被封存的犯罪记录是否可以在其他案件中作为
　　　　　认定相关情节的依据 ················ 409
问题 261：已经适用前科封存制度的，什么情况下会被
　　　　　解除封存 ························ 409
问题 262：未成年人犯罪记录被封存的，是否可以申请解除 ····· 410
问题 263：如果发现相关单位、个人未履行封存职责或泄露
　　　　　封存信息，应当如何处理 ·············· 410
问题 264：前科封存中是否可以委托律师或适用法律援助········ 412

第八章　社区服刑常见问题 ················ **419**
第一节　社区矫正基本问题 ················ 419
问题 265：社区矫正对象包括哪些 ·············· 419
问题 266：如何判断是否适合接受社区矫正 ·········· 420
问题 267：如果司法所出具了"不适合接受社区矫正"的
　　　　　意见，是否一定会收监 ················ 421
问题 268：刑罚执行结束，剥夺政治权利期间，是否需要
　　　　　进行社区矫正 ···················· 421
问题 269：被判缓刑的，缓刑期内有哪些注意事项 ········ 422
问题 270：被假释的，假释期内有哪些注意事项 ········ 423
问题 271：被暂予监外执行的，监外执行期内有哪些
　　　　　注意事项 ························ 424

问题272：被判管制的，服刑期内有哪些注意事项 ……… 425

问题273：社区矫正中是否可以委托律师或适用法律援助 ……… 427

第二节　社区矫正执行程序 …………………………… 428

问题274：被判处社区矫正的，什么时间去报到 ……… 428

问题275：矫正对象未及时报到的，会被收监吗 ……… 428

问题276：在哪执行社区矫正 …………………………… 429

问题277：判决生效后实际居住地变更的，在哪进行社区矫正 ………………………………………………… 429

问题278：社区矫正过程中，矫正对象有哪些权利 …… 430

问题279：社区矫正机构可以提供哪些帮扶措施 ……… 431

问题280：社区矫正过程中，矫正机构是否需要向矫正对象单位、邻居公开矫正人员犯罪情况 ……… 433

问题281：矫正对象遇到哪些情况应当及时报告社区矫正机构 ………………………………………… 433

问题282：矫正对象是否需要参加公益活动 …………… 434

问题283：矫正对象是否会被电子定位 ………………… 435

问题284：奖惩考核工作具体如何实施 ………………… 435

问题285：社区矫正过程中，能否减刑 ………………… 436

问题286：矫正对象是否会被分级管理 ………………… 437

问题287：矫正期间能否去外地 ………………………… 437

问题288：矫正期间去外地的，如何申请 ……………… 438

问题289：如果请假未被批准，是否有救济途径 ……… 439

问题290：矫正期间能否出境 …………………………… 439

问题291：矫正对象擅自变更联系方式等行为导致"脱管"，会有什么后果 ………………………… 440

问题292：对未成年人的社区矫正有何特殊之处 ……… 440

问题293：对女性的社区矫正有何特殊之处 …………… 441

问题 294：对严重精神障碍者的社区矫正有何特殊之处 ……… 442
第三节 社区矫正的解除和终止 …………………………… 443
问题 295：社区矫正什么时候结束 ………………………… 443
问题 296：违反社区矫正规定的，会被重新收监吗 ………… 444
问题 297：矫正对象未按要求请假或报告外出的，会被
　　　　　收监吗 ……………………………………… 445
问题 298：矫正对象请假外出后未按时回来的，会被收监吗 …… 446
问题 299：社区矫正期间再犯新罪的，如何处理 …………… 446
问题 300：社区矫正期间发现漏罪的，如何处理 …………… 447
问题 301：社区矫正期间如果被行政处罚，如何处理 ……… 448
问题 302：矫正期间表现好，能否缩短矫正期限 …………… 449
问题 303：违反社区矫正规定的，会延长社区矫正期限吗 …… 450
问题 304：社区矫正解除或终止后，矫正对象的档案如何
　　　　　处理 …………………………………………… 450

第九章　死刑执行常见问题 …………………………… **451**

问题 305：被判处死刑后，一般多久会执行 ………………… 451
问题 306：死刑一般在哪里执行 …………………………… 451
问题 307：死刑的执行方式有哪些 ………………………… 452
问题 308：罪犯会提前多久知道死刑具体的执行时间 ……… 452
问题 309：死刑执行前罪犯是否可以见家属最后一面 ……… 453
问题 310：死刑执行时罪犯家属可以在场吗 ………………… 453
问题 311：什么情况下会停止死刑的执行 …………………… 453
问题 312：罪犯可以通过自残逃避死刑执行吗 ……………… 454
问题 313：死刑执行完毕后，家属是否可以领回遗书及遗体 …… 455

第十章　精神病强制医疗执行常见问题 ······ **456**

问题314：满足哪些条件可以适用强制医疗程序 ······ 456

问题315：强制医疗在哪里执行 ······ 462

问题316：强制医疗应如何交付执行 ······ 463

问题317：强制医疗期间的治疗费用应当由谁承担 ······ 463

问题318：强制医疗期间家属是否可以探视、通信、送物品 ······ 464

问题319：强制医疗期间患有其他疾病的应当如何处理 ······ 464

问题320：强制医疗期间是否可以请假回家 ······ 466

问题321：满足什么条件可以解除强制医疗 ······ 466

问题322：家属如何申请解除强制医疗 ······ 467

问题323：解除强制医疗程序中是否可以委托律师或适用
法律援助 ······ 468

问题324：强制医疗存在违规行为的如何救济 ······ 469

第十一章　刑事涉财产部分执行常见问题 ······ **471**

第一节　移送执行与立案 ······ 471

问题325：刑事裁判涉财产部分的执行的范围是什么 ······ 471

问题326：如何启动对涉案财物的处置程序 ······ 471

问题327：裁判生效后多久移送执行 ······ 473

问题328：哪些情况下可以对涉案财物先行处置 ······ 473

问题329：行刑衔接中涉案财物已被行政机关采取强制措施但
尚未执行的，刑事涉案财物的处置应当如何执行 ······ 475

第二节　执行标的 ······ 477

问题330：刑事生效裁判未对查封、扣押、冻结的财物及其
孳息作出处理的，执行机构能否直接执行 ······ 477

问题331：生效刑事裁判对前期扣押的涉财产部分未提出
明确处理意见的，所有权人能否申请返还 ······ 478

问题 332：赃款赃物由第三人取得或设定担保物权的是否
　　　　　可以纳入执行范畴 ·················· 478
问题 333：被执行人对他人的到期债权是否可以作为执行
　　　　　标的 ······················· 480
问题 334：赃物被典当的是否可以适用善意取得 ········· 480
问题 335：赃款用于直播打赏的，是否可以追缴 ········· 481

第三节　执行措施 ························ 484

问题 336：进入执行程序后，法院可以采取哪些财产查控
　　　　　措施 ······················· 484
问题 337：被执行人应如何进行财产报告 ············ 486
问题 338：执行过程中，法院可以采取哪些财产执行措施 ···· 487
问题 339：执行过程中不得对哪些财产适用查封、扣押、
　　　　　冻结措施 ····················· 487
问题 340：刑事裁判涉财产部分执行拍卖有哪些环节 ······ 496
问题 341：相关主体是否可以以评估价格过高、过低为由
　　　　　申请对拟拍卖财产重新评估 ············ 497
问题 342：被执行人财产经依法拍卖未能成交，应如何
　　　　　继续处置 ····················· 498
问题 343：执行过程中，法院可以采取哪些执行惩戒措施 ···· 498

第四节　执行顺位 ························ 499

问题 344：被执行人同时负有民事责任和刑事责任的应
　　　　　如何处理 ····················· 499
问题 345：非法集资、电信网络诈骗案件中，民事债权和
　　　　　刑事退赔并存的应如何处理 ············ 500

第五节　执行异议 ························ 503

问题 346：哪些情形下相关主体可以提出执行异议 ······· 503
问题 347：哪些情形无法通过执行异议的方式取得救济 ····· 504
问题 348：相关主体应当如何提起执行异议、复议 ······· 508

问题 349：提出执行异议或对异议结果复议后是否可以撤回……509

问题 350：执行异议类案件是否必须听证，是否可以申请
召开听证会 …………………………………………… 510

问题 351：法院对执行异议如何审查 ………………………… 510

问题 352：执行异议程序是否会对执行程序的进程产生影响…… 511

第六节　执行和解 …………………………………………… 512

问题 353：刑事责令退赔是否可以适用执行和解 ………… 512

问题 354：达成执行和解的，执行程序如何处理 ………… 515

第七节　执行结案 …………………………………………… 517

问题 355：刑事裁判涉财产部分执行案件在哪些情形下
可以终本 ……………………………………………… 517

问题 356：实践中，哪些情形可能会被认定为"暂不具备
处置条件" …………………………………………… 517

问题 357：刑事裁判涉财产部分执行案件终结执行情形
有哪些 ………………………………………………… 518

问题 358：刑事裁判涉财产部分执行案件执行完毕情形
有哪些 ………………………………………………… 518

问题 359：在刑事程序终结前，能否就涉案财产处置申请
国家赔偿 ……………………………………………… 519

第八节　具体财产性判项的执行问题 ……………………… 520

问题 360：追缴和责令退赔的范围是否一致 ……………… 520

问题 361：追缴的对象是否包括合法财产 ………………… 521

问题 362：行受贿双方分别退出赃款是否均应追缴 ……… 523

问题 363：行贿犯罪中不正当利益是否应追缴 …………… 525

问题 364：非法集资等涉众案件中员工工资是否会被追缴…… 526

问题 365：对非法集资犯罪中前期离场的集资参与人是否
需要追缴违法所得 …………………………………… 528

问题 366：执行追缴过程中发现赃款赃物已不存在的，是否
　　　　　可以直接执行退赔 ·················· 529
问题 367：被害人损失中，哪些属于应予退赔的范畴 ······ 530
问题 368：刑事案件追缴退赔无法全部挽回损失，被害人
　　　　　能否另行提起民事诉讼 ················ 531
问题 369：通过违法犯罪行为间接取得的财物是否应当
　　　　　予以没收 ························ 535
问题 370：涉案财物贬值或利用涉案财物投资发生亏损时
　　　　　应如何进行没收 ···················· 537
问题 371：扣押在案的合法财物是否可以直接用于折抵罚金 ······ 538
问题 372：没收财产刑中的财产范围如何认定 ············ 539
问题 373：哪些合法财产可以不被没收 ················ 539
问题 374：债权人是否可以主张以被告人没收的财产偿还
　　　　　所负债务 ························ 540
问题 375：行政没收是否可以折抵没收 ················ 540

第一章

服刑过程中亲属常见问题

被判处拘役、有期徒刑、无期徒刑、死刑缓期 2 年执行的服刑人员将在监狱、看守所、未成年犯管教所等羁押场所执行,该部分将以监狱服刑为主,介绍在羁押场所服刑的常见问题。

第一节 服刑前准备

问题 1:如何确定判决、裁定是否已经生效

只有判决、裁定生效后,才会到执行阶段,前面都是审理阶段,判决、裁定生效前如果已经被羁押的,可以折抵刑期,家属不能探视。到监狱/看守所服刑期间,家属可以探视,同时享有减刑、假释的权利。

因此,首先要确定判决、裁定是否已经生效。原则上在判决、裁定送达当日(也就是收到法院的判决、裁定)或者上诉、抗诉期满日的次日生效,具体判断方式如下:

1. 一审案件,要看是否上诉、检察机关是否抗诉,如果无上诉、抗诉(或者虽然提起上诉、抗诉,但在上诉、抗诉期内又撤回上诉、抗诉的),则在收到判决后第 2 日开始起算 10 日的上诉、抗诉期,第 11 日一审判决生效。

2. 一审案件，提起上诉、抗诉的，一审判决未生效。

3. 一审案件，提起上诉、抗诉，在上诉期满后要求撤回上诉、抗诉，二审法院裁定准许的，自二审裁定送达上诉人或抗诉机关之日起，一审判决、裁定生效。

4. 二审案件，收到二审维持或者改判的判决、裁定后即生效。

5. 二审案件，裁定发回重审的，原一审判决未生效，需要重新进行一审审理，再根据重新一审后的情况判断是否生效。

6. 死刑复核案件，二审判决、裁定作出后未生效，需要最高人民法院核准后方能生效，最高人民法院核准裁定送达被告人时生效。

7. 死刑缓期二年执行案件，二审判决、裁定作出后未生效，需要高级人民法院核准后方能生效，自高级人民法院核准死刑缓期二年执行裁定送达被告人时生效（见表1-1）。

表1-1　裁判生效时间一览

情形		生效时间
已过法定期限没有上诉、抗诉的判决和裁定	一审判决、裁定作出后，没有提起上诉、抗诉	上诉、抗诉期满之日起生效 注：计算规则为接到判决书之日为第0日，从次日开始起算上诉期，第10日为判决上诉、抗诉期满日，第5日为裁定上诉、抗诉期满日。判决、裁定在期满日的次日，也就是第11日生效。如果期满日为节假日，以节假日后的第1个工作日为期满日
终审的判决和裁定	一审判决作出后，提起上诉、抗诉又撤回的	上诉、抗诉期满前撤回上诉、抗诉的，第一审判决自上诉、抗诉期满之日起生效
		在上诉、抗诉期满后要求撤回上诉、抗诉，第二审人民法院裁定准许的，自二审裁定送达上诉人或抗诉机关之日起，一审判决、裁定生效
	终审裁定维持原判	自终审裁定书送达上诉人或者抗诉机关之日起，原判生效
	终审判决、裁定	自宣告之日起生效

续表

情形	生效时间
死刑缓期二年执行的判决	自核准死刑缓期二年执行的裁定书送达之日起生效
死刑立即执行的判决	自核准死刑立即执行的裁定书送达之日起生效

问题 2：如果有多名当事人，如何判断生效时间

实践中常见的问题是，如果向不同主体（包括被告人、自诉人、附带民事诉讼的原告以及检察机关）送达一审裁判文书的时间不一致，判决何时生效。

同一判决只能有一个生效日期，应当以最晚送达的时间或全体被告人上诉期届满、检察机关抗诉期届满的时间为准。根据《刑事诉讼法》第 233 条的规定，二审遵循全案审理原则，共同犯罪的案件只有部分被告人上诉的，应当对全案进行审查，一并处理。因此，不管某一被告人是否上诉，只要最后一个权利（力）主体收到判决书的上诉或抗诉期限未满，二审程序就有可能被启动。

问题 3：如何确定是否已经移送执行

关于判决生效后多久移送执行机关（通常为监狱服刑，也就是俗称的"投牢""下监"），法律规定了相应的送达、执行期限（1 个月 10 日），但实践中往往并非严格根据该期限交付执行，因此，需要与法院、看守所、监狱定期联系，确认是否已经移送执行。

法院作出判决、裁定后应在 10 日内向执行机关送达文书，前期羁押罪犯的看守所在收到文书后应在 1 个月内将罪犯移交监狱。也就是说，**一般在判决、裁定生效后 1 个月 10 日以内（不含文书在途期间）移送执行**。但在实践中，看守所通常会按批送交执行，且具体

送交执行时间取决于监狱的接纳能力，所以实践中不会完全按照法律规定的时间送交监狱执行。根据2024年12月最高人民法院、最高人民检察院、公安部、司法部发布的《关于规范判处监禁刑罚罪犯交付执行工作若干问题的意见》（以下简称《交付执行意见》），上述情况2025年之后会有一定缓解，根据最新规定，监狱应当合理安排接收罪犯的时间和次数，确保在法定期限内将罪犯收监，而且，对于有弄虚作假、玩忽职守、徇私舞弊、滥用职权等违法违纪行为，造成"收押难""送监难"等问题，导致未及时收监的，要追究相关责任人及所在单位负责人责任；构成犯罪的，依法追究刑事责任。

根据《监狱法》第20条的规定，**罪犯收监后，监狱应当通知罪犯家属。通知书应当自收监之日起5日内发出**。服刑人员入监服刑的时间以入监通知书所载时间为准，如果判决生效后家属一直未接收到入监通知书，可以联系看守所了解情况，或者先向一审法院咨询相关文书的送达情况。由于判决生效后家属即可会见服刑人员，移送监狱执行前通常会有一次家属会见机会，因此，家属可以联系看守所预约会见，向本人了解情况。

问题4：如何确定在哪个羁押场所执行

根据判处刑期以及刑期长短不同，服刑人员可能会在不同的羁押场所服刑，通常会去监狱服刑。其中，也有针对特定群体的监狱，如女犯会到专门的女犯监狱。判决后剩余刑期不到3个月的，由看守所代为执行，实践中，由于监狱人员饱和等问题，剩余刑期在1年以下的也可能会在看守所执行。如果判处拘役刑，也是在看守所留所服刑。未成年人在未成年犯管教所服刑。具体服刑处所可以向看守所了解。具体见表1-2。

实践中也会出现不严格遵守上述法律规定的情况，如看守所或监狱因关押人员较多出现了"超押"时，有可能出现余刑不到3个月的罪犯被移送监狱、余刑超过 3 个月的罪犯仍留在看守所执行的情况。

表 1-2 羁押场所一览

执行机关		情形
监狱	普通监狱	被判处死刑缓期 2 年执行、无期徒刑、有期徒刑，且剩余刑期在 3 个月以上
	女犯等特定群体监狱	女犯等特定群体余刑 3 个月以上
看守所代为执行		被判处有期徒刑的罪犯，在被交付执行刑罚前，剩余刑期在 3 个月以下
看守所（公安机关就近执行）		被判处拘役的罪犯
未成年犯管教所		未成年犯

问题 5：家属可以向哪个机关了解交付执行情况

对于裁判生效前已经被羁押的服刑人员，由看守所送交监狱执行，家属可以向看守所了解交付执行情况。也可以向一审法院了解交付执行情况。根据《交付执行意见》，看守所送交执行，应当在 1 个月以内将罪犯执行刑罚的时间、地点书面通知第一审人民法院。所以，在确认判决已经生效后，既可以向看守所了解交付执行情况，也可以向一审法院了解相关情况。

对于裁判生效前未被羁押的，《交付执行意见》中也规定了具体的交付执行流程，分成两种情况：

1. 裁判文书生效后 10 日内，一审法院通知负责侦查的公安机关或者与侦查机关同级的公安机关，由公安机关在 10 日内将罪犯送交看守所羁押，看守所按照交付执行流程与对应的监狱联系交付执行。

2. 法院也可以在判决宣告前决定逮捕，由公安机关在 5 日内逮捕被告人并送看守所羁押，后续判决生效后，法院向看守所送达交付执行文书。

上述两种情况都是向侦查阶段对应的公安机关同级的看守所了解相应的交付执行情况，也可以向一审法院了解相应情况。

问题6：判决后长期未收监执行如何救济

判决后及时收监执行对于服刑人员改善生活条件，及早争取减刑、假释都有着积极意义。实践中，判决生效后未移送执行的主要原因是罪犯患病，看守所或监狱拒绝接收。对此，家属可以通过以下方式进行救济：

首先，家属可以向一审法院申请暂予监外执行（详见暂予监外执行部分）。

其次，若服刑人员不符合暂予监外执行的条件，也可以对拒不收监情况申请检察院监督。

根据《交付执行意见》，公安机关将被告人或罪犯送交看守所羁押的，或者看守所向监狱交付执行的，看守所/监狱应当依法收押。如果看守所/监狱不收押，应当向公安机关、法院出具书面说明，并抄送检察院。检察院认为理由不成立的，应当分别向公安机关、看守所/监狱出具书面意见。公安机关再次送交时，看守所/监狱应当收押。

既往常见不收监理由，如患病、体内有异物，都被排除在无法收监范围外了，《交付执行意见》中强调，患有疾病的服刑人员，以及对体内有异物的罪犯，如果是因医学原因不宜取出或者本人不愿取出并附有诊断意见、书面声明的，监狱应当依法收监。

根据《人民检察院刑事诉讼规则》第625条、第654条的规定，对于"公安机关、看守所自接到人民法院执行通知书等法律文书后30日以内，没有将成年罪犯送交监狱执行刑罚，或者没有将未成年罪犯送交未成年犯管教所执行刑罚""需要收监执行刑罚而判决、裁定生效前未被羁押的罪犯,第一审人民法院没有及时将罪犯收监送交公安机关,并将判决书、裁定书、执行通知书等法律文书送达公安机关""依法应当收押、收监而不收押、收监"等情形,检察机关负有法律监督职责,应当依法提出纠正意见。

因此,家属可以向一审法院同级检察院、看守所或监狱所在地检察院申请检察监督。

《监狱法》

第十五条 人民法院对被判处死刑缓期二年执行、无期徒刑、有期徒刑的罪犯,应当将执行通知书、判决书送达羁押该罪犯的公安机关,公安机关应当自收到执行通知书、判决书之日起一个月内将该罪犯送交监狱执行刑罚。

罪犯在被交付执行刑罚前,剩余刑期在三个月以下的,由看守所代为执行。

第十六条 罪犯被交付执行刑罚时,交付执行的人民法院应当将人民检察院的起诉书副本、人民法院的判决书、执行通知书、结案登记表同时送达监狱。监狱没有收到上述文件的,不得收监;上述文件不齐全或者记载有误的,作出生效判决的人民法院应当及时补充齐全或者作出更正;对其中可能导致错误收监的,不予收监。

第十七条 罪犯被交付执行刑罚,符合本法第十六条规定的,应当予以收监。罪犯收监后,监狱应当对其进行身体检查。经检查,对于具有暂予监外执行情形的,监狱可以提出书面意见,报省级以上监狱管理机关批准。

第二十条 罪犯收监后,监狱应当通知罪犯家属。通知书应当自收监之日起五日内发出。

《人民检察院刑事诉讼规则》

第六百二十五条 人民检察院发现人民法院、公安机关、看守所等机关的交付执行活动具有下列情形之一的,应当依法提出纠正意见:

(一)交付执行的第一审人民法院没有在法定期间内将判决书、裁定书、人民检察院的起诉书副本、自诉状复印件、执行通知书、结案登记表等法律文书送达公安机关、监狱、社区矫正机构等执行机关的;

(二)对被判处死刑缓期二年执行、无期徒刑或者有期徒刑余刑在三个月以上的罪犯,公安机关、看守所自接到人民法院执行通知书等法律文书后三十日以内,没有将成年罪犯送交监狱执行刑罚,或者没有将未成年罪犯送交未成年犯管教所执行刑罚的;

(三)对需要收监执行刑罚而判决、裁定生效前未被羁押的罪犯,第一审人民法院没有及时将罪犯收监送交公安机关,并将判决书、裁定书、执行通知书等法律文书送达公安机关的;

(四)公安机关对需要收监执行刑罚但下落不明的罪犯,在收到人民法院的判决书、裁定书、执行通知书等法律文书后,没有及时抓捕、通缉的;

(五)对被判处管制、宣告缓刑或者人民法院决定暂予监外执行的罪犯,在判决、裁定生效后或者收到人民法院暂予监外执行决定后,未依法交付罪犯居住地社区矫正机构执行,或者对被单处剥夺政治权利的罪犯,在判决、裁定生效后,未依法交付罪犯居住地公安机关执行的,或者人民法院依法交付执行,社区矫正机构或者公安机关应当接收而拒绝接收的;

(六)其他违法情形。

第六百五十四条 人民检察院发现看守所收押活动和监狱收监活动中具有下列情形之一的,应当依法提出纠正意见:

(一)没有收押、收监文书、凭证,文书、凭证不齐全,或者被收押、收监人员与文书、凭证不符的;

(二) 依法应当收押、收监而不收押、收监,或者对依法不应当关押的人员收押、收监的;

(三) 未告知被收押、收监人员权利、义务的;

(四) 其他违法情形。

《最高人民法院、最高人民检察院、公安部、司法部关于规范判处监禁刑罚罪犯交付执行工作若干问题的意见》

第三条 被判处死刑缓期二年执行、无期徒刑、有期徒刑、拘役的罪犯,交付执行时在押的,第一审人民法院应当在判决、裁定生效后十日以内,将判决书、裁定书、起诉书副本、自诉状复印件、执行通知书、结案登记表送达看守所。交付执行时未被羁押的,对公安机关侦查的案件,第一审人民法院应当在判决、裁定生效后十日以内,将判决书、裁定书和收监执行决定书送达侦查案件的公安机关,在收到公安机关将罪犯送交看守所羁押通知后十日以内,将有关法律文书送达看守所;对自诉案件、职务犯罪案件,第一审人民法院应当将上述法律文书送达同级公安机关办理。

第一审人民法院应当将前款规定的收监执行决定书抄送同级人民检察院。

第四条 公安机关收到第一审人民法院送达的判决书、裁定书和收监执行决定书后,应当在十日以内将未被羁押的罪犯送交看守所羁押。

公安机关将罪犯送交看守所羁押后,应当及时通知第一审人民法院。

第五条 审前未被羁押的被告人被判处监禁刑罚后在逃或者下落不明的,由公安机关根据人民法院的生效判决书、裁定书和收监执行决定书进行追捕。

公安机关根据案情采取通缉、边控及网上追逃等有效措施进行追捕。审前未被羁押罪犯的生效判决书、裁定书和收监执行决定书，可以作为公安机关发布通缉令、办理边控手续及网上追逃的依据。

第七条 公安机关根据本意见第四条、第五条、第六条的规定将被告人或者罪犯送交看守所羁押的，看守所应当依法收押。

看守所对上述被告人或者罪犯不予收押的，应当向公安机关、人民法院出具书面说明，并抄送人民检察院。人民检察院认为理由不成立的，应当分别向公安机关、看守所出具书面意见。公安机关再次送交时，看守所应当收押。

第八条 看守所收到人民法院交付执行的法律文书后，对被判处死刑缓期二年执行、无期徒刑、有期徒刑的罪犯，应当在一个月以内将罪犯送交监狱执行刑罚；对被判处有期徒刑，在被送交监狱前剩余刑期在三个月以下的罪犯，由看守所代为执行；对被判处拘役的罪犯，由看守所执行。

看守所依法将罪犯留所服刑或者送交监狱后，应当在一个月以内将罪犯执行刑罚的时间、地点书面通知第一审人民法院。

第九条 监狱收到看守所送交的罪犯和执行刑罚的判决书、裁定书、起诉书副本、自诉状复印件、执行通知书、结案登记表的，应当依法收监。

监狱对送交罪犯与法律文书不符、刑罚记载错误等原因可能导致错误收监而不予收监的，应当向公安机关、人民法院出具书面说明，并抄送人民检察院。人民检察院认为理由不成立的，应当分别向公安机关、监狱出具书面意见。公安机关再次送交时，监狱应当收监。

对患有疾病的罪犯，监狱应当依法收监。

对体内有异物的罪犯，因医学原因不宜取出或者本人不愿取出并附有诊断意见、书面声明的，监狱应当依法收监。

监狱应当合理安排接收罪犯的时间和次数，确保在法定期限内将罪犯收监。

监狱应当每半年将接收罪犯信息书面通知第一审人民法院。

《江苏省高级人民法院、江苏省人民检察院、江苏省公安厅、江苏省司法厅关于未羁押被告人被判处实刑后刑罚交付执行工作的实施意见》

第十二条 未羁押的被告人、罪犯在案件审理期间或判决、裁定生效后逃匿或者下落不明的,人民法院应当及时将逮捕决定书或刑罚执行手续等送交公安机关,同时通知同级人民检察院。公安机关应当在收到人民法院送达的相关法律文书后采取措施抓捕。

已被决定收监执行的暂予监外执行罪犯脱逃的,司法行政机关应当提请公安机关追逃,提请追逃的相关文书应当抄送收监执行的决定机关和同级人民检察院。

【典型案例】

湖南湘潭:依法监督收监一名获刑 14 年罪犯[①]

要旨

判决后长期未收监执行的,家属可以向看守所所在地检察院申请检察监督。

事实

2010 年 9 月,彭某因犯盗窃罪被湘潭县法院判处有期徒刑 14 年。判决生效后,因担心彭某患冠心病、严重肛瘘等疾病而被监狱拒收,湘潭县看守所未对其进行收押和交付监狱执行。自此,彭某一直未被收监执行。发现这一情况后,湘潭县检察院曾多次书面建议相关职能

---

① 张吟丰、杨玉平、张红军:《湖南湘潭:依法监督收监一名获刑十四年罪犯》,载最高人民检察院官网,https://www.spp.gov.cn/zdgz/201611/t20161116_172943.shtml。

部门将其收监执行。直到 2016 年 8 月,湘潭县检察院在开展以判处 10 年以上罪犯为清理重点的专项检察时查明,该县看守所曾作出过暂不收押彭某的决定。

经审查,该县检察院认定彭某虽患有疾病,但并不属于身患严重疾病、必须保外就医的情形,依法应当收监执行。于是,湘潭县检察院一方面告知看守所,一旦彭某脱逃将造成严重后果;另一方面告知相关职能部门继续组织力量将彭某交付执行。为防止看守所与监狱以疾病原因拒收,湘潭县检察院和该县看守所一同派员到株洲市攸县网岭监狱进行沟通,网岭监狱审查后认为彭某符合收监条件,同意收监。此外,为确保顺利收押,该院要求该县看守所与负责罪犯入所体检的医生联系,以确定彭某没有生命危险和其他不宜收押情形。

结果

在湘潭县检察院的积极监督下,彭某被湘潭看守所进行收押,并于日前送至监狱收监执行。

问题 7:如何确定去哪个监狱服刑

刑事案件判决后为了便于服刑监管以及日后减刑、假释、保外就医等事项的申请和审查,**服刑人员一般会在原羁押看守所所在地监狱就地服刑**,而不会遣回原籍地服刑。

监狱会根据服刑人员的性别、年龄、刑罚种类、刑期、改造表现等情况实行分别关押。看守所交付执行时,须根据省监狱管理局的相关要求确定服刑监狱,提出押送监名单申请,报省监狱管理局审核决定。通常而言,看守所会有固定的对接监狱,如无特殊情况,将服刑人员交付至固定的对接监狱服刑即可。但实践中,也可能会因下列因素而调整服刑监狱:

1. **性别**。由于男女服刑人员不得在同一监狱服刑,一般每个省份都有一到两所女子监狱,即使本省女子监狱满员,也会将女服刑人员转到附近省份女子监狱。

2. **国籍**。监狱管理部门会根据外籍犯国籍来划分，将外籍犯分配到不同的监狱服刑。

3. **民族**。考虑到少数民族服刑人员生活习惯特殊，若本省监狱不具备相应条件，通常会将其转到临近省份能够满足少数民族生活条件的监狱。

4. **服刑人员健康状况**。一般来说，患有疾病、年老的服刑人员会被交付特定的监狱执行。

5. **刑期长短及人身危险性高低**。根据服刑人员刑期长短分为重刑犯监狱、中刑犯监狱、短刑犯监狱，而根据戒备程度高低可以分为高度戒备监狱、中度戒备监狱和低度戒备监狱，在交付执行时也会根据刑期长短及人身危险性高低来确定服刑监狱。此外，黑社会性质组织的组织者、领导者或者恶势力组织的首要分子被判处10年以上有期徒刑、无期徒刑、死刑缓期执行的，应当跨省、自治区、直辖市异地执行刑罚。

6. **特殊身份**。某些高级官员，会被关押于特定监狱服刑。

7. **同案犯情况**。由于同案犯不得在同一监区服刑，因此在交付执行前会考虑将同案犯安排在不同监区，如果同案犯人数众多，则可能由于犯罪地监狱数量不足而异地服刑。

8. **监狱容量**。若犯罪地的监狱较少，无法容纳更多的罪犯，通常会将服刑人员交付其户籍所在省的监狱执行。

入监通知书会载明服刑人员的服刑监狱，如果在裁判生效后服刑人员家属一直未接到入监通知书，可以向看守所了解服刑人员是否已经被送交监狱执行以及具体被送往哪一监狱执行。同时在押人员也可以向同监室其他人员了解未来服刑监狱情况，看守所对应的服刑监狱往往具有一定稳定性。

问题 8：服刑过程中是否会更换服刑监狱

服刑期间，也存在更换服刑监狱的情况，如入监和出监阶段的过渡监狱以及未成年犯因年龄原因需要转入成年犯监狱的情况。具体包括：

1. **新犯完成入监教育正式服刑**

新入监的服刑人员通常会被安排在负责新收分流罪犯的监狱或者监区，集中进行为期 2 个月的入监教育。我国部分省市设有专门的新收犯监狱，如上海新收犯监狱，服刑人员在新收犯监狱内完成 2 个月的入监教育并通过考核后，会分流至其他监狱正式服刑。

2. **即将刑满或减刑**

在部分地区，长刑犯在即将刑满释放时，经重新分类后认为没有危险性的，会安排转入低度戒备监狱，以及时为服刑人员提供再社会化方面的指导和培训。此外，被关押在高度戒备监狱的死刑缓期执行、无期徒刑服刑人员，减为无期徒刑、有期徒刑后，也可能被转至中度戒备监狱服刑。

3. **未成年服刑人员转入监狱**

在未成年犯管教所接受教育改造的未成年服刑人员，年满 18 周岁后余刑超过 2 年的，通常需要将其从未成年犯管教所转入监狱继续服刑。

4. **患有特殊或者重症疾病**

目前各省均设有专门接收患特殊疾病、重症疾病服刑人员的监狱，此类监狱医疗条件较好。因此，在服刑期间，服刑人员患重病或特殊疾病，而原服刑监狱的内部医疗条件有限，不足以提供有效治疗的，服刑人员就会被转至特殊监狱，在服刑同时接受治疗。

5. **人身危险性升高**

如果服刑人员在服刑期间被发现漏罪或者又犯新罪，对其数罪并罚后刑罚加重，或者经评估人身危险性程度高的，则可能由原来的低度、中度戒备监狱转至中度、高度戒备监狱服刑。

转监均须由监狱管理机关决定，即便是因病需要转监，也要由监狱进行评估，家属或服刑人员本人并无申请转监的法定权利。

《监狱法》

第三十九条 监狱对成年男犯、女犯和未成年犯实行分开关押和管理，对未成年犯和女犯的改造，应当照顾其生理、心理特点。

监狱根据罪犯的犯罪类型、刑罚种类、刑期、改造表现等情况，对罪犯实行分别关押，采取不同方式管理。

《反有组织犯罪法》

第三十五条 对有组织犯罪的罪犯，执行机关应当依法从严管理。

黑社会性质组织的组织者、领导者或者恶势力组织的首要分子被判处十年以上有期徒刑、无期徒刑、死刑缓期二年执行的，应当跨省、自治区、直辖市异地执行刑罚。

《监狱教育改造工作规定》

第九条 对新入监的罪犯，应当将其安排在负责新收分流罪犯的监狱或者监区，集中进行为期两个月的入监教育。

第五十五条 监狱对即将服刑期满的罪犯，应当集中进行出监教育，时限为三个月。

《未成年犯管教所管理规定》

第六十四条 对于年满十八周岁，余刑不满二年继续留在未成年犯管教所服刑的罪犯，仍适用本规定。

问题 9：监狱服刑一般分为几个阶段

监狱服刑主要分为 3 个阶段，一是入监教育阶段，二是正式服刑改造阶段，三是出监教育阶段。

1. **入监教育**

新入监的服刑人员，需要在负责新收分流罪犯的监狱或者监区，集中接受 2 个月的入监教育，余刑在 1 年以下的服刑人员，入监教育的时间会相应缩短。例如，天津市规定余刑不满 1 年的罪犯入监教育时间不少于 1 个月即可。入监教育阶段，服刑人员主要要接受认罪悔罪教育、学习法律法规及监规纪律，同时还需要进行队列、内务整理、安全生产等方面的训练。需要注意的是，尽管计分考核自入监之日起就开始实施，但在入监教育阶段不会给予基础分，仅记录加分、扣分情形，并将相应加、扣分值计入第一个考核周期。入监教育结束后，监狱或监区对新收罪犯进行考核验收，考核合格才能移送相应类别的监狱或监区服刑改造；考核不合格则要延长入监教育，延长时限为 1 个月。

2. **正式服刑改造**

完成入监教育并考核合格后，服刑人员将被随机分配至不同监区开始正式服刑改造。服刑人员进入正式服刑改造阶段的同时也将进入考核周期，考核结果将决定服刑人员将来的减刑、假释情况。服刑改造阶段是服刑人员在狱中经历的最为主要的阶段。

3. **出监教育**

监狱对即将刑满释放的罪犯集中进行出监教育，时限为 3 个月，但该时限会根据服刑人员服刑时间长短灵活调整，具体调整幅度各地区有所不同。例如，《贵州监狱狱务公开手册》规定，"入监服刑时间一年以上的，出监教育时间为三个月，一年及以下的，出监教育时间为一个月"。

出监教育主要在出监队或者专门的出监教育中心进行，目的是帮助服刑人员顺利回归社会。出监教育包括思想教育，形势、政策、前途教育及遵纪守法教育，职业技能培训，开展就业推荐，定期邀请企业进行招聘，邀请当地公安、劳动和社会保障、民政等部门向服刑人员介绍业务办理场景流程等事项，并与即将刑满释放人员进行个别谈话等。

《监狱计分考核罪犯工作规定》

第十八条 罪犯入监教育期间不给予基础分，但有加分、扣分情形的应当如实记录，相应分值计入第一个考核周期。

监狱应当根据看守所提供的鉴定，将罪犯在看守所羁押期间的表现纳入入监教育期间的加分、扣分，并计入第一个考核周期。

《监狱教育改造工作规定》

第九条 对新入监的罪犯，应当将其安排在负责新收分流罪犯的监狱或者监区，集中进行为期两个月的入监教育。

第十条 新收罪犯入监后，监狱（监区）应当向其宣布罪犯在服刑期间享有的权利和应当履行的义务：

（一）罪犯在服刑期间享有下列权利：人格不受侮辱，人身安全和合法财产不受侵犯，享有辩护、申诉、控告、检举以及其他未被依法剥夺或者限制的权利。

（二）罪犯在服刑期间应当履行下列义务：遵守国家法律、法规和监规纪律，服从管理，接受教育改造，按照规定参加劳动。

第十一条 监狱（监区）对新收罪犯，应当进行法制教育和监规纪律教育，引导其认罪悔罪，明确改造目标，适应服刑生活。

第十二条 监狱（监区）应当了解和掌握新收罪犯的基本情况、认罪态度和思想动态，进行个体分析和心理测验，对其危险程度、恶性程度、改造难度进行评估，提出关押和改造的建议。

第十三条 入监教育结束后,监狱(监区)应当对新收罪犯进行考核验收。对考核合格的,移送相应类别的监狱(监区)服刑改造;对考核不合格的,应当延长入监教育,时限为一个月。

第五十六条 监狱组织出监教育,应当对罪犯进行形势、政策、前途教育,遵纪守法教育和必要的就业指导,开展多种类型、比较实用的职业技能培训,增强罪犯回归社会后适应社会、就业谋生的能力。

第五十七条 监狱应当邀请当地公安、劳动和社会保障、民政、工商、税务等部门,向罪犯介绍有关治安、就业、安置、社会保障等方面的政策和情况,教育罪犯做好出监后应对各方面问题的思想准备,使其顺利回归社会。

第五十八条 监狱应当根据罪犯在服刑期间的考核情况、奖惩情况、心理测验情况,对其改造效果进行综合评估,具体评价指标、评估方法,另行规定。

第五十九条 监狱应当在罪犯刑满前一个月,将其在监狱服刑改造的评估意见、刑满释放的时间,本人职业技能特长和回归社会后的择业意向,以及对地方做好安置帮教工作的建议,填入《刑满释放人员通知书》,寄送服刑人员原户籍所在地的县级公安机关和司法行政机关。

第二节　亲属关怀

问题 10:哪些人可以与服刑人员会见、通信

根据司法部《罪犯会见通信规定》的规定,**服刑人员在监狱服**

刑期间，可以会见亲属、监护人，并与亲属、监护人通话。

"亲属"是指基于婚姻、血缘、法律拟制与服刑人员形成某种社会关系的人员，包括配偶、父母、子女、兄弟姐妹等。各地会见通信规定细则中规定的亲属范围略有差异，若不确定是否属于可以会见人员范围，可以具体咨询服刑监狱。

例如，根据北京市《罪犯会见通信的条件及程序》，会见范围仅包括配偶、父母（养父母、继父母）、子女（养子女、继子女）、祖父母（外祖父母）、孙子女（外孙子女）、兄弟姐妹、监护人。与罪犯关系密切的三代以内旁系血亲（叔、伯、姑、姨、舅及其配偶、兄弟姐妹的配偶、堂兄弟姐妹、表兄弟姐妹、侄子、侄女、外甥、外甥女）、姻亲（岳父母、公婆、儿媳、女婿、配偶的兄弟姐妹），经罪犯本人书面申请，监区申报，监狱审核批准，可按照正常范围会见。

此外，对于服刑人员收寄信件的对象并无限制。

问题11：如何办理会见

监狱会在收监后5个工作日内通知服刑人员亲属、监护人会见，通知中会载明会见人范围、会见时间安排、会见办理流程、所需相关证件等内容。实践中，多数监狱向服刑人员亲属、监护人寄送入监通知书的同时会附上会见相关通知，除此之外，监狱的公众号、官网上也会有相关内容。

1. 身份登记

服刑人员入监之日起5个工作日内，监狱一般会向服刑人员亲属主联系人（主联系人由服刑人员从会见范围内的亲属中确定）邮寄会见通知书和服刑人员社会关系调查表。服刑人员亲属主联系人填写服刑人员社会关系调查表后，须附带亲属有效身份证件复印件、亲属关系证明复印件，一并寄回监狱。经监区审核，审核民警签字，并经服刑人员本人签字确认后，将符合会见条件的亲属、监护人信息录入系统。

如因故未向监狱回寄上述材料，也可在会见时事先交予监狱，由监狱按照上述程序办理。

2. 准备会见所需资料

亲属、监护人首次会见需携带能证明本人身份的有效身份证件①、证明与服刑人员关系的有效证件或证明②办理会见手续。

法定监护人如为近亲属以外的个人或组织，需要提供服刑人员住所地的居民委员会、村民委员会或民政部门出具的证明。

服刑人员亲属为港澳台居民的，申请会见时通常还需提交港澳居民来往内地通行证或台湾居民来往大陆通行证。

后续会见时，亲属凭本人有效身份证件即可会见，亲属关系证明等一般可以不用提交，具体要求需要与所在监狱狱政科联系确认。

3. 了解是否存在会见限制

会见之前，建议事先了解目前是否可以会见以及是否存在相应的限制。例如，罪犯在被立案侦查、起诉、审判、关禁闭期间，无法进行会见；又如，若服刑人员被定为严管级的服刑人员，也会被停止会见通信。此外，根据广西、陕西等省（自治区）发布的公告，涉黑涉恶、职务类、金融类等特定罪名服刑人员，因属于严格管控对象，故不允许使用视频会见系统，需前往司法局远程会见室预约远程视频会见。

因此，建议亲属在会见前，向监狱了解服刑人员是否属于严管级别，以及是否存在限制会见的情形。

---

① 身份证或临时身份证，香港、澳门特别行政区居民身份证，台湾地区居民身份证，16周岁以下公民户口簿，外国公民护照。
② 户口簿、结婚证、出生医学证明，公安机关、军队政工部门或公证机关出具的亲属关系证明；人民法院判决书中已明确与服刑人员亲属关系的，可以视为关系证明。

4. 根据情况选择现场会见或者视频会见

（1）现场会见

目前，全国各省市基本都可以现场会见。

根据各地管理规定，亲属、监护人进入监狱前，监狱责任民警会宣布会见规定，并进行安检，如出现持有无效证件或与所持证件不符，不配合安检、不听从民警安排，酒后或精神、行为明显异常，经告知仍携带危险品或其他可能危害监狱安全的违禁物品的以及其他不利于罪犯改造或监管安全的情形，将无法进行现场会见。

（2）视频会见

对于往返服刑地监狱不方便的家属，也可以采用视频的方式会见。服刑人员可以向监狱提出视频会见申请，亲属也可以通过相应渠道进行申请。此前，由于疫情，各地监狱取消现场会见，浙江、广东、陕西等省份相继开通小程序或 App 视频会见，服刑人员家属可以根据监狱寄送的通知书或监狱官网、微信公众号所载操作流程，在手机上绑定服刑人员信息，网上申请远程视频预约会见。

而在尚未开通小程序或 App 的地区，如北京市，则需要亲属、监护人持本人有效身份证件、关系证明，前往居住地或户籍地司法所申请视频会见或由服刑人员在狱内提出视频会见申请。

问题 12：会见时有哪些注意事项

在会见过程中，监狱会进行实时监视、全程录音，并且根据监管改造需要可以实时监听。当出现下列情况时，监狱会中止会见，并视情节在 1～3 个月内暂停会见：（1）传递违禁物品的；（2）扰乱会见场所秩序的；（3）使用隐语、暗语或者非规定语种交谈，不听劝阻的；（4）携带或者使用手机、录音、摄影（像）设备的；（5）其他违反监狱会见管理规定的情形。在实践中，根据各地规定，违反监狱会见管理规定的，不仅会暂停一段时间内的会见，还会相应扣除服刑人员的考核分。

问题 13：能否与服刑人员通话

亲属、监护人可以与服刑人员通话，但是服刑人员的通话对象仅限于在监狱登记备案的亲属、监护人的电话号码。

司法实践中，建议家属事先咨询服刑监狱亲情电话办理的流程及手续要求。以北京市为例，根据北京市《罪犯会见通信的条件及程序》的相关要求，**首次通话前，亲属、监护人需向监狱提供身份证件、与服刑人员的关系证明、电话号码。由监区核实亲属关系和电话号码，无误后，经核实人签字，报监狱狱政管理部门审批，录入系统。**

在部分省份，如河南省，除身份证件、关系证明外，还需提供亲情电话办理前6个月内、在营业厅打印的、显示完整亲属姓名和电话号码的缴费清单。

问题 14：通信时有哪些注意事项

服刑人员拟邮寄的信件，除写给监狱的上级机关和司法机关的信件外，其他信件都必须经监狱检查后方可寄出，对收到的信件须经登记、检查后方可转交给服刑人员，因此家属在与在押人员通信时，要避免夹带违禁物品、不利于服刑人员改造或者影响监狱安全的内容，否则，信件将被监狱扣留，后续没收或者移交有关部门处理。

信件内容方面的具体要求，由各地监狱制定相关细则予以确定。以北京市为例，根据北京市《罪犯会见通信工作规定》的规定，罪犯收寄的信件中发现有下列内容的，应予以扣留，并按照相关规定处理：

（1）煽动颠覆国家政权、推翻社会主义制度或者分裂国家、破坏国家统一，危害国家安全的；

（2）泄露国家秘密或涉及监狱内部事项的；

（3）散布谣言扰乱社会秩序，破坏社会稳定的；

（4）煽动民族仇恨、民族歧视，破坏民族团结的；

（5）宣扬邪教或者迷信的；

（6）散布淫秽、赌博、恐怖信息或者教唆犯罪的；

（7）使用隐语、暗语、密码书写或在信纸、信封内外做标记的；

（8）涉及监狱民警、职工及其他罪犯家庭住址、通信号码、账号等个人信息的；

（9）涉及托关系、走门路、影响监管改造秩序内容的；

（10）其他有碍罪犯改造或影响监狱安全内容的。

实践中，信件被扣留通常是因为其内容有碍改造，如家属在信件中让服刑人员少干活多偷懒，不要吃亏，或者在信件中表达对服刑改造的不满，发牢骚、表达负面情绪等。

因此，家属会见时或者邮寄信件、通话时，应多表达正面情绪，如鼓励服刑人员认真遵守监规、积极改造，争取早日回家团圆等，以达到亲情帮教的目的。

此外，在向服刑人员邮寄信件时，可以一并邮寄照片。实践中，对于照片内容的要求，各监狱之间存在一定区别。通常而言，照片内容以家人照片或者内容积极健康的照片，如风景照为宜，拍照着装需得体，不宜穿着暴露，尽量选择衬衫、过膝裤、裙等，有的监狱要求6寸照片不超过3张，可以采用多图拼接的方式，尽量给在押人员更多的信息。

《罪犯会见通信规定》

第四条 罪犯在监狱服刑期间,可以会见亲属、监护人。

第五条 监狱应当自收监之日起五个工作日内通知罪犯亲属、监护人会见，通知应当包括会见人范围、会见时间安排、会见办理流程、所需相关证件等内容。

罪犯亲属、监护人，可以向监狱提出会见申请。

第六条 罪犯亲属、监护人首次会见的，凭本人居民身份证、户口簿等能证明本人身份和与罪犯关系的有效证件、证明办理会见手续。非首次会见的，凭本人居民身份证会见，未成年人可以凭户口簿会见。

第七条 视频会见的，罪犯可以向监狱提出申请，监狱准予会见的，应当确定会见时间，通知亲属、监护人居住地县级司法行政机关，司法行政机关应当及时通知亲属、监护人。

亲属、监护人可以就近向居住地县级司法行政机关或者司法所提出申请，司法行政机关应当审核其身份，符合会见条件的，通知罪犯所在监狱。监狱准予会见的，司法行政机关应当及时通知罪犯亲属、监护人。

亲属、监护人应当在监狱确定的会见时间到司法行政机关办公场所与罪犯视频会见。

第八条 会见一般每月一次，每次会见时间一般不超过三十分钟，每次会见人数一般不超过三人。未成年罪犯会见的次数和时间，可以适当放宽。

因罪犯家庭出现变故等原因需要延长会见时间或者在非规定时间会见的，应当经监狱长批准。

第九条 监狱应当查验会见人的有效证件和相关证明，对进入会见场所的会见人进行安全检查。会见人应当遵守监狱会见管理规定，违反规定的，不得进行会见。

第十条 会见应当在监狱会见室进行。罪犯因患精神病、严重传染病或者病重不适宜在会见室会见的，监狱安排在指定的安全场所会见。

第十一条　监狱应当向社会公开会见日具体安排，会见室应当设置候见区域、物品寄存柜、咨询台、狱务公开查询平台等，为会见人提供便利。

第十二条　有下列情形之一的，监狱可以暂停会见：

（一）罪犯被立案侦查、起诉、审判期间；

（二）罪犯被禁闭期间；

（三）其他影响监狱安全或者有碍罪犯改造的情形。

第十三条　罪犯会见时，监狱应当实时监视、全程录音。

根据监管改造需要可以实时监听，没在实时监听的，应当在两天内复听录音。视频会见的，监狱应当实时监视、监听。

第十四条　会见过程中有下列情形之一的，监狱应当中止会见，并视情节在一至三个月内暂停会见：

（一）传递违禁物品的；

（二）扰乱会见场所秩序的；

（三）使用隐语、暗语或者非规定语种交谈，不听劝阻的；

（四）携带或者使用手机、录音、摄影（像）设备的；

（五）其他违反监狱会见管理规定的情形。

第十五条　罪犯在监狱服刑期间，可以收寄信件，与亲属、监护人通话。

第十六条　监狱对罪犯拟邮寄的信件经检查后寄出，对收到的信件应当及时登记，经检查后转交给罪犯。罪犯写给监狱的上级机关和司法机关的信件，不受检查。

第十七条　对夹带违禁物品、不利于罪犯改造或者影响监狱安全的信件，监狱应当扣留。

监狱对扣留的罪犯信件，应当登记、存档，对违禁物品按照有关规定予以没收或者移交有关部门处理。

第十八条　罪犯通话一般每月不超过一次，每次通话时间一般不超过十分钟。未成年罪犯通话的次数，可以适当放宽。

第十九条 因罪犯家庭出现变故等原因需要增加通话次数、延长通话时间或者与其他人员通话的，应当经监狱长批准。

第二十条 罪犯通话应当使用监狱指定的通话设施，通话号码限于已在监狱登记备案的亲属、监护人的电话号码。

第二十一条 有下列情形之一的，监狱可以暂停通话：

（一）罪犯被立案侦查、起诉、审判期间；

（二）罪犯被禁闭期间；

（三）其他影响监狱安全或者有碍罪犯改造的情形。

第二十二条 罪犯通话时，监狱应当监听。通话过程中有下列情形之一的，监狱应当中止通话，并视情节在一至三个月内暂停通话：

（一）使用隐语、暗语或者非规定语种交谈，不听劝阻的；

（二）通话内容不利于罪犯改造的；

（三）通话内容违反法律法规或者影响监狱安全的。

《北京市监狱管理局监狱罪犯会见办事指南》

3. 办理条件：罪犯的配偶、父母（养父母、继父母）、子女（养子女、继子女）、祖父母（外祖父母）、孙子女（外孙子女）、兄弟姐妹、监护人。与罪犯具有血缘或姻亲关系的其他亲属（岳父、岳母、公公、婆婆、儿媳、女婿、堂（表）兄弟姐妹、侄子女、外甥子女；叔、伯、姑、姨、舅及其配偶，兄弟姐妹的配偶，配偶的兄弟姐妹），经罪犯本人书面申请，监狱审核批准，可按照正常范围会见。

罪犯每月可会见亲属或监护人一次，每次会见人数不超过三人（不含十四周岁以下未成年亲属），会见时间一般不超过三十分钟。未成年罪犯会见时间可延长至一小时。

罪犯被隔离审查、立案侦查、起诉、审判、禁闭、严管教育期间以及有其他影响监狱安全或者有碍罪犯改造的情形的，暂停会见。

4. 办理材料：罪犯亲属、监护人的身份证件、与罪犯的关系证明。

有效身份证件：中华人民共和国居民身份证（含临时居民身份证）、香港（澳门）特别行政区居民身份证、台湾地区居民身份证、户口簿（16周岁以下公民）、护照（外国公民）。

关系证明：户口簿、结婚证、出生医学证明、公安机关、军队政工部门或公证机关出具的亲属关系证明；人民法院判决书中已明确罪犯与亲属关系的，可以视为关系证明。以上证明有一项能够证明与罪犯亲属关系的即可。

罪犯的法定监护人如为近亲属以外的个人或组织，须经罪犯住所地的居民委员会、村民委员会或民政部门同意并出具证明。

罪犯亲属为港澳台居民的，申请会见时除提交身份证件、关系证明外，还需提交《港澳居民来往内地通行证》或《台湾居民来往大陆通行证》。

详细要求请参见"办理流程"部分。

10. 办理流程：

——到监狱会见的办理流程：

（1）罪犯入监之日起五个工作日内，监狱向罪犯亲属主联系人（主联系人由罪犯从会见范围内的亲属中确定）邮寄《会见通知书》和《服刑人员社会关系调查表》（见附件2）。罪犯亲属主联系人按照会见范围如实填写《社会关系调查表》，同时附带亲属有效身份证件复印件（1份）、与罪犯的亲属关系证明复印件（1份），一并寄回监狱。

（2）监区对《服刑人员社会关系调查表》、有效身份证件复印件、关系证明复印件进行审核，无误后由审核民警签字，并经罪犯本人签字确认，将符合会见条件的亲属、监护人信息录入系统。

罪犯亲属主联系人未寄回《服刑人员社会关系调查表》、有效身份证件复印件、关系证明复印件的，可在会见时交予监狱，由监狱按照上述程序办理。

（3）罪犯亲属或监护人首次会见的，凭本人有效身份证件、关系证明原件办理会见手续；非首次会见的，持本人有效身份证件办理。

（4）罪犯亲属、监护人按照监狱规定的时间到监狱办理会见手续，与罪犯会见。办理会见手续时，监狱逐一查验罪犯亲属、监护人有效身份证件，核对系统信息，确认后逐一采集会见人信息，确定会见具体时间和位置，发放《亲属会见证》，同时通知监区。监区及时将罪犯带至指定会见位置。

（5）罪犯亲属或监护人持《亲属会见证》，由监狱责任民警带领进入监狱。罪犯亲属、监护人进入监狱前，监狱责任民警宣布会见规定，严格安检，一经发现持有无效证件或与所持证件不符的、不配合安检、不听从民警安排的、酒后或精神、行为明显异常的、经告知仍携带危险品或其他可能危害监狱安全的违禁物品的以及其他不利于罪犯改造或监管安全的情形，不得办理会见。

（6）会见结束，经监狱、执勤武警核验证件无误后，由责任民警将罪犯亲属、监护人带出监狱，收回《亲属会见证》。

——视频会见的办理流程：

（1）罪犯提起视频会见申请的办理流程：

罪犯向监区提出视频会见申请（包括拟会见的亲属、监护人的姓名以及与本人的关系），监区审核后，报监狱审批。

监狱批准会见的，及时将会见时间、会见人员通知罪犯亲属、监护人居住地司法所。罪犯亲属、监护人居住地司法所及时将会见时间、会见人员通知罪犯亲属、监护人。

罪犯亲属、监护人在监狱确定的会见时间，持身份证件原件（首次会见的，还需携带关系证明原件）到司法所与罪犯视频会见。

(2) 罪犯亲属、监护人提起视频会见申请的办理流程：

罪犯亲属、监护人首次申请视频会见的，持本人身份证件、户口簿等能证明本人身份和与罪犯关系的有效证件、证明，向居住地司法所提出视频会见申请，司法所进行实人认证。非首次申请视频会见的，持本人身份证件（未办理身份证的未成年人持户口簿）原件，向居住地司法所提出视频会见申请。

司法所审核后，对符合会见条件的，将申请通知罪犯服刑监狱；对不符合会见条件的，告知理由。

监狱收到司法所转来的会见申请后，进行审核。批准会见的，确定会见时间，及时通知司法所；不批准会见的，告知不批准的理由。

司法所收到监狱审批结果后，及时通知罪犯亲属监护人，并将亲属、监护人是否同意会见的信息及时反馈监狱。

罪犯亲属、监护人在监狱确定的会见时间，到司法所与罪犯视频会见。

问题15：通话、会见多久一次

对于一般服刑人员，每月各有1次会见和通话机会，每次会见时间一般不超过30分钟，每次通话时间一般不超过10分钟，每次会见人数一般不超过3人。未成年服刑人员会见和通话的次数和时间，可以适当放宽。服刑人员因家庭出现变故等需要延长会见或通话时间、在非规定时间会见或与其他人员通话的，须经监狱长批准。

实践中，监狱通常会根据服刑人员的分级情况，给予其不同的会见和通话机会。通常而言，如果罪犯因违反监规被变更为严管级，通常会被暂停会见和通话；如果罪犯因改造表现好被变更为宽管级，通常会每月增加一次会见、通话机会。

此外，还有别的因素可能会影响会见、通话的时间和频次。例如,此前在疫情期间,北京市由于暂停了线下会见,各个等级的服刑人员都增加了一次亲情通话机会。因此,服刑人员家属应密切关注服刑地监狱管理局官网及微信公众号关于通信会见次数、方式及时间的最新通知。

问题16:如何给服刑人员汇款

1. 汇款方式

目前,绝大多数监狱的汇款方式已经从邮寄汇款变为线下或者网上银行汇款,部分省市,如北京市还开通了微信、支付宝汇款渠道。在邮寄入监通知书时,监狱一般会同时告知家属汇款户名、开户行、汇款方式等信息,此外,监狱微信公众号、官网上也会公开汇款方式、额度、可汇款人员范围等相关汇款信息。如果入监通知书中未载明收款账号,也可由服刑人员通过打电话、会见、写信的方式告知家属,或由家属拨打会见室电话咨询。

根据部分监狱发布的通知,家属在汇款时,应备注"服刑人员姓名+生活费"。为确保汇款能准确汇入服刑人员账户,即便监狱未作要求,家属也可以在汇款时,在备注栏备注服刑人员姓名、所处监区等信息。

2. 谁可以汇款

可汇款人员范围由各监狱管理局具体确定,以北京市为例,北京市各监狱允许具有会见资格的家属转款,是否具备资格以监狱审批为准,未经审核批准,其他人员不能为服刑人员转款。家属在首次转款时,须按要求填写信息、上传相关证照、进行家属身份审核,待身份审核通过后,方可为服刑人员转款。

3. 是否有时间和额度限制

就汇款频次和额度限制而言,各地规定不一,需根据服刑监狱发布的通知来确定。就北京市而言,目前服刑人员家属每月可以为服刑人员转账1次，服刑人员狱内消费账户余额不得超过7000元人民币，如金额超过上述规定，系统将自行拒收。① 此外，《最高人民法院、最高人民检察院、公安部、司法部关于加强减刑、假释案件实质化审理的意见》中也规定，未履行或者未全部履行财产性判项，无特殊原因狱内消费明显超出规定额度标准的，一般不认定确有悔改表现。因此，家属在汇款时，应尽量将汇款金额控制在服刑人员消费额度内，不宜过多汇款，以免因超额消费而影响减刑、假释。

问题17：如何给服刑人员寄送物品

目前，向服刑人员寄送物品的主要途径是邮寄方式或会见时递交。《关于加强监狱生活卫生管理工作的若干规定》明确禁止家属给服刑人员寄送、捎带食品、药品、被服。除此之外，可以寄送的物品种类、寄送方式及频次等，主要取决于各监狱的规定。

例如，北京市《罪犯会见通信工作规定》第23条规定，罪犯亲属、监护人会见时，可以带给罪犯的物品，限自然科学及法律、文学、艺术类等内容健康、有利改造的正版书籍，原则上每次不超过两册。确因改造需要且狱内超市不能购买的物品，由罪犯本人向监区提出书面申请，监区同意后报监狱狱政管理部门审核，分管监狱长审批。

而根据广东省监狱管理局《关于服刑人员接受家属馈送物品的规定》的规定，服刑人员家属可以寄送的物品包括：御寒保暖衣物（限于保暖内衣、卫衣，衣物必须无领或低领、无扣、无帽、无链、

---

① 北京市监狱管理局《罪犯家属支付宝（微信）转款告知书》中的"3. 家属支付宝（微信）转款的相关规定"规定：允许具有会见资格的家属（以监狱审批为准，未经审核批准，其他人员不能为服刑人员转款）为其狱内亲友每月转款一次，因服刑人员狱内消费账户余额不得超过7000元人民币，请您按系统提示进行转款。如金额超过上述规定，系统将自行拒收。

无带、无口袋、无图案、无字,颜色为浅色,且不能与军警服装颜色相似)、眼镜(限于矫正视力所需的近视、老花眼镜,镜架应是非金属材质,镜片应是树脂材质)、书籍(限于国内合法出版的专业书籍,且不得有妨碍狱内安全、管理的内容)。

此外,无论是邮寄物品还是信件,在邮寄前,家属均应向监狱或服刑人员确认具体邮寄地址,且地址尽量具体到监区,并向监狱确认可以接收的快递类型,实践中,**多数监狱仅接受中国邮政的包裹及挂号信,建议家属在邮寄前进行确认。**

《监狱法》

第四十九条 罪犯收受物品和钱款,应当经监狱批准、检查。

《最高人民法院、最高人民检察院、公安部、司法部关于加强减刑、假释案件实质化审理的意见》

7. 严格审查罪犯履行财产性判项的能力。罪犯未履行或者未全部履行财产性判项,具有下列情形之一的,不认定罪犯确有悔改表现:

(1) 拒不交代赃款、赃物去向;

(2) 隐瞒、藏匿、转移财产;

(3) 有可供履行的财产拒不履行。

对于前款罪犯,无特殊原因狱内消费明显超出规定额度标准的,一般不认定罪犯确有悔改表现。

《关于加强监狱生活卫生管理工作的若干规定》

(十) 监狱应当实行罪犯狱内刷卡消费,严禁罪犯持有现金。应制定罪犯每月购买食品及日用品等物品的最高消费限额,并根据罪犯的分级处遇等级变化调整其每月消费额度。

(十一) 罪犯日用品供应站(狱内超市)和会见室小卖部的商品

售价不得高于当地社会同期同类商品平均销售价格。监狱可根据实际情况推行罪犯日用品狱内网上销售和配送。罪犯日用品供应站（狱内超市）收入主要用于改善罪犯的生活卫生条件或弥补罪犯生活费不足，不得挪作他用。

（十二）禁止罪犯家属会见时为罪犯捎带食品。严禁监狱人民警察、外协人员和其他人员私自为罪犯捎带食品、药品。

问题18：家属如何了解服刑人员服刑情况

除了可以通过会见、通信的方式了解服刑人员情况，还可以联系服刑人员监狱狱政科，了解减刑、假释等监狱管理相关的事宜。此外，还可以向监狱申请狱务公开，了解服刑人员个人身体、生活、学习、劳动状况的信息。

可在服刑人员所在监狱的监狱管理局网站"狱务公开"栏目下查询到狱务公开的基本信息，主要包括减刑假释的公示、暂予监外执行的公告、相关法规制度、会见日期查询、各监狱联系方式查询，此外，部分省份的监狱管理局网站还会公开会见、颐送物品、汇款等指引以及常见问题的答复等。

除了传统的新闻媒体、狱内宣传、狱务咨询、印发手册等方式外，监狱还会通过电子显示屏、狱务公开信息查询终端等方式向罪犯近亲属公开信息，并通过门户网站、狱务微博、微信公众平台等新兴媒体向社会公众公开信息。

问题19：如果公开渠道未能获取相关信息，应当如何处理

如果监狱未主动公开相关信息，服刑人员近亲属可提出狱务公开申请，根据规定，监狱应当向服刑人员亲属公开的信息包括以下内容：

（1）监狱的名称、地址及联系方式。

（2）对监狱提请罪犯减刑、假释、暂予监外执行建议有异议的处理方式。

（3）监狱对罪犯实行分级处遇、考评、奖惩的结果，以及对结果有异议的处理方式。

（4）罪犯立功或重大立功的结果，以及对结果有异议的处理方式。

（5）监狱批准罪犯通讯会见、离监探亲、特许离监的结果。

（6）罪犯参加文化、职业技术教育、社会自学考试、考核的结果。

（7）罪犯从事的劳动项目、岗位和劳动报酬以及劳动技能、劳动绩效和劳动素养的评估等情况。

（8）罪犯食品、日用品消费及个人钱款账户收支等情况。

（9）罪犯身体健康状况、体检结果以及疾病诊治等情况。

（10）监狱认为需要向罪犯近亲属公开的其他信息。

对于监狱工作相关的法律法规和规章（如需要了解当地的罪犯计分考核办法或者相应减刑假释实施细则），服刑人员的近亲属可以通过在相应监狱管理局的网站上填写信息公开申请表（具体申请方式各地存在差异，一般均允许当面申请、网上申请或邮寄申请）并提供申请人的身份证文件的方式获取，20个工作日内会收到反馈。社会公众也可以以此方式申请。

服刑人员近亲属申请狱务公开应当向监狱、未管所提出书面申请材料，监狱、未管所受理后会转交相关职能科室（刑罚执行科、狱政管理科、教育改造科、生活卫生科、劳动改造科）进行审查，审查后认为属于公开范围的，职能科室会向申请人公开；审查后认为不属于应当公开范围的，相关职能科室不予公开并向申请人说明情况并登记。

问题 20：监狱不予公开相关信息时，能否提起行政诉讼要求信息公开

实践中对此存在争议。部分观点认为监狱对服刑人员的管理不属于行政行为，相关信息不属于政府信息范畴，理由是，监狱对服刑人员的管理是依据《刑事诉讼法》明确授权实施的行为，其相关信息不属于政府信息范畴，不属于行政诉讼的受案范围，对于相关起诉应当不予立案。

还有观点认为服刑信息属于政府信息，可以据此对监狱或监狱管理局提起行政诉讼。理由是，根据我国相关法律规定，监狱管理局属于司法行政部门，其在履行监管服刑人员的职责过程中形成的信息属于政府信息。也有部分行政诉讼支持了该观点，如张某聚与河南省监狱管理局司法行政管理（司法行政）信息公开案［(2018）豫7101行初420号］中，法院支持原告申请，要求监狱管理局公开服刑人员死亡时间、死亡原因及相关病例资料。

司法部政府信息公开指南[①]已经明确"监狱管理工作"属于司法行政业务的范畴，而司法行政业务相关信息属于应当予以公开的六大类政府信息之一。

此外，尽管监狱依照《刑法》及《刑事诉讼法》的规定执行刑罚，但是监狱在执行刑罚的同时还负有管理和改造的职能，涉及服刑人员劳动、日常生活起居管理的部分，如监狱医疗机构、卫生设施、监狱生活、卫生制度等部分，应属于监狱行政管理行为，而非刑罚执行行为，相关信息也应属于政府信息范畴。

因此，服刑人员家属可以考虑通过行政诉讼的方式进行救济。

---

① 《司法部政府信息公开指南》，载司法部官网，http：//www.moj.gov.cn/pub/sfbgw/zwxxgk/zwxxgkzn/index.html。

【典型案例】

张某聚与河南省监狱管理局司法行政管理（司法行政）信息公开案〔（2018）豫 7101 行初 420 号〕

要旨

政府信息是指行政机关在履行职责过程中制作或者获取的，以一定形式记录、保存的信息。公民的死亡时间及死亡原因等相关信息如果保存于行政机关，则可视为政府信息。获知直系亲属的死亡时间及死亡原因等相关信息，是每个公民的基本权利和自然需求。当罪犯直系亲属有线索证明监狱管理局可能保存有该罪犯死亡时间及死亡原因等相关信息而向其提出信息公开申请时，该监狱管理局应当本着为民、便民的原则，按照政府信息公开条例的规定作出答复，并应尽到对申请信息进行查找、检索的义务。

事实

张某义，1983 年因犯罪被判刑，1984 年被送到河南省第十一劳改支队服刑，服刑期间去世；张某聚，系张某义之子。

后张某聚多次向河南省监狱管理局申请要求公开张某义死亡原因、死亡时间及相关病历资料，河南省监狱管理局仅于 2016 年 9 月 6 日向张某聚出具了一份未包含具体死亡时间、死亡原因等信息的死亡证明。

2018 年 11 月 28 日，张某聚向河南省监狱管理局邮寄一份公开信息申请书，要求公开张某义死亡时间、死亡原因及相关病例资料，河南省监狱管理局一直未予答复。

张某聚以河南省监狱管理局不履行信息公开职责，于 2018 年 12 月 14 日提起诉讼。

理由

根据《政府信息公开条例》第 2 条的规定，政府信息是指行政机关在履行职责过程中制作或者获取的，以一定形式记录、保存的信息。公民的死亡时间及死亡原因等相关信息如果保存于行政机关，则可视为政府信息。获知直系亲属的死亡时间及死亡原因等相关信息，是每个公民的基本权利和自然需求。当公民有线索证明某一行政机关可能保存有其直系亲属死亡时间及死亡原因等相关信息，而向该行政机关提出信息公开申请时，该行政机关应当本着为民、便民的原则，按照《政府信息公开条例》第21条、第24条的规定作出答复，并应尽到对申请信息进行查找、检索的义务。

本案中，原告申请公开的信息，即其父亲具体死亡时间及因何病死亡等信息。被告收到原告的申请后，在法定期限届满前至本案开庭审理时未向原告作出答复，属于行政不作为。

根据被告2016年9月6日出具的证明，说明被告掌握有一定的张某义死亡相关信息，但该证明仅显示"张某义1984年6月在服刑期间因病死亡"，不足以满足原告对其父亲死亡相关信息的知情权。即便原告曾提出过与本案相同的公开申请，本次再次提出，亦在情理之中。由上述证明可知，张某义原服刑的河南省第十一劳改支队已经撤销，原告再向河南省第十一劳改支队申请相关信息已不可能。被告作为具体负责全省监狱工作的部门管理机构，原告向被告提出本案的信息公开申请，符合被告的职权范围。

关于原告申请信息是否属于狱务公开的问题，"狱务公开"并非法律概念，被告提交的涉及狱务公开的规范性文件，不能成为排除适用政府信息公开条例的依据。另外，本案原告申请的信息是其父的死亡时间等信息，且产生于1984年，已年代久远，适用狱务公开的规定于法无据。

结果

被告河南省监狱管理局应于判决生效后15个工作日内对原告张某聚提出的信息公开申请作出答复。

《司法部关于进一步深化狱务公开的意见》

三、进一步深化狱务公开内容

4. 监狱机关应当根据社会公众、罪犯近亲属及罪犯等公开对象的不同需求,进一步深化狱务公开的内容。

5. 对社会公众,监狱应当依法公开下列信息:

(1) 监狱的性质、任务和职责权限。

(2) 监狱人民警察的权利、义务和纪律要求。

(3) 对监狱机关和监狱人民警察执法、管理工作进行举报投诉的方式和途径。

(4) 罪犯收监、释放的法定条件和程序。

(5) 罪犯的基本权利和义务。

(6) 罪犯申诉、控告、检举的方式和途径。

(7) 罪犯减刑、假释的法定条件、程序和结果,监狱向人民法院提请罪犯减刑、假释的建议书。

(8) 罪犯暂予监外执行的法定条件、程序和结果,罪犯暂予监外执行决定书。

(9) 罪犯狱内又犯罪的处理程序和结果。

(10) 罪犯服刑期间应当遵守的行为规范。

(11) 对罪犯服刑改造表现进行考评的条件和程序。

(12) 罪犯分级处遇的条件和程序。

(13) 罪犯获得表扬、记功或物质奖励等奖励的条件和程序。

(14) 罪犯受到警告、记过或者禁闭等处罚的条件和程序。

(15) 罪犯立功和重大立功的条件和程序。

(16) 罪犯通讯、会见的条件和程序。

(17) 罪犯离监探亲、特许离监的条件和程序。

（18）罪犯思想、文化、职业技术教育有关情况。

（19）罪犯劳动项目、岗位技能培训、劳动时间、劳动保护和劳动报酬有关情况。

（20）罪犯伙食、被服实物量标准，食品安全、疾病预防控制有关情况。

（21）监狱执法管理重大事件的处置及调查情况。

（22）监狱工作相关法律法规和规章。

（23）法律、法规、规章和其他规范性文件规定的应当向社会公开的内容。

6. 除向社会公众公开的内容外，监狱还应当依法向罪犯近亲属公开有关罪犯的个人服刑信息。公开的内容包括：

（1）监狱的名称、地址及联系方式。

（2）对监狱提请罪犯减刑、假释、暂予监外执行建议有异议的处理方式。

（3）监狱对罪犯实行分级处遇、考评、奖惩的结果，以及对结果有异议的处理方式。

（4）罪犯立功或重大立功的结果，以及对结果有异议的处理方式。

（5）监狱批准罪犯通讯会见、离监探亲、特许离监的结果。

（6）罪犯参加文化、职业技术教育、社会自学考试、考核的结果。

（7）罪犯从事的劳动项目、岗位和劳动报酬以及劳动技能、劳动绩效和劳动素养的评估等情况。

（8）罪犯食品、日用品消费及个人钱款账户收支等情况。

（9）罪犯身体健康状况、体检结果以及疾病诊治等情况。

（10）监狱认为需要向罪犯近亲属公开的其他信息。

7. 对罪犯公开，除向社会公众和罪犯近亲属公开的内容外，监狱还应当以监区或分监区为单位，向罪犯全面公开监狱执行刑罚和管理过程中的法律依据、程序、结果，以及对结果不服或者有异议的处理方式，但对涉及国家秘密、工作秘密和罪犯个人隐私的信息不得公开。

8. 对依法向社会公开的信息，应当以便于公众知晓的方式予以公开。对涉及罪犯个人服刑情况的相关信息，可以依法向罪犯及其近亲属告知，也可以根据罪犯及其近亲属的申请依法予以公开。各地应当结合实际，建立健全依申请公开的工作规程，明确办理依申请公开的受理、审查、处理、答复等各个环节的具体要求，确保罪犯及其近亲属提出的申请及时得到妥善处理。

四、进一步创新狱务公开方式方法

9. 要在继续坚持和完善借助新闻媒体、运用狱内宣传手段、开展狱务咨询、印发《狱务公开手册》等传统公开方式的同时，积极利用现代信息技术创新公开的方式方法，拓宽公开的渠道，使罪犯近亲属和社会公众能够更加方便、快捷地获得公开信息。

10. 对罪犯公开，可以通过狱务公开专栏、监狱报刊、狱内广播、闭路电视、电子显示屏、罪犯教育网等方式，在罪犯学习、生活、劳动区域及时公布狱务公开的相关信息；还可以通过在狱内设置狱务公开信息查询终端，实现罪犯对计分考评、分级处遇、行政奖惩、刑罚变更执行等重要服刑信息的自助查询。

11. 对罪犯近亲属公开，可以通过在会见场所设置电子显示屏、狱务公开信息查询终端，为其提供信息查询服务；也可以通过设立狱务公开服务热线，及时解答罪犯近亲属对监狱执法管理工作提出的疑问；还可以通过运用手机短信、微信等现代信息手段，向罪犯近亲属及时发布罪犯个人服刑改造的相关信息。

12. 对社会公众公开，可以通过门户网站、政务微博、微信公众平台等新兴媒体，增强狱务公开的影响力和舆论引导力；还可以通过召开执法情况通报会等方式，主动向社会人士、执法监督员介绍监狱执法管理及保障罪犯合法权益的情况，听取意见和建议。

| 第二章 |

服刑人员权利义务

第一节 服刑人员社会保障

问题21：服刑人员是否保留原来户籍

2003年8月之前入狱的服刑人员，根据《户口登记条例》第12条的规定，在被逮捕时，由逮捕机关通知其常住地户口登记机关注销户口。2003年8月公安部出台的30条便民利民措施中规定，被判处徒刑、被决定劳动教养的人员不再注销户口①，因此，原则上在2003年8月后入狱的服刑人员不会被注销户口，但不排除在少数地区有政策延迟。

由于2003年8月前入狱的服刑人员户口已经被注销，在被释放后，须按照释放证明书上记载的报到时间，持释放证明书到户籍所在地派出所办理户籍登记手续；2003年8月后入狱的服刑人员由于并未被注销户口，刑满释放后只要身份证件未过期即可正常进行社会活动。

问题22：家属能否领回服刑人员身份证

根据《居民身份证法》的规定，除公安机关依照刑事诉讼法的

---

① 《公安部出台30项便民利民措施》，载中国政府网，https://www.gov.cn/test/2005-06/28/content_ 10509.htm。

规定执行监视居住外，任何组织或者个人不得扣押居民身份证。该法删除了《居民身份证条例》中由执行机关按照规定收缴服刑人员居民身份证的规定。此外，《公安机关代为保管涉案人员随身财物若干规定》又规定，对涉案人员随身财物，除生活必需品且不影响执法安全的以外，应当告知涉案人员委托家属或者其他人员领回。

因此，除公安机关依照刑事诉讼法的规定执行监视居住外，即使是在诉讼过程中，犯罪嫌疑人的身份证也不应被扣押，被扣押的应当通知家属领回。但在实践中，身份证多作为涉案人员随身财物由公安机关代为保管，且办案机关一般不会通知家属领回身份证件。未被领回的身份证件，在涉案人员被移送看守所或监狱后，也将被一并移交。

案件宣判后，家属可以根据《居民身份证法》《公安机关代为保管涉案人员随身财物若干规定》的相关规定，在服刑人员尚未被送监执行时向看守所申请领回服刑人员的身份证。

在服刑人员送监执行前未申请领回身份证，但在服刑人员服刑期间需要其身份证的，家属或服刑人员可以向狱政科申请领回。如果此时服刑人员身份证在服刑期间到期，可以由家属咨询户籍所在地派出所服刑人员身份证补办事宜，或由家属或服刑人员向监狱咨询身份证补办事宜。

问题23：服刑人员驾驶证到期如何换证

服刑人员在服刑期间驾驶证到期的，如果剩余刑期较短，3年内即可出狱，其可以在驾驶证有效期内或者有效期届满1年内，向机动车驾驶证核发地车辆管理所申请延期办理换证手续，申请时应当填写申请表，并提交机动车驾驶人的身份证明、机动车驾驶证和延期事由证明（可以是判决书、执行通知书，也可以是监狱或者看守所出具的服刑证明），延期时间最长为3年。

如果剩余刑期在3年以上,可以委托他人办理换证。服刑人员需要提供本人的身份证、体检表、近3个月内拍摄的1寸白色底板彩色照片,驾驶证原件,看守所、监狱出具的拘押证明,委托书,被委托人身份证,驾驶人可向看守所、监狱提出申请办理体检表。如果暂时无法提供上述材料,可先申请延期办理。

实践中,也有监狱协调车管所为服刑人员在狱内集中办理驾驶证换证事宜,等需要换发证件的人数达到一定数量后,监狱会联络有关办证人员到监狱中集中给服刑人员换发证件。

《公安机关代为保管涉案人员随身财物若干规定》

第五条 对涉案人员随身财物,除生活必需品且不影响执法安全的以外,应当告知涉案人员委托家属或者其他人员领回。具有下列情形之一的,可以由公安机关代为保管:

(一)被拘留的犯罪嫌疑人涉嫌危害国家安全犯罪、恐怖活动犯罪,通知家属领回可能有碍侦查的;

(二)无法通知涉案人员家属或者其他受委托人的;

(三)涉案人员拒绝委托家属或者其他人员代领的;

(四)受委托人拒绝代领或者未到公安机关领取的;

(五)需要由公安机关代为保管的其他情形。

前款第(一)项规定中,有碍侦查的情形消失以后,应当及时通知涉案人员委托家属或者其他人员领回随身财物。

第十四条 涉案人员被移送其他机关、公安机关其他办案部门或者看守所、拘留所、强制隔离戒毒所、收容教育所等公安机关管理的羁押场所以及司法行政机关管理的执行场所时,应当将财物一并移交有关部门或者场所。公安机关其他办案部门或者监管场所应当接收移交的涉案人员随身财物,并且办理移交和保管手续。

《机动车驾驶证申领和使用规定》

第七十五条 机动车驾驶人因服兵役、出国（境）等原因，无法在规定时间内办理驾驶证期满换证、审验、提交身体条件证明的，可以在驾驶证有效期内或者有效期届满一年内向机动车驾驶证核发地车辆管理所申请延期办理。申请时应当确认申请信息，并提交机动车驾驶人的身份证明。

延期期限最长不超过三年。延期期间机动车驾驶人不得驾驶机动车。

问题24：非公职人员被追究刑事责任的，用人单位是否可以单方解除劳动合同

如果是非公职人员，用人单位可以此为由解除劳动合同、无须经济补偿。但如果用人单位不解除劳动合同，服刑人员仍可按照双方劳动合同约定享有权利义务。

《劳动合同法》第39条规定，劳动者被依法追究刑事责任的，用人单位可以解除劳动合同。这里的"被依法追究刑事责任"包括被人民法院判处刑罚（含缓刑）和被依法定罪但免予刑事处罚两种情形，但不包括检察院不起诉的情形。在上述两种情况下，用人单位主动解除劳动合同无须对员工进行经济补偿。

问题25：公职人员被追究刑事责任的，是否一定会被开除公职

公职人员被追究刑事责任的，有可能面临开除或者其他处分。

根据《公职人员政务处分法》，公职人员犯罪的，可能面临如下政务处分（见表2-1）：

表 2-1　公职人员政务处分一览

处分	情形
开除	因故意犯罪被判处管制、拘役或者有期徒刑以上刑罚（含宣告缓刑）的
	因过失犯罪被判处有期徒刑，刑期超过 3 年的
	因犯罪被单处罚金或者并处剥夺政治权利的
	公职人员因犯罪被单处罚金，或者犯罪情节轻微，人民检察院依法作出不起诉决定或者人民法院依法免予刑事处罚，造成不良影响的，予以开除
	因过失犯罪被判处管制、拘役或者 3 年以下有期徒刑的，一般应当予以开除；案件情况特殊，予以撤职更为适当的，可以不予开除，但是应当报请上一级机关批准
撤职	公职人员因犯罪被单处罚金，或者犯罪情节轻微，人民检察院依法作出不起诉决定或者人民法院依法免予刑事处罚的，予以撤职

问题 26：被追究刑事责任后，还能否领工资

1. 非公职人员被追究刑事责任，如果未被解除劳动合同，工资如何发放由用人单位自行决定。

2. 公职人员被采取强制措施和受行政、刑事处罚后，工资待遇有如下几种处理方式：

（1）取保候审、监视居住、刑事拘留、逮捕、留置期间停发工资待遇，按本人原基本工资的 75% 计发生活费，不计算工作年限。①

---

① 关于留置对工资待遇的影响，目前并无明确规定，但鉴于《关于公务员被采取强制措施和受行政刑事处罚工资待遇处理有关问题的通知》和《关于事业单位工作人员和机关工人被采取强制措施和受行政刑事处罚工资待遇处理有关问题的通知》发布时对职务犯罪的公职人员均采取同非公职人员相同的刑事强制措施，且留置在性质上也类似强制措施，因此，在实践中参照公职人员被采取强制措施的规定处理从法理上看也并无不当。

如果在此期间被开除，从受开除处分的次月起，取消原工资待遇。

刑事拘留期间或被批准逮捕后在逃期间，停发工资待遇。

经查证核实不构成犯罪的，恢复工资待遇，减发的工资予以补发，被采取强制措施期间计算工作年限。

比较特殊的是国有企业负责人，被依法采取留置或刑事拘留、逮捕等强制措施的，会被停薪；事后证明被错误采取强制措施的，可以申请国家赔偿，但不补发薪酬。被纪检监察机关或司法机关调查但未被采取强制措施的，只有当负责人无法正常履职时，才会暂缓薪水的发放，同时按照不超过本人当年基本年薪月发放标准计发生活费。经调查认定不存在违纪违法事实的，薪水应当补发；存在违纪违法事实的，企业应根据处理结果扣减其薪水。

公务员退休后，被采取刑事强制措施或构成犯罪的，参考上述情形认定。

虽未被采取刑事强制措施，但被强制隔离戒毒、行政拘留，未被开除的，停发工资待遇，按本人原基本工资的75%计发生活费，不计算工作年限。期满后的工资待遇，根据所受处分相应确定。

（2）受到刑事处罚

若公职人员最终受到刑事处罚，单位即便尚未作出开除决定，也应当从法院判决生效之日起，取消其原工资待遇。

若公职人员经再审宣告无罪或免予刑事处罚，原开除处分被撤销，则恢复工资待遇，减发的工资予以补发，原判期间和刑罚执行完毕至开除处分决定被撤销期间计算工作年限；原开除处分被变更的，根据变更后的处分相应确定工资待遇，从处分变更的次月起执行。

被多减发的工资予以补发，原判期间和刑罚执行完毕至开除处分决定被撤销期间计算工作年限。

《劳动合同法》

第三十九条 劳动者有下列情形之一的,用人单位可以解除劳动合同：

……

（六）被依法追究刑事责任的。

《公职人员政务处分法》

第十四条 公职人员犯罪,有下列情形之一的,予以开除：

（一）因故意犯罪被判处管制、拘役或者有期徒刑以上刑罚（含宣告缓刑）的；

（二）因过失犯罪被判处有期徒刑,刑期超过三年的；

（三）因犯罪被单处或者并处剥夺政治权利的。

因过失犯罪被判处管制、拘役或者三年以下有期徒刑的,一般应当予以开除；案件情况特殊,予以撤职更为适当的,可以不予开除,但是应当报请上一级机关批准。

公职人员因犯罪被单处罚金,或者犯罪情节轻微,人民检察院依法作出不起诉决定或者人民法院依法免予刑事处罚的,予以撤职；造成不良影响的,予以开除。

《劳动和社会保障部办公厅关于职工被人民检察院作出不予起诉决定用人单位能否据此解除劳动合同问题的复函》

人民检察院根据《中华人民共和国刑事诉讼法》第一百四十二条第二款规定作出不起诉决定的,不属于《劳动法》第二十五条第（四）项规定的被依法追究刑事责任的情形。因此,对人民检察院根据《中华人民共和国刑事诉讼法》第一百四十二条第二款规定作出不起诉决定的职工，用人单位不能依据《劳动法》第二十五条第（四）项规定解除其劳动合同。但其行为符合《劳动法》第二十五条其他情形的，用人单位可以解除劳动合同。

《中共中央组织部、人力资源和社会保障部、监察部、国家公务员局关于公务员被采取强制措施和受行政刑事处罚工资待遇处理有关问题的通知》

一、公务员被采取强制措施和受行政、刑事处罚的工资待遇处理

（一）公务员被取保候审、监视居住、刑事拘留、逮捕期间，停发工资待遇，按本人原基本工资的75%计发生活费，不计算工作年限。经审查核实，公安机关撤销案件或人民检察院不起诉或人民法院宣告无罪、免予刑事处罚，未被收容教育、强制隔离戒毒、劳动教养、行政拘留，且未受处分的，恢复工资待遇，减发的工资予以补发，被采取强制措施期间计算工作年限。

（二）公务员被刑事拘留在逃或批准逮捕在逃的，停发工资待遇。

（三）公务员被收容教育、强制隔离戒毒、劳动教养和行政拘留期间，未被开除的，停发工资待遇，按本人原基本工资的75%计发生活费，不计算工作年限。期满后的工资待遇，根据所受处分相应确定。

（四）公务员受到刑事处罚，处分决定机关尚未作出开除处分决定的，从人民法院判决生效之日起，取消原工资待遇。

（五）公务员受到刑事处罚，经再审宣告无罪或免予刑事处罚，原开除处分决定被撤销，不再给予处分的，从处分变更的次月起恢复工资待遇。原判期间和刑罚执行完毕至开除处分决定被撤销期间，被停发的工资由单位补发。达到国家规定的退休年龄以前，原判期间和刑罚执行完毕至开除处分决定被撤销期间计算工作年限。

（六）公务员受到刑事处罚，经再审宣告无罪或免予刑事处罚，原开除处分决定被变更的，根据变更后的处分相应确定工资待遇，从处分变更的次月起执行。原判期间和刑罚执行完毕至开除处分决定被变更期间，被多减发的工资由单位补发。达到国家规定的退休年龄以前，原判期间和刑罚执行完毕至开除处分决定被变更期间计算工作年限。

《中共中央组织部、人力资源社会保障部、监察部关于事业单位工作人员和机关工人被采取强制措施和受行政刑事处罚工资待遇处理有关问题的通知》

一、事业单位工作人员和机关工人被采取强制措施和受行政、刑事处罚的工资待遇处理

（一）事业单位工作人员和机关工人被取保候审、监视居住、刑事拘留、逮捕期间，停发工资待遇，按本人原基本工资的75%计发生活费，不计算工作年限。经审查核实，公安机关撤销案件或人民检察院不起诉或人民法院宣告无罪、免予刑事处罚，未被收容教育、强制隔离戒毒、劳动教养、行政拘留，且未受处分的，恢复工资待遇，减发的工资予以补发，被采取强制措施期间计算工作年限。

（二）事业单位工作人员和机关工人被刑事拘留在逃或批准逮捕在逃的，停发工资待遇。

（三）事业单位工作人员和机关工人被收容教育、强制隔离戒毒、劳动教养、行政拘留期间，未被开除的，停发工资待遇，按本人原基本工资的75%计发生活费，不计算工作年限。期满后的工资待遇，根据所受处分相应确定。

（四）事业单位工作人员（行政机关任命的除外）和机关工人被判处有期徒刑以上刑事处罚，处分决定机关尚未作出开除处分决定的，从人民法院判决生效之日起，取消原工资待遇。被判处管制、拘

役或拘役被宣告缓刑期间，如单位未给予开除处分的，停发工资待遇，不计算工作年限。如在拘役被宣告缓刑期间安排了临时工作的，按本人基本工资的60%计发生活费。期满后的工资待遇，根据所受处分相应确定。

行政机关任命的事业单位工作人员受到刑事处罚，处分决定机关尚未作出开除处分决定的，从人民法院判决生效之日起，取消原工资待遇。

（五）事业单位工作人员和机关工人受到刑事处罚，经再审宣告无罪或免予刑事处罚，原开除处分决定被撤销，不再给予处分的，从处分变更的次月起恢复工资待遇。原判期间和刑罚执行完毕至开除处分决定被撤销期间，被停发的工资由单位补发。达到国家规定的退休年龄以前，原判期间和刑罚执行完毕至开除处分决定被撤销期间计算工作年限。

（六）事业单位工作人员和机关工人受到刑事处罚，经再审宣告无罪或免予刑事处罚，原开除处分决定被变更的，根据变更后的处分相应确定工资待遇，从处分变更的次月起执行。原判期间和刑罚执行完毕至开除处分决定被变更期间，被多减发的工资由单位补发。达到国家规定的退休年龄以前，原判期间和刑罚执行完毕至开除处分决定被变更期间计算工作年限。

二、事业单位工作人员和机关工人退休后被采取强制措施和受行政、刑事处罚的退休费待遇处理

……

（九）事业单位工作人员和机关工人退休后被采取强制措施和受行政、刑事处罚的，如已参加养老保险并按养老保险有关规定计发基本养老金，其待遇处理办法按国家有关养老保险的规定执行。

《人力资源社会保障部办公厅关于国有企业负责人涉嫌违纪违法被调查期间薪酬支付问题有关意见的函》

各省、自治区、直辖市及新疆生产建设兵团人力资源和社会保障厅（局），中央和国家机关有关部委、机构办公厅（室），全国人大常委会办公厅、全国政协办公厅秘书局，国家监察委员会、最高人民法院、最高人民检察院办公厅，有关民主党派中央办公厅（室），有关人民团体办公厅（室）：

国有企业负责人涉嫌违纪违法，被纪检监察机关或司法机关依法采取留置或刑事拘留、逮捕等强制措施的，企业应停止支付其在此期间薪酬。被错误采取上述措施的，依据有关规定申请国家赔偿，企业不再补发其薪酬。

国有企业负责人涉嫌违纪违法，被纪检监察机关或司法机关调查但未被采取上述措施，对无法正常履职的，企业应暂缓支付其无法正常履职期间的薪酬，按照不超过本人当年基本年薪月发放标准计发生活费。经调查认定不存在违纪违法事实的，企业应补发其应发薪酬。存在违纪违法事实的，企业应根据处理结果按照相关规定扣减其薪酬。

问题 27：服刑期间能否继续缴纳、享受养老保险

1. 服刑期间暂停缴纳养老保险

根据《人力资源社会保障部对十三届全国人大二次会议第 6293 号建议的答复》（人社建字〔2019〕11 号），监狱并非服刑人员的用人单位，服刑人员在服刑期间**不能参加职工基本养老保险（缓刑除外）**。

服刑人员是否可以自行缴纳城乡居民基本养老保险，目前还没有明确的国家级政策出台。部分省份允许缴纳，比如云南省人力资源和社会保障厅办公室《关于城乡居民基本养老保险有关问题答复的通

知》(云人社办通〔2021〕17号)文件要求,为保障服刑人员服刑期满后更好地融入社会生活,维护社会稳定,**在国家尚未有禁止服刑人员参加城乡居民基本养老保险的政策文件规定之前,服刑期间可以参加城乡居民基本养老保险并缴费**。①

2. 服刑期间暂停享受养老保险

关于退休人员被判刑是否可以领取养老金,根据劳动和社会保障部办公厅发布的《关于退休人员被判刑后有关养老保险待遇问题的复函》(劳社厅函〔2001〕44号),对于被判处拘役、有期徒刑以上的退休人员,服刑期间停发基本养老金,服刑期满后可以按服刑前的标准继续发给基本养老金,退休人员在服刑期间死亡的,其个人账户储存额中的个人缴费部分本息可以继承,但遗属不享受相应待遇;被判处管制、缓刑,或被判刑后暂予监外执行的退休人员,可以按被判刑前的标准继续发给基本养老金。上述两种情形的服刑期间,均不参与基本养老金调整。因此,在被羁押、服刑的,需申请暂停养老保险待遇,具体申请办法,可以咨询社保所在地的人社局或村(居)委会。

问题28:服刑期间能否享受医疗保险

1. 监狱及看守所服刑人员

被判刑羁押期间,相关人员不能缴纳医疗保险,按中断缴费处理,不享受职工基本医疗保险,刑满释放或假释后可重新缴费。在服刑期间,根据相关法律规定,由省(区、市)监狱管理局全额保障罪犯基本医疗经费。

---

① 《看微信、学政策,城乡居民基本养老保险全知道(服刑人员有关规定)》,载微信公众号"晋宁区人社局"2023年4月12日,https://mp.weixin.qq.com/s/rmK324MJByjFgW-DaSm-JA。

2. 社会服刑人员（缓刑等社区矫正人员）

社区服刑不会对医疗保险的缴纳和待遇的享受产生影响，社区服刑人员（包括被判处管制、缓刑、假释、暂予监外执行的罪犯）可按规定执行基本医疗保险等有关医疗保障政策，享受相应待遇，其中不包括保外就医人员。此外，社区服刑人员可根据自身就业状况选择参加职工基本医疗保险或城镇居民基本医疗保险，有用人单位的社区服刑人员应当与其他职工一样参加职工基本医疗保险，由用人单位和个人按规定参保缴费。

问题29：服刑人员能否享受失业保险

1. 监狱及看守所服刑人员

与职工基本养老保险一样，监狱并非服刑人员的用人单位，在监狱服刑的人员无法缴纳失业保险。但是，根据《劳动和社会保障部办公厅关于对刑满释放或者解除劳动教养人员能否享受失业保险待遇问题的复函》的规定，在职人员因被判刑收监执行或者被劳动教养，而被用人单位解除劳动合同的，可以在其刑满、假释、劳动教养期满或解除劳动教养后，申请领取失业保险金。

失业保险金自办理失业登记之日起计算。申请领取失业保险金的刑满释放人员要满足申请失业保险的基本条件，**即失业前用人单位和本人已经缴纳失业保险费满1年，非因本人意愿中断就业，已经进行失业登记并有求职要求。**

如果在服刑前已参加失业保险或正在领取失业保险金，根据《关于进一步做好刑满释放、解除劳教人员促进就业和社会保障工作的意见》的规定，城市（含城镇）户籍的刑释解教人员刑满释放后，符合条件的，可以按规定享受或恢复失业保险待遇。

2. 社会服刑人员（缓刑等社区矫正人员）

对于社区服刑人员，根据《社区矫正意见》，符合申领失业保金条件的社区服刑人员，即失业前用人单位和本人已经缴纳失业保险费满 1 年，非因本人意愿中断就业，已经进行失业登记并有求职要求的，可按规定享受失业保险待遇。

《劳动和社会保障部办公厅关于退休人员被判刑后有关养老保险待遇问题的复函》

退休人员被判处拘役、有期徒刑及以上刑罚或被劳动教养的，服刑或劳动教养期间停发基本养老金，服刑或劳动教养期满后可以按服刑或劳动教养前的标准继续发给基本养老金，并参加以后的基本养老金调整。退休人员在服刑或劳动教养期间死亡的，其个人帐户储存额中的个人缴费部分本息可以继承，但遗属不享受相应待遇。退休人员被判处管制、有期徒刑宣告缓刑和监外执行的，可以继续发给基本养老金，但不参与基本养老金调整。退休人员因涉嫌犯罪被通缉或在押未定罪期间，其基本养老金暂停发放。如果法院判其无罪，被通缉或羁押期间的基本养老金予以补发。

《人力资源社会保障部对十三届全国人大二次会议第 6293 号建议的答复》

国家建立基本养老保险等社会保险制度，是为了保障公民在年老、疾病、工伤、失业、生育等情况下依法从国家和社会获得物质帮助的权利。目前，基本养老保险已经建立职工和城乡居民基本养老保险两大制度平台，实现了对社会全体成员的覆盖。按照《中华人民共和国社会保险法》规定，职工应当参加基本养老保险，由用人单位和职工共同缴纳基本养老保险费。无雇工的个体工商户、未在用人单位参加养老保险的非全日制从业人员以及其他灵活就业人员可以参加基本养老保险，由个人缴纳基本养老保险费。按照现行规定，职工基本养老保险保障程度相对较高，它遵循公平与效率相结合、权利与义务相对应的原则，主要覆盖城镇就业人员。城乡居民基本养老保险实行个人缴费、集体补助、政府补贴相结合的办法，适用于不属于职工基本养老保险制度覆盖范围的适龄（年满16周岁，不含在校学生）城乡居民。

按照《中华人民共和国监狱法》规定，监狱是国家的刑罚执行机关，根据改造罪犯的需要，组织罪犯从事生产劳动，国家提供罪犯劳动必需的生产设施和生产经费。可见，监狱不是用人单位，罪犯也不是与用人单位建立劳动关系的职工。因此，在监狱服刑期间的罪犯按照法律规定，不能参加职工基本养老保险。在监狱服刑的罪犯，其生活经费、改造经费等均已列入国家预算。服刑人员在服刑之前和服刑之后，其职工基本养老保险缴费年限，以及个人账户储存额可以累计计算，按规定应享有的基本养老保险权益不受影响。关于罪犯在服刑期间能否缴纳城乡居民基本养老保险费问题，下一步我们将会同有关部门进行深入研究。

《机关事业单位基本养老保险关系和职业年金转移接续经办规程(暂行)》

第九条 参保人员因辞职、辞退、未按规定程序离职、开除、判刑等原因离开机关事业单位的，应将基本养老保险关系转移至户籍所在地企业职工社会保险经办机构，按以下流程办理转移接续手续：

（一）原参保单位提交《机关事业单位辞职辞退等人员基本养老保险关系转移申请表》（附件6），并提供相关资料。

（二）转出地社会保险经办机构在收到《机关事业单位辞职辞退等人员基本养老保险关系转移申请表》之日起15个工作日内完成以下手续：

1. 核对有关信息并生成《基本养老保险信息表》；

2. 办理基本养老保险基金划转手续，转移基金额按本规程第七条第四款第2项规定计算；

3. 将《基本养老保险信息表》传送给转入地社会保险经办机构；

4. 终止参保人员在本地的基本养老保险关系并将办结情况告知原参保单位。

（三）基本养老保险关系转入。转入地社会保险经办机构收到《基本养老保险信息表》和转移基金，在信息、资金匹配一致后15个工作日内办结以下接续手续：

1. 核对《基本养老保险信息表》及转移基金额；

2. 将转移基金额按规定分别记入统筹基金和参保人员个人账户；

3. 根据《基本养老保险信息表》及相关资料，补充完善相关信息；

4. 将办结情况告知参保人员或原参保单位。

《内务部关于工作人员曾受过开除、劳动教养、刑事处分工龄计算问题的复函》

一、工作人员受过开除处分或者刑事处分的，应当从重新参加工作之日起计算工作年限，他们受处分以前的工作时间和参加工作以前主要依靠工资为生活来源的劳动时间，可以计算为一般工龄。如果情节较轻，经过任免机关批准的，受处分以前的工作时间，也可以合并计算工作年限。但受开除处分或者刑事处分的反革命分子和其他坏分子，他们的工作年限和一般工龄均应从重新参加工作之日起计算。

《司法部、中央综治办、教育部、民政部、财政部、人力资源社会保障部关于组织社会力量参与社区矫正工作的意见》

四、着力解决社区服刑人员就业学和社会救助、社会保险等问题……

（四）落实社会保险。已参加企业职工基本养老保险并实现再就业或已参加城乡居民基本养老保险的,按规定继续参保缴费,达到法定退休年龄或养老保险待遇领取年龄的,可按规定领取相应基本养老金,但服刑期间不参与基本养老金调整。社区服刑人员可按规定执行基本医疗保险等有关医疗保障政策,享受相应待遇。符合申领失业保险金条件的社区服刑人员,可按规定享受失业保险待遇。

《劳动和社会保障部办公厅关于对刑满释放或者解除劳动教养人员能否享受失业保险待遇问题的复函》

按照《失业保险条例》的规定,失业人员领取失业保险金应具备的条件是:按照规定参加失业保险,所在单位和本人已按照规定履行缴费义务满1年的;非因本人意愿中断就业的;已办理失业登记,并有求职要求的。失业人员在领取失业保险金期间被判刑收监执行或者被劳动教养的,停止领取失业保险金。

根据上述规定,在职人员因被判刑收监执行或者被劳动教养,而被用人单位解除劳动合同的,可以在其刑满、假释、劳动教养期满或解除劳动教养后,申请领取失业保险金。失业保险金自办理失业登记之日起计算。失业人员在领取失业保险金期间因被判刑收监执行或者被劳动教养而停止领取失业保险金的,可以在其刑满、假释、劳动期满或解除劳动教养后恢复领取失业保险金。失业人员在领取失业保险金期间,按照规定同时享受其他失业保险待遇。失业保险金及其他失业保险待遇标准按现行规定执行。

《中央社会治安综合治理委员会、司法部、公安部、劳动和社会保障部、民政部、财政部、国家税务总局、国家工商行政管理总局关于进一步做好刑满释放、解除劳教人员促进就业和社会保障工作的意见》

(十一)城市(含城镇)户籍的刑释解教人员在服刑、劳教前已参加失业保险或正在领取失业保险金，其刑满释放或解除劳教后，符合条件的，可以按规定享受或恢复失业保险待遇。

对被判刑或劳教前已经参加企业职工基本养老保险的刑释解教人员，重新就业的，应按国家有关规定接续养老保险关系，按时足额缴纳养老保险费；达到法定退休年龄的，按规定享受相应的养老保险待遇。对被判刑、劳教前已领取基本养老金的刑释解教人员，可按服刑或劳教前的标准继续发给基本养老金，并参加以后的养老金调整。

【典型案例】

北京市大兴区社会保险事业管理中心与冯某文行政非诉执行执行裁定案［（2021）京0115行审152号］

要旨

服刑期间领取的养老保险应当依法退回。

事实

经审查，北京市大兴区社会保险事业管理中心于2020年8月5日接到北京市大兴区黄村镇社保所提交的《关于冯某文养老保险待遇暂停调整的申请》，申请停止冯某文2016年北京市基本养老保险待遇的调整，并退回多支养老保险待遇。

理由

因冯某文犯故意伤害罪，被判处有期徒刑1年9个月，刑期自2015年2月17日起至2016年11月7日止，依据《关于转发劳动和社会保障部办公厅〈关于退休人员被判刑后有关养老保险待遇问题的复函〉的通知》及《劳动和社会保障部办公厅关于对劳社厅函［2001］44号补充说明的函》的规定，冯某文服刑期间不符合领取养老保险待遇及参加养老金调整的条件。2021年6月4日，依据《社会保险法》第88条及《劳动和社会保障部关于进一步规范基本养老金社会化发放工作的通知》第8条的规定，北京市大兴区社会保险事业管理中心对被执行人冯某文作出责令退还通知，责令冯某文退还2015年2月至2020年8月多领取的52,659.67元养老保险待遇。

结果

法院认为，申请执行人北京市大兴区社会保险事业管理中心对被执行人冯某文作出的责令退还通知认定事实清楚，证据充分，适用法律法规正确，应准予执行。

问题30：服刑期满后能否享受养老保险

在服刑之前和服刑之后，服刑人员职工基本养老保险缴费年限及个人账户储存额可以累计计算。对于已缴纳养老保险的未退休服刑人员，服刑期满后未达到法定退休年龄或达到法定退休年龄但实际缴费不满15年的，可继续缴费。服刑期满后达到或超过法定退休年龄且实际缴费满15年的，可办理退休手续，并按实际缴费年限计发退休待遇。

其中涉及缴费年限能否达到最低15年的退休要求。缴费年限可分为实际缴费年限和视同缴费年限，前者是指企业和职工个人共同缴纳养老保险费的年限，后者是指实行个人缴费制度前，职工的连续工龄可视同缴费年限。服刑期满继续缴纳社会保险的缴费年限可以和之前的合并计算，视同缴费部分的年限作废，实际缴费年限保留，如果达到最低缴费年限要求，满足退休年龄，可以办理退休，享受养老保险待遇。

虽然各地一般将服刑人员服刑前的工作时间原则上不视同缴费年限，但部分行政案件的结果也显示出司法机关对该问题持否定态度，认为视同缴费年限决定了退休人员享受退休金额的多少，服刑人员作为财政供给人员在处分前未参保缴费的工作年限，不是因个人因素，而是按照国家有关规定不参加养老保险、不缴费的原因所导致，如果仅以实际缴纳情况认定服刑人员的实际缴费年限,实际上剥夺了其享受养老保险的条件,意味着一旦犯罪,不仅承担刑罚责任,而且丧失以前劳动积蓄的养老权利,不能作为一个社会成员享有基本养老条件。这不仅有违刑法的基本原理,也不符合公平、公正的法理精神,社保机构应当允许补缴或者续缴、办理退休等。服刑人员如果遇到上述问题,可以与所在社保机构进行协商;如协商不成,也可以提起行政诉讼。

【典型案例】

1. 西华县人力资源和社会保障局、宋某根劳动和社会保障行政管理(劳动、社会保障)案[(2019)豫1627行初10号,(2019)豫16行终165号]

要旨

刑满释放公职人员应当依法纳入社会保障体系,对于刑满释放公职人员提出的补缴、确认视同缴费年限、确认连续工龄等要求,社会保障部门应当依法予以办理。

事实

原告宋某根。1996年5月至1999年12月在西华县政府工作,缴纳了1995年1月至1997年1月共25个月的养老保险金;2000年1月至2002年3月在商水县政府工作;2002年4月至2006年5月在太康县委工作。后因犯贪污受贿等罪被判刑,在许昌监狱服刑,刑期为2006年4月27日起至2018年4月26日止。2012年10月29日中共周口市纪律检查委员会根据《中国共产党纪律处分条例》和《公务员法》的有关规定,决定给予宋某根开除党籍、开除公职处分。2018年4月26日刑满释放后,原告于2018年12月7日向被告西华县人力资源和社会保障局递交书面申请书,要求确认其工龄认定和补缴养老金问题。被告于2018年12月11日作出答复:"1. 关于您要求确认

1995年之前的工龄视同养老保险已缴费问题的答复：根据豫劳社人老字〔1986〕2号文、豫劳社养老〔2001〕53号文和豫人社〔2011〕24号文：工作人员受开除处分或判刑以后又参加工作的，其工作年限应当从重新参加工作之日起计算。属于在豫政办〔1995〕74号文下发后受开除处分并已建立个人账户的职工，到达法定退休年龄后可以办理退休手续，但其在建立个人账户前的视同缴费年限不再计算，缴费年限按实际缴费年限计算。曾经被判刑或开除公职的机关事业单位人员参加企业职工基本养老保险，其受处分前未参保缴费的工作年限不视同缴费年限，以实际缴费年限享受养老保险待遇。综上，我局无法确认其工龄视同缴费的申请。2. 关于您提出的'由板厂破产清算组补缴1996年4月之前其在西华县人造板厂工作期间所欠缴的养老保险金'和'请求贵局依法为申请人办理养老保险金补缴和续缴手续'问题的答复：根据《劳动法》《社会保险法》及其他有关政策规定，企业应当依法及时为其职工按规定缴纳社会保险。参加基本养老保险的个人，达到法定退休年龄时累计缴费不满15年的，可以缴费至满15年，按月领取基本养老金。但关于您现在提出依法办理养老保险补缴和续缴手续申请，因省、市现阶段没有这方面的法律和政策依据，所以我局暂时无法为您办理补缴手续。3. 关于您提出的认定1996年5月至2006年5月视同缴费问题的答复：根据豫人社养老〔2011〕24号文第六条规定：曾经判刑或开除公职的机关事业单位人员参加企业职工基本养老保险，其受处分前未参保缴费的工作年限不视同缴费。"

理由

一审认为，关于原告宋某根能否享受社会保障待遇。宋某根犯罪前为公务员身份，2012年10月19日中国共产党周口市纪律检查委员会作出决定，开除了宋某根的党籍和公职。《监察部关于对犯错误的已退休国家公务员追究行政纪律责任若干问题的通知》中规定：国家公务员在任职期间或者退休后触犯刑律,被依法判处有期徒刑以上刑罚的,自判决生效之日的下月起取消其退休金和其他退休待遇。依此规定,原告宋某根已无资格享受国家公务员的任何退休待遇。现在宋某根刑满释放,已达到退休年龄,其向被告申请的目的是要求确认其养老保险关系、认定视同缴费年限、补缴养老金。公务员犯罪刑满释放后能否享受社会保障、养老保险关系如何接续,是本案的焦点之一。法院认为,公务员犯罪刑满释放后,能否享受社会保障待遇不能成为法律的空白。参照司法部、中央综治办、国家发改委、教育部、公安部、民政部、财政部、人力资源和社会保障部等13家部委下发司发〔2015〕8号文《关于加强刑满释放人员救助管理工作的意见》的规定精神,原告应被纳入社会保障。因此,被告应对原告宋某根如何纳入社会保障,在其已达到退休年龄的情况下,是否符合享受养老保险待遇的条件作出确认。

关于原告连续工龄和视同缴费年限的认定问题。一是原告申请的1995年之前的连续工龄及视同缴费年限,即从1975年至1995年原告分别在周口地区外贸局、西华县曲酒厂、河南省人造板厂工作。此阶段原告是在企业工作,并在河南省人造板厂工作期间建立了企业职工养老账户,缴纳了34个月的养老金。针对原告的申请,被告的答复是无法确认宋某根的工龄视同缴费和暂时无法办理补缴手续。法院认为:连续工龄的认定是确认退休人员视同缴费年限的条件之一,视同缴费年限的确认影响着退休人员享受养老金金额的多少。犯罪人员被人民法院依法判决,已受到应有的惩罚。人民法院作出的刑事判决,无论主刑还是附加刑中,除附加剥夺犯罪人员的政治权利外,并没有剥夺其判刑前的其他权利。原告要求确认连续工龄,被告以无法确认其工龄视同缴费,实质上是不予确认。这实际上剥夺了其享受养老保险的条件,也意味着一旦犯罪,不仅需要承担刑罚责任,还会使其丧失以前劳动积蓄的养老权利,不能作为一个社会成员享有基本养老条件。这不仅有违刑法的基本原理，也不符合公平、公正的法理精神。被告作出的无法确认原告1995年之前的连续工龄视同缴费的处理意见不符合依法行政合理性原则，明显不当，应予以撤销。在原告在企业工作期间基本养老保险账户保留的情况下，是否允许原告补缴或者续缴，被告作出"暂时无法办理补缴手续"的答复不明确，不具有行政行为的确定力、执行力。故针对原告的申请，被告依照有关法律法规规章和其他规范性文件的相关规定应重新予以确认。二是关于原告宋某根要求确认1996年5月至2006年5月视同缴费的申请事项。此时间段原告已从企业转至行政机关工作，原告申请的该事项实际是其在各行政机关的工作年限能否视同缴费年限的问题。针对此项申请被告作出"根据豫人社养老（2011）24号文第六条规定：曾经判刑或开除公职的机关事业单位人员参加企业职工基本养老保险，其受处分前未参保缴费的工作年限不视同缴费"的答复意见。

法院认为，根据原告宋某根在企业工作多年又转到行政机关工作的经历，被告在作出上述答复意见时没有考虑以下因素：（1）原告在企业工作期间建立的养老保险关系与在行政机关工作的衔接问题；（2）原告的养老保险关系是否发生转移；（3）原告在行政机关工作期间是否参加过机关事业单位养老保险；（4）原告作为财政供给人员在处分前未参保缴费的工作年限，不是其个人原因造成的，而是按照国家有关规定不参加养老保险、不缴费导致的；（5）原告自1995年1月至1997年1月共缴费25个月养老保险金，是企业职工养老保险还是机关事业单位养老保险。综上，被告作出此项答复意见时没有进行认真核查，作出的答复意见不明确、不全面、不具体，没有适用相关法律依据，亦应予以撤销并重新作出行政行为。

结果

一审法院判决：（1）撤销被告西华县人力资源和社会保障局于2018年12月11日针对原告宋某根的申请作出的答复。（2）被告西华县人力资源和社会保障局在判决生效后 90 日内对原告宋某根提出办理养老保险待遇及要求补缴或者续缴养老金的申请，依照有关法律法规规章和其他规范性文件的相关规定，重新作出行政行为。诉讼费 50 元，由被告承担。二审法院驳回上诉，维持原判。

2. 贾某与江苏省人力资源和社会保障厅退休审批行政纠纷再审案〔(2015) 宁行初字第 138 号，(2016) 苏行终 174 号，(2016) 最高法行申 3962 号）〕

要旨

养老保险缴费年限是人社部门核定退休养老待遇的重要依据之一，缴费年限包括实际缴费年限和视同缴费年限。视同缴费年限有多种情形，涉及对特定历史政策的具体理解，需要明确特定概念的含义，如工龄、连续工龄、工作年限等。此类行政案件的审理较为复杂，政策性文件尤其是历史久远但又仍现行有效的规定较多，该部分规定时代背景的特征较为明显，在法律适用与理解方面往往容易出现争议。在审理过程中，人民法院应当全面梳理退休养老相关法律规定及政策文件，准确掌握相关概念的特定含义及其彼此之间的关系，按照退休养老制度及其法律精神，针对退休职工的具体情形作出处理。

事实

贾某于 1953 年 11 月出生，1972 年 12 月应征入伍，1988 年 1 月转业至江苏省沛县人民银行工作，1998 年调入沛县农村信用联社工作。2013 年 1 月，因贾某年届 60 周岁，沛县农村信用合作联社为其办理退休手续，并将贾某退休的相关材料报送省人力资源与社会保障厅（以下简称省人社厅）审批。省人社厅于 2013 年 1 月 14 日在江苏省企业职工退休审批表（第一次）上加盖企业退休审批专用章，批准贾某于 2013 年 11 月退休。该审批表上载明，贾某参加工作时间为 1972 年 12 月；工作简历描述为，"1972.12—1975.06，2326 部队后勤修理所，1975.07—1987.12，83423部队后勤修理所，1988.04—1998.01，沛县人民银行，1998.01至今沛县农村信用联社"；本人意见栏为贾某签名；单位意见栏加盖了沛县农村信用合作联社的公章。后在办理基本养老保险待遇核定手续中，江苏沛县农村商业银行股份有限公司（原沛县农村信用合作联社）发现贾某漏缴1998年6月至2000年12月的基本养老保险费，向江苏省农信社联合社（以下简称省联社）报告予以补征缴。江苏沛县农村商业银行股份有限公司另向省联社报告，因贾某被刑事处罚，单位未为其缴纳2003年8月至10月的基本养老保险费。因贾某拘役期满后未正常上班，单位未为其缴纳2003年11月至2004年5月的基本养老保险费。后省人社厅于2014年7月7日在江苏省企业职工退休审批表（第二次）上加盖企业退休审批专用章，批准贾某于2013年11月退休。该审批表上载明，贾某的参加工作时间为1995年1月，退休时间为2013年11月。工作简历描述为，"1972.12—1975.06，2326部队后勤修理所，1975.07—1987.12，83423部队后勤修理所，1988.04—1998.01沛县人民银行，1998.01至今沛县农村信用联社"；本人意见栏为贾某签名；单位意见栏加盖了江苏沛县农村商业银行股份有限公司的公章。贾某不服该退休审批中认定的参加工作时间，向法院提起行政诉讼。另查明，2003年9月26日，江苏省沛县人民法院作出（2003）沛刑初字第280号刑事判决，判决贾某犯企业人员受贿罪，判处拘役6个月（自2003年4月17日起至2003年10月17日止），没收非法所得25,000元。一审庭审中，贾某认可其养老保险待遇已实际核发。省人社厅陈述，江苏省企业职工退休审批表系通用表格，实践中，该表格所适用的对象和范围不限于企业职工。对于非企业职工或者不具备可以视同缴费年限条件的对象，"参加工作时间"的实际含义为参加养老保险的开始缴费时间。本案所涉审批表中"参加工作时间"的实际含义为贾某开始缴纳养老保险费的时间。

理由

江苏省南京市中级人民法院一审认为：因江苏沛县农村商业银行股份有限公司为原行业统筹企业，省人社厅作为省级劳动行政部门，具有对贾某退休进行审批的法定职权。《国务院关于工人退休、退职的暂行办法》第1条第1款第1项规定，全民所有制企业、事业单位和党政机关、群众团体的工人中，男年满60周岁，女年满50周岁，连续工龄满10年的，应该退休。《江苏省企业职工基本养老保险规定》第17条规定，参保人员因各种原因停止工作或者失业而间断缴费的，其间断缴费前后的实际缴费年限累计计算。第18条规定，参保人员享受基本养老保险待遇应当同时具备以下条件：（1）达到国家、省规定的退休年龄；（2）用人单位和参保人员均按照规定足额缴费；（3）缴费年限15年以上，或者1998年6月30日前参加工作并参加基本养老保险，2008年6月30日前达到退休年龄且缴费年限在10年以上。《〈江苏省企业职工基本养老保险规定〉实施意见》第13条第1款、第2款、第3款规定，《江苏省企业职工基本养老保险规定》所称的缴费年限指实际缴费年限、视同缴费年限和折算缴费年限。实际缴费年限为当地实行企业职工基本养老保险或退休费用社会统筹后，用人单位和参保人员足额缴费的年限。视同缴费年限为当地实行企业职工基本养老保险或退休费用社会统筹前，参保人员按照国家和省规定计算的连续工龄。《内务部关于工作人员曾受过开除、劳动教养、刑事处分工龄计算问题的复函》（以下简称《内务部复函》）第1条规定，工作人员受过开除处分或者刑事处分的，应当从重新参加工作之日起计算工作年限，他们受处分以前的工作时间和参加工作以前主要依靠工资为生活来源的劳动时间，可以计算为一般工龄。如果情节较轻，经过任免机关批准的，受处分以前的工作时间，也可以合并计算工作年限。本案中，根据贾某的履历等相关材料，贾某于1972年参军入伍，后转业至企、事业单位，于2013年达到退休年龄，其享受养老保险待遇的缴费年限应当根据相关法律法规及政策规定予以计算。根据贾某的工作情况及实际缴费情况，在计算其应享受养老保险待遇的缴费年限中，存在视同缴费年限和实际缴费年限。根据《〈江苏省企业职工基本养老保险规定〉实施意见》第13条第2款的规定，视同缴费年限应是企业职工基本养老保险或退休费用社会统筹前符合国家和省规定而计算的连续工龄，故能够构成视同缴费年限的前提为职工具有符合规定的连续工龄。贾某于2003年4月至2003年10月被判处刑事处罚，根据《内务部复函》的规定，贾某受到刑事处分，且不存在经过任免机关批准受处分前工作年限可以合并计算的情形，故其受刑事处分前参军以及参加工作的年限可算为一般工龄。故省人社厅在审查了相关审批材料后，对贾某刑事处分前的工龄不予认定，并按实际缴费年限作出退休的审批决定，符合法律、法规的相关规定，程序亦无不当。综上，贾某要求撤销被诉退休审批决定的诉讼请求，因缺乏事实和法律依据，不予支持。依照《行政诉讼法》第69条之规定，驳回贾某的诉讼请求。

贾某不服一审裁定，向江苏省高级人民法院提起上诉。

江苏高级人民法院二审认为，根据《内务部复函》第1条的规定，对于受过刑事处分的，如果情节较轻，经过任免机关批准，受处分以前的工作时间，可以合并计算工作年限。本案中，贾某于2003年4月至2003年10月被判处拘役6个月，且其档案中没有任免机关对其受处分前工作年限可以合并计算的批准材料，故根据上述规定，其受刑事处分前的工作时间，不能计算为连续工龄，亦不能视同缴费年限。省人社厅在审查了相关材料后，对上诉人贾某受刑事处分前的工龄不予认定，并按实际缴费年限认定贾某参加工作时间并无不当。综上，贾某的上诉理由和请求依法不能成立，一审判决认定事实清楚，适用法律正确，审判程序合法。依照《行政诉讼法》第89条第1款第1项的规定，驳回上诉，维持一审判决。

贾某不服一审、二审判决，向最高人民法院申请再审。

最高人民法院在审查阶段查明：在本案一审的审理过程中，省人社厅答辩称其作出涉案退休审批表的法律依据之一为《全国总工会关于因贪污刑满后又回原单位工作其工龄计算问题的复函》（以下简称《全国总工会复函》）。在二审开庭审理后，贾某提交了其退休单位江苏省沛县农村商业银行股份有限公司向江苏省高级人民法院出具的情况说明，表明该单位鉴于贾某的犯错情节较轻且没有给单位造成经济损失，同意其继续上班并按照1972年入伍起计算工龄为贾某发放工资和缴纳保险费用。前述决定系该单位当时的领导班子研究后作出。同时，贾某提交了其2006年8月份工资单和2007年9月份工资单，表明2006年计算的工龄年限为35年，2007年计算的工龄年限为36年。

最高人民法院认为：按照正当行政程序的基本要求，行政机关作出影响行政相对人权利义务的行政行为时，必须充分保护行政相对人的知情权和申辩权，告知作出行政行为的事实根据和法律依据，并充分听取行政相对人的申辩意见。被诉行政机关必须向人民法院提交作出行政行为时所依据的规范性文件。本案中，省人社厅作出被诉退休审批决定时，所依据的规范性文件为《全国总工会复函》，并提交给一审法院作为被诉行政行为的法律依据，《全国总工会复函》适用的对象是因贪污被判处刑罚的职工，而贾某系因企业人员受贿罪被判处刑罚，省人社厅依据《全国总工会复函》作出被诉退休审批决定，属于适用法律错误。

省人社厅在作出被诉退休审批决定时，未以《内务部复函》为法律依据，亦未查实贾某应属于《内务部复函》所规定的具体情形，属于主要证据不足。此外，还导致贾某不能针对《内务部复函》的规定，有效进行申辩并收集相关证据。贾某在被诉退休审批决定作出后，为主张自身的合法权益而收集的相关证据，人民法院应当予以审查。贾某提交其退休单位出具的情况说明以及两份工资单,因省人社厅未提供有效证据否定其真实性,可以作为有效证据予以采信。

根据《内务部复函》第 1 条的规定,工作人员受过刑事处分的,应当从重新参加工作之日起计算工作年限,但如果情节较轻,经过任免机关批准的,受处分以前的工作时间,也可以合并计算工作年限。关于"情节较轻"与"任免机关批准",《内务部复函》并未进一步予以明确,应当根据公平合理原则,结合具体情况予以认定。关于情节的轻重,应当根据工作人员的过错程度、危害结果、处罚种类等情形予以判断。关于任免机关批准,《内务部复函》并未明确特定的批准形式或要求,因而属于任免机关的自主权。贾某属于企业人员,其任免机关为所在企业。贾某因企业人员受贿罪被判处拘役 6 个月,其所在单位已出具情况说明,认为贾某的犯错情节较轻且没有给单位造成经济损失,经当时单位领导班子研究决定,同意贾某在单位继续工作,并按照 1972 年入伍起计算工龄发放工资和缴纳保险费用,可以认定其所在单位已经实际批准并认可贾某处分以前的工作时间为工作年限。因此,贾某属于《内务部复函》规定的"情节较轻,经过任免机关批准的,受处分以前的工作时间,也可以合并计算工作年限"的情形,省人社厅作出的被诉退休审批决定属于事实认定不清。据此,本案被诉行政行为的主要证据不足、适用法律错误,原审判决驳回贾某的诉讼请求,不符合法律规定。

结果

贾某的再审申请符合《行政诉讼法》第 91 条规定的情形。依照《行政诉讼法》第 92 条第 2 款之规定,最高人民法院裁定指令江苏省高级人民法院再审本案;再审期间,中止原判决执行。

问题 31:公职人员涉刑期间是否可以办理退休手续

仅被纪律检查委员会立案的公职人员,目前没有出台立案期间不允许退休的规定；被国家监察委员会立案的，立案调查期间不能退休。

公职人员被立案调查结束后，受到开除以外的处分，未解除处分前达到退休年龄的，依据《中共中央纪律检查委员会、中共中央组织部、人力资源和社会保障部、监察部、国家公务员局关于公务员纪律惩戒有关问题的通知》的规定，如符合国家规定的退休条件，应按规定办理退休手续，并享受相应的退休待遇。但受到降级、撤职处分的，应根据降低后的职务和级别确定退休待遇。

根据《劳动和社会保障部办公厅关于对劳社厅函〔2001〕44号补充说明的函》的相关规定，服刑期间达到退休年龄，应当暂缓办理退休手续，待服刑或劳动教养期满后按规定办理退休手续。

问题32：公职人员涉刑后能否享受退休待遇

公务员和事业单位人员较为特殊，被采取强制措施或受到刑事处罚对退休待遇的影响更大。

退休待遇并不等于养老保险。在养老保险双轨制改革前，退休费属于公职人员退休待遇的一部分。在双轨制取消后，则主要指医疗保健、车辆使用、住房福利以及作为养老保险的补充的职业年金等待遇。

公务员和事业单位人员被采取强制措施期间，停发退休费待遇；被判处管制、拘役或缓刑的公务员或事业单位人员，刑罚执行完毕之后会降低基本退休费；被判处有期徒刑以上刑罚的，一般会被开除处分，取消退休待遇，生活待遇由原发给退休费的单位酌情处理。

2014年社保并轨后的特殊情况：刑满释放后，如果服刑前已缴纳社保满15年，且达到法定退休年龄，可以办理退休并按原标准继续领取基本养老金。如果服刑前未缴纳满15年，可以继续缴费，服刑前后的缴费年限累计计算。2014年10月1日后达到退休年龄但缴费年限不足 15 年的人员，可以在办理退休手续前，由单位和个人一次性缴费至满 15 年，并按规定计发养老保险待遇。对于在押服刑期间不能申请社会保险待遇，刑满释放后可以重新核发城乡居民养老保险待遇。

问题 33：公职人员仅受政务处分、未被判刑的，能否享受退休待遇

关于受政务处分的在职公职人员，根据《公职人员政务处分法》第 26 条的规定，公职人员被开除的自政务处分决定生效之日起，应当解除其与所在机关、单位的人事关系或者劳动关系，其自然不享有退休待遇。实践中，决定开除党籍、开除公职的同时，通常也会决定取消退休待遇。如果未被开除，退休待遇不会直接受到影响。

针对已经退休的公职人员，根据《公职人员政务处分法》第 27 条的规定不再给予政务处分，但是可以对其立案调查；依法应当予以降级、撤职、开除的，应当按照规定相应调整其享受的待遇。已经离职或者死亡的公职人员在履职期间有违法行为的，也依据该规定处理。

问题 34：公职人员退休后受到刑事处罚，经再审宣告无罪或免予刑事处罚，且不追究政纪责任的，如何处理

从再审宣告无罪或免予刑事处罚的次月起恢复退休费待遇。原判期间和刑罚执行完毕至再审宣告无罪或免予刑事处罚期间，被停发的退休费由单位补发；退休后受到刑事处罚，经再审宣告无罪或免予刑事处罚，但被追究政纪责任的，根据应给予的处分相应确定退休费待遇，从审查结论作出的次月起执行。原判期间和刑罚执行完毕至作出审查结论期间，被多减发的退休费由单位补发。

《公职人员政务处分法》

第十九条　公务员以及参照《中华人民共和国公务员法》管理的人员在政务处分期内，不得晋升职务、职级、衔级和级别；其中，被记过、记大过、降级、撤职的，不得晋升工资档次。被撤职的，按照规定降低职务、职级、衔级和级别，同时降低工资和待遇。

第二十条　法律、法规授权或者受国家机关依法委托管理公共事务的组织中从事公务的人员，以及公办的教育、科研、文化、医疗卫生、体育等单位中从事管理的人员，在政务处分期内，不得晋升职务、岗位和职员等级、职称；其中，被记过、记大过、降级、撤职的，不得晋升薪酬待遇等级。被撤职的，降低职务、岗位或者职员等级，同时降低薪酬待遇。

第二十一条　国有企业管理人员在政务处分期内，不得晋升职务、岗位等级和职称；其中，被记过、记大过、降级、撤职的，不得晋升薪酬待遇等级。被撤职的，降低职务或者岗位等级，同时降低薪酬待遇。

第五十二条　公职人员涉嫌违法，已经被立案调查，不宜继续履行职责的，公职人员任免机关、单位可以决定暂停其履行职务。

公职人员在被立案调查期间，未经监察机关同意，不得出境、辞去公职；被调查公职人员所在机关、单位及上级机关、单位不得对其交流、晋升、奖励、处分或者办理退休手续。

《中国共产党纪律检查机关案件检查工作条例》

第二十四条　调查组要熟悉案情，了解与案件有关的政策、规定，研究制订调查方案，并将立案决定通知被调查人所在单位党组织。

被调查人所在单位党组织应积极支持办案工作，加强对被调查人和案件知情人的教育。未经立案机关或调查组同意，不得批准被调查人出境、出国、出差，或对其进行调动、提拔、奖励。

《中共中央纪律检查委员会、中共中央组织部、人力资源和社会保障部、监察部、国家公务员局关于公务员纪律惩戒有关问题的通知》

一、处分的实施

（一）给予公务员降级处分，降低一个级别。如果本人级别为本职务对应最低级别的，不再降低级别，根据有关规定降低级别工资档次。

应给予降级处分的，如果本人级别工资为二十七级一档，可给予记大过处分。

（二）给予公务员撤职处分，撤销其现任所有职务，并在撤销职务的同时降低级别和工资。

撤职时按降低一个以上（含一个）职务层次另行确定职务，一般不得确定为领导职务。处分期满解除后，职务晋升按有关规定办理。

撤职后根据新任职务确定相应的级别，按照"每降低一个职务层次，相应降低两个级别"确定新的级别，最低降为二十七级。

应给予撤职处分的，如果本人职务为办事员，可给予降级处分。

（三）公务员受撤职处分后新任职务的任职时间，从新任职务任命之日起开始计算，此前相同或以上职务层次的任职时间不得累计为今后晋升职务所需的任职年限。

（四）公务员同时受党纪处分和政纪处分的，按对其年度考核结果影响较重的处分确定年度考核等次。

（五）公务员在受处分期间可以交流或者辞职，但辞去公职的，不得具有公务员法第八十一条规定的情形。

（六）公务员受到开除以外的处分，未解除处分前达到退休年龄的，如符合国家规定的退休条件，应按规定办理退休手续，并享受相应的退休待遇。其中，受到降级、撤职处分的，根据降低后的职务和级别确定退休待遇。

《中共中央组织部、人力资源和社会保障部、监察部、国家公务员局关于公务员被采取强制措施和受行政刑事处罚工资待遇处理有关问题的通知》

二、公务员退休后被采取强制措施和受行政、刑事处罚的退休费待遇处理

（一）公务员退休后被取保候审、监视居住、刑事拘留、逮捕期间，停发退休费待遇，按本人原基本退休费的75%计发生活费。经审查核实，公安机关撤销案件或人民检察院不起诉或人民法院宣告无罪、免予刑事处罚，未被收容教育、强制隔离戒毒、劳动教养、行政拘留，且未被追究政纪责任的，恢复退休费待遇，减发的退休费予以补发。

（二）公务员退休后被刑事拘留在逃或批准逮捕在逃的，停发退休费待遇。

（三）公务员退休后被行政拘留期间，停发退休费待遇，按本人原基本退休费的75%计发生活费。期满后，按2%降低基本退休费。今后国家调整退休费时，不受原处罚的影响。

（四）公务员退休后被收容教育、强制隔离戒毒、劳动教养期间，停发退休费待遇，按本人原基本退休费的75%计发生活费。期满后，按12%降低基本退休费，补贴按降低一个职务层次确定。今后国家调整退休费时，按降低后职务层次的标准执行。

（五）公务员退休后被判处管制、拘役或拘役被宣告缓刑、有期徒刑被宣告缓刑期间,停发退休费待遇,按本人原基本退休费的60%计发生活费。刑罚执行完毕或缓刑考验期满不再执行原判刑罚的,按40%降低基本退休费,补贴按办事员确定。今后国家调整退休费时,按办事员的标准执行。

(六) 公务员退休后被判处有期徒刑以上刑罚的,从人民法院判决生效之日起,取消原退休费待遇。刑罚执行完毕后的生活待遇,由原发给退休费的单位酌情处理。

(七) 公务员退休后受到刑事处罚,经再审宣告无罪或免予刑事处罚,且不追究政纪责任的,从再审宣告无罪或免予刑事处罚的次月起恢复退休费待遇。原判期间和刑罚执行完毕至再审宣告无罪或免予刑事处罚期间,被停发的退休费由单位补发。

(八) 公务员退休后受到刑事处罚,经再审宣告无罪或免予刑事处罚,但被追究政纪责任的,根据应给予的处分相应确定退休费待遇,从审查结论作出的次月起执行。原判期间和刑罚执行完毕至作出审查结论期间,被多减发的退休费由单位补发。

《中共中央组织部、人力资源社会保障部、监察部关于事业单位工作人员和机关工人被采取强制措施和受行政刑事处罚工资待遇处理有关问题的通知》

二、事业单位工作人员和机关工人退休后被采取强制措施和受行政、刑事处罚的退休费待遇处理

(一) 事业单位工作人员和机关工人退休后被取保候审、监视居住、刑事拘留、逮捕期间,停发退休费待遇,按本人基本退休费的75%计发生活费。经审查核实,公安机关撤销案件或人民检察院不起诉或人民法院宣告无罪、免予刑事处罚,未被收容教育、强制隔离戒毒、劳动教养、行政拘留,且未被追究违纪责任的,恢复退休费待遇,减发的退休费予以补发。

（二）事业单位工作人员和机关工人退休后被刑事拘留在逃或批准逮捕在逃的，停发退休费待遇。

（三）事业单位工作人员和机关工人退休后被行政拘留期间，停发退休费待遇，按本人原基本退休费的75%计发生活费。期满后，按2%降低基本退休费。今后国家调整退休费时，不受原处罚的影响。

（四）事业单位工作人员和机关工人退休后被收容教育、强制隔离戒毒、劳动教养期间，停发退休费待遇，按本人原基本退休费的75%计发生活费。期满后，按12%降低基本退休费，补贴按低一个职务层次（技术等级）确定。今后国家调整退休费时，按原执行退休待遇职务层次（技术等级）的低一个职务层次（技术等级）的标准执行。

（五）事业单位工作人员和机关工人退休后被判处管制、拘役或拘役被宣告缓刑期间，停发退休费待遇，按本人原基本退休费的60%计发生活费。刑罚执行完毕或缓刑考验期满不再执行原判刑罚的，按12%降低基本退休费，补贴按低一个职务层次（技术等级）确定。今后国家调整退休费时，按原执行退休待遇职务层次（技术等级）的低一个职务层次（技术等级）的标准执行。

事业单位工作人员和机关工人退休后被判处有期徒刑被宣告缓刑期间，停发退休费待遇，按本人原基本退休费的60%计发生活费。缓刑考验期满不再执行原判刑罚的，按40%降低基本退休费，补贴按最低职务层次（技术等级）确定，今后国家调整退休费时，按最低职务层次（技术等级）的标准执行。

（六）事业单位工作人员和机关工人退休后被判处有期徒刑（不含被宣告缓刑的）以上刑罚的，从人民法院判决生效之日起，取消原退休费待遇。刑罚执行完毕后的生活待遇，由原发给退休费的单位酌情处理。

（七）事业单位工作人员和机关工人退休后受到刑事处罚，经再审宣告无罪或免予刑事处罚，且不追究违纪责任的，从再审宣告无罪或免予刑事处罚的次月起恢复退休费待遇。原判期间和刑罚执行完毕至再审宣告无罪或免予刑事处罚期间，被停发的退休费由单位补发。

（八）事业单位工作人员和机关工人退休后受到刑事处罚，经再审宣告无罪或免予刑事处罚，但被追究违纪责任的，根据应给予的处分相应确定退休费待遇，从审查结论作出的次月起执行。原判期间和刑罚执行完毕至作出审查结论期间，被多减发的退休费由单位补发。

（九）事业单位工作人员和机关工人退休后被采取强制措施和受行政、刑事处罚的，如已参加养老保险并按养老保险有关规定计发基本养老金，其待遇处理办法按国家有关养老保险的规定执行。

问题35：服刑人员是否可以购买商业保险

保险合同属于民事合同，我国并无法律规定服刑人员的民事权利会受到限制，因此，服刑人员可以自己或由其家属为其购买商业保险。但是在实际操作中，保险公司出于对服刑人员无能力支付保费等的担忧，可能会拒绝承保。此外，"支付高额保费购买保险理财产品"属于法律所规定的高消费行为，如果服刑人员的财产性判项尚未履行完毕，支付高额保费购买保险理财产品的行为极有可能被认定为有履行能力，甚至被认定为转移财产、逃避执行的行为，从而影响服刑人员的减刑假释。

问题36：服刑期间原购买的商业保险是否会失效

服刑人员服刑后，原购买的商业险并不会失效，除非服刑人员作为保险受益人故意造成被保险人死亡、伤残、疾病，或故意杀害被保险人未遂以骗取保费的，该服刑人员将丧失受益权。

尽管保险合同的效力并不会因服刑而受到影响，但如果保单权益是涉案的财产性权益，则保单可能会被司法机关冻结。比如，公安机关根据侦查犯罪的需要，经批准可以查询、冻结犯罪嫌疑人的保单权益。如果有证据证明服刑人员用于购买保险的资金系犯罪所得，司法机关对于保单的现金价值一般会予以追缴。具体做法不一，有的以属于赃款衍生物为由直接追缴，有的会要求投保人办理退保，由保险公司退还其相关费用或现金价值后予以追缴。

如果保险合同有效且未被冻结，在服刑人员服刑期间，由于医疗费用通常由监狱承担，一般不会出现需要商业保险赔付的情形；但如果服刑人员保外就医，根据法律规定，其医疗费用需自行承担，此时若满足其他赔付条件，且合同免责条款中未就服刑人员进行限制，则应当予以赔付。

《保险法》

第四十三条　投保人故意造成被保险人死亡、伤残或者疾病的，保险人不承担给付保险金的责任。投保人已交足二年以上保险费的，保险人应当按照合同约定向其他权利人退还保险单的现金价值。

受益人故意造成被保险人死亡、伤残、疾病的，或者故意杀害被保险人未遂的，该受益人丧失受益权。

《公安机关办理刑事案件程序规定》

第二百三十七条　公安机关根据侦查犯罪的需要，可以依照规定查询、冻结犯罪嫌疑人的存款、汇款、证券交易结算资金、期货保证金等资金，债券、股票、基金份额和其他证券，以及股权、保单权益和其他投资权益等财产，并可以要求有关单位和个人配合。

对于前款规定的财产，不得划转、转账或者以其他方式变相扣押。

《公安机关办理刑事案件适用查封、冻结措施有关规定》

第二十九条 冻结保单权益的，应当经设区的市一级以上公安机关负责人批准，冻结保单权益期限为六个月。需要延长期限的，应当按照原批准权限和程序，在冻结期限届满前五日以内办理续冻手续。每次续冻期限最长不得超过六个月。

冻结保单权益没有直接对应本人账户的，可以冻结相关受益人的账户，并要求有关单位协助，但不得变更受益人账户，不得损害第三方利益。

人寿险、养老险、交强险、机动车第三者责任险等提供基本保障的保单原则上不得冻结，确需冻结的，应当经省级以上公安机关负责人批准。

【典型案例】

太平人寿保险有限公司黑龙江分公司执行异议案[（2016）湘1281民初748号]

要旨

用赃款所进行的保险投资应予以追缴没收、上缴国库。

事实

被告人刘某某利用组织、领导传销活动非法获取的赃款，于2013年3月25日在异议人太平人寿保险有限公司黑龙江分公司购买了300份财富成长一号保险计30万元。案发后，法院于2014年9月11日对该保险款予以冻结，2014年11月4日法院作出（2014）洪法刑初字第107号刑事判决，对该保险款依法予以没收，上缴国库。现该案判决发生法律效力后，法院于2015年9月7日发出协助执行函要求异议人在7日内将该保险款30万元及红利（或孳息）扣划至洪江市国库集中支付局。

理由

被告人刘某某在异议人太平人寿保险有限公司黑龙江分公司所购买的300份财富成长一号保险计30万元是分红增值保险，实质为理财投资，到期后保险公司应返本分红给投保人，即被告人刘某某，根据《最高人民法院关于刑事裁判涉财部分执行的若干规定》第11条第1款的规定，涉案财产并非被告人将赃款用于清偿债务、转让或者设置其他权利的情形，可见异议人提出系善意取得该保险投资不符合《最高人民法院关于刑事裁判涉财部分执行的若干规定》第11条第2款的规定，且依据该款规定第三人善意取得涉案财物的还可以通过诉讼程序处理，故法院对被告人刘某某用赃款所进行的保险投资应予以追缴没收、上缴国库。另法院要求异议人协助追缴被告人刘某某用赃款进行的保险投资，是依刑法规定强制追缴，并非被告人刘某某违反保险合同的规定终止保险投资合同。故异议人太平人寿保险有限公司黑龙江分公司提出的"刘某某现在享有的财产权是请求异议人支付保险金和退还保单现金价值的权利，而不是请求异议人退还保费；即使贵院有权执行，也应当执行刘某某现在享有的财产权"的异议不能成立，法院不予采纳。

结果

驳回异议人太平人寿保险有限公司黑龙江分公司提出的书面异议。

问题37：服刑人员能否参与民事诉讼

根据《监狱法》第7条的规定，罪犯的人格不受侮辱，其人身安全、合法财产和辩护、申诉、控告、检举以及其他未被依法剥夺或者限制的权利不受侵犯。因此，服刑人员的民事权利并不会受到限制，其可以作为原告提起民事诉讼，也可以作为被告应诉。

《民事诉讼法》第23条、《最高人民法院关于适用〈中华人民共和国民事诉讼法〉的解释》第 8 条规定了服刑人员作为民事被告的管辖,从法律层面确立了服刑人员可以成为民事诉讼主体。

《监狱法》

第七条　罪犯的人格不受侮辱,其人身安全、合法财产和辩护、申诉、控告、检举以及其他未被依法剥夺或者限制的权利不受侵犯。

罪犯必须严格遵守法律、法规和监规纪律,服从管理,接受教育,参加劳动。

《民事诉讼法》

第二十三条　下列民事诉讼,由原告住所地人民法院管辖;原告住所地与经常居住地不一致的,由原告经常居住地人民法院管辖:

(一) 对不在中华人民共和国领域内居住的人提起的有关身份关系的诉讼;

(二) 对下落不明或者宣告失踪的人提起的有关身份关系的诉讼;

(三) 对被采取强制性教育措施的人提起的诉讼;

(四) 对被监禁的人提起的诉讼。

《最高人民法院关于适用〈中华人民共和国民事诉讼法〉的解释》

第八条　双方当事人都被监禁或者被采取强制性教育措施的,由被告原住所地人民法院管辖。被告被监禁或者被采取强制性教育措施一年以上的,由被告被监禁地或者被采取强制性教育措施地人民法院管辖。

问题 38:服刑人员如何参与民事诉讼

根据《公安部监所管理局对看守所在押人员涉及民事诉讼的能

否出庭应诉问题的批复》的规定，服刑人员参与民事诉讼应当委托诉讼代理人，由委托代理人代为出庭，遇到诉讼涉及人身关系等必须由服刑人员本人出庭的情形时，服刑人员可通过变通的方式出庭：对于在看守所执行的服刑人员，可凭人民法院出庭通知书申请临时出所，在法院司法警察押解看管下出庭，并于当日回所；看守所也可以和人民法院协商，由人民法院到看守所开庭审理。

对于在监狱执行的服刑人员，实践中法院多采用视频远程开庭、监狱开庭、法院前往监狱征求服刑人员意见、服刑人员书面发表意见等形式保障服刑人员的诉讼权利。关于文书送达，如果服刑人员委托了诉讼代理人，则由诉讼代理人代收，如果需送达服刑人员，则通过服刑监狱转交。

《公安部监所管理局对看守所在押人员涉及民事诉讼的能否出庭应诉问题的批复》

看守所应当依法保障被羁押的犯罪嫌疑人、被告人和罪犯（以下简称在押人员）的民事诉讼权利。但是由于在押人员被羁押的特殊性，为了不影响刑事诉讼活动和监管安全，在押人员进行民事诉讼需要出庭时，应当委托诉讼代理人代为出庭。对于涉及人身关系的诉讼等在押人员必须出庭的应当经本级公安机关批准，犯罪嫌疑人、被告人应当同时经办案单位批准，凭人民法院出庭通知书办理临时离所手续，由人民法院司法警察负责押解看管，并于当日回所。如果在押人员因其案件或者其他特殊情况确实不宜离所出庭，看守所可与人民法院协商，根据《中华人民共和国民事诉讼法》第121条的规定，由人民法院到看守所开庭审理。

问题 39：服刑人员能否委托/会见律师

为保证服刑人员诉讼权利，其在服刑期间可以委托律师，也可以会见律师。

以下 6 种场合，服刑人员可以自行委托律师或者由监护人、近亲属代为委托律师：

（1）在刑事诉讼程序中，担任辩护人或者代理人，但如果是由国家监察委员会调查的案件，在调查阶段被调查人无权聘请、会见辩护律师；

（2）在民事、行政诉讼程序中，担任代理人；

（3）代理调解、仲裁；

（4）代理各类诉讼案件申诉；

（5）提供非诉讼法律服务；

（6）解答有关法律询问、代写诉讼文书和有关法律事务其他文书。

根据《律师会见监狱在押罪犯规定》第 4 条的规定，律师接受在押服刑人员委托（也可以由服刑人员的监护人、近亲属代为委托，在律师第一次会见时，向服刑人员本人确认是否建立委托关系）或者法律援助机构指派，担任服刑人员的辩护人或代理人，提供诉讼、仲裁、非诉等法律服务，可以会见在押服刑人员。

问题 40：非服刑人员代理律师，能否会见服刑人员

根据《律师会见监狱在押罪犯规定》第 4 条第 2 款的规定，其他案件的代理律师，需要向监狱在押罪犯调查取证的，可以会见在押罪犯。因此，即使不是服刑人员本人或者其近亲属委托的代理律师，如果确有调查取证需要，也可以会见在押人员。

会见手续与代理律师会见基本一致。

问题 41：律师会见在押服刑人员时，如何办理会见手续

律师会见在押服刑人员需要提供的材料包括律师执业证书、律师事务所证明、服刑人员本人或者其监护人、近亲属的委托书或者法律援助公函或者另案调查取证的相关证明文件，律师可通过传真、邮寄、监狱小程序或网站提交或直接提交的方式先行提供上述材料的复印件，并于会见之日向监狱出示原件。其中，律师事务所出具的律师会见在押罪犯证明原件需由监狱留存。

此外，律师会见时如需要助理随同参加，还应当向监狱提交律师事务所出具的律师助理会见在押罪犯的证明和律师执业证书或者申请律师执业人员实习证。需要翻译人员随同参加的，应当提前向监狱提出申请，并提交能够证明其翻译人员身份的证明文件。

律师在接受委托后，须按照服刑人员所在监狱要求提交手续。实践中，律师可以根据监狱小程序、官网上公布的可预约时间段选择会见时间，或电话咨询监狱可预约会见时间。由于每名服刑人员可以委托1~2名律师，如果服刑人员委托了2名律师，则根据规定，2名律师可以同时会见，也可以单独会见。收到律师提交的材料后，监狱会对材料进行审核，经审核符合规定的，监狱通常会以电话、短信或网站及小程序内通知等方式告知律师预约成功，并按照预约时间段安排会见。

问题 42：律师会见服刑人员时，是否被监听、监视

律师会见在押服刑人员时，监狱会根据案件情况和工作需要决定是否派警察在场。其中，如果律师是以辩护人身份，会见被立案侦查、起诉、审判的在押服刑人员，监狱不得监听，也不得派警察在场。如果是代理申诉或者民事、非诉案件，监狱可以监听、派警察在场。

如果监狱及其工作人员阻碍律师依法行使执业权利，律师有权向

监狱或者其上级主管机关投诉，也可以向所执业律师事务所所在地的市级司法行政机关申请维护执业权利。情况紧急的，可以向事发地的司法行政机关申请维护执业权利。

律师会见在押服刑人员也应遵守监狱管理的有关规定，不得传递违禁物品、书信、钱物、通信工具，不得未经监狱和在押罪犯同意对会见进行录音、录像和拍照，不得实施与受委托职责无关的行为以及其他违反法律、法规、规章以及妨碍监狱管理秩序的行为。律师实施上述行为的，将会被警告并责令改正；警告无效的，将会被中止会见。监狱可以向律师所在律师事务所的主管司法行政机关或者律师协会通报。

《律师会见监狱在押罪犯规定》

第四条 有下列情形之一的，律师接受在押罪犯委托或者法律援助机构指派，可以会见在押罪犯：

（一）在刑事诉讼程序中，担任辩护人或者代理人；

（二）在民事、行政诉讼程序中，担任代理人；

（三）代理调解、仲裁；

（四）代理各类诉讼案件申诉；

（五）提供非诉讼法律服务；

（六）解答有关法律询问、代写诉讼文书和有关法律事务其他文书。

其他案件的代理律师，需要向监狱在押罪犯调查取证的，可以会见在押罪犯。

罪犯的监护人、近亲属可以代为委托律师。

第五条 律师需要会见在押罪犯，可以传真、邮寄或者直接提交的方式，向罪犯所在监狱提交下列材料的复印件，并于会见之日向监狱出示原件：

（一）律师执业证书；

（二）律师事务所证明；

（三）罪犯本人或者其监护人、近亲属的委托书或者法律援助公函或者另案调查取证的相关证明文件。

监狱应当留存律师事务所出具的律师会见在押罪犯证明原件。

罪犯的监护人、近亲属代为委托律师的，律师第一次会见时，应当向罪犯本人确认是否建立委托关系。

第六条 律师会见在押罪犯需要助理随同参加的，律师应当向监狱提交律师事务所出具的律师助理会见在押罪犯的证明和律师执业证书或者申请律师执业人员实习证。

第七条 律师会见在押罪犯需要翻译人员随同参加的，律师应当提前向监狱提出申请，并提交能够证明其翻译人员身份的证明文件。

监狱应当及时审查并在三日以内作出是否批准的决定。批准参加的，应当及时通知律师。不批准参加的，应当向律师书面说明理由。

随同律师参加会见的翻译人员，应当持监狱批准通知书和本人身份证明参加会见。

第八条 监狱收到律师提交的本规定第五条所列的材料后，对于符合本规定第四条规定情形的，应当及时安排会见。能当时安排的，应当当时安排；不能当时安排的，监狱应当说明情况，在四十八小时内安排会见。

第九条 在押罪犯可以委托一至两名律师。委托两名律师的，两名律师可以共同会见，也可以单独会见。律师可以带一名律师助理协助会见。

第十条 律师会见在押罪犯，应当遵守监狱的作息时间。监狱应当保障律师履行职责需要的会见时间和次数。

第十一条 律师会见在押罪犯时，监狱可以根据案件情况和工作需要决定是否派警察在场。

辩护律师会见被立案侦查、起诉、审判的在押罪犯时,不被监听,监狱不得派警察在场。

第十二条 律师会见在押罪犯,认为监狱及其工作人员阻碍其依法行使执业权利的,可以向监狱或者其上级主管机关投诉,也可以向其所执业律师事务所所在地的市级司法行政机关申请维护执业权利。情况紧急的,可以向事发地的司法行政机关申请维护执业权利。

第十三条 律师会见在押罪犯,应当遵守监狱管理的有关规定,恪守律师执业道德和执业纪律,不得有下列行为:

(一)传递违禁物品;

(二)私自为在押罪犯传递书信、钱物;

(三)将通讯工具提供给在押罪犯使用;

(四)未经监狱和在押罪犯同意对会见进行录音、录像和拍照;

(五)实施与受委托职责无关的行为;

(六)其他违反法律、法规、规章以及妨碍监狱管理秩序的行为。

第十四条 监狱发现律师会见在押罪犯过程中有第十三条规定行为的,应当警告并责令改正。警告无效的,应当中止会见。监狱可以向律师所在律师事务所的主管司法行政机关或者律师协会通报。

第十五条 本规定所称律师助理,是指辩护、代理律师所在律师事务所的其他律师或申请律师执业实习人员。所称近亲属,是指夫妻、父母、子女、同胞兄弟姊妹。

问题43:服刑人员能否结婚

服刑人员的民事权利并不会因服刑受到限制,结婚作为服刑人员一项重要的民事权利，同样受到法律保护。根据《民政部关于贯彻执行〈婚姻登记条例〉若干问题的意见》的规定，一方为在押服刑人员的情况下，办理婚姻登记通常需要以下步骤。

1. 向服刑监狱、婚姻登记机关提出申请

服刑人员结婚的，需要其本人或另一方向监狱提出书面申请表明双方同意结婚并符合结婚条件，由监狱结合服刑人员一贯表现、双方感情基础（多结合通信情况加以认定）、现实需要（如存在需配偶代为办理的重要事务）等认定服刑人员是否符合结婚申请的条件。

由于在押服刑人员办理婚姻登记涉及婚姻登记机关与监狱之间相互协调的问题，因此，实践中还需要由服刑人员向婚姻登记机关提出书面申请。

根据《民政部关于贯彻执行〈婚姻登记条例〉若干问题的意见》的规定，办理服刑人员婚姻登记的机关可以是一方当事人常住户口所在地或服刑监狱所在地的婚姻登记机关。考虑到监狱或看守所服刑人员结婚需要监狱、婚姻登记机关之间的协调，因此，选择监狱所在地婚姻登记机关更为便利。

监狱及婚姻登记机关就同意办理结婚登记达成一致意见后，方可为在押服刑人员办理婚姻登记手续。

2. 准备婚姻登记所需材料

根据法律规定，申请办理婚姻登记，需要双方出具有效身份证件。如服刑人员一方无法出具身份证件，可以由服刑人员本人或结婚对象向监狱狱政科申请协助出具证明材料，或由监狱协调公安部门为服刑人员补办身份证件。

3. 办理登记

《民政部关于贯彻执行〈婚姻登记条例〉若干问题的意见》要求服刑人员申请办理婚姻登记，应当亲自到婚姻登记机关提出申请并出具有效的身份证件。实践中,监狱及婚姻登记机关在同意服刑人员结婚的申请后,通常会就办理时间、地点、流程等进行协商。就"服刑人员应当亲自到婚姻登记机关提出申请"这一要求,实践中有两种处理方式:

其一,由婚姻登记机关前往监狱为服刑人员及其结婚对象在狱内办理登记手续;

其二,由服刑人员所在监狱批准服刑人员离监办理婚姻登记。根据服刑人员结婚相关报道,目前实践中多通过特许离监准许服刑人员离监办理婚姻登记。但登记结婚并非《罪犯离监探亲和特许离监规定》所明确的可以特许离监的情形①,这一做法实际上存在制度障碍,实践中多需要所在监狱作变通处理。

至于未被羁押的假释、缓刑等社区服刑人员,法律法规并未对其登记结婚作特殊要求,其与普通公民办理婚姻登记并无差异。

问题44:服刑人员能否离婚

与结婚相同,离婚作为一项民事权利并不会因服刑而被剥夺。离婚分为起诉离婚和协议离婚两种情况。

---

① 《罪犯离监探亲和特许离监规定》第11条规定,对于同时具有下列情形的罪犯,可以特许其离监回家看望或处理:
(1) 剩余刑期10年以下,改造表现较好的;
(2) 配偶、直系亲属或监护人病危、死亡,或家中发生重大变故、确需本人回去处理的;
(3) 有县级以上医院出具的病危或死亡证明,及当地村民(居民)委员会和派出所签署的意见;
(4) 特许离监的去处在监狱所在的省(区、市)行政区域范围内。
罪犯特许离监的时间为1天。
办理特许离监,应由罪犯本人或其亲属提出申请,监狱依照本办法第6条规定的罪犯离监探亲审批程序批准。
对特许离监的罪犯,监狱必须派干警押解并予以严密监管。当晚不能返回监狱的,必须羁押于当地监狱或看守所。

1. 起诉离婚

实践中,由于在押服刑人员人身自由受到限制,且对服刑人员可以提起诉讼,因此最常见的离婚方式是起诉离婚。

(1) 收集证据

首先,收集证明夫妻感情破裂的证据。根据《民法典》第1079条的规定,离婚最基本的法定理由为夫妻感情破裂。其中,具体的理由包括:①重婚或者与他人同居;②实施家庭暴力或者虐待、遗弃家庭成员;③有赌博、吸毒等恶习屡教不改;④因感情不和分居满二年,或存在其他导致夫妻感情破裂的情形。因此,一方提起离婚诉讼的,通常是围绕上述几个方面收集证据,或收集其他证明夫妻感情破裂的证据。

一方或双方为服刑人员的,最基本的法定离婚理由同样为夫妻感情破裂。但是与一般案件的不同之处在于,如果一方或双方服刑时间较长,证明夫妻感情破裂的证据如聊天记录等基本无法收集,因此提交的主要证据便是刑事判决书,尤其是所涉罪名与吸毒、赌博等个人习性相关的,或者刑期长,服刑一方长期无法照顾家庭,刑事判决书是此类案件中证明夫妻感情确已破裂最为主要的证据。此外,服刑期间双方的联络情况(如联系频率很低,往来信件反映出双方时常发生争执等)也可以作为认定夫妻感情确已破裂的证据。

其次,收集未成年子女抚养权归属问题相关的证据。在服刑人员离婚案件中,考虑到服刑人员丧失人身自由及经济来源,不具备直接抚养未成年子女的能力,不利于未成年的身心健康成长等因素,法院多判决抚养权归属非服刑一方,因此,非服刑一方仅提交刑事裁判文书即可作为争取抚养权的证据。但对于服刑人员而言,想要争取抚养权则需要提交证据证明其父母愿意代为抚养(外)孙子女,且由(外)祖父母抚养更能保障未成年子女利益最大化,包括未成年子女长期与服刑人员的父母共同生活，服刑人员父母较非服刑一方而言有着更多的陪伴时间，能提供更好的教育条件，或者非服刑方不适宜抚养未成年子女。

此外，夫妻共同财产的分割也是涉服刑人员离婚案件中一个较为复杂的问题，需要收集充分证据证明。对于不涉及刑事案件的财产，双方可以从资金来源、登记情况、财产购置时间等方面收集或申请法院调取证据证明其是否属于夫妻共同财产。

服刑人员大多需要履行财产性判项，包括附带民事赔偿义务，以及追缴、责令退赔、罚金、没收财产等。如果将犯罪取得的违法所得用于家庭生活如购置房产等，从而形成了夫妻共同财产，相应的财产将会被追缴。如果违法所得已经用于消费无法直接退还，即便是合法取得的夫妻共同财产，其中属于服刑一方的部分也将用于退赔。这种情况下，即便共同财产是合法财产，法院也可以查封、扣押、冻结，只是在拍卖、变卖后须保留非服刑一方的份额（如果是服刑人员所扶养家属生活所必需的居住房屋，法院可以查封，但不得拍卖、变卖或者抵债）。在服刑人员离婚案件中，夫妻共同财产往往因刑事裁判中退赔、罚金等财产性判项未执行完毕而长期处于"查扣冻"状态，无法正常分割。对此，实践中存在两种观点，一种观点认为如果依据原告、被告的意思表示分割夫妻共同财产，可能会侵害其他债权人、被害人的利益，因此在离婚诉讼中不予分割，可待强制措施解除后另行分割。另一种观点则认为尽管财产被"查扣冻"期间无法实际执行，但法院仍应对财产进行分割并确认份额。因此，双方仍可积极收集证据证明被"查扣冻"的财产属于来源合法的夫妻共同财产，请求法院认定双方各自享有的份额。如果对证明夫妻共同财产有着重要作用的账册、原始凭证、会计发票等证据被扣押在公安机关，服刑人员家属也可以向公安机关申请发还被扣押的文件资料，或者申请法院调取相关资料。

(2) 选择管辖法院

实践中较为多见的是非服刑一方向服刑一方主动提出离婚。非服刑一方提起诉讼的，根据民事诉讼法上的规定，应在原告即非服刑一方住所地法院起诉；原告住所地与经常居住地不一致的，则在原告经常居住地法院起诉。其中，"住所地"是指户籍所在地。经常居住地则是指从离开户籍所在地到起诉时已连续居住一年以上的地方，但住院就医的地方除外。

如果是服刑一方提起诉讼，应在被告即非服刑一方户籍地起诉，非服刑一方户籍地与经常居住地不一致的，则在非服刑一方经常居住地的法院起诉。

夫妻双方均服刑的，则应在被告即非主动提起离婚诉讼一方原户籍地的法院起诉。被告服刑1年以上的，应在监狱所在地的法院起诉。

(3) 提交材料

由于服刑人员离婚案件的审理需要监狱管理部门的配合，因此，在提起诉讼时，应当在起诉状中写明服刑人员所在监狱具体情况，包括地址、监狱管理部门联系方式等，便于法院与监狱就调解、开庭时间和方式、服刑人员个人状况等问题同监狱沟通、协调。

(4) 开庭/调解

法院立案后，会与监狱就调解及开庭等相关问题进行沟通协调，确定开庭时间、方式等。实践中，涉及服刑人员的离婚案件大多由承办法官前往监狱开庭或视频开庭。而且服刑人员离婚案件往往更为复杂、特殊，实践中承办法官前往监狱开庭审理的情形更为常见。

一般而言，诉前调解是离婚诉讼的必经程序。但由于服刑人员处于羁押状态，在服刑人员的离婚案件中，法院通常在开庭过程中进行诉中调解。如果对离婚的各项诉求均没有异议，双方达成调解，法院就制作调解书，解除婚姻关系；如果存在异议，就由法院判决。

此前《最高人民法院关于人民法院审理离婚案件如何认定夫妻感情确已破裂的若干具体意见》规定：一方被依法判处长期徒刑，或其违法、犯罪行为严重伤害夫妻感情的。一方坚决要求离婚，经调解无效，可依法判决准予离婚。尽管该规定目前已失效，但在实践中仍有一定的指导意义，尤其是服刑人员刑期较长的，考虑到其长期无法承担家庭责任，法院通常会支持离婚请求；但如果剩余刑期较短，如只有 1 年左右，考虑到离婚会对服刑人员情绪造成负面影响，以及不利于服刑人员出狱后尽快回归社会，法院通常不会支持离婚请求。

2. **协议离婚**

办理协议离婚的流程与办理登记结婚的流程相似，需要双方亲自到婚姻登记机关提出申请并出具有效的身份证件。此外，还需要出具双方的结婚证及双方共同签署的离婚协议书，离婚协议书需载明双方当事人自愿离婚，以及对子女抚养、财产及债务处理等事项协商一致。

因此，与登记结婚相类似，协议离婚的，可在会见时由夫妻双方签订离婚协议，同时向监狱及服刑监狱所在地的婚姻登记部门申请，由婚姻登记部门人员前往监狱为双方办理离婚登记，或者服刑人员申请临时出监办理。

3. **后续处理**

无论是协议离婚还是起诉离婚，如果在离婚后，一方发现尚有夫妻共同财产未处理，或者离婚时服刑人员在监狱服刑不便处理，可以向人民法院起诉请求分割离婚时未涉及的夫妻共同财产。如果离婚后，一方发现另一方有隐藏、转移、变卖、毁损、挥霍夫妻共同财产，或者伪造夫妻共同债务企图侵占另一方财产的行为时，也可以再次请求人民法院分割财产，但离婚时未发现上述情况的，应在发现上述情况的次日起的 3 年内提起诉讼。

问题 45：服刑人员能否进行遗产继承

一般情况下，服刑人员享有继承权。《民法典》第 1125 条规定了例外的情况：如果服刑人员故意杀害、遗弃、虐待被继承人，或为争夺遗产而杀害其他继承人，或通过伪造、篡改、隐匿、销毁、欺诈、胁迫等不正当的手段干预遗嘱的正常订立、变更、撤回，则服刑人员将丧失继承权。

由于在服刑期间，服刑人员身处监狱不方便参与遗产分割，实践中常会出现服刑人员继承权被不当剥夺的情况，对此，服刑人员可以委托诉讼代理人提起诉讼以维护合法权益。

问题 46：夫妻一方服刑的，另一方能否要求变更抚养权

服刑人员在服刑前已经离婚且取得了子女抚养权的，由于服刑的一方在服刑期间无法照顾子女，现实中不乏另一方向法院申请变更抚养权的情况。

变更子女抚养权一般先由双方协商确定，如协商不成，可通过提起抚养权变更诉讼的方式请求法院判决变更子女抚养权至未服刑一方。根据法律规定，一方与子女共同生活对子女身心健康确有不利影响，或存在其他正当理由，另一方要求变更子女抚养关系，人民法院应当支持。尽管法律并未明确将入狱服刑作为应当变更抚养权的法定事由，但实践中，法院多认为服刑属于对子女身心健康造成不良影响的情形，且考虑到服刑人员不具备抚养子女的能力，通常会准予变更抚养权。

服刑人员出狱后，可以与另一方协商重新变更抚养权。如果存在对方因患严重疾病或者因伤残无力继续抚养子女，不尽抚养义务或有虐待子女行为，或已满 8 周岁的子女愿意跟随自己生活且有抚养能力等法定事由，其也可以向法院起诉重新变更抚养权。

《最高人民法院关于适用〈中华人民共和国民法典〉婚姻家庭编的解释（一）》

第五十六条　具有下列情形之一，父母一方要求变更子女抚养关系的，人民法院应予支持：

（一）与子女共同生活的一方因患严重疾病或者因伤残无力继续抚养子女；

（二）与子女共同生活的一方不尽抚养义务或有虐待子女行为，或者其与子女共同生活对子女身心健康确有不利影响；

（三）已满八周岁的子女，愿随另一方生活，该方又有抚养能力；

（四）有其他正当理由需要变更。

第五十七条　父母双方协议变更子女抚养关系的，人民法院应予支持。

《民政部关于贯彻执行〈婚姻登记条例〉若干问题的意见》

十、关于服刑人员的婚姻登记问题

服刑人员申请办理婚姻登记，应当亲自到婚姻登记机关提出申请并出具有效的身份证件；服刑人员无法出具身份证件的，可由监狱管理部门出具有关证明材料。

办理服刑人员婚姻登记的机关可以是一方当事人常住户口所在地或服刑监狱所在地的婚姻登记机关。

【典型案例】

房某、张某离婚后财产纠纷案〔（2021）鲁03民终3635号〕
要旨

房产因另案处于查封状态，当事人就该房产提起析产诉讼的，法院应予受理，该状态并不影响对共同财产的分割处理和各自享有份额的认定。

事实

房某（男）与张某（女）原为夫妻关系，2019年2月1日经法院判决离婚，该离婚判决未对张店区凯瑞溪园××号楼1单元2~3层西户、张店区房产进行分割，原告为此向法院提起诉讼，要求依法分割夫妻共有财产张店区凯瑞溪园××号楼1单元2~3层西户房产及张店区房产。

一审法院认为案涉房产均系夫妻共同财产，张店区房产，现处于人民法院查封期间，一审法院不予处理，原告可待查封解除后另行主张权利。对于张店区凯瑞溪园××号楼1单元2~3层西户房产，依法分割。

理由

《最高人民法院关于人民法院民事执行中查封、扣押、冻结财产的规定》第12条规定，对被执行人与其他人共有的财产，人民法院可以查封、扣押、冻结，并及时通知共有人。共有人协议分割共有财产，并经债权人认可的，人民法院可以认定有效。查封、扣押、冻结的效力及于协议分割后被执行人享有份额内的财产；对其他共有人享有份额内的财产的查封、扣押、冻结，人民法院应当裁定予以解除。共有人提起析产诉讼或者申请执行人代为提起析产诉讼的，人民法院应当准许。诉讼期间中止该财产的执行。

本案中双方均主张对该房产予以分割。虽然现该房产因另案处于查封状态，但依据前述规定，房某就该房产提起析产诉讼，法院应予受理，查封状态并不影响对夫妻共同财产的分割处理和各自享有份额的认定。原审以该房产处于查封期间为由未予处理不当，二审法院予以纠正。

结果

（1）撤销淄博市张店区人民法院（2021）鲁0303民初3343号民事判决；

（2）上诉人房某和被上诉人张某夫妻共同财产张店区凯瑞溪园××号楼1单元2~3层西户房产归被上诉人张某所有，被上诉人张某负责偿还剩余贷款174,664.49元；被上诉人张某于判决生效后10日内支付上诉人房某房产价值补偿款821,400.98元；

（3）上诉人房某和被上诉人张某夫妻共同财产张店区房产归被上诉人张某所有，被上诉人张某负责偿还剩余贷款232,713.20元；被上诉人张某于判决生效后10日内支付上诉人房某房产价值补偿款1,695,279.06元。

第二节　服刑人员权利义务

问题47：监狱服刑人员是否必须参加劳动改造

除以下两类人员外，其他人员均需参加劳动改造：

一类是有劳动能力但因住院治疗和康复等原因无法参加劳动的；另一类是因老年、身体残疾、患严重疾病等，经鉴定丧失劳动能力而无法参加劳动。上述劳动能力鉴定过程系监狱刑务劳动部门牵头进行的主动评估，服刑人员及家属并无法定申请权利。以天津市的有关规定为例，服刑人员劳动能力的认定流程包括：监区依据医学证据材料发起鉴定申请→监狱医院根据医学证据材料进行初步判定→罪犯劳动能力鉴定小组评议后出具集体鉴定意见。

《监狱计分考核罪犯工作规定》

第十七条　对有劳动能力但因住院治疗和康复等无法参加劳动的

罪犯,住院治疗和康复期间的劳动改造分记 0 分,但罪犯因舍己救人或者保护国家和公共财产等情况受伤无法参加劳动的,监狱应当按照其受伤前 3 个月的劳动改造平均分给予劳动改造分,受伤之前考核不满 3 个月的按照日平均分计算。

第二十条 对老年、身体残疾、患严重疾病等经鉴定丧失劳动能力的罪犯,不考核劳动改造表现,每月基础总分为 100 分,其中监管改造基础分 50 分,教育和文化改造基础分 50 分。

天津市《监狱计分考核罪犯工作细则(试行)》

第十条 监狱成立罪犯劳动能力鉴定小组,由分管狱政管理的副监狱长任组长,狱政管理、教育改造、劳动改造、生活卫生、侦查保卫、刑罚执行、监狱医院等职能部门的负责人及各监区分管罪犯管理教育工作的副监区长为成员,负责对本监狱在押罪犯劳动能力进行鉴定、制定本监狱无定额岗位考核细则并进行考核,办公室设在狱政管理部门。

监狱罪犯劳动能力鉴定小组通过召开小组会议的方式,具体由监区依据医学证据材料发起鉴定申请,监狱医院根据医学证据材料进行初步判定,劳动能力鉴定小组成员进行评议后出具集体鉴定意见即罪犯是否为部分劳动能力或无劳动能力。

罪犯因跨省异地转押、局内转监改造、狱内监区调动等变更服刑场所的,接收单位应当自接收当日对罪犯进行劳动能力鉴定,并按照规定继续完成对罪犯的计分考核工作。

问题 48:老病残犯如何认定

对老年犯的认定,不同省份的监狱存在差异:上海以 60 周岁

（男性）和 55 周岁（女性）为标准；北京的标准是 65 周岁（不分男女）。

而对于病犯、残疾犯的认定，各地标准大同小异：病犯是指患有严重疾病，久治不愈，影响正常生活、学习、劳动的在押罪犯；残疾犯是指因身体有肢体（器官）残缺、功能不全或丧失等情形，影响正常生活、学习、劳动的在押罪犯。需要说明的是，患严重疾病、身体残疾、基本丧失劳动能力、生活难以自理需经法定鉴定机构（如监狱总医院）进行鉴定。

参考《上海市监狱管理局"在押老病残罪犯"鉴定审批工作规定》的规定，认定老病残犯的工作流程如下：监区自行或依服刑人员申请启动认定程序→监狱初审→监狱总医院进行鉴定（针对病犯和残疾犯）→监狱对经鉴定符合条件的集中报批→局工作小组审批→对病犯进行定期复核。不同省份的具体认定流程存在差异，具体流程需视服刑地监狱管理部门的规定而定。

问题49：被认定为老病残犯后是否仍需进行劳动改造

老病残犯是否需进行劳动改造，取决于其是否丧失了劳动能力。如果服刑人员尚未丧失劳动能力，通常会继续安排其在劳动监区劳动，但会视情况减少工作任务。如果服刑人员已被安排至老病残犯监区，一般仍会安排其在无定额岗位从事力所能及的劳动，如绿化、打水等，或者安排较轻的生产工作。

劳动改造的计分考核继续进行，但会酌情调整，部分地区会制定专门的老病残罪犯计分考核规定及办理老病残罪犯提请减刑、假释及暂予监外执行的具体规定。如果经鉴定老病残罪犯完全丧失劳动能力，则监狱不再安排其进行劳动改造，也不再考核其劳动改造表现，相应的减刑、假释要求也会有所放宽。

《监狱计分考核罪犯工作规定》

第二十条 对老年、身体残疾、患严重疾病等经鉴定丧失劳动能力的罪犯，不考核劳动改造表现，每月基础总分为100分，其中监管改造基础分50分，教育和文化改造基础分50分。

《上海市监狱管理局"在押老病残罪犯"鉴定审批工作规定》

第二条 （范围定义）

本规定所称"在押老病残罪犯"是指在我局各监狱服刑的老年犯、病犯和残疾犯。

老年犯是指年龄为60周岁及以上的男性在押罪犯和年龄为55周岁及以上的女性在押罪犯。

病犯是指患有严重疾病，久治不愈，影响正常生活、学习、劳动的在押罪犯。

残疾犯是指因身体有肢体（器官）残缺、功能不全或丧失等情形，影响正常生活、学习、劳动的在押罪犯。

问题 50：服刑期间一般从事哪些劳动

绝大多数服刑人员会被分配至劳动监区。劳动监区的岗位设置主要分为三类：

1. 直接生产劳动岗位：劳动监区的所有岗位中，该岗位的劳动任务最为繁重，通常为轻加工业，包括服装加工、鞋类加工、纸工活、编织类、电子加工类等，任务量主要根据以往的产量数据确定，保证具备正常劳动能力的服刑人员，既能在工作时间时刻不松懈，又能基本完成每日的工作任务。

2. 辅助生产劳动岗位，包括质检员、统计员、机修员、装卸人员、库管等,即实践中常提到的不直接从事生产劳动的"事务犯"。该岗位相对轻松,通常由具备特定职业技能或剩余刑期较长的服刑人员担任。

3. 勤杂工,如厂区清洁员等。勤杂工通常由尚未进入老病残监区的老弱病残服刑人员担任。

除劳动监区外,监狱通常还设有出监监区、入监监区、老病残监区、医务监区、伙房监区、严管监区等功能监区,不同监狱在具体监区设置上存在差异。监狱会根据服刑人员服刑前的从业情况、剩余刑期等,将具备实用技能的服刑人员分流至劳动监区、功能监区的特定岗位。例如,具备医学、烹饪等背景的服刑人员,可能被分配进入医务监区、伙房监区;又如,具备较高文化程度或专业技能的服刑人员,可能被分配至出监监区或入监监区从事培训工作。

问题51:服刑期间能否取得劳动报酬

参加劳动的罪犯会获得相关的劳动报酬,具体标准由各省监狱管理部门制定,受服刑地经济发展水平影响较大。

以上海市为例,根据《上海市监狱管理局罪犯劳动报酬管理规定》(沪司狱规〔2020〕1号),凡从事直接生产劳动岗位、辅助生产劳动岗位和狱内勤杂劳动岗位的服刑人员,每月都应给予劳动报酬。监狱企业每月参加劳动的服刑人员人均劳动报酬不得超过600元。凡从事直接生产劳动岗位、辅助生产劳动岗位和狱内勤杂劳动岗位的服刑人员劳动报酬每人每月原则上最高不超过2000元。不参加劳动的服刑人员,不享有劳动报酬。此外,如果未完成计划工时,劳动报酬会扣减相应比例。

问题52:服刑期间劳动改造是否有加班费

根据《监狱法》《关于罪犯劳动工时的规定》的规定,服刑人员每周劳动（包括集中学习时间）6天，每天劳动8小时，平均每周劳动时间不超过48小时。未成年服刑人员每天劳动4小时，平均每周劳动时间不超过24小时。每周可以固定休息1天，遇元旦、春节、劳动节、国庆节则可以休假1～3天。但在实践中，监狱加班赶工的情况较为常见，组织加班的监狱生产单位，事后应当安排补休，实在不能补休的，应当根据加班时间支付加班费。在法定节假日安排劳动的，则需支付高于平常加班的加班费。

《监狱法》

第七十一条 监狱对罪犯的劳动时间，参照国家有关劳动工时的规定执行；在季节性生产等特殊情况下，可以调整劳动时间。

罪犯有在法定节日和休息日休息的权利。

第七十二条 监狱对参加劳动的罪犯，应当按照有关规定给予报酬并执行国家有关劳动保护的规定。

《关于罪犯劳动工时的规定》

第三条 罪犯每周劳动（包括集中学习时间）6天，每天劳动8小时，平均每周劳动时间不超过48小时。

未成年犯每天劳动4小时，平均每周劳动时间不超过24小时。

生产任务不饱满的监狱，可以报经省、自治区、直辖市监狱管理局批准，实行每周劳动5天，集中学习1天的制度。

第四条 监狱保证参加劳动的罪犯每周休息1天。

第五条 监狱在下列节日期间依法安排罪犯休假：

（一）元旦；

（二）春节；

（三）国际劳动节；

（四）国庆节。

第六条 监狱生产单位需要延长劳动时间，须提前拟定加班计划，经监狱狱政、劳动管理部门审核，报监狱长批准，方可实施。

第七条 在下列特殊情况下，延长劳动时间可以不受上述规定时间的限制：

（一）发生自然灾害、事故或者因其他原因，威胁生命健康和财产安全，需要紧急处理的；

（二）生产设备、公共设施发生故障，影响生产和公众利益，必须及时抢修的；

（三）农忙季节需要抢收抢种的。

第八条 按照本通知第六、七两条规定组织罪犯加班的监狱生产单位，事后应当安排罪犯补休，确实不能安排补休的，根据延长劳动时间的长短，支付一定数量的加班费。夜间加班至23时以后的，应安排夜餐。

在法定节假日安排罪犯劳动，根据延长劳动时间的长短，支付高于平常加班的加班费。夜间加班至23时以后的，应安排夜餐。

罪犯加班费用，从生产成本中列支。

第九条 罪犯不实行国家规定的带薪年休假制度。

问题53：在监狱服刑期间因劳动受伤、患病能否认定工伤

《罪犯工伤补偿办法（试行）》第7条规定了服刑人员致伤、致残、致死可认定为工伤的具体情形，主要包括：被监狱安排从事生产、劳动、发明创造或技术革新活动；紧急情况下实施了抢险救灾等有利国家、人民的行为；在劳动过程中形成职业病。此外，监狱在工伤认定上有一定自主权，其他类似情形经监狱确认，也可认定为工伤。

但是，如果上述情形是服刑人员自杀或自残、打架斗殴、酗酒、违反监规纪律、犯罪、蓄意违章或故意损坏生产工具等造成的，就不能被认定为工伤。

问题54：服刑期间如何进行工伤认定

根据《罪犯工伤补偿办法（试行）》的规定，进行工伤鉴定包括如下流程：

原则上应当由监区提出工伤申请报告。但实践中，可能会出现服刑人员所在监区未主动向监狱提出工伤申请报告的情况。对于此，建议服刑人员及家属主动向监区提出工伤认定申请，申请监狱依照《罪犯工伤补偿办法（试行）》第9条的规定及时向监狱提出工伤申请报告。

监狱会在收到报告后30天内完成调查取证工作，作出是否认定工伤的决定，并通知服刑人员本人或家属。如果服刑人员对鉴定结论不服，可以向监狱的主管机关（监狱管理局）申请重新鉴定，但要自力承担重新鉴定的费用。主管机关会委托当地省级劳动鉴定委员会或聘请有关专家进行重新鉴定。

如果服刑人员对于重新鉴定的结论仍然不服，是否存在其他救济途径？主流观点认为，如果服刑人员对于重新鉴定的结论不服，不能通过民事诉讼、行政复议或者行政诉讼的渠道进行救济，但可向检察院申请监督和纠正。首先，监狱与服刑人员之间并非平等的民事主体关系，而是监管关系，所以不能适用《民法典》与最高人民法院关于人身损害赔偿的司法解释进行处理；其次，根据《最高法院研究室关于服刑人员在劳动中致伤致残或者死亡如何处理问题的研究意见》及《司法部关于对罪犯劳动致伤残的补偿决定不服不能申请行政复议的批复》的规定，监狱执行刑罚的行为也不应纳入行政复议及行政诉讼的受案范围；最后，根据《司法部关于对罪犯劳动致伤残的补偿决定不服不能申请行政复议的批复》的规定，监狱管理机关有权依据有关法律法规对处理不当的情况提出处理意见并责成监狱予以纠正，而根据《最高法院研究室关于服刑人员在劳动中致伤致残或者死亡如何处理问题的研究意见》的规定，人民检察院也有权通知监狱纠正，据此，服刑人员及家属可以向检察院或者监狱管理机关提出申请，由其对监狱不当行为予以监督和纠正。

被鉴定为工伤后，具体的补偿工作由省（区、市）监狱管理局负责，服刑人员及家属不能直接找监狱索要补偿金。

【典型案例】

马某与云南省曲靖监狱工伤赔偿纠纷案〔(2019) 云民申3031号〕

要旨

监狱与罪犯之间是强制与被强制关系，不属于平等主体之间的关系，双方之间既不存在劳动关系也不存在劳务雇佣关系。双方之间因伤亡赔偿问题发生纠纷时只能根据《监狱法》的规定进行处理。

事实

马某，女，2010年12月31日至2018年6月20日在云南省曲靖监狱服刑。2015年1月15日9时左右，马某在云南省曲靖监狱回族食堂服刑改造中，被风机皮带致伤右手2~5指，随后到云南省曲靖监狱医院和原成都军区昆明总医院曲靖医院治疗，后经曲靖珠江源司法鉴定中心鉴定为7级伤残。

马某多次找云南省曲靖监狱协商具体赔偿事宜，但双方对工伤赔偿金分歧过大，未能达成一致。2018年8月，马某向曲靖市麒麟区人民法院起诉，请求法院处理申请人与云南省曲靖监狱之间因工伤赔偿产生的纠纷，麒麟区人民法院以双方是不平等的法律关系，不能适用民法进行调整为由，作出不予立案裁定书。马某向曲靖市中级人民法院提起上诉，要求撤销一审法院民事裁定。

理由

申请人受伤时系正在改造中的罪犯，云南省曲靖监狱作为国家刑罚执行机关，虽有责任保障罪犯在生产劳动中的人身安全，对在劳动中伤亡的罪犯有按照《监狱法》和国家有关规定给予补偿的义务，但监狱与罪犯之间是强制与被强制关系，不属于平等主体之间的关系，双方之间既不存在劳动关系也不存在劳务雇佣关系。双方之间因伤亡赔偿问题发生纠纷，不能适用《劳动法》《侵权责任法》，以及最高人民法院关于人身损害赔偿的司法解释来处理，只能根据《监狱法》的规定进行处理。

结果

驳回马某的再审申请。

问题55：在监狱服刑期间因工负伤的，享受何种待遇

服刑人员因工负伤的，监狱应当及时抢救治疗。治疗期间，劳动报酬照发。

服刑人员因工负伤医疗终结后，按照确定的伤残等级享受下列待遇。

（1）因工伤残的服刑人员，被评残为1～4级的，服刑期间，劳动酬金照发。办理保外就医、假释和刑满释放手续的，发给一次性伤残补助金。标准为：1级伤残相当于36个月、2级32个月、3级28个月、4级24个月的本人劳动酬金加基本生活费。

（2）因工伤残的服刑人员，被评残为5～10级的，服刑期间，安排适当的劳动，按规定享受相应的劳动酬金待遇。刑满释放时，发给一次性伤残补助金。标准为：5级伤残相当于16个月、6级14个月、7级12个月、8级10个月、9级8个月、10级6个月的本人劳动酬金加基本生活费。

（3）因工负伤，治疗未终结就已刑满释放的，应继续在指定医

院治疗。治疗终结后，按规定评定伤残等级，发给一次性伤残补助金。

（4）因工死亡，由监狱负责处理丧葬事宜，丧葬费用由监狱负担，并发给其直系亲属一次性死亡补助金。标准为：相当于48个月本人劳动酬金加基本生活费。有供养直系亲属的，根据供养人数，酌情增发，增发数额最多不超过12个月本人劳动酬金加基本生活费。此外，监狱最多负责3名亲属参加丧葬的食宿、交通费。

《罪犯工伤补偿办法（试行）》

第七条 罪犯在下列情况下致伤、致残或死亡的，应当认定为工伤：

（一）从事日常劳动、生产或从事监狱临时指派或同意的劳动的；

（二）经监狱安排或同意，从事与生产有关的发明创造或技术革新的；

（三）在紧急情况下，虽未经监狱指定，但从事有益于监狱工作或从事抢险救灾救人等维护国家和人民群众利益的；

（四）在劳动环境中接触职业性有害因素造成职业病的（职业病种类、名称按国家有关规定执行）；

（五）在生产劳动的时间和区域内，由于不安全因素造成意外伤害的，或者由于工作紧张突发疾病死亡或经第一次抢救治疗后全部丧失劳动能力的；

（六）经监狱确认其他可以比照因工伤、残或死亡享受工伤补偿待遇的。

第八条 虽然符合第七条规定范围，但由下列行为造成负伤、残疾或者死亡的，不应认定为工伤：

（一）自杀或自残；

（二）打架斗殴；

（三）酗酒；

（四）违犯监规纪律；

（五）犯罪；

（六）蓄意违章或故意损坏生产工具；

（七）经监狱确认不应认定为工伤的其他行为。

第九条 罪犯的工伤认定结论由监狱作出。罪犯在劳动过程中发生伤、残或死亡事故，罪犯所在监区应当及时向监狱提出工伤申请报告。监狱应当在收到报告的30日内完成调查取证工作，作出是否定为工伤的决定，并通知罪犯本人或家属。

第十条 罪犯因工负伤，由监狱组织生产安全、劳动管理和医疗部门的人员按照国家有关标准和程序，对因工伤残罪犯的劳动能力和伤残等级进行鉴定。罪犯对鉴定结论不服的，可以向监狱的上级机关申请重新鉴定，监狱上级机关应当委托当地省级劳动鉴定委员会或聘请有关专家进行重新鉴定，重新鉴定后的结论为罪犯劳动鉴定的最终结论。

向监狱上级机关申请进行重新鉴定的费用由申请人承担。

第十一条 罪犯工伤评残标准，按照劳动部、卫生部制定的《职工工伤与职业病致残程序鉴定标准》（劳险字〔1992〕6号）执行。

第十二条 罪犯因工负伤，监狱应当及时抢救治疗。治疗期间，实行劳动报酬制度的，照发本人劳动酬金。

第十三条 罪犯因工负伤医疗终结后，按照确定的伤残等级享受下列待遇。

（一）因工伤残的罪犯，被评残为1－4级的，服刑期间，劳动酬金照发。办理保外就医、假释和刑满释放手续的，发给一次性伤残补助金。标准为：一级伤残相当于 36 个月、二级 32 个月、三级 28 个月、四级 24 个月的本人劳动酬金加基本生活费。

（二）因工伤残的罪犯，被评残为 5-10 级的，服刑期间，安排适当的劳动，按规定享受相应的劳动酬金待遇。刑满释放时，发给一次性伤残补助金。标准为：五级伤残相当于 16 个月、六级 14 个月、七级 12 个月、八级 10 个月、九级 8 个月、十级 6 个月的本人劳动酬金加基本生活费。

第十四条 罪犯因工负伤，治疗未终结就已刑满释放的，应继续在指定医院治疗。治疗终结后，按规定评定伤残等级，发给一次性伤残补助金。

第十五条 罪犯因工死亡的，由监狱负责处理丧葬事宜，丧葬费用由监狱负担。

罪犯因工死亡，发给直系亲属一次性死亡补助金。标准为：相当于 48 个月本人劳动酬金加基本生活费。有供养直系亲属的，根据供养人数，酌情增发，增发数额最多不超过 12 个月本人劳动酬金加基本生活费。

罪犯因工死亡，监狱最多负责 3 名亲属参加丧葬的食宿、交通费。

《司法部关于对罪犯劳动致伤残的补偿决定不服不能申请行政复议的批复》

你局《关于对服刑人员劳动致伤残的补偿决定不服能否提起行政复议的请示》收悉。经研究，现答复如下：

监狱组织罪犯生产劳动，是依据《刑法》、《刑事诉讼法》和、《监狱法》的有关规定进行的执法活动。罪犯不是职工，不属于《劳动法》调整的范畴。罪犯在劳动中致伤、致残或死亡，应当按照《监狱法》的有关规定及其配套规章处理。对处理不当的，监狱管理机关应依据有关法律法规，按照公正执法和维护稳定的原则，提出处理意见，责成监狱予以纠正。依照《复议法》第六条和《司法行政机关行政复议应诉工作规定》第七条的规定，监狱对罪犯在劳动中致伤、致残或死亡的补偿决定行为，不是司法行政机关行政复议范围。

《最高法院研究室关于服刑人员在劳动中致伤致残或者死亡如何处理问题的研究意见》

有关部门就服刑人员在劳动中致伤致残或者死亡如何处理问题征求最高人民法院研究室意见。我室经研究认为：根据刑事诉讼法和监狱法的相关规定，对于被判处死刑缓期二年执行、无期徒刑、有期徒刑的罪犯，由监狱依法组织从事生产劳动，属于监狱执行刑罚的行为。监狱依据刑事诉讼法授权实施的执行刑罚的行为不应纳入行政复议及行政诉讼的受案范围。如果监狱对罪犯的工伤补偿行为存在国家赔偿法第十五条规定的情形，应当适用刑事赔偿程序处理。

问题 56：服刑人员在服刑期间伤亡、受到虐待的，能否申请国家赔偿

服刑人员在监狱服刑期间，监狱有义务保障其人身安全不受侵犯。根据法律规定，监狱管理机关及其工作人员在行使职权时，存在下列情形之一，造成服刑人员身体伤害或者死亡的，受害服刑人员及其家属有权要求赔偿：

（1）对服刑人员进行刑讯逼供、殴打、虐待；

（2）唆使、放纵他人殴打、虐待，造成服刑人员身体伤害或者死亡；

（3）违法使用武器、警械造成服刑人员身体伤害或者死亡。

实践中，服刑人员或其家属提起国家赔偿的阻碍之一是证明造成服刑人员伤亡是监狱工作人员行使职权所导致的。

根据法律规定，只有监狱工作人员在进行监管的过程中造成服刑人员伤亡，或不履行其负有的监管职责造成服刑人员伤亡的，国家才承担赔偿责任。例如，狱警违规使用警械殴打违反监规的服刑人员造成其伤亡，或者明知服刑人员患病而不允许其就医造成其死亡等。如果监狱工作人员单纯为了发泄个人情绪殴打、虐待服刑人员或唆使、放纵服刑人员殴打、虐待其他服刑人员，则有可能被认定为监狱工作人员的个人行为，属于平等民事主体之间的侵权责任纠纷，对此，服刑人员或家属可对该工作人员提起民事侵权诉讼，要求监狱工作人员承担侵权责任。

问题57：服刑人员在服刑期间因其他服刑人员致伤致残的，如何维权

根据《国家赔偿法》的规定可知，只有监狱管理机关及其工作人员在行使职权时侵犯服刑人员合法权益，服刑人员才可以申请国家赔偿。如果服刑人员在服刑期间因其他服刑人员的原因致伤致残，如遭到其他服刑人员的殴打而受伤，且监狱管理机关及其工作人员不存在未充分履行监管职责的情况，由于监狱服刑人员之间系平等主体，故可以适用民法典等法律法规的规定，主张加害人的侵权责任。如果侵害行为构成犯罪，根据《监狱法》第60条的规定，"对罪犯在监狱内犯罪的案件，由监狱进行侦查"，受害人可以向监狱进行控告，追究加害人的刑事责任。而如果监狱存在未充分履行监管职责的情况，则可以根据《国家赔偿法》的规定，申请国家赔偿。实践中，审查认定监狱是否构成怠于履行监管职责时，应当根据其对服刑人员的监管、处置、救治等行为是否符合法律法规及相关规范性文件的规定，是否合理、及时，是否已尽到正常认知范围内的注意义务等因素进行综合判断。

【典型案例】

陈某元申请湖北省汉江监狱怠于履行监管职责致伤赔偿案（最高人民法院指导性案例247号）

要旨

审查认定监狱、看守所等监管机关是否构成怠于履行监管职责时，应当根据监管机关对被羁押人、服刑人员的监管、处置、救治等行为是否符合法律法规及相关规范性文件的规定，是否合理、及时，是否已尽到正常认知范围内的注意义务等因素进行综合判断。对于监管合法、处置合理、救治及时的，应当认定监管机关依法履行了监管职责。

事实

2013年6月22日7时30分许，湖北省汉江监狱同监服刑人员陈某元与刘某在监狱卫生间发生争执，并用木质拖把打斗。两人争执、厮打很短时间就被劝开，陈某元随后捂眼走向卫生间门外，与闻讯赶来的值班警员吴某辉相遇。吴某辉了解情况后，即报告副监区长蔡某明，蔡某明随即安排将陈某元送到监狱医院检查治疗。湖北省汉江监狱先后将陈某元转送至多家医院检查治疗。经法医鉴定，陈某元右侧眼部损伤致盲，属重伤，伤残程度为八级。湖北省汉江监狱为治疗陈某元眼伤，共支出医疗费用人民币25,982.90元。加害人刘某因犯故意伤害罪，被判处有期徒刑3年2个月并赔偿陈某元经济损失。陈某元以湖北省汉江监狱怠于履行监管职责，放纵服刑人员刘某对其殴打并造成其身体伤害为由，申请国家赔偿。湖北省汉江监狱在法定期限内未作出赔偿决定。陈某元申请复议，湖北省监狱管理局作出鄂监复决字〔2014〕第1号刑事赔偿复议决定，对陈某元提出的赔偿请求不予支持。陈某元不服，向湖北省高级人民法院赔偿委员会申请作出赔偿决定。

理由

本案争议焦点为：监狱工作人员是否怠于履行监管职责。陈某元被刘某殴打致残，系陈某元与刘某在监狱卫生间内发生争执进而厮打所致，并不存在湖北省汉江监狱工作人员唆使、放纵刘某殴打陈某元的情形；同时，因二人争执、厮打事发突然，前后历时较短，监狱干警赶至现场时，二人已被劝开，陈某元正朝卫生间门外走去，说明监狱工作人员系及时赶到现场，不存在明知发生殴打、虐待情形，仍不予理睬、听之任之，严重不负责任的情况。关于陈某元申诉所称："监狱应当保证服刑人员的人身安全，保障其相关合法权益，监狱及其干警应负有相应的法定义务。"最高人民法院赔偿委员会认为，对于某些意外情形或者突发情形，认定监管机关是否怠于履行职责，应当根据监管机关对被羁押人、服刑人员的监管、处置、救治等行为是否符合法律、法规及相关规范性文件的规定，是否合理、及时，是否已尽到正常认知范围内的注意义务等因素进行综合判断。合法、合理、及时是衡量监狱管理机关是否依法履行职责的标准。本案中，陈某元与同监服刑人员违反监规，发生争执、厮打且事发突然，湖北省汉江监狱工作人员及时赶至现场，在了解事态后及时上报情况，并将陈某元送医诊治，嗣后亦多次送陈某元出监就诊，并支付相关就医费用。以上情形能够说明湖北省汉江监狱已经履行了其作为监管机关应尽的职责。陈某元申诉称湖北省汉江监狱怠于履行职责、疏于监管，缺乏事实依据。

结果

最高人民法院赔偿委员会于2018年3月26日作出（2018）最高法委赔监43号决定：驳回陈某元的申诉。

问题 58：其他原因导致服刑人员伤亡的，能否申请国家赔偿

实践中存在较大争议的是监狱及其工作人员未实施侵权行为，服刑人员在监狱内感染传染病，或服刑人员之间发生冲突，导致服刑人员伤病残乃至死亡的，受害服刑人员或其家属是否可以申请国家赔偿。

根据《关于监狱作为赔偿义务机关的刑事赔偿有关问题的调研会议纪要》的规定，对此可以区分为以下几种情形：

1. 如果监狱及其工作人员在能够制止殴打、虐待等行为的情况下，明知殴打、虐待等行为已经发生，但不予理睬、听之任之，严重不负责任，放任甚至追求后果发生或者加重，则属于"放纵"他人殴打、虐待，依法应当进行国家赔偿。

2. 如果殴打、虐待等行为发生时，存在监狱工作人员不在岗，被用于殴打、虐待的工具处于脱离监狱管控的状态等监狱及其工作人员怠于履行职责的情形，或者监狱及其工作人员在日常监管过程中存在其他怠于履行监管职责的情形，且以上情形与服刑人员伤亡结果的发生或者加重具有一定关联的，一般根据监狱及其工作人员怠于履行职责的行为在损害发生过程和结果中所起的作用等因素，具体确定国家赔偿的比例和数额。监狱怠于履行监管职责导致服刑人员感染疾病的，在实践中也通常参考该处理方式。

3. 如果造成服刑人员伤亡的原因是突发、意外情形，且监狱的监管、处置、救治等行为符合法律、法规及相关规范性文件的规定，或者已尽到正常认知范围内的合理、及时注意义务，不存在过错的，则无须国家赔偿。

在实践中，已有类似国家赔偿案例——在最高人民法院发布 10 起人民法院国家赔偿和司法救助典型案例（2018 年）之五：苗某顺、陈某萍等人申请黑龙江省牡丹江监狱怠于履行职责赔偿案中，法院认为"本案中,监管人员焦某明在苗某成被殴打时未尽监管职责,未进行巡视和瞭望,已经人民法院判决予以定罪,据此能够认定该监管机关未尽法定监管职责。同时,此类案件的缘起并非由于国家工作人员违法使用暴力或者唆使、放纵他人使用暴力所致,故亦应结合该具体情形,综合衡定该怠于履行职责的行为在损害发生过程和结果中所起的作用等因素,适当确定赔偿比例和数额"。据此,即便监管人员自身未实施侵权行为,但如果确有证据证明监管机关及监管人员未充分履行监管职责,导致损害结果发生,则根据监管机关的过错情况,可以予以国家赔偿。

问题59:如何申请国家赔偿

1. 赔偿请求人范围

服刑人员本人有权要求赔偿,若服刑人员死亡,其继承人和其他有扶养关系的亲属有权要求赔偿。赔偿请求人可以委托1~2人作为代理人。律师、赔偿请求人的近亲属、有关的社会团体或者所在单位推荐的人、经赔偿委员会许可的其他公民,都可以被委托为代理人。

2. 赔偿义务机关如何确定

承担赔偿责任的机关为赔偿义务机关,其遵循"谁侵犯谁赔偿"的原则。服刑人员在服刑期间受到侵害的,赔偿义务机关根据实际服刑场所为监狱、未成年犯管教所以及看守所的主管公安局。

3. 申请国家赔偿的时间

申请国家赔偿的时效为2年,自被害人知道或者应当知道侵权行为发生之日起计算,但被羁押等限制人身自由期间不计算在内。因此,服刑人员在狱内受到侵害,其本人可以自出狱的次日起2年内申请国家赔偿。服刑人员死亡,其继承人等提起国家赔偿的,则应当在知道或者应当知道此事的次日起2年内提出请求。在该2年的赔偿请求时效内,如果在最后 6 个月因自然灾害等不可抗力或者其他障碍不能提出,中止计算时效。从中止时效的原因消除的次日,该期间继续计算。

4. 赔偿程序

首先,赔偿请求人应当先向承担赔偿责任的机关(监狱、看守所或未成年犯管教所)递交申请书,书写申请书有困难的也可以口头申请,由赔偿义务机关记入笔录。申请书应当载明受害人的姓名、性别、年龄、工作单位和住所;具体的要求、事实根据和理由;申请的年、月、日。赔偿请求人不是受害人本人的,应当说明与受害人的关系,并提供相应证明。

其次,赔偿义务机关会在收到申请的 2 个月内作出是否赔偿的决定。该过程中,赔偿请求人可以向赔偿义务机关提交书面或口头意见,并可以就赔偿方式、赔偿项目和赔偿数额与赔偿义务机关进行协商。

若赔偿义务机关没有在 2 个月内作出决定,或者赔偿请求人对决定不服,可以在 2 个月的期限届满之日或作出决定之日起 30 日内,向赔偿义务机关的上一级单位,即省监狱管理局(监狱、未成年人管教所服刑)或服刑看守所主管公安机关的上一级公安机关申请复议。复议机关会在收到复议申请的 2 个月内作出复议决定。

复议机关逾期不作决定,或赔偿请求人对复议决定不服的,可以在 2 个月的期限届满之日或收到复议决定之日起 30 日内向复议机关所在地的同级法院赔偿委员会申请作出赔偿决定。在向法院申请时,需要提交的材料包括:一式四份赔偿申请书(赔偿请求人书写申请书确有困难的,可以口头申请);赔偿义务机关作出的决定书;复议机关作出的复议决定书,但赔偿义务机关是人民法院的除外;赔偿义务机关或者复议机关逾期未作出决定的,提供赔偿义务机关对赔偿申请的收讫凭证等相关证明材料;行使侦查、检察、审判职权的机关在赔偿申请所涉案件的刑事诉讼程序、执行程序中作出的法律文书；赔偿义务机关职权行为侵犯赔偿请求人合法权益造成损害的证明材料；证明赔偿申请符合申请条件的其他材料。

赔偿请求人或者赔偿义务机关对赔偿委员会作出的决定，认为确有错误的，可以向上一级法院赔偿委员会提出申诉。

问题60：如何证明符合国家赔偿条件

国家赔偿举证责任分配仍遵循"谁主张，谁举证"规则。但在某些特殊情况下，法律有明确规定，赔偿义务机关对行为合法性、过错、因果关系等法律要件事实承担倒置的举证责任。

1. 赔偿请求人对有利于自己的事实承担举证责任，主要有以下方面：

（1）赔偿请求人就其具备申请国家赔偿的主体资格举证，即要证明赔偿请求人是受到赔偿义务机关及其工作人员职权行为损害的服刑人员或其继承人、其他有扶养关系的亲属。

（2）赔偿请求人就引起国家赔偿的行为存在举证，如服刑人员本人的陈述、同监室人员的证言、监控记录等。

（3）赔偿请求人就其所请求的人身权、财产权等受到侵害以及损害的范围、程度和损失金额等损害事实举证。

（4）与其他案件举证责任不同之处在于，在赔偿请求人被限制人身自由期间死亡或者丧失行为能力的赔偿案件中，赔偿请求人只需提供证据证实该损害事实与赔偿义务机关的行为之间存在外在的、可能的因果关系，即对损害结果与侵权行为之间存在时间、空间等方面的基础事实举证，证明受害人的死亡或者丧失行为能力发生在被限制人身自由期间，且存在伤害的事实。

2. 赔偿义务机关对有利于自己的事实负有举证责任。

对赔偿义务机关而言，其举证的目的是通过举证，对赔偿请求人的赔偿主张反驳。主要有以下方面：

（1）赔偿义务机关对其作出职权行为的事实和法律依据举证。赔偿义务机关有义务证实其所作出的行为有法律依据。但是，在赔偿请求人主张赔偿义务机关怠于行使职权造成其损害的情况下，赔偿义务机关则对其不负有法定职责或已尽法定职责负有举证责任。

（2）赔偿义务机关对具有《国家赔偿法》规定的免责条款或具有依法减轻责任的情形举证。

（3）国家赔偿义务机关对赔偿请求人提出的损害事实不存在以及损害范围、程度、金额小于赔偿请求人所提要求，或者赔偿请求人的损失已经以其他方式得到了国家补偿举证。

（4）赔偿义务机关就其职权行为与损害事实之间不存在因果关系或仅存在部分因果关系举证。

问题 61：国家赔偿金额如何计算

1. 造成身体伤害的，应当支付医疗费、护理费，医疗费赔偿根据医疗机构出具的医药费、治疗费、住院费等收款凭证，结合病历和诊断证明等相关证据确定。护理费参照当地护工从事同等级别护理的劳务报酬标准计算，原则上按照一名护理人员的标准计算护理费；但医疗机构或者司法鉴定人有明确意见的，可以参照确定护理人数并赔偿相应的护理费，以及赔偿因误工减少的收入。减少的收入每日的赔偿金按照国家上年度职工日平均工资计算，最高额为国家上年度职工年平均工资的 5 倍。

2. 造成部分或者全部丧失劳动能力的，应当支付医疗费、护理费、残疾生活辅助具费、康复费等因残疾而增加的必要支出和继续治疗所必需的费用，以及残疾赔偿金。残疾生活辅助器具费赔偿按照普通适用器具的合理费用标准计算；伤情有特殊需要的，可以参照辅助器具配制机构的意见确定。辅助器具的更换周期和赔偿期限参照配制机构的意见确定。残疾赔偿金根据丧失劳动能力的程度，按照国家规定的伤残等级确定，最高不超过国家上年度职工年平均工资的 20 倍。造成丧失全部劳动能力的，对其扶养的无劳动能力的人，还应当支付生活费。其中"扶养的无劳动能力的人"需同时满足两项要求，一是与被害人有法定抚养关系，主要包括：父母、子女；夫、妻；有抚养能力的祖父母、外祖父母对于父母已经死亡的未成年的孙子女、外孙子女；有抚养能力的孙子女、外孙子女对于子女已经死亡的祖父母、外祖父母；有抚养能力的兄、姐对于父母已经死亡或者父母无力抚养的未成年弟、妹；由兄、姐扶养长大的有负担能力的弟、妹，对于缺乏劳动能力又缺乏生活来源的兄、姐。二是"无劳动能力"，主要包括：60 周岁以上的老年人，未满 16 周岁的未成年人及残疾等级为 1 级、2 级、3 级的智力、精神残疾人，残疾等级为 1 级、2 级的肢体残疾人，残疾等级为 1 级的视力残疾人。

3. 造成死亡的，应当支付死亡赔偿金、丧葬费，总额为国家上年度职工年平均工资的 20 倍。对死者生前扶养的无劳动能力的人，还应当支付生活费。

出现以上侵犯人身权的情形的，可以同时认定该侵权行为致人精神损害，除非赔偿义务机关有相反证据。造成严重后果的，可以申请赔偿义务机关支付相应的精神损害抚慰金。"严重后果"指受害人经鉴定为轻伤以上或者残疾；受害人经诊断、鉴定为精神障碍或者精神残疾，且与侵权行为存在关联；受害人名誉、荣誉、家庭、职业、教育等方面遭受严重损害，且与侵权行为存在关联；受害人死亡；受害人经鉴定为重伤或者残疾 1～4 级，且生活不能自理；受害人经诊断、鉴定为严重精神障碍或者精神残疾 1～2 级，生活不能自理，且与侵权行为存在关联的，可以认定为后果特别严重（见表 2-2）。

表 2-2 国家赔偿金额计算一览

损害情形	赔偿内容	可获得的赔偿金额（以 2023 年为例）[1]
身体损害	医疗费	医疗机构出具的医药费、治疗费、住院费等收款凭证记载的数额
	护理费	当地护工单日报酬×受伤日至恢复自理能力日天数
	误工收入赔偿金	一般情况：436.89 元（国家上年度职工年平均工资）×实际误工天数 因伤残持续误工：436.89 元×伤残日至作为赔偿依据的伤残等级鉴定确定前一日，但赔偿金总额≤570,145 元（国家上年度职工年平均工资的 5 倍）
	精神抚慰金	（1）后果严重： ≤上述赔偿金总和×50% （2）后果特别严重，或者虽然不具司法解释规定的特别严重情形，但是确有证据证明前述标准不足以抚慰的： ≥上述赔偿金总和×50%
部分或全部丧失劳动能力	医疗费、康复费	凭证记载的数额
	护理费	当地护工单日报酬×根据年龄、健康状况等因素确定合理的护理期限天数（一般不超过 20 年）
	残疾生活辅助具费	国产普通适用型器具价格×[（75－配制时年龄）÷配置机构确定的更换周期] 伤情有特殊需要的，参照辅助器具配制机构的意见确定相应的合理费用标准
	误工收入赔偿金	同身体损害类中的计算标准

续表

损害情形	赔偿内容	可获得的赔偿金额（以2023年为例）
部分或全部丧失劳动能力	残疾赔偿金	（1）无扶养义务的公民部分丧失劳动能力的： ①1~4级伤残：1,140,290元（国家上年度职工年平均工资的10倍）≤赔偿金≤2,280,580元（国家上年度职工年平均工资的20倍）； ②5~6级伤残：570,145元（国家上年度职工年平均工资的5倍）≤赔偿金≤1,140,290元（国家上年度职工年平均工资的10倍）； ③7~10级伤残：赔偿金≤570,145元（国家上年度职工年平均工资的5倍） （2）有扶养义务的公民部分丧失劳动能力的，根据相应伤残等级赔偿金+被扶养人生活来源丧失的情况确定，但总额≤2,280,580元（国家上年度职工年平均工资的20倍） 注： 被扶养人生活来源丧失的情况实践中存在多种计算方式： ①不单独计算：考虑被扶养人情况，在计算残疾赔偿金时提高相应倍数； ②单独计算：国家上年度职工年平均工资×倍数（倍数根据被扶养人情况确定）； ③单独计算：作出赔偿决定时被扶养人住所地所属省级人民政府确定的最低生活保障标准×剩余扶养年限×12 其中，剩余扶养年限计算方式为： 被扶养人为未成年人：18－被扶养人年龄 被扶养人为未满60周岁成年人：20年 被扶养人为60周岁以上成年人：20－（被扶养人年龄－60） 被扶养人为75周岁以上成年人：5年 被扶养人年龄超过确定扶养年限的，被扶养人可逐年领取生活费至死亡时止

续表

损害情形	赔偿内容	可获得的赔偿金额（以2023年为例）
部分或全部丧失劳动能力	扶养的无劳动能力的人的生活费（全部丧失劳动能力的）	参照上述生活来源丧失的计算方式中的方式③计算
	精神抚慰金	同身体损害类精神抚慰金计算规则
死亡	丧葬费、死亡赔偿金	2,280,580元（国家上年度职工年平均工资的20倍）
	生前扶养的无劳动能力的人的生活费	参照上述生活来源丧失的计算方式中的方式③计算
	精神抚慰金	同身体损害类精神抚慰金计算规则

〔1〕《最高人民法院关于2023年作出的国家赔偿决定涉及侵犯公民人身自由赔偿金计算标准的通知》表明，2022年全国城镇非私营单位就业人员年平均工资为114,029.00元，按照人力资源和社会保障部提供的日平均工资计算公式，日平均工资为436.89元。

《国家赔偿法》

第十七条 行使侦查、检察、审判职权的机关以及看守所、监狱管理机关及其工作人员在行使职权时有下列侵犯人身权情形之一的，受害人有取得赔偿的权利：

（一）违反刑事诉讼法的规定对公民采取拘留措施的，或者依照刑事诉讼法规定的条件和程序对公民采取拘留措施，但是拘留时间超过刑事诉讼法规定的时限，其后决定撤销案件、不起诉或者判决宣告无罪终止追究刑事责任的；

（二）对公民采取逮捕措施后，决定撤销案件、不起诉或者判决宣告无罪终止追究刑事责任的；

（三）依照审判监督程序再审改判无罪，原判刑罚已经执行的；

（四）刑讯逼供或者以殴打、虐待等行为或者唆使、放纵他人以殴打、虐待等行为造成公民身体伤害或者死亡的；

（五）违法使用武器、警械造成公民身体伤害或者死亡的。

第十九条 属于下列情形之一的，国家不承担赔偿责任：

（一）因公民自己故意作虚伪供述，或者伪造其他有罪证据被羁押或者被判处刑罚的；

（二）依照刑法第十七条、第十八条规定不负刑事责任的人被羁押的；

（三）依照刑事诉讼法第十五条、第一百七十三条第二款、第二百七十三条第二款、第二百七十九条规定不追究刑事责任的人被羁押的；

（四）行使侦查、检察、审判职权的机关以及看守所、监狱管理机关的工作人员与行使职权无关的个人行为；

（五）因公民自伤、自残等故意行为致使损害发生的；

（六）法律规定的其他情形。

第三十二条 国家赔偿以支付赔偿金为主要方式。

能够返还财产或者恢复原状的，予以返还财产或者恢复原状。

第三十三条 侵犯公民人身自由的，每日赔偿金按照国家上年度职工日平均工资计算。

第三十四条 侵犯公民生命健康权的，赔偿金按照下列规定计算：

（一）造成身体伤害的，应当支付医疗费、护理费，以及赔偿因误工减少的收入。减少的收入每日的赔偿金按照国家上年度职工日平均工资计算，最高额为国家上年度职工年平均工资的五倍；

（二）造成部分或者全部丧失劳动能力的，应当支付医疗费、护理费、残疾生活辅助具费、康复费等因残疾而增加的必要支出和继续治疗所必需的费用，以及残疾赔偿金。残疾赔偿金根据丧失劳动能力的程度，按照国家规定的伤残等级确定，最高不超过国家上年度职工年平均工资的二十倍。造成全部丧失劳动能力的，对其扶养的无劳动能力的人，还应当支付生活费；

（三）造成死亡的，应当支付死亡赔偿金、丧葬费，总额为国家上年度职工年平均工资的二十倍。对死者生前扶养的无劳动能力的人，还应当支付生活费。

前款第二项、第三项规定的生活费的发放标准，参照当地最低生活保障标准执行。被扶养的人是未成年人的，生活费给付至十八周岁止；其他无劳动能力的人，生活费给付至死亡时止。

第三十五条 有本法第三条或者第十七条规定情形之一，致人精神损害的，应当在侵权行为影响的范围内，为受害人消除影响，恢复名誉，赔礼道歉；造成严重后果的，应当支付相应的精神损害抚慰金。

第三十九条 赔偿请求人请求国家赔偿的时效为两年，自其知道或者应当知道国家机关及其工作人员行使职权时的行为侵犯其人身权、财产权之日起计算，但被羁押等限制人身自由期间不计算在内。在申请行政复议或者提起行政诉讼时一并提出赔偿请求的，适用行政复议法、行政诉讼法有关时效的规定。

赔偿请求人在赔偿请求时效的最后六个月内，因不可抗力或者其他障碍不能行使请求权的，时效中止。从中止时效的原因消除之日起，赔偿请求时效期间继续计算。

《最高人民法院、最高人民检察院关于办理刑事赔偿案件适用法律若干问题的解释》

第十三条 医疗费赔偿根据医疗机构出具的医药费、治疗费、住院费等收款凭证，结合病历和诊断证明等相关证据确定。赔偿义务机关对治疗的必要性和合理性提出异议的，应当承担举证责任。

第十四条 护理费赔偿参照当地护工从事同等级别护理的劳务报酬标准计算，原则上按照一名护理人员的标准计算护理费；但医疗机构或者司法鉴定人有明确意见的，可以参照确定护理人数并赔偿相应的护理费。

护理期限应当计算至公民恢复生活自理能力时止。公民因残疾不能恢复生活自理能力的，可以根据其年龄、健康状况等因素确定合理的护理期限，一般不超过二十年。

第十五条 残疾生活辅助器具费赔偿按照普通适用器具的合理费用标准计算。伤情有特殊需要的，可以参照辅助器具配制机构的意见确定。

辅助器具的更换周期和赔偿期限参照配制机构的意见确定。

第十六条 误工减少收入的赔偿根据受害公民的误工时间和国家上年度职工日平均工资确定，最高为国家上年度职工年平均工资的五倍。

误工时间根据公民接受治疗的医疗机构出具的证明确定。公民因伤致残持续误工的，误工时间可以计算至作为赔偿依据的伤残等级鉴定确定前一日。

第十七条 造成公民身体伤残的赔偿，应当根据司法鉴定人的伤残等级鉴定确定公民丧失劳动能力的程度，并参照以下标准确定残疾赔偿金：

（一）按照国家规定的伤残等级确定公民为一级至四级伤残的，视为全部丧失劳动能力，残疾赔偿金幅度为国家上年度职工年平均工资的十倍至二十倍；

（二）按照国家规定的伤残等级确定公民为五级至十级伤残的，视为部分丧失劳动能力。五至六级的，残疾赔偿金幅度为国家上年度职工年平均工资的五倍至十倍；七至十级的，残疾赔偿金幅度为国家上年度职工年平均工资的五倍以下。

有扶养义务的公民部分丧失劳动能力的，残疾赔偿金可以根据伤残等级并参考被扶养人生活来源丧失的情况进行确定，最高不超过国家上年度职工年平均工资的二十倍。

第十八条 受害的公民全部丧失劳动能力的，对其扶养的无劳动能力人的生活费发放标准，参照作出赔偿决定时被扶养人住所地所属省级人民政府确定的最低生活保障标准执行。

能够确定扶养年限的，生活费可协商确定并一次性支付。不能确定扶养年限的，可按照二十年上限确定扶养年限并一次性支付生活费，被扶养人超过六十周岁的，年龄每增加一岁，扶养年限减少一年；被扶养人年龄超过确定扶养年限的，被扶养人可逐年领取生活费至死亡时止。

《特困人员认定办法》

第五条 符合下列情形之一的，应当认定为本办法所称的无劳动能力：

（一）60周岁以上的老年人；

（二）未满16周岁的未成年人；

（三）残疾等级为一、二、三级的智力、精神残疾人，残疾等级为一、二级的肢体残疾人，残疾等级为一级的视力残疾人；

（四）省、自治区、直辖市人民政府规定的其他情形。

【典型案例】

1. 最高人民法院发布 10 起人民法院国家赔偿和司法救助典型案例（2018）之五：苗某顺、陈某萍等人申请黑龙江省牡丹江监狱怠于履行职责赔偿案

要旨

监管人员未及时制止服刑人员的殴打行为，存在疏于监管行为的，监狱未尽到监管职责与服刑人员死亡之间存在一定联系，应承担相应的赔偿责任，监狱应综合考虑该怠于履行职责的行为在损害发生过程和结果中所起的作用等因素，适当确定赔偿比例和数额。

事实

2003 年 3 月 24 日 14 时 30 分许，牡丹江监狱二十二监区四分监区在毛纺厂修布车间出外役，该监区担任小组长的服刑人员赵某泉因他人举报服刑人员苗某成挑容易修的布匹，将苗某成叫至修布机旁边过道上，辱骂训斥后用拳击打其头部数分钟，直到将其打倒在地，其倒地后脑枕部摔在地上导致昏迷。在此期间，车间内负责监管罪犯劳动生产安全的原四分监区监区长焦某明未尽监管职责，未进行巡视和瞭望，直至苗某成被打倒昏迷后才组织人员将苗某成送往医院救治，苗某成经抢救无效于 2003 年 3 月 28 日死亡。2008 年 10 月 23 日，牡丹江中级人民法院作出刑事判决，以赵某泉犯故意伤害罪，判处死刑缓期 2 年执行，剥夺政治权利终身。2008 年 11 月 18 日，宁安市人民法院作出刑事判决，判处焦某明犯玩忽职守罪，免予刑事处罚。2013 年 4 月 18 日，宁安法院经再审程序，维持宁安市人民法院对焦某明案作出的刑事判决。

理由

苗某成在牡丹江监狱服刑期间，被其他服刑人员殴打致死，监管人员焦某明因未及时制止，存在疏于监管的行为并被判处犯玩忽职守罪，免予刑事处罚，故牡丹江监狱未尽到监管职责与苗某成的死亡之间存在一定联系，牡丹江监狱应承担相应的赔偿责任。本案应综合考虑该怠于履行职责的行为在损害发生过程和结果中所起的作用等因素，适当确定赔偿比例和数额。

结果

决定黑龙江省牡丹江监狱支付苗某顺、陈某萍等人死亡赔偿金、丧葬费405,414元，支付精神损害抚慰金60,000元，支付被扶养人生活费等2万余元，以上共计赔偿48.5万余元。

2. 赵某辉诉吉林省××监狱国家赔偿案［（2018）吉委赔再2号、（2019）最高法委赔监97号］

要旨

监狱在实际监管中未对服刑人员行为加以严格管理的行为与服刑人员感染疾病具有一定因果关系的，监狱应对其存在的监管过错承担一定的赔偿责任。

事实

服刑人员赵某辉曾于2001年9月不慎从二楼坠下，造成腰部以下截瘫，属肢体二级残疾。此后其靠低保和做手工零活收入及其家人照顾生活。2008年6月5日，赵某辉伙同他人实施抢劫、故意杀人（未遂）行为。9月23日，吉林省长春市××区人民法院作出（2008）二刑初字第205号刑事判决，以赵某辉犯抢劫罪、故意杀人罪（未遂）判处其有期徒刑20年，刑期至2028年9月7日止。赵某辉不服，提起上诉。吉林省长春市中级人民法院于2008年11月24日作出（2008）长刑终字第315号刑事裁定，驳回上诉，维持原判。赵某辉在被羁押治疗期间，2008年9月10日HIV抗体筛查报告为阴性。该案刑事判决生效后，赵某辉于2009年1月15日入××监狱服刑。2009年6月17日至同年10月13日，赵某辉因截瘫、膀胱结石、胆囊结石等疾病在吉林省监狱管理局中心医院进行膀胱造瘘术等治疗，此间于 2009 年 6 月 18 日经 HIV 抗体检测为阴性。2010 年 6 月 29 日至同年 8 月 27 日，赵某辉因截瘫、双足感染（左足皮肤破溃，深达骨面；右足皮肤破溃，贯穿足底，有大量脓血流出）、尿路感染等疾病在吉林省监狱管理局中心医院治疗，此间于 2010 年 6 月 30 日经 HIV 抗体检测为阴性。2011 年 5 月 31 日至同年 6 月 23 日，赵某辉因吞金属异物在吉林省监狱管理局中心医院治疗，此间于 2011 年 6 月 1 日经 HIV 抗体检测结果为待复查；于 2011 年 6 月 10 日经吉林省疾病预防控制中心 HIV 抗体确认检测报告为阳性。2011 年 6 月，赵某辉经检测 CD4 值为 525，2014 年至 2018 年赵某辉共 6 次检测 CD4 值分别为：590、498、592、499、508、481。赵某辉在××监狱服刑期间，多在该监狱内部医院进行监管治疗。此间，在赵某辉监管病房（多为单独房间，有专门护理人员）对门房间进行监管治疗的服刑人员赵某伟（在 2004 年检测感染 HIV 病毒）有到赵某辉房间与赵某辉聊天、下棋及抱赵某辉如厕的情况。2010 年 11 月至 12 月，赵某辉病例体现其有发热并伴皮疹症状。2011 年 9 月之前，××监狱医院未投入使用监控设备。另据赵某辉相关病例体现，其在相关监管医疗期间无输血记录。

理由

××监狱在实际监管中并未对赵某伟出入赵某辉的房间加以严格管理及有效阻止，因此，××监狱怠于履行监管职责与赵某辉感染 HIV 病毒具有一定因果关系，××监狱存在监管过错并应承担一定的赔偿责任，对赵某辉赔偿精神损害抚慰金符合《国家赔偿法》第 35 条及有关规范性文件的规定，故对赵某辉提出的精神损害抚慰金的赔偿请求予以支持。

结果

（1）撤销吉林省高级人民法院赔偿委员会（2015）吉法委赔字第 6 号国家赔偿决定、吉林省监狱管理局吉狱赔发（2015）1 号刑事赔偿复议决定及××监狱四狱（刑）赔字（2015）第1号不予刑事赔偿决定；（2）由××监狱向赵某辉支付精神损害抚慰金人民币10万元；（3）驳回赵某辉的其他国家赔偿请求。

问题62：服刑人员在服刑期间如何就医

根据相关法律规定，监狱系统的医疗机构主要由监狱局中心医院、监狱医院和卫生所（医疗室）组成。监狱医院和卫生所（医疗室）为罪犯提供基本医疗服务。服刑人员的普通疾病大多由监狱内的卫生所、医疗室进行治疗，所需药物也由监狱发放；稍复杂的疾病由当地或就近的监狱医院进行治疗。

关于药物，服刑人员所服用的药物不在监狱提供的药物范围内，服刑人员或家属自愿使用自购药品的，也可以向监狱提出书面申请，由监狱审查批准，但自购药品费用由罪犯或其家属承担。

如果监狱医院或卫生所（医疗室）的医疗条件不足以医治服刑人员，监狱可以请社会医院的专家进行会诊，或将服刑人员送往省监狱局中心医院、社会医院进行诊治。通常情况下，监狱医疗机构都会与社会医院签订合作协议，对患有严重疾病或疑难杂症的罪犯患者定点医治，或者由社会医院医生前往监狱给服刑人员治疗。但实践中，服刑人员在非监外执行的情况下外出就诊受到严格的限制，需要满足特定病情条件，并经过严格的审批流程。该外出就诊流程由监狱发起，在外出就诊期间需住在专门的监管病房，加装相关的监控设备或者由监狱民警24小时看管。

司法实践中，多数情况下监狱会将监狱无法医治的服刑人员送往社会医院就诊。服刑人员在服刑期间未得到充分、及时救治，而患病、致残死亡的，家属可以救治不力为由向监狱索赔。

问题 63：服刑人员在服刑期间是否需要自行承担就医费用

根据相关法律规定，省（区、市）监狱管理局应当全额保障罪犯基本医疗经费。罪犯医疗经费不足的，可以推行罪犯狱内大病统筹制度。因此，服刑人员在服刑期间一般无须承担就医费用。

2012 年，司法部监狱管理局曾发文推广四川省监狱系统的大病统筹制度。简单来说，该制度要求罪犯在狱中的大病医疗费用由财政、监狱、罪犯个人共同负担，并且以财政和监狱出资筹措为主。部分省份则以财政专项资金的形式拨付省监狱管理局，省监狱管理局以服刑人员大病治疗救（补）助资金的形式核发给相应监狱。

此外，黑龙江、江西、海南、重庆、贵州和陕西等省（市）已将服刑人员纳入城乡居民基本医疗保险范畴，包括新型农村合作医疗和城镇居民医疗保险。

问题 64：服刑人员刑满后继续留在监狱安排的医院治疗的，后续治疗费用由谁承担

目前实践中存在争议：一种观点认为，服刑人员在监狱服刑期间突发疾病，治疗持续到刑期届满后若干日的，其病情的发生与整个治疗过程具有关联性、连续性，整个治疗过程双方的主体地位不因刑期届满而改变，监狱无权以平等民事主体要求服刑人员及其家属承担服刑人员刑满后的治疗费用。另一种观点认为，监狱在服刑人员刑满后无支付涉案费用的法定或约定义务，因此垫付的费用应当由服刑人员自己承担，但不应要求其家属承担。

本书认为，**自服刑人员刑满释放之日起，监狱对刑满释放人员再无监管与保护义务，只要正常为其办理了释放手续，就完成了监狱的全部职责，双方之间可以回归为平等的民事主体关系，因此，原则上相关费用应当由服刑人员本人承担。但如果服刑人员是在服刑期间突**

发疾病住院治疗，且其刑满前后的医院治疗是不可分的，如处在一个住院治疗周期内，则刑满后的治疗是此前治疗的自然延续，监狱不能以平等民事主体身份主张罪犯及其家属承担服刑人员刑满释放后的治疗费用。

【典型案例】

1. 河南省豫南监狱与党某命、王某丽追偿权纠纷案 [（2020）豫1722民初641号]

要旨

监狱与罪犯并非民法意义上的平等主体，罪犯在监狱服刑期间突发疾病，治疗持续到刑期届满后若干日的，其病情的发生与整个治疗过程具有关联性、连续性，整个治疗过程双方的主体地位不因刑期届满而改变，因此监狱无权以平等民事主体要求罪犯及其家属承担刑满后的治疗费用。

事实

党某命，男，2019年3月被法院以诈骗罪判处有期徒刑1年4个月，刑期从2018年6月5日至2019年10月4日。2019年5月29日，党某命被送往河南豫南监狱服刑。

2019年8月20日，党某命突发脑出血，由监狱医院转往驻马店市中医院重症监护室抢救；同年9月12日从重症监护室转入外二病区。

党某命住院期间，监狱积极联系其家属王某丽等人，但家属拒绝办理保外就医，至2019年10月4日党某命刑期届满，家属也拒绝接收，拒不让其出院。

2019年10月18日，豫南监狱向司法局发送工作函，请求司法局协调解决家属拒不接收党某命一事。

2019年11月19日，党某命从驻马店市中医院出院，豫南监狱向法院起诉要求党某命及其家属偿还监狱为党某命在2019年10月4日至

2019 年 11 月 19 日支付的住院费、护理费、伙食费共计 29,239.87 元。

理由

人民法院受理公民之间、法人之间、其他组织之间以及他们相互之间因财产关系和人身关系提起的民事诉讼，即平等主体之间因财产关系和人身关系发生的纠纷。被告党某命在原告处服刑期间是原告的管制对象，双方不是平等的民事主体关系，是管制与被管制的关系。被告党某命在服刑期间突发疾病，治疗持续到刑期届满后若干日，其间被告党某命虽于 2019 年 10 月 4 日刑期届满，但治疗尚未终结，因其病情的发生与整个治疗过程具有关联性、连续性，不宜以刑期届满日为时点将治疗划分为两个时段、两种性质，即原告以平等民事主体向被告党某命主张刑期届满至治疗终结所支出医疗费等费用，没有法律依据。因此，原告、被告之间就被告党某命刑期届满至治疗终结期间所支出医疗费等费用产生的争议，仍是基于双方管制与被管制的关系所引起的纠纷，系不平等主体之间的纠纷，原告提起本案诉讼，不属于人民法院受理民事诉讼的范围。

结果

驳回河南豫南监狱的起诉。

2. 山东省鲁中监狱与王某利、赵某芳追偿权纠纷案 [（2018）鲁 0303 民初 555 号]

要旨

监狱无支付服刑人员刑满后医疗费用的法定或约定义务，亦未明确表示其支付行为系赠与，故对于垫付的费用，应由服刑人员本人承担。但因治疗费用并不属于家庭共同的债务，因此，监狱无权要求服刑人员家属承担治疗费用。

事实

被告王某利在原告处服刑，2017 年 11 月 9 日 22 时许，王某利突发疾病，原告将其送医院救治，经过抢救脱离了生命危险，经过近一个月的治疗，其病情基本稳定，但需要继续治疗。其间原告工作人员多次与被告赵某芳、王某臣商议王某利保外就医及刑满释放后的接收问题，二被告均以家庭困难为由表示不予接收。2017年12月10日，王某利释放当日，原告电话通知被告接收王某利回家，被告当即表示不予接收，原告遂于当日将王某利转入社会医院继续治疗，并为其垫付了出狱以来的全部医疗、护理等费用共计93,189.70元。另查明，被告赵某芳系王某利之妻，被告王某臣系王某利之子。

理由

法院认为，本案系垫付住院医疗费产生的追偿权纠纷，山东省鲁中监狱无支付涉案费用的法定或约定义务，亦未明确表示其支付行为系赠与，故对于垫付的涉案费用，被告王某利应承担。被告赵某芳、王某臣与被告王某利系亲属关系，但因治疗被告王某利所产生的费用并不属于家庭共同的债务，因此，原告要求被告赵某芳、王某臣承担涉案费用的诉讼请求，法院不予支持。

结果

判决如下：（1）被告王某利于判决生效之日起10日内一次性支付原告山东省鲁中监狱垫付款93,189.70元；（2）驳回原告山东省鲁中监狱的其他诉讼请求。如果未按判决指定的期间履行给付金钱义务，应当依照《民事诉讼法》第253条之规定，加倍支付迟延履行期间的债务利息。案件受理费959.00元，减半收取479.50元，由被告王某利负担。

《监狱法》

第五十四条 监狱应当设立医疗机构和生活、卫生设施，建立罪犯生活、卫生制度。罪犯的医疗保健列入监狱所在地区的卫生、防疫计划。

《关于加强监狱生活卫生管理工作的若干规定》

四、罪犯疾病预防控制管理

（十七）监狱应当设置专门机构负责监狱的疾病预防与控制工作。监狱应当开展疾病预防控制知识和卫生保健知识宣传教育，定期安排罪犯进行体检、洗浴和晾晒被褥等。监狱应当合理安排罪犯作息时间，保证罪犯每周一天休息时间，落实罪犯工间操制度。落实监狱生产项目准入制度，禁止引入不利于罪犯身体健康的生产项目。

（十八）监狱应当按规定将罪犯的疾病防控工作纳入监狱所在地区的疾病防控计划。监狱应当在当地疾病防控部门的指导下，按照有关规定做好肺结核、艾滋病、病毒性肝炎等传染病的筛查、监测和防控工作，做好精神疾病的防治工作，并建立信息报告制度，健全疾病防控预警机制。

（十九）监狱应当严格落实新收罪犯入监体检制度，建立罪犯健康档案管理制度。要将肺结核、艾滋病筛查作为罪犯入监体检的必检项目。监狱应为监狱医疗机构配备计算机辅助 X 线机（简称 CR）或数字化 X 线机（简称 DR）等影像设备。患有肺结核和艾滋病罪犯较多的省份应结合自身实际，在省（区、市）监狱管理局中心医院（区域中心医院），或具备条件的监狱医院设立痰检实验室和艾滋病初筛实验室。

（二十）监狱应当制定突发公共卫生事件应急处置预案，并进行演练。发生突发公共卫生事件，监狱应按照规定及时向当地卫生计生行政部门和上级主管部门报告，并及时、妥善处置。

五、药品管理

（二十一）监狱医疗机构应当按照《药品管理法》进行药品采购、保管和使用。罪犯本人或家属自愿使用自购药品的，可以提出书面申请，由监狱审查批准。自购药品费用由罪犯或其家属承担。监狱应做好证据留存工作。

（二十二）监狱应当为每个监区配备统一的药品橱柜，药品由监狱干警统一保管，并定期检查药品储存使用及台账登记情况。经监狱审查批准，患有心脏病类疾病的罪犯可随身带有必要抢救量的急救药品。患病罪犯需要服药的，由医务人员或监区干警严格按照医嘱发放服用，及时登记，做到送药到手、看药入口、咽下再走。严禁罪犯私藏药品。

六、罪犯医疗管理

（二十三）监狱医疗机构应当依法申领《医疗机构执业许可证》，依法执业。省（区、市）监狱管理局中心医院（区域性中心医院）应当至少按照二级综合医院基本标准设置。监狱医院、卫生所（医务室）应当按照《监狱医疗机构设置和基本标准》设置。

（二十四）监狱应当对患病罪犯及时诊治。监狱医疗机构应当根据罪犯身体健康情况，实行罪犯疾病分级管理。应当做好常见病、多发病的诊治和急诊抢救和转诊工作，建立巡诊制度，开展主动医疗。罪犯患病应首先在监狱医疗机构诊治，监狱医疗机构难以诊治的，可请社会医院专家入监会诊或送往省（区、市）监狱管理局中心医院、社会医院诊治。罪犯离监就医应严格按有关规定执行。

（二十五）监狱医疗机构应当建立罪犯病情告知、手术和创伤性检查签字制度，将罪犯病情和主要医疗措施、医疗风险等情况如实告知患病罪犯和其所在监区的监狱人民警察，并由监区告知其家属。监狱医疗机构在诊治过程中，应当做好证据收集和固定工作。

（二十六）监狱医疗机构应当选择一至两家县级及以上综合性或专科医院作为协作单位。建立协作医院专家定期进监坐诊、会诊和住院病犯双向转诊机制，建设远程视频会诊系统。监狱应与协作医院协商建立监管病房，并安装防护栏、监控设备等必要的安防设施，与监狱指挥中心联网实行 24 小时全程监控。

（二十七）监狱应当参照当地基本医疗保险或新型农村合作医疗

的药品目录、诊疗项目和医疗服务设施标准，保障罪犯的基本医疗。省（区、市）监狱管理局应当全额保障罪犯基本医疗经费。罪犯医疗经费不足，可以推行罪犯狱内大病统筹制度。具备条件的省份，可以试行罪犯加入城镇居民医保或新农合医保。

问题 65：服刑人员能否离监探亲

离监探亲是指准予符合一定条件的服刑人员暂时离开监狱、探望亲属，是监狱对服刑人员的一种狱政奖励。监狱每年允许不超过监狱犯人总数 2% 的服刑人员离监探亲，女子监狱和未成年犯监狱的离监探亲比例通常高于其他监狱。离监探亲的范围仅限于父母、子女、配偶，且探亲的各项费用需自理。

离监探亲的罪犯在家的期限为 3~7 天（不含路途时间），探亲结束后，服刑人员须按期返回监狱，否则可能被视为脱逃。如果确实发生了不可抗拒的原因导致无法按期返回监狱，如遭遇了自然灾害、疫情等，服刑人员要及时向当地公安派出所以及服刑监狱汇报情况，申请特许离监。

问题 66：哪些服刑人员可以离监探亲

首先，服刑人员需要具备《监狱法》第 57 条规定的情形之一，被给予表扬、物质奖励或者记功；其次，服刑人员应当执行有期徒刑 1/2 以上（包括原判有期徒刑以及原判死刑缓期 2 年执行、无期徒刑减为有期徒刑）；再次，服刑人员属于宽管级处遇，服刑期间一贯表现好，离监后不致再危害社会；最后，探亲对象的常住地在监狱所在的省（区、市）行政区域范围内。

符合上述条件的服刑人员，可提出离监探亲的申请，但每年至多离监探亲 1 次。

问题 67：服刑人员如何申请离监探亲

首先，监区会根据离监探亲的条件组织服刑人员按条件申请或推荐。

其次，监区会对申请或被推荐的服刑人员进行审查，对符合条件的，填写罪犯离监探亲审批表，经狱政科审核报主管监狱长批准。如果申请或被推荐离监探亲服刑人员属于重点管理对象，则须报经省（区、市）监狱管理局批准。

审批通过后，监狱会对被批准离监探亲的服刑人员开展一次集中教育，并进行个别谈话，以明确其在离监探亲期间应当遵守的纪律。此外，多数监狱还要求罪犯的亲属或监护人担任保证人，保证人须持本人身份证到监狱主管部门办理保证手续。

服刑人员回到探亲地后，须持《罪犯离监探亲证明》及时向当地公安派出所报到，主动接受公安机关的监督，保证在离监探亲期间，严格遵守国家法律法规和探亲纪律，不参与和离监探亲无关的活动。

问题 68：亲人去世的，服刑人员能否奔丧

针对服刑人员亲人病危或者遇到重大病故，出于人道主义关怀及服刑人员改造考虑，符合以下条件的，可以准许其暂时出狱探亲，也称为特许离监：

首先，服刑人员的剩余刑期在 10 年以下，且改造表现较好；

其次，服刑人员家中发生重大变故，如配偶、直系亲属或监护人病危、死亡，确实需要本人回去处理；

再次，服刑人员需要提供县级以上医院出具的病危或死亡证明，以及当地村委会或居委会和派出所签署的意见；

最后，特许离监的去处应在监狱所在的省（区、市）行政区域范围内，不能跨省。

《监狱法》

第五十七条 罪犯有下列情形之一的,监狱可以给予表扬、物质奖励或者记功:

(一)遵守监规纪律,努力学习,积极劳动,有认罪服法表现的;

(二)阻止违法犯罪活动的;

(三)超额完成生产任务的;

(四)节约原材料或者爱护公物,有成绩的;

(五)进行技术革新或者传授生产技术,有一定成效的;

(六)在防止或者消除灾害事故中作出一定贡献的;

(七)对国家和社会有其他贡献的。

被判处有期徒刑的罪犯有前款所列情形之一,执行原判刑期二分之一以上,在服刑期间一贯表现好,离开监狱不致再危害社会的,监狱可以根据情况准其离监探亲。

《罪犯离监探亲和特许离监规定》

第二条 对具有《中华人民共和国监狱法》第五十七条第一款规定的情形之一,同时具备下列条件的罪犯,可以批准其离监探亲:

(一)原判有期徒刑以及原判死刑缓期二年执行、无期徒刑减为有期徒刑,执行有期徒刑二分之一以上;

(二)宽管级处遇;

(三)服刑期间一贯表现好,离监后不致再危害社会;

(四)探亲对象的常住地在监狱所在的省(区、市)行政区域范围内。

第三条 离监探亲的对象限于父母、子女、配偶。

第四条 符合条件的罪犯每年只准离监探亲一次，时间为 3 至 7 天（不含路途时间）。

第五条 监狱每年可分批准予罪犯离监探亲。每年离监探亲罪犯的比例不得超过监狱押犯总数的 2%。女子监狱和未成年犯监狱的离监探亲比例可以适当提高。

第六条 批准罪犯离监探亲，应当按照以下程序进行：

（一）监区根据离监探亲的条件组织罪犯按条件申请或推荐。

（二）监区对申请或推荐出的罪犯进行认真审查，对符合条件的，填写《罪犯离监探亲审批表》，经狱政科审核报主管监狱长批准。

（三）对列为重点管理的罪犯离监探亲，须报经省（区、市）监狱管理局批准。

第七条 监狱必须对被批准离监探亲的罪犯开展一次集中教育，并进行个别谈话，明确其离监探亲期间应当遵守的纪律，强化其守法意识。

第八条 罪犯回到探亲地后，必须持《罪犯离监探亲证明》及时向当地公安派出所报到，主动接受公安机关的监督。

罪犯离监探亲期间，必须严格遵守国家法律法规和探亲纪律，不得参与和离监探亲无关的活动。

第九条 离监探亲的费用由罪犯自理。

第十条 对逾期不归的罪犯，以脱逃论处，但因不可抗拒的原因未能按期归监的除外。

第十一条 对于同时具有下列情形的罪犯，可以特许其离监回家看望或处理：

（一）剩余刑期 10 年以下，改造表现较好的；

（二）配偶、直系亲属或监护人病危、死亡，或家中发生重大变故、确需本人回去处理的；

（三）有县级以上医院出具的病危或死亡证明，及当地村民（居民）委员会和派出所签署的意见；

（四）特许离监的去处在监狱所在的省（区、市）行政区域范围内。

罪犯特许离监的时间为 1 天。

办理特许离监，应由罪犯本人或其亲属提出申请，监狱依照本办法第六条规定的罪犯离监探亲审批程序批准。

对特许离监的罪犯，监狱必须派干警押解并予以严密监管。当晚不能返回监狱的，必须羁押于当地监狱或看守所。

问题 69：服刑人员的权利义务是否相同

监狱根据服刑人员的改造表现，会将其分成不同的管理等级，并在活动范围、会见通信、狱内消费、文体娱乐活动、关押条件等方面给予不同的待遇，也称为分级处遇。

不同地区的等级划分存在一定的差异，如北京市分级处遇划分为 4 个等级，依次为严管级、考察级、普管级、宽管级，而浙江省将处遇等级划分为特别宽管级（A 级）、一般宽管级（B 级）、普通管理级（C 级）、一般严管级（D 级）、特别严管级（E 级）和新犯预进级（CD 级）共 6 级。

在待遇上，不同管理等级的服刑人员的处遇差异主要体现在会见通信和消费额度上。以北京市为例，管宽级的罪犯每月一般有 1 次会见机会，因违反监规被降格为严管级的，则取消会见机会；因表现好被升格为宽管级，则每月可以增加 1 次会见机会。因此，如果家属长时间未接到服刑人员电话，或预约会见失败，可咨询监狱是否是服刑人员被定为严管级所致。

分级处遇的等级确定、变更，每季度评定一次。对需要正常升降级的，监狱一般在季度首月完成审批，次月变更执行相应处遇。其中，升级应当按照标准由低到高依次升级。降级应当按照标准直接予以降级。

级别评定由监区分级处遇工作小组提请，报监狱狱政管理部门审核，并由监狱分级处遇工作领导小组审批。监狱审批级别后，按照相关规定在监区公示 3 个工作日。

问题 70：服刑人员违反监规是否影响减刑、假释

"认真遵守监规"是减刑、假释的条件之一，如若违反监规，是否就丧失减刑、假释的机会？

最高人民法院、最高人民检察院、公安部、司法部发布的《关于加强减刑、假释案件实质化审理的意见》对上述问题并未"一刀切"，该意见认为："对于罪犯存在违反监规纪律行为的，应当根据行为性质、情节等具体情况，综合分析判断罪犯的改造表现。罪犯服刑期间因违反监规纪律被处以警告、记过或者禁闭处罚的，可以根据案件具体情况，认定罪犯是否确有悔改表现。"

1. **违反监规受到口头批评、警告，一般不影响减刑、假释**

服刑人员在服刑期间如果出现轻微违反监规的行为，如偶尔未按照指挥行事，与其他服刑人员产生争执等，通常而言，狱警仅会对此进行口头批评和警告，由于单纯的口头批评并不会扣分或计入相关材料，因此口头批评、警告通常不会直接影响到减刑、假释。

2. **严重违反监规在一定期限内不予减刑、假释**

监狱法规及部分地方减刑、假释实施细则规定，如果受到警告、记过或禁闭处分，在一定时间内不予报请减刑、假释，如《关于加强监狱安全稳定工作的若干规定》规定，私藏、使用移动电话，私藏、吸食毒品的，给予禁闭处罚，从解除禁闭之日起，2 **年内**不予提请减刑、假释（有重大立功表现的除外）。《司法部关于切实加强监狱、强制戒毒所违禁物品管理的若干规定》规定，私藏使用违禁物品的，属于违反《刑法》和《监狱法》中"认真遵守监规，接受教育改造，确有悔改表现"等规定的行为，3**年内**不得提请减刑、假释。

此外，部分省份的减刑、假释实施细则中，也规定受到处分后一段时间内不得被提请减刑、假释。例如，广东省《关于办理减刑、假释案件的实施细则》规定在服刑期间受到警告、记过处罚的，自受到处罚之日起 1 年内不得报请减刑、假释；受到禁闭处罚的，自被解除禁闭之日起 1 年内不得报请减刑、假释；受到一次性扣 50 分以上处罚的，自受到处罚之日起 6 个月内不得报请减刑、假释。

3. 违反监规被扣分影响减刑、假释

违反监规的行为，都会导致扣分。根据《监狱计分考核罪犯工作规定》的规定，考核分与等级评定直接挂钩，由于只有被评为积极等级，或被评为合格且每月考核分均不低于基础分的才能给予"表扬"，而"表扬"情况直接同报请减刑挂钩，因此一旦被扣分，减刑、假释自然会受到影响。

由于扣分及受到警告、记过、禁闭处分的情况在报请减刑、假释时需一并移送法院审查，因此，上述资料也是法院决定是否予以减刑、假释，是否扣减刑期的重要依据。

实践中，法院也会因服刑人员曾受警告等处分，认定其不具备确有悔改表现的条件，进而不予减刑。

《监狱法》

第五十八条 罪犯有下列破坏监管秩序情形之一的，监狱可以给予警告、记过或者禁闭：

（一）聚众哄闹监狱，扰乱正常秩序的；

（二）辱骂或者殴打人民警察的；

（三）欺压其他罪犯的；

（四）偷窃、赌博、打架斗殴、寻衅滋事的；

（五）有劳动能力拒不参加劳动或者消极怠工，经教育不改的；

（六）以自伤、自残手段逃避劳动的；

（七）在生产劳动中故意违反操作规程，或者有意损坏生产工具的；

（八）有违反监规纪律的其他行为的。

依照前款规定对罪犯实行禁闭的期限为七天至十五天。

罪犯在服刑期间有第一款所列行为，构成犯罪的，依法追究刑事责任。

《监狱计分考核罪犯工作规定》

第十五条 罪犯受到警告、记过、禁闭处罚的，分别扣减考核分100分、200分、400分，扣减后考核积分为负分的，保留负分。受到禁闭处罚的，禁闭期间考核基础分记0分。

第二十二条 罪犯在一个考核周期内，有下列情形之一的，不得评为积极等级：

（一）因违规违纪行为单次被扣10分以上的；

（二）任何一部分单月考核得分低于其基础分的；

（三）上一个考核周期等级评定为不合格的；

（四）确有履行能力而不履行或者不全部履行生效裁判中财产性判项的；

（五）省、自治区、直辖市监狱管理局明确不得评为积极等级的情形。

《关于加强监狱安全稳定工作的若干规定》

三、禁止罪犯私藏、使用移动电话、现金、毒品等违禁品。私藏、使用移动电话，私藏、吸食毒品的，给予禁闭处罚，从解除禁闭之日起，两年内不予提请减刑、假释（有重大立功表现的除外）；私藏其他违禁品的，视情节给予警告、记过、禁闭处罚；涉嫌犯罪的，依法移送司法机关处理。

《司法部关于切实加强监狱、强制戒毒所违禁物品管理的若干规定》

一、罪犯私藏使用违禁物品的，属于违反《刑法》和《监狱法》中"认真遵守监规，接受教育改造，确有悔改表现"等规定的行为，三年内不得提请减刑、假释；罪犯有重大立功表现依法应当减刑的，依照有关规定执行。

八、本规定所称违禁物品，主要包括：

（一）警械、枪支、弹药、雷管、炸药等物品；

（二）手机、对讲机及相关附属配件和其他具有移动通讯功能的电子设备；

（三）各种货币现钞、金融卡和有价证券；

（四）鸦片、海洛因、冰毒、吗啡、大麻、可卡因以及国家规定管制的其他能够使人形成瘾癖的麻醉药品和精神药品；

（五）管制刀具和刃器具；

（六）军警制服、便服、假发；

（七）危害国家安全宣传制品和淫秽物品；

（八）其他可能影响监所安全稳定的物品。

《关于加强减刑、假释案件实质化审理的意见》

5. 严格审查罪犯服刑期间改造表现的考核材料……对于罪犯存在违反监规纪律行为的，应当根据行为性质、情节等具体情况，综合分析判断罪犯的改造表现。罪犯服刑期间因违反监规纪律被处以警告、记过或者禁闭处罚的，可以根据案件具体情况，认定罪犯是否确有悔改表现。

【典型案例】

刘某故意杀人罪刑罚与执行变更案〔（2021）内刑更221号〕

要旨

刑罚执行机关提出减刑建议后，服刑人员违反监规的，将会被认定为不具有悔改表现，无法减刑。

事实

刑罚执行机关内蒙古自治区扎兰屯监狱认为，罪犯刘某在无期徒刑服刑期间，认罪悔罪，服从管理，积极参加思想、职业技术教育，努力完成劳动任务，考核期内累计记功2次、表扬2次，确有悔改表现。

内蒙古自治区人民检察院于2021年5月20日提出提请减刑检察意见，认为罪犯刘某符合减刑条件，建议对其减为有期徒刑22年，剥夺政治权利改为10年。

法院审理期间，2021年9月18日刑罚执行机关内蒙古自治区扎兰屯监狱出具《扎兰屯监狱关于罪犯刘某呈报减刑期间违规违纪的情况说明》，证实"罪犯刘某呈报减刑期间于2021年2月2日因违反监规与他犯引发冲突被给予狱政警告处罚"。

理由

罪犯刘某在无期徒刑服刑期间，刑罚执行机关提出减刑建议后，违反监规，被处以狱政警告处罚，尚达不到确有悔改表现，"可以减刑"的条件。

结果

对罪犯刘某本次不予减刑。

问题 71：服刑期间发现漏罪应如何处理

会重新审判，按照数罪并罚原则确定新的宣告刑，以及需要继续执行的刑期。

根据《刑法》第 70 条的规定，判决宣告以后，刑罚执行完毕以前，发现被判刑的犯罪分子在判决宣告以前还有其他罪没有判决的，应当对新发现的罪作出判决，把前后两个判决所判处的刑罚，依照数罪并罚的规定，决定执行的刑罚。已经执行的刑期，应当计算在新判决决定的刑期以内。

如果在服刑期间发现漏罪线索，但是对漏罪宣判时罪犯已经刑满释放，是否应当数罪并罚。这就涉及对"发现漏罪"时间点的理解，司法机关倾向于认为应当以刑事立案的时间作为"发现"时间，[①] 即只要是在刑罚执行完毕之前被刑事立案，就属于《刑法》第 70 条规定的应当数罪并罚的情形。

问题 72：服刑期间发现的漏罪由哪个司法机关审理

根据《刑事诉讼法》第 273 条，如果是监狱发现正在服刑的在押人员有漏罪，一般由原审地人民检察院处理，如果案件由服刑地人民检察院处理更适宜，则由服刑地人民检察院进行处理。检察院收到监狱移送过来的漏罪案卷后，会再根据管辖规则对案件进行分流：如果属于公安机关管辖，则将案件移交至公安机关；如果是检察院自行侦查案件，则检察院自行立案侦查；如果是监委管辖案件，则移交至监委立案。

如果服刑人员有漏罪的线索不是监狱发现的，一般由犯罪地有管辖权的机关侦查或调查，如果居住地更为适宜，则由居住地有管辖权的机关侦查或调查，这也符合诉讼便利原则。

---

① 参见《刑事审判参考》第 1027 号案例沈某鼠、王某盗窃案。

存在一种特殊情况：如果漏罪线索系跨省异地执行刑罚的黑恶势力罪犯提供，根据《最高人民法院、最高人民检察院、公安部、司法部关于跨省异地执行刑罚的黑恶势力罪犯坦白检举构成自首立功若干问题的意见》，监狱应当将相关材料报送给省级监狱管理机关，由省级监狱管理机关根据案件性质，移送原办案侦查机关所在地省级公安机关、人民检察院或者其他省级主管部门。

办案过程中，需要讯问服刑人员的，原则上应在监狱就地讯问，并应出具县级以上公、检、法机关的正式公函，监狱予以配合。确需解回侦查、提讯或审判的，应由地市级以上公、检、法机关出具正式公函，具体说明需解回服刑人员的个人基本情况、解回理由、离监时间、期限及羁押地点，报请省级监狱管理局批准后，由罪犯所在监狱办理临时离监手续。从监狱解回服刑人员的公、检、法机关在结案后，除执行死刑外，应负责在批准期限内将服刑人员押送回原监狱服刑。①

《刑法》

第七十条 判决宣告以后，刑罚执行完毕以前，发现被判刑的犯罪分子在判决宣告以前还有其他罪没有判决的，应当对新发现的罪作出判决，把前后两个判决所判处的刑罚，依照本法第六十九条的规定，决定执行的刑罚。已经执行的刑期，应当计算在新判决决定的刑期以内。

《刑事诉讼法》

第二百七十三条 罪犯在服刑期间又犯罪的，或者发现了判决的时候所没有发现的罪行，由执行机关移送人民检察院处理。

---

① 王立华：《浅谈漏罪的程序处理》，载《人民检察》2007年第12期。

《最高人民法院、最高人民检察院、公安部、司法部关于跨省异地执行刑罚的黑恶势力罪犯坦白检举构成自首立功若干问题的意见》

10. 跨省异地执行刑罚的黑恶势力罪犯在服刑期间,检举揭发他人犯罪、提供重要线索,或者协助司法机关抓捕其他犯罪嫌疑人的,办案侦查机关应当在人民法院判决生效后十日内根据人民法院判决对罪犯是否构成立功或重大立功提出书面意见,与案件相关材料一并送交监狱。

问题 73:服刑人员违反监管规定、情节严重的,会有哪些严重后果

有可能构成重新犯罪。例如,破坏监管秩序的,可能构成破坏监管秩序罪。在此过程中,如果袭击狱警,可能同时构成袭警罪,而如果袭击其他服刑人员,则视结果情况构成故意伤害罪等罪。

根据《刑法》第 315 条的规定,依法被关押的罪犯,殴打监管人员,组织其他被监管人破坏监管秩序,聚众闹事,扰乱正常监管秩序,或者殴打、体罚或者指使他人殴打、体罚其他被监管人,情节严重的,处 3 年以下有期徒刑。

《刑法》第 277 条规定,暴力袭击正在依法执行职务的人民警察的,处 3 年以下有期徒刑、拘役或者管制;使用枪支、管制刀具,或者以驾驶机动车撞击等手段,严重危及其人身安全的,处 3 年以上 7 年以下有期徒刑。根据我国《监狱法》第 12 条的规定,监狱内的管理人员系人民警察,所以从文义解释来看监狱干警也属于符合袭警罪要求的犯罪对象,即在监狱服刑的罪犯袭击正在执行监管职责的监狱干警的,也符合袭警罪的构成要件。服刑人员在监狱服刑期间殴打监狱干警的,由于袭警罪的客观方面仅要求行为人实施了暴力袭击正在执行职务的警察的行为,并未对危害结果进行明确,因此只要行为人

实施了上述行为，无论对警察造成的伤害轻重，均构成该罪；而破坏监管秩序罪的客观方面要求破坏监管秩序的行为要达到情节严重的才构成犯罪，即仅存在条文中列举的行为其中之一如殴打监管人员，且情节并不严重的，不构成该罪。

因此，仅是单纯地暴力袭击监狱干警，并未造成监狱干警严重伤害，且未对监狱管理秩序造成严重影响的，仅构成袭警罪，不能构成破坏监管秩序罪，只有袭击监狱干警并造成干警严重伤害或者严重破坏监管秩序的，才会出现上述想象竞合行为，此种情况下应择一重罪处罚，即按照破坏监管秩序罪对行为人定罪处罚。

《刑法》

第二百七十七条 以暴力、威胁方法阻碍国家机关工作人员依法执行职务的，处三年以下有期徒刑、拘役、管制或者罚金。

以暴力、威胁方法阻碍全国人民代表大会和地方各级人民代表大会代表依法执行代表职务的，依照前款的规定处罚。

在自然灾害和突发事件中，以暴力、威胁方法阻碍红十字会工作人员依法履行职责的，依照第一款的规定处罚。

故意阻碍国家安全机关、公安机关依法执行国家安全工作任务，未使用暴力、威胁方法，造成严重后果的，依照第一款的规定处罚。

暴力袭击正在依法执行职务的人民警察的，处三年以下有期徒刑、拘役或者管制；使用枪支、管制刀具，或者以驾驶机动车撞击等手段，严重危及其人身安全的，处三年以上七年以下有期徒刑。

第三百一十五条 依法被关押的罪犯，有下列破坏监管秩序行为之一，情节严重的，处三年以下有期徒刑：

（一）殴打监管人员的；

（二）组织其他被监管人破坏监管秩序的；

（三）聚众闹事，扰乱正常监管秩序的；

（四）殴打、体罚或者指使他人殴打、体罚其他被监管人的。

问题74：服刑期间再犯新罪应如何处理

刑罚执行完毕以前，被判刑的犯罪分子又犯罪的，无论是否为同种罪名，均应当对新犯的罪作出判决，把前罪没有执行的刑罚和后罪所判处的刑罚进行数罪并罚，决定执行的刑罚。此外，虽然在服刑期间再犯新罪不符合累犯的成立条件，但根据《监狱法》第59条的规定，罪犯在服刑期间故意犯罪的，依然要从重处罚，新罪系过失犯罪的，需要根据案件实际情况来具体判断。

问题75：服刑期间再犯新罪的由谁进行侦查

罪犯在监狱内犯罪的案件，应当由监狱进行侦查，如果是监狱在押罪犯与监狱工作人员（监狱警察、工人）或者狱外人员共同犯罪的案件，涉案的在押罪犯仍然由监狱立案侦查，涉案的监狱工作人员或者狱外人员由人民检察院或者公安机关立案侦查。侦查终结后，需要追究刑事责任的，由侦查机关分别向当地人民检察院移送审查起诉，案件可能会被合并起诉。

《刑法》

第六十九条　判决宣告以前一人犯数罪的，除判处死刑和无期徒刑的以外，应当在总和刑期以下、数刑中最高刑期以上，酌情决定执行的刑期，但是管制最高不能超过三年，拘役最高不能超过一年，有期徒刑总和刑期不满三十五年的，最高不能超过二十年，总和刑期在三十五年以上的，最高不能超过二十五年。

数罪中有判处有期徒刑和拘役的，执行有期徒刑。数罪中有判处有期徒刑和管制，或者拘役和管制的，有期徒刑、拘役执行完毕后，管制仍须执行。

数罪中有判处附加刑的，附加刑仍须执行，其中附加刑种类相同的，合并执行，种类不同的，分别执行。

第七十一条　判决宣告以后，刑罚执行完毕以前，被判刑的犯罪分子又犯罪的，应当对新犯的罪作出判决，把前罪没有执行的刑罚和后罪所判处的刑罚，依照本法第六十九条的规定，决定执行的刑罚。

《监狱法》

第五十九条　罪犯在服刑期间故意犯罪的，依法从重处罚。

第六十条　对罪犯在监狱内犯罪的案件，由监狱进行侦查。侦查终结后，写出起诉意见书，连同案卷材料、证据一并移送人民检察院。

《关于监狱办理刑事案件有关问题的规定》

一、对监狱在押罪犯与监狱工作人员（监狱警察、工人）或者狱外人员共同犯罪案件，涉案的在押罪犯由监狱立案侦查，涉案的监狱工作人员或者狱外人员由人民检察院或者公安机关立案侦查，在侦查过程中，双方应当相互协作。侦查终结后，需要追究刑事责任的，由侦查机关分别向当地人民检察院移送审查起诉。如果案件适宜合并起诉的，有关人民检察院可以并案向人民法院提起公诉。

二、罪犯在监狱内犯罪，办理案件期间该罪犯原判刑期即将届满需要逮捕的，在侦查阶段由监狱在刑期届满前提请人民检察院审查批准逮捕，在审查起诉阶段由人民检察院决定逮捕，在审判阶段由人民法院决定逮捕；批准或者决定逮捕后，监狱将被逮捕人送监狱所在地看守所羁押。

三、罪犯在监狱内犯罪，假释期间被发现的，由审判新罪的人民法院撤销假释，并书面通知原裁定假释的人民法院和社区矫正机构。撤销假释的决定作出前，根据案件情况需要逮捕的，由人民检察院或者人民法院批准或者决定逮捕，公安机关执行逮捕，并将被逮捕人送监狱所在地看守所羁押，同时通知社区矫正机构。

刑满释放后被发现，需要逮捕的，由监狱提请人民检察院审查批准逮捕，公安机关执行逮捕后，将被逮捕人送监狱所在地看守所羁押。

四、在押罪犯脱逃后未实施其他犯罪的，由监狱立案侦查，公安机关抓获后通知原监狱押回，监狱所在地人民检察院审查起诉。罪犯脱逃期间又实施其他犯罪，在捕回监狱前发现的，由新罪犯罪地公安机关侦查新罪，并通知监狱；监狱对脱逃罪侦查终结后移送管辖新罪的公安机关，由公安机关一并移送当地人民检察院审查起诉，人民法院判决后，送当地监狱服刑，罪犯服刑的原监狱应当配合。

问题76：服刑期间再有新刑事案件的，是否需要重新拘留、逮捕

无论是又犯新罪还是发现漏罪，原则上对服刑人员均不用另行采取强制措施，服刑人员即将刑满释放的，则根据需要在侦查阶段由监狱在刑期届满前提请人民检察院审查批准逮捕，在审查起诉阶段由人民检察院决定逮捕，在审判阶段由人民法院决定逮捕；批准或者决定逮捕后，监狱将被逮捕人送监狱所在地看守所羁押。

第三章

监狱计分考核制度[*]

第一节 计分考核基本问题

问题77：为什么要设立计分考核制度

在我国，对服刑人员的改造表现统一实行计分考核。计分考核是近年在全国监狱推行的一种将定量方法引入考核工作的考核方法，是监狱依照一定的量化标准和程序对罪犯在一定时期内的改造表现进行的以统计数据为表现形式的综合考查和评定，计分考核的结果也是实施等级管理、分级处遇、行政奖励、提请减刑假释的主要依据。

《监狱法》第56条规定："监狱应当建立罪犯的日常考核制度，考核的结果作为对罪犯奖励和处罚的依据。"考核除了具有客观性、公开性、公正性、严肃性、可比性等一般特点外，还具有合法性、权威性、强制性等特点。

计分考核是监狱执法的基础和关键环节，也是监狱管理改造罪犯的重要手段，对于调动服刑人员改造积极性，维护正常监管改造秩序，确保公正廉洁执法具有重要意义。

---

[*] 该部分法律依据主要是司法部《监狱计分考核罪犯工作规定》，统一附于本章后。

问题 78：服刑人员从何时开始计分考核

计分考核自入监之日起实施，故入监之日即为第一个考核周期的起始日期。此外，服刑人员在看守所羁押期间的表现也会纳入入监教育期间的加分、扣分，并计入第一个考核周期。因此，尽管入监之日为第一个考核周期的起始日，但是对服刑人员的考核实际上在看守所羁押期间就已经开始。

例如，服刑人员在看守所羁押期间存在违规行为被计入看守所羁押期间的表现鉴定，根据计分考核细则该违规行为应扣 10 分，则在第一个考核周期起始日，该服刑人员考核分为 –10 分。如果在入监培训期间，该服刑人员又因违反监规被扣 10 分，则在结束入监教育被分配至劳动监区第一日，该服刑人员考核分为 –20 分，即便在正式进入劳动监区的第一个月该服刑人员拿到了全部基础分 100 分，在没有加分的情况下，其第一个月结束时，考核分应为 80 分。

实践中，由于看守所基本不从事生产工作，因此争取加分的难度较大。而且由于羁押期间看守所羁押环境较差、被羁押人员不熟悉监管规范、不确定因素多等，被羁押人员在看守所期间更容易出现扣分情形，因此在看守所期间，被羁押人员应注意克服负面情绪，自觉服从管理，避免与他人产生矛盾，从而尽量避免扣分情形。同样，由于入监教育期间服刑人员不熟悉生产流程及监规，心态尚未完全发生转变，因此加分的情况较少而扣分较多，因此，对于服刑人员而言，在入监教育阶段的主要任务在于尽快学习监规及生产操作规程，熟悉监狱环境，以避免扣分。

问题 79：日常考核分如何计算

对于服刑人员而言，想要取得更多的考核分需要认真遵守监规，积极参与教育改造，确保不被扣分，在拿到全部基础分的同时，争取日常加分和专项加分。

如果日常表现未达到标准或者违反监规,则在基础分基础上扣分,表现突出的则给予加分。例如,假如未完成当月派发的生产任务应扣减10分,如果服刑人员未完成生产任务,同时在其他方面无加、扣分,则该服刑人员当月劳动改造基础分扣10分,当月计分 = 35 + 35 + (30 - 10)。同理,假如超额完成生产任务应加10分,如果服刑人员超额完成生产任务,同时在其他方面无加、扣分,则该服刑人员当月劳动改造基础分加10分,当月计分 = 35 + 35 + (30 + 10)。

此外,部分省市还规定一旦出现应当扣分的情形,除根据规定扣除相应分数外,还需再在整体考核分上扣除一定的分数。例如,根据《上海监狱计分考评罪犯工作实施办法》的规定,服刑人员每旬首次违纪扣分的,同时扣减考评分10分。按照此规定,如果服刑人员当月因未完成生产任务被扣除10分,除此10分外,还需同时扣减其当月考核分10分,即当月计分 = 35 + 35 + (30 - 10) - 10。

具体的加分、扣分项目及加、扣分数,由各地依照司法部《监狱计分考核罪犯工作规定》中对监管改造、教育和文化改造以及劳动改造方面设定的考核标准制定。

问题80:服刑人员如何做到基础考核不丢分

一般情况下,服刑人员的日常计分由基础分值、日常加扣分和专项加分3个部分组成。其中,基础分值是服刑人员考核分最主要的组成部分,根据最新规定,每名服刑人员每月基础分值分为监管改造(35分)、教育和文化改造(35分)、劳动改造(30分)3个部分,每月基础总分为100分。

老年、身体残疾、患严重疾病等经鉴定丧失劳动能力的服刑人员,由于完全无法参与劳动,故基础分值仅分为监管改造(50分)、教育和文化改造(50分)两个部分,每月基础总分仍为100分。

此外,也有省市在该100分基础分外,根据服刑人员的考评等级额外增加或减少基础分。例如,《上海监狱计分考评罪犯工作实施办法》规定,罪犯计分考评等级设定为 A、B、C、D、E 5 个等级,A 级罪犯每月加基础分 40 分,B 级罪犯每月加基础分 30 分,C 级罪犯每月加基础分 10 分,D 级罪犯每月扣减基础分 10 分,E 级罪犯每月扣减基础分 30 分。

根据规定,3 个模块的得分不相互替补,因此,只有在监管改造、教育和文化改造、劳动改造方面均表现达标,且不存在违反规定情形时,才能拿到 100 分的基础分。

根据规定,给予基础分主要考察如下方面:

1. 监管改造表现(35 分,丧失劳动能力服刑人员为 50 分)

服刑人员监管改造表现达到以下标准的,当月给予基础分 35 分:

(1)遵守法律法规、监规纪律和行为规范;

(2)服从监狱人民警察管理,如实汇报改造情况;

(3)树立正确的服刑意识和身份意识,改造态度端正;

(4)爱护公共财物和公共卫生,讲究个人卫生和文明礼貌;

(5)厉行节约,反对浪费,养成节约用水、节约粮食等良好习惯;

(6)其他遵守监规纪律的情形。

2. 教育和文化改造表现(35 分,丧失劳动能力服刑人员为 50 分)

服刑人员教育和文化改造表现达到以下标准的,当月给予基础分 35 分:

(1)服从法院判决,认罪悔罪;

(2)接受思想政治教育和法治教育,认识犯罪危害;

(3)接受社会主义核心价值观和中华优秀传统文化教育;

(4)参加文化、职业技术学习,考核成绩合格;

(5)接受心理健康教育,配合心理测试;

(6)参加监狱组织的亲情帮教、警示教育等社会化活动;

（7）参加文体活动，树立积极改造心态；

（8）其他积极接受教育和文化改造的情形。

3. 劳动改造表现（30 分）

服刑人员劳动改造表现达到以下标准的，当月给予基础分 30 分：

（1）接受劳动教育，掌握劳动技能，自觉树立正确劳动观念；

（2）服从劳动岗位分配，按时参加劳动；

（3）认真履行劳动岗位职责，按时完成劳动任务，达到劳动质量要求；

（4）遵守劳动纪律、操作规程和安全生产规定；

（5）爱护劳动工具和产品，节约原材料；

（6）其他积极接受劳动改造的情形。

问题 81：服刑人员如何取得加分

根据规定，加分分为日常加分和专项加分。

1. 日常加分有上限

监管改造、教育和文化改造、劳动改造 3 个部分每月各部分日常加分的分值不得超过基础分的 50%，即监管改造部分每月日常最多加 17.5 分（35×50%），教育和文化改造部分每月日常加分最多为 17.5 分（35×50%），劳动改造部分每月日常加分最多为 15 分（30×50%）。实践中，也有省市计分考核细则中对日常加分上限进行调整，如天津市《监狱计分考核罪犯工作细则（试行）》规定，直接生产劳动岗位每月累计加分不得超过 15 分，辅助生产劳动岗位（事务犯）每月累计加分不得超过 9 分，勤杂工岗位每月累计加分不得超过 5 分。

2. 专项加分

根据规定，每名服刑人员每年专项加分总量原则上不超过 300 分，单次加分不超过 100 分，但因下列情形获得专项加分的，尽管单次加分仍不得超过 100 分，但年度加分总量可以不受 300 分的数额限制。

（1）检举、揭发他人违法犯罪行为或者提供有价值破案线索，及时报告或者当场制止罪犯实施违法犯罪行为；

（2）检举、揭发、制止罪犯自伤自残、自杀或者预谋脱逃、行凶等行为；

（3）检举、揭发罪犯私藏或者使用违禁品；

（4）及时发现和报告重大安全隐患，避免安全事故。

除上述情形外，各地监狱管理局规定的专项加分情形通常还包括：及时报告其他服刑人员病情或参与抢救，发表作品，参加职业资格培训获得证书或参加自学考试、函大、电大以及其他高等教育并获得相应证书；在监狱组织的各项竞赛获得名次，积极参与文体活动表现突出，参与监狱组织的教育警示活动等。

3. 常见加分情形

对于服刑人员而言，以下几种情形是最为常见的可以争取到加分的情形：

（1）积极参与劳动

对于直接生产劳动岗位的服刑人员，当月超额完成劳动任务或者在劳动生产过程中表现突出，通常可以获得加分，这也是直接生产劳动岗位服刑人员加分的主要途径。

对于辅助生产劳动岗位或者勤杂工岗位而言，认真履行岗位职责即可获得相应加分。因此，相较而言，辅助生产劳动岗位劳动任务较为轻松且获取加分更容易。因此对于具备医疗、机修等职业技能的服刑人员而言，建议在入监填写相关个人情况表时如实填写，告知监狱相关职业技能，通过正规渠道获得从事辅助生产劳动的机会。但由于实践中存在通过行贿等不正当手段获取此类岗位的情况，部分省份的计分考核实施细则专门限制了此类岗位的加分上限。

(2) 积极参与竞赛、文体活动

监狱通常会定期组织竞赛、文体活动，如篮球、乒乓球比赛，节日文艺汇演，诗歌朗诵比赛等，对于具备相应领域特长的服刑人员而言，积极参与此类竞赛或者文体活动，争取拿到个人奖项或集体奖项的，通常可以拿到相应加分。

具备写作特长的服刑人员，可以通过积极在监狱报刊发表作品，或参与监狱开展的宣传活动来获取相应加分。

(3) 参与职业资格培训或教育培训

对于本身学习能力较强或本身具备一定职业技能或文化知识的服刑人员，认真参与各类培训并通过职业资格考试或自学考试的，可以取得相应专项加分。

此外，入狱前从事医生、厨师等具有一定专业性的工作的服刑人员，也可以向监狱申请从事相关工作，以争取更高的积分。

问题82：专项加分和立功哪一个对减刑、假释更有利

对此，通常根据贡献的重要性程度来加以区分，已达到立功、重大立功标准的，可以直接以立功、重大立功为由申请减刑。但如果其重要性程度达不到立功、重大立功要求，则会给予专项加分。例如，如果阻止的是一般违法或轻微犯罪，或者没有直接阻止犯罪而是检举揭发，通常仅给予专项加分，尚达不到立功的程度，但具体如何区分，实践中多取决于监狱的裁量，家属可以自行或聘请律师与监狱进行沟通，以争取更有利的认定（见表3-1）。

表3-1 专项加分、立功、重大立功要求对比

专项加分	立功	重大立功
及时报告或者当场制止罪犯实施违法犯罪行为的	阻止他人实施犯罪活动的	阻止他人实施重大犯罪活动的

续表

专项加分	立功	重大立功
检举、揭发、制止罪犯自伤自残、自杀或者预谋脱逃、行凶等行为的		
检举、揭发罪犯私藏或者使用违禁品的		
检举、揭发他人违法犯罪行为或者提供有价值破案线索,经查证属实的	检举、揭发监狱内外犯罪活动,或者提供重要的破案线索,经查证属实的	检举、揭发监狱内外重大犯罪活动,经查证属实的
	协助司法机关抓捕其他犯罪嫌疑人的	协助司法机关抓捕其他重大犯罪嫌疑人的
进行技术革新或者传授劳动生产技术成绩突出的	在生产、科研中进行技术革新,成绩突出的	有发明创造或者重大技术革新的
及时发现和报告重大安全隐患,避免安全事故的		
在抗御自然灾害或者处置安全事故中表现积极的	在抗御自然灾害或者排除重大事故中,表现积极的	在日常生产、生活中舍己救人的
省、自治区、直辖市监狱管理局认定具有其他突出改造行为的	对国家和社会有其他较大贡献的	对国家和社会有其他重大贡献的

问题83:什么情况会被扣分

根据规定,扣分并没有总量及频次限制,且可以出现被扣至负分的情形。

1. 严重扣分情形

根据《监狱法》的规定，出现下列情形的，将根据情节严重程度给予警告、记过或者禁闭处罚：

(1) 聚众哄闹监狱，扰乱正常秩序的；

(2) 辱骂或者殴打人民警察的；

(3) 欺压其他罪犯的；

(4) 偷窃、赌博、打架斗殴、寻衅滋事的；

(5) 有劳动能力拒不参加劳动或者消极怠工，经教育不改的；

(6) 以自伤、自残手段逃避劳动的；

(7) 在生产劳动中故意违反操作规程，或者有意损坏生产工具的；

(8) 违反监规纪律的其他行为的。

除上述情形外，根据司法部印发的《关于加强监狱安全稳定工作的若干规定》，私藏、使用移动电话，私藏、吸食毒品的，要给予禁闭处罚。

根据《监狱计分考核罪犯工作规定》第15条，警告、记过、禁闭三类处罚对应扣减考核分100分、200分、400分。其中，受到禁闭处罚的，不仅需要扣减考核分400分，而且在禁闭期间考核基础分记为0分，即不给予任何考核基础分。例如，每月考核分为100分，被关禁闭一周的，不仅要在原有分数基础上扣减400分，而且不再给予该周本应得的25分。

2. 常见扣分情形

实践中，出现严重违法违纪导致被警告、记过、禁闭的情况较少，服刑人员扣分多发于入监教育阶段及刚入劳动监区阶段，并集中在改造态度、内务卫生及劳动表现方面，常见的扣分情形包括：对裁判结果公开表示不满情绪，被服、生活用品、内务柜等不按规范要求折叠、摆放，未按规定洗漱、就餐、如厕，携带私人物品进入劳动现场或违规将劳动工具、物料、产品带出劳动现场，损坏劳动工具，无正当原因未完成劳动任务，劳动产品质量不合格，物料消耗超过规定标准，违反安全生产规定或操作规程等。

问题 84：计分考核和等级评定有何关系

服刑人员考核分满 600 分为一个考核周期，一个考核周期结束，从考核积分中扣除 600 分，剩余考核积分转入下一个考核周期。等级评定在考核周期结束后的次月进行，是在日常计分基础上对罪犯一个考核周期内改造表现的综合评价，分为积极、合格、不合格 3 个等级。

等级评定结果首先由计分考核工作小组根据服刑人员本考核周期各月考核得分情况、违规违纪情况、上一考核周期等级评定情况、财产性判项履行情况等因素，出具关于服刑人员应被评定为何等级的意见。具体评定依据各地乃至各监狱之间存在一定差异。计分考核工作小组意见须经小组 2/3 以上组成人员同意后方可作出，并报计分考核工作组审批。审批决定的作出须经计分考核工作组 2/3 以上组成人员同意后通过。

《关于加强监狱安全稳定工作的若干规定》

三、禁止罪犯私藏、使用移动电话、现金、毒品等违禁品。私藏、使用移动电话，私藏、吸食毒品的，给予禁闭处罚，从解除禁闭之日起，两年内不予提请减刑、假释（有重大立功表现的除外）；私藏其他违禁品的，视情节给予警告、记过、禁闭处罚；涉嫌犯罪的，依法移送司法机关处理。

问题 85：等级评定结果会对服刑人员产生哪些影响

等级评定结果直接影响服刑人员的奖惩情况。具体而言：

1. 被评为积极等级的，给予表扬。是否同时给予物质奖励无硬性要求，监狱可以视情况给予物质奖励。

2. 被评为合格且该考核期内各月考核分均不低于基础分的，给予表扬，但不给予物质奖励。

3. 被评为合格等级但有任何一个月考核分低于基础分的，仅给予物质奖励。

4. 被评为不合格等级的，不予奖励并给予批评教育。

问题 86：出现哪些情形不能评为积极等级

在服刑表现上，服刑人员在考核周期内，有下列情形之一的，将不能被评为积极等级：

1. 因违规违纪行为单次被扣 10 分以上的；

2. 任何一部分单月考核得分低于其基础分的；

3. 上一个考核周期等级评定为不合格的；

4. 确有履行能力而不履行或者不全部履行生效裁判中财产性判项的。

各省监狱管理局在相关细则中有权规定不得评为积极等级的情形。以北京市为例，除司法部《监狱计分考核罪犯工作规定》规定的情形外，因违纪被扣分 3 次以上的，也将不得被评为积极等级。

此外，在人数上，被评定为积极等级的服刑人员数量不得超过监狱本期参加等级评定总人数的 15%。这就意味着积极等级实际上是按照择优评定的原则确定的，即便服刑人员没有出现上述不能评为积极等级的情形，但如果其表现未排进监狱本期参加等级评定总人数前 15%，同样无法被评定为积极。

问题87：出现哪些情况会被认定不合格等级

通常而言，服刑人员有下列情形之一的，会被认定为不合格等级：

1. 有违背宪法关于中国共产党领导、中国特色社会主义制度言行的；

2. 有危害民族团结或者国家统一言行的；

3. 有歪曲、抹黑中华优秀传统文化、革命文化和社会主义先进文化言行的；

4. 有鼓吹暴力恐怖活动或者宗教极端思想言行的；

5. 宣传、习练邪教的；

6. 以辱骂、威胁、自伤自残等方式对抗监狱人民警察管理，经警告无效的；

7. 受到两次以上警告或者记过处罚的；

8. 受到禁闭处罚的；

9. 有3次以上（含3次）单月考核分低于60分的。

此外，各省监狱管理局在相关细则中有权规定不合格等级的情形。例如，根据北京市相关规定，应当被评定为不合格等级的情形还包括：不服从法院判决、不书写认罪悔罪书的；经相关程序认定为"三假"（假姓名、假地址、假社会关系）罪犯；未转化，或转化后又出现反复的邪教类罪犯；未通过考核验收的黑恶势力罪犯等情形。

问题88：因丧失劳动能力无法参加劳动的，计分考核是否会受到影响

因老年、身体残疾、患严重疾病等经鉴定丧失劳动能力的，将仅考核监管改造、教育和文化改造两个方面，但每月基础总分仍为100分，监管改造基础分50分，教育和文化改造基础分50分。由此可见，从计分考核的角度来看，因老年、身体残疾、患严重疾病而丧失劳动能力不参与劳动的，并不会影响到基础考核分。但是由于多数加分项目同劳动生产挂钩，因此不参加劳动可能丧失相应的加分机会，导致计分相对缓慢。

对于丧失劳动能力的服刑人员而言，由于增加了监管改造、教育和文化改造两部分所占分值，为避免扣分或尽可能多加分，较参与劳动的服刑人员更应关注认罪悔罪、遵守监规等事项。尤其是监狱通常会根据实际情况，安排丧失劳动能力的服刑人员从事一些力所能及的事项，考核重点也是其态度而非劳动产出。因此，对于丧失劳动能力的罪犯而言，端正改造态度是尽可能降低无法参与劳动所造成的影响的关键。

问题 89：年老、残疾、患有疾病但未丧失劳动能力的，计分考核是否会受到影响

原则上不会受到影响。

通常情况下，有一定劳动能力的老病残犯尽管仍要参与劳动，但监区会适当缩减劳动时间、减少劳动任务，或者安排力所能及的劳动任务，只要能够完成所安排的劳动任务即可取得 30 分的劳动改造分，并不会因为劳动任务被减轻而扣除相应分数。但如果因身体状况，在减轻劳动任务后仍未完成任务，则可能会被扣除一定的分数。

问题 90：因伤病无法参加劳动，但尚未丧失劳动能力的，是否影响计分考核

1. 住院治疗期间及住院治疗后的康复期

服刑人员因病住院治疗或者处于康复期而无法参加劳动，但尚未丧失劳动能力的，住院治疗和康复期间的劳动改造分记 0 分，其他两项改造分正常计分。

如果服刑人员因舍己救人或者保护国家和公共财产等情况受伤无法参加劳动，则仍正常计劳动改造分。计算方式上，是按照服刑人员受伤前 3 个月的劳动改造平均分计算无法参加劳动期间的劳动改造分，受伤之前考核不满 3 个月的按照日平均分计算。

2. **未住院治疗**

因为伤病需要就诊、输液但尚不需要住院治疗的，只要按照监管规范如实向警官汇报并获得批准，即便数小时未参与劳动也不计未完成劳动任务，并且不作扣分处理。

问题 91：因不可抗力无法参加劳动是否影响计分考核

因不可抗力等被暂停劳动的，监狱应当根据实际情况并结合其暂停前的劳动改造表现给予劳动改造分。具体如何计算劳动分，由各省市监狱管理局的计分考核细则进行细化规定。以北京市为例，对于因不可抗力无法参加劳动的，根据实际情况并按照其暂停劳动前 3 个月的劳动改造平均分给予劳动改造分，暂停劳动前考核不满 3 个月的按照日平均分计算。

不可抗力是不能预见、不能避免且不能克服的客观情况，原则上只要是客观原因导致，且服刑人员不可克服的情况都属于不可抗力。通常而言，包括自然灾害、停电、疫情、机器故障等。

问题 92：服刑人员当月因病只劳动部分天数的，如何计算考核分

根据《监狱计分考核罪犯工作规定》的规定，劳动改造基础分并非以自然日计算，而是按月计算，每月 30 分，如果严格按照该规定计算，则正常参与劳动期间劳动改造基础分 = 30 × （当月实际参与劳动天数 ÷ 当月应参与劳动天数）。但实践中，从便于计分的角度考虑，也有部分地区对此种情形下的计分方法进行变通规定，如上海

市规定，对有劳动能力的服刑人员，因病住院治疗或康复期间每日扣减基础分1分，每月最高扣减30分，因舍己救人或者保护国家和公共财产等情况受伤无法参加劳动的，根据考评等级确定基础分。因此，因伤病无法参加劳动但尚未丧失劳动能力时应如何计分，需视所在监狱而定。

问题93：暂停劳动前，劳动改造有加分、扣分的，如何计算劳动分

有扣分的，计算平均分时将扣分计算在内，但有加分的，加分不计算在内，即暂停劳动期间给予的劳动改造分顶格为30分。

例如，在受伤前3个月，有一个月因未完成劳动任务而扣除3分的，劳动平均分为29分，因受伤而住院及康复期间则以29分为基础给予劳动改造分；但如果受伤前三个月有一个月超额完成劳动任务而加3分的，因受伤而住院及康复期间仍以30分而非平均分31分为基础给予劳动改造分。之所以这样计算，是因为加分相当于奖励，在完全未从事劳动的情况下仍可以获得劳动奖励显然是不合理的。

问题94：哪些服刑人员会被从严计分

构成下列罪名或者有下列情节的服刑人员，在服刑期间会被从严计分，严格限制加分项目，严格控制加分总量：

1. 职务犯罪；
2. 破坏金融管理秩序和金融诈骗犯罪；
3. 组织、领导、参加、包庇、纵容黑社会性质组织犯罪（根据《反有组织犯罪法》的规定，不仅涉黑犯罪需要依法从严管理，恶势力犯罪作为有组织犯罪的一种，也需要从严）；
4. 危害国家安全犯罪；

5. 恐怖活动犯罪;

6. 毒品犯罪集团的首要分子及毒品再犯;

7. 累犯;

8. 因故意杀人、强奸、抢劫、绑架、放火、爆炸、投放危险物质或者有组织的暴力犯罪被判处 10 年以上有期徒刑、无期徒刑以及死刑缓期 2 年执行的;

9. 法律法规规定应当从严的。

问题 95：从严计分中的"职务犯罪"应如何界定

从司法实践情况来看，对于认定是否属于职务犯罪，呈现出如下特点：

首先，在计分考核、提请减刑假释时，监狱、检察院、法院往往关注罪名是否属于《刑法》分则第八章规定的罪名，而不对身份作实质区分，即非公职人员构成贪污贿赂犯罪的，也会被作为职务犯罪人员对待。也有少数案例认为非国家工作人员实施贪污贿赂犯罪的不属于职务犯罪，但应参照"职务犯罪"从严减刑。例如，在王某虚开增值税专用发票用于骗取出口退税、抵扣税款发票罪刑罚与执行变更审查案中，法院认为"鉴于该犯系参照职务犯罪的罪犯，在减刑时应予从严"。[①]

其次，司法实践中鲜有将《刑法》分则第三章破坏社会主义市场经济秩序罪中所规定的国有公司、企业、事业单位人员失职罪、滥用职权罪等国有企事业单位人员渎职犯罪作为职务犯罪进而予以从严的案例。实践中此类犯罪多与受贿罪等同时实施，若构成受贿罪，应被作为职务犯罪，进而予以从严。由此可见，司法实践主流观点是职务犯罪仅包括《刑法》分则第九章所规定的渎职犯罪，而不包括

[①] 参见江苏省苏州市中级人民法院刑事裁定书，(2021) 苏 05 刑更 270 号。

《刑法》分则第三章中规定的国有公司、企业、事业单位人员失职罪、滥用职权罪。

值得注意的是,有少量案例将非国家工作人员实施的职务侵占罪、非国家工作人员受贿罪等犯罪纳入"职务犯罪"的范畴,进而对服刑人员从严减刑。例如,在李某非国家工作人员受贿罪刑罚与执行变更审查案中,李某因犯非国家工作人员受贿罪被认定为职务犯罪罪犯,从严减刑。[①] 又如,在鲁某职务侵占刑罚变更案中,鲁某因犯职务侵占罪、挪用资金罪而被认定为职务犯罪罪犯,并且其职务犯罪侵占的违法所得未退缴,减刑幅度予以从严掌握。[②]

在规范层面,不同规定对于职务犯罪的定义也存在差异。2014年,中共中央政法委员会出台的《关于严格规范减刑、假释、暂予监外执行切实防止司法腐败的意见》规定,对职务犯罪、破坏金融管理秩序和金融诈骗犯罪、组织(领导、参加、包庇、纵容)黑社会性质组织犯罪等罪犯(以下简称"三类犯")从严减刑、假释、暂予监外执行,但该意见并未明确职务犯罪的范围。其后,最高人民检察院出台了《关于对职务犯罪罪犯减刑、假释、暂予监外执行案件实行备案审查的规定》,司法部出台了《关于贯彻中政委〔2014〕5号文件精神严格规范减刑、假释、暂予监外执行工作的通知》,其中均规定了职务犯罪的范围,但是上述两规定对于职务犯罪范围的规定存在一定差异,总体而言,司法部的规定以《刑法》分则中的具体条文作为职务犯罪依据,并限定了犯罪人身份为国家工作人员和依法从事公务的人员,而最高人民检察院的规定中未限定章节和主体身份,而是将其笼统地概括为两类犯罪:贪污贿赂和渎职犯罪(详见表3-2)。

---

① 参见云南省昆明市中级人民法院刑事裁定书,(2021)云01刑更2163号。
② 参见河南省安阳市中级人民法院刑事裁定书,(2020)豫05刑更506号。

表3-2 不同文件对"职务犯罪"定义对比

项目	《关于贯彻中政委〔2014〕5号文件精神严格规范减刑、假释、暂予监外执行工作的通知》	《关于对职务犯罪罪犯减刑、假释、暂予监外执行案件实行备案审查的规定》
贪污贿赂犯罪	国家工作人员和依法从事公务的人员实施的《刑法》分则第八章所规定的贪污贿赂犯罪	贪污贿赂犯罪
渎职犯罪	《刑法》分则第九章所规定的渎职犯罪	国家工作人员的渎职犯罪
其他		国家机关工作人员利用职权实施的非法拘禁、非法搜查、刑讯逼供、暴力取证、虐待被监管人、报复陷害、破坏选举的侵犯公民人身权利、公民民主权利的犯罪

除上述专门就减刑、假释、暂予监外执行出台的规定外，其他法律法规及司法解释中也有关于职务犯罪范围的规定。例如，2016年最高人民检察院、公安部、财政部联合发布的《关于保护、奖励职务犯罪举报人的若干规定》规定，职务犯罪包括：（1）国家工作人员实施的《刑法》分则第八章规定的贪污贿赂犯罪及其他章中明确规定依照《刑法》分则第八章相关条文定罪处罚的犯罪；（2）《刑法》分则第九章规定的渎职犯罪；（3）国家机关工作人员利用职权实施的非法拘禁、刑讯逼供、报复陷害、非法搜查的侵犯公民人身权利的犯罪以及侵犯公民民主权利的犯罪。

2018年《监察法》正式实施，其中第11条第2项规定，监察委员会有权对涉嫌贪污贿赂、滥用职权、玩忽职守、权力寻租、利益输送、徇私舞弊以及浪费国家资财等职务违法和职务犯罪进行调查。《监察法实施条例》第26~31条对于贪污贿赂、滥用职权、玩忽职守、权力寻租、利益输送、徇私舞弊以及浪费国家资财等职务犯罪作了细化规定，将包括公职人员在行使公权力过程中实施的职务侵占罪、挪用特定款物罪等在内的广义的贪污贿赂罪，公职人员涉嫌的滥用职权犯罪、玩忽职守犯罪、徇私舞弊犯罪，公职人员在行使公权力过程中涉及的重大责任事故犯罪及其他犯罪均纳入其中。

学理上，对于职务犯罪的范围也存在不同的看法。高铭暄教授认为"可以将职务犯罪定义为国家工作人员利用职务之便贪污公共财物、收受贿赂或者滥用职权、玩忽职守、徇私舞弊，破坏国家工作人员职务行为的廉洁性或者国家机关正常管理活动的行为"。同时，就职务犯罪的外延范围，高铭暄教授在其文章中也总结了学界存在的观点："第一种观点认为职务犯罪包括三种，一是贪污贿赂犯罪，二是渎职犯罪，三是国家机关工作人员利用职权实施的侵犯公民人身权利、民主权利犯罪；第二种观点认为职务犯罪包括四种，除了以上三种外，还包括军人违反职责犯罪；第三种观点认为职务犯罪不仅包括国家工作人员职务犯罪，也包括非国有公司、企业、事业单位职务人员犯罪。"而周其华教授则认为"职务犯罪、是指从事公务的人员，利用职务或者亵渎职务，违反职责规定，给国家和人民的利益造成重大损失的一类犯罪"。而其中的"公务"不仅仅包括国家公务，还包括社会团体公务、集体公务等。

综上所述，无论是司法实践还是规范或学理层面，对于职务犯罪的范围的界定有所不一致。从相关法律规定及司法实践中的情况来看，除公职人员贪污贿赂罪、渎职罪外，其余情形，如非公职人员的共犯行为以及非《刑法》分则第八章、第九章罪名情形，均存在争取不被认定为职务犯罪，进而不被限制减刑、假释、暂予监外执行的空间。

问题96：职务犯罪"从严认定"主要体现在哪些方面

在从严方式上，主要涉及以下几个方面：

1. "确有悔改表现"的认定从严

依据《最高人民法院关于办理减刑、假释案件具体应用法律的规定》第 3 条第 2 款的规定，对于包括职务犯罪在内的"三类犯"，不积极退赃、协助追缴赃款赃物、赔偿损失，或者服刑期间利用个人影响力和社会关系等不正当手段意图获得减刑、假释的，不能认定其"确有悔改表现"，直接丧失减刑资格（除非有立功或重大立功行为）。

2. **首次减刑时间及减刑间隔从严**

职务犯罪罪犯的首次减刑时间较于一般犯罪更长，每次减刑幅度也更低。具体数值根据各地规定的不同存在细微的差异，以《最高人民法院关于办理减刑、假释案件具体应用法律的规定》第 7 条为例，职务犯罪罪犯被判处 10 年以下有期徒刑的，执行 2 年以上方可减刑，而被判处 5 年以下有期徒刑的一般罪犯执行 1 年以上便可减刑、被判处 5 年以上 10 年以下有期徒刑的一般罪犯执行 1 年 6 个月以上便可减刑，且职务犯罪罪犯的减刑幅度应当比照一般罪犯从严掌握。

3. **计分考核从严**

对于职务犯罪罪犯应当从严计分，严格限制加分项目，严格控制加分总量。对此，各地的做法存在差异，如天津市的规定对职务犯罪罪犯的每月日常加分、每年度专项加分和单次加分均设置了上限，而且规定一般不得评定为积极等级；而根据黑龙江省的规定，职务犯罪罪犯仍然可以评为积极等级，但比例不得超过所有被评为积极等级人数的 40%；根据北京市的规定，职务犯罪罪犯作为班长履行职责、在市监狱管理局组织的警示教育活动中参与典型发言均例外地不能获得加分；根据上海市的规定，职务犯罪罪犯在等级评定时，只有在第一次减刑裁定生效后，方可评定为 A 级或 B 级（A 级罪犯每月加基础分 40 分，B 级罪犯每月加基础分 30 分）。

《监察法》

第十一条 监察委员会依照本法和有关法律规定履行监督、调查、处置职责:

……

(二) 对涉嫌贪污贿赂、滥用职权、玩忽职守、权力寻租、利益输送、徇私舞弊以及浪费国家资财等职务违法和职务犯罪进行调查……

《反有组织犯罪法》

第二条 本法所称有组织犯罪,是指《中华人民共和国刑法》第二百九十四条规定的组织、领导、参加黑社会性质组织犯罪,以及黑社会性质组织、恶势力组织实施的犯罪。

本法所称恶势力组织,是指经常纠集在一起,以暴力、威胁或者其他手段,在一定区域或者行业领域内多次实施违法犯罪活动,为非作恶,欺压群众,扰乱社会秩序、经济秩序,造成较为恶劣的社会影响,但尚未形成黑社会性质组织的犯罪组织。

境外的黑社会组织到中华人民共和国境内发展组织成员、实施犯罪,以及在境外对中华人民共和国国家或者公民犯罪的,适用本法。

第三十五条第一款 对有组织犯罪的罪犯,执行机关应当依法从严管理。

《监察法实施条例》

第二十六条 监察机关依法调查涉嫌贪污贿赂犯罪,包括贪污罪,挪用公款罪,受贿罪,单位受贿罪,利用影响力受贿罪,行贿罪,对有影响力的人行贿罪,对单位行贿罪,介绍贿赂罪,单位行贿罪,巨额财产来源不明罪，隐瞒境外存款罪，私分国有资产罪，私分罚没财物罪，以及公职人员在行使公权力过程中实施的职务侵占罪，挪用资金罪，对外国公职人员、国际公共组织官员行贿罪，非国家工作人员受贿罪和相关联的对非国家工作人员行贿罪。

第二十七条 监察机关依法调查公职人员涉嫌滥用职权犯罪，包括滥用职权罪，国有公司、企业、事业单位人员滥用职权罪，滥用管理公司、证券职权罪，食品、药品监管渎职罪，故意泄露国家秘密罪，报复陷害罪，阻碍解救被拐卖、绑架妇女、儿童罪，帮助犯罪分子逃避处罚罪，违法发放林木采伐许可证罪，办理偷越国（边）境人员出入境证件罪，放行偷越国（边）境人员罪，挪用特定款物罪，非法剥夺公民宗教信仰自由罪，侵犯少数民族风俗习惯罪，打击报复会计、统计人员罪，以及司法工作人员以外的公职人员利用职权实施的非法拘禁罪、虐待被监管人罪、非法搜查罪。

第二十八条 监察机关依法调查公职人员涉嫌玩忽职守犯罪，包括玩忽职守罪，国有公司、企业、事业单位人员失职罪，签订、履行合同失职被骗罪，国家机关工作人员签订、履行合同失职被骗罪，环境监管失职罪，传染病防治失职罪，商检失职罪，动植物检疫失职罪，不解救被拐卖、绑架妇女、儿童罪，失职造成珍贵文物损毁、流失罪，过失泄露国家秘密罪。

第二十九条 监察机关依法调查公职人员涉嫌徇私舞弊犯罪，包括徇私舞弊低价折股、出售国有资产罪，非法批准征收、征用、占用土地罪，非法低价出让国有土地使用权罪，非法经营同类营业罪，为亲友非法牟利罪，枉法仲裁罪，徇私舞弊发售发票、抵扣税款、出口退税罪，商检徇私舞弊罪，动植物检疫徇私舞弊罪，放纵走私罪，放纵制售伪劣商品犯罪行为罪，招收公务员、学生徇私舞弊罪，徇私舞弊不移交刑事案件罪，违法提供出口退税凭证罪，徇私舞弊不征、少征税款罪。

第三十条 监察机关依法调查公职人员在行使公权力过程中涉及的重大责任事故犯罪，包括重大责任事故罪，教育设施重大安全事故罪，消防责任事故罪，重大劳动安全事故罪，强令、组织他人违章冒险作业罪，危险作业罪，不报、谎报安全事故罪，铁路运营安全事故罪，重大飞行事故罪，大型群众性活动重大安全事故罪，危险物品肇事罪，工程重大安全事故罪。

第三十一条 监察机关依法调查公职人员在行使公权力过程中涉及的其他犯罪，包括破坏选举罪，背信损害上市公司利益罪，金融工作人员购买假币、以假币换取货币罪，利用未公开信息交易罪，诱骗投资者买卖证券、期货合约罪，背信运用受托财产罪，违法运用资金罪，违法发放贷款罪，吸收客户资金不入账罪，违规出具金融票证罪，对违法票据承兑、付款、保证罪，非法转让、倒卖土地使用权罪，私自开拆、隐匿、毁弃邮件、电报罪，故意延误投递邮件罪，泄露不应公开的案件信息罪，披露、报道不应公开的案件信息罪，接送不合格兵员罪。

第三十二条 监察机关发现依法由其他机关管辖的违法犯罪线索，应当及时移送有管辖权的机关。

监察机关调查结束后，对于应当给予被调查人或者涉案人员行政处罚等其他处理的，依法移送有关机关。

《最高人民检察院关于对职务犯罪罪犯减刑、假释、暂予监外执行案件实行备案审查的规定》

第十一条 本规定中的职务犯罪，是指贪污贿赂犯罪，国家工作人员的渎职犯罪，国家机关工作人员利用职权实施的非法拘禁、非法搜查、刑讯逼供、暴力取证、虐待被监管人、报复陷害、破坏选举的侵犯公民人身权利、公民民主权利的犯罪。

《司法部关于贯彻中政委〔2014〕5号文件精神严格规范减刑、假释、暂予监外执行工作的通知》

二、准确理解把握《意见》精神，切实把《意见》各项要求落到实处

（一）准确理解三类罪犯的概念及内涵。职务犯罪罪犯是指国家工作人员和依法从事公务的人员因实施刑法分则第八章所规定的贪污贿赂犯罪、第九章所规定的渎职犯罪而被判处刑罚的罪犯。破坏金融秩序和金融诈骗犯罪罪犯是指因实施刑法分则第三章第四节规定的破坏金融管理秩序犯罪、第三章第五节规定的金融诈骗犯罪而被判处刑罚的罪犯。涉黑罪犯是指因实施刑法分则第六章第一节第二百九十四条规定的组织（领导、参加、包庇、纵容）黑社会性质组织犯罪而被判处刑罚的罪犯。除此之外，对于虽不属于三类罪犯的范畴，但在社会上有一定影响、备受社会关注的罪犯，监狱管理机关也要进一步规范管理，严格执法。

《最高人民检察院、公安部、财政部关于保护、奖励职务犯罪举报人的若干规定》

第二十七条　本规定所称职务犯罪，是指国家工作人员实施的刑法分则第八章规定的贪污贿赂犯罪及其他章中明确规定依照第八章相关条文定罪处罚的犯罪，刑法分则第九章规定的渎职犯罪，国家机关工作人员利用职权实施的非法拘禁、刑讯逼供、报复陷害、非法搜查的侵犯公民人身权利的犯罪以及侵犯公民民主权利的犯罪。

【典型案例】

1. 张某国有公司、企业、事业单位人员滥用职权罪案〔(2017)鲁01刑更510号〕

要旨

对职务犯罪罪犯减刑幅度应当从严掌握。

事实

罪犯张某在刑罚执行期间能认罪悔罪，服从管教，遵守法律法规及监规，接受教育改造，积极参加思想、文化、职业技术教育，较好地完成了劳动任务，受表扬3次，被评为2015年度监狱级改造积极分子、2016年度监区级改造积极分子，缴纳罚金人民币2万元。上述事实有经庭审质证的相关材料等证据予以证实。

理由

法院认为，罪犯张某在服刑期间确有悔改表现，符合减刑条件。该犯系职务犯罪罪犯，故减刑幅度应当从严掌握。

结果

对罪犯张某减去有期徒刑6个月（刑期至2023年12月8日止）。

2. 顾某行贿案〔(2021)津03刑更452号〕

要旨

涉职务犯罪应从严掌握减刑幅度。

事实

天津市武清区人民法院于2018年8月16日作出（2018）津0114刑初64号刑事判决，以被告人顾某犯行贿罪，判处有期徒刑5年6个月；犯虚开发票罪，判处有期徒刑2年6个月，并处罚金人民币100,000元，数罪并罚，决定执行有期徒刑7年，并处罚金人民币100,000元（已缴纳），继续追缴违法所得人民币281,830元（已履行）。该犯不服，提出上诉。天津市第一中级人民法院于2018年11

月30日作出（2018）津01刑终698号刑事裁定，驳回上诉，维持原判。判决发生法律效力后交付执行。刑期自2018年8月16日起至2025年5月31日止。

经审理查明，罪犯顾某在服刑期间，能够认罪悔罪，认真遵守监规，接受教育改造，积极参加思想、文化、技术教育，完成生产任务，积极履行财产刑。该犯在本次减刑考核期内，获监狱级表扬奖励4次。另查，原判罚金人民币100,000元已缴纳，继续追缴违法所得人民币281,830元已履行。上述事实，有天津市长泰监狱提交的提请减刑建议书、罪犯评审鉴定表、罪犯奖励审批表、缴款凭证等证据予以证实。

理由

法院认为，罪犯顾某在服刑期间，能够认罪悔罪，确有悔改表现，符合减刑法定条件，可以减刑。该犯涉职务犯罪，故从严掌握减刑幅度。法院综合考虑执行机关的减刑建议、天津市人民检察院第三分院的检察意见，依照《刑法》第78条、第79条和《刑事诉讼法》第273条第2款之规定，裁定如下：

结果

对罪犯顾某减去有期徒刑6个月（减刑后应执行的刑期自2018年8月16日起至2024年11月30日止），并处罚金人民币100,000元不变（已缴纳），继续追缴违法所得人民币281,830元不变（已履行）。

问题97：服刑期间又犯新罪或者被发现漏罪的，考核分如何计算

1. 侦查、调查期间

服刑人员因新罪或漏罪被立案侦查的，或因涉嫌违规违纪被隔离调查的，在侦查、调查期间暂停计分考核。

经查证有违法犯罪或违规违纪行为的，侦查、调查期间的考核基

础分记 0 分；经查证无犯罪行为的，按照罪犯立案前 3 个月考核平均分并结合其在侦查、调查期间的表现计算其侦查、调查期间的考核分；立案前考核不满 3 个月的按照日平均分计算。

2. 解回侦查、起诉或者审判期间

服刑人员又犯新罪或者被发现漏罪而被解回重侦（审）的，其间计分考核规则如下：

办案机关或法院最终认定不构成犯罪的，服刑人员重新回到监狱服刑时，按照解回之前 3 个月的考核平均分计算其解回期间的考核分，不满 3 个月的按照日平均分计算。

经法院审理认定构成犯罪的，取消已有的考核积分和奖励，自重新收监之日起重新考核，原考核积分为负分的，保留负分。如果是主动交代漏罪，尽管解回重审期间不计分，但是可以保留原考核积分和奖励，自收监之日起继续考核。

问题 98：服刑人员被解回作证的，解回期间应如何计分考核

实践中，因又犯新罪、被发现漏罪、再审或作证等，服刑人员可能被从监狱转移至羁押场所以备侦查、起诉、审判或作证，实践中将之称为"解回再侦"或"解回再审"。

被解回作证的，不会影响到计分考核，服刑人员重新回到监狱服刑时，按照解回之前 3 个月的考核平均分计算其解回期间的考核分，不满 3 个月的按照日平均分计算。

问题 99：服刑人员因再审被解回的，解回期间应如何计分考核

1. 经再审改判较轻刑罚

经再审改判较轻刑罚的服刑人员，不仅可以保留原考核积分和奖

励，而且重新回到监狱服刑时，按照解回之前 3 个月的考核平均分计算其解回期间的考核分，不满 3 个月的按照日平均分计算。

2. 再审改判更重的刑罚

检察院因法院量刑不当提出抗诉，致使服刑人员再审被改判更重的刑罚的，尽管解回重审期间不计分，但是可以保留其原考核积分和奖励，自收监之日起继续考核。

除上述情形外，如果服刑人员再审被加重刑罚，则取消其已有的考核积分和奖励，自重新收监之日起重新考核，但原考核积分为负分的，保留负分。根据相关司法解释的规定，除非检察院抗诉启动再审，一般情况下不会加重原审被告人的刑罚。

3. 再审维持原判

再审维持原判的，应保留服刑人员原考核积分和奖励，如果被解回重审，解回期间不计分。

现行规定并未明确再审维持原判的，原考核积分及被解回重审期间计分应如何处理。但参考《最高人民法院关于办理减刑、假释案件具体应用法律的规定》第 32 条"按照审判监督程序重新审理的案件，裁定维持原判决、裁定的，原减刑、假释裁定继续有效"的规定，再审维持原判的，此前的考核积分和奖励也应当予以维持。

多数情况下，再审维持是进行书面审理，不涉及解回的问题。如果涉及解回，再审维持的，解回期间不计考核分，原因在于《监狱计分考核罪犯工作规定》仅列举了"办案机关或者人民法院认定不构成犯罪""经再审改判为较轻刑罚""作证"3 种情形，尽管其为不完全列举，但是因为"再审维持原判"与"再审改判较轻刑罚"显然不具相当性，因此"再审维持原判"并不包含在"等"所省略的情形中。

《最高人民法院关于适用〈中华人民共和国刑事诉讼法〉的解释》

第四百六十九条 除人民检察院抗诉的以外,再审一般不得加重原审被告人的刑罚。再审决定书或者抗诉书只针对部分原审被告人的,不得加重其他同案原审被告人的刑罚。

问题100:服刑人员转押的,计分考核如何延续

服刑人员转押的,转出监狱应当同时将其计分考核相关材料移交收押监狱,由收押监狱继续计分考核。至于应如何"继续计分考核",需要视具体情况而定:

1. 如果是在本省内跨监狱调动,接收监狱一般直接在原考评情况的基础上继续考评。

2. 如果是跨省调动,不同省份对此规定略有差异,部分省份如北京市不要求监狱对原考评结果进行认定,而上海市则要求原考评结果须经监狱管理局狱政管理部门的认定,认定过程中,不排除根据接收监狱所在省计分考核规定对原考评结果进行调整。

3. 由军事监狱转押至市监狱管理局的服刑人员,其在原监狱依据计分考核结果所获得的考核积分和奖励,按照军事监狱与相关细则中罪犯月考核基础分的比例关系进行折算,折算后的分数按照相关细则规定的给予奖励的标准予以一次性折抵。

第二节 计分考核程序

问题101:服刑人员如何获得计分

监区管教民警每日记载罪犯改造行为加分、扣分情况,计分考核工作小组每周评议罪犯改造表现和考核情况，每月汇总考核分，不足月的按日计算。

就加分、扣分而言，监区管教民警负责服刑人员的日常计分，对于服刑人员的加分、扣分，由监区民警提出建议，报计分考核工作小组研究决定。加分、扣分值达到一定数额的，还需报计分考核工作组（见表3-3）。

表3-3 计分考核决策流程一览

项目	分值	决策流程
扣分	扣分值≤2分	监区管教民警可以当场作出决定
	2分＜扣分值＜10分	监区管教民警提出建议，报计分考核工作小组研究决定
	扣分值≥10分	监区管教民警提出建议，报计分考核工作小组研究决定，再由计分考核工作小组报计分考核工作组审批
日常加分	加分值＜5分	监区管教民警提出建议，报计分考核工作小组研究决定
	加分值≥5分	监区管教民警提出建议，报计分考核工作小组研究决定，再由计分考核工作小组报计分考核工作组审批
专项加分		监区管教民警提出建议，报计分考核工作小组研究决定，再由计分考核工作小组报计分考核工作组审批

监区指定的专职民警负责计分考核工作小组日常工作，并提出等级评定建议。计分考核工作小组，由监区长任组长，监区全体民警为成员，负责计分考核罪犯工作的具体实施。

监狱的狱政管理部门承担计分考核工作组日常工作。计分考核工作组由监狱长任组长，分管狱政管理的副监狱长任副组长，相关部门负责人为成员，负责计分考核罪犯工作的组织领导和重大事项研究。

计分考核工作组、计分考核工作小组研究考核事项时，作出的决定应当经2/3以上组成人员同意后通过。对不同意见，须如实记录在案，并由本人签字确认。

问题102：如何保证计分考核过程公平、公正

与此前的《关于计分考核罪犯的规定》相比，2021年司法部颁布施行的《监狱计分考核罪犯工作的规定》规定了计分考核的工作机制和决策程序。

较2016年的《关于计分考核罪犯的规定》，《监狱计分考核罪犯工作的规定》完善了计分考核的工作机制和决策程序，以保障计分考核过程的公平、公正。

首先，《监狱计分考核罪犯工作的规定》进一步完善了计分考核的集体决策机制，监区内参与监管服刑人员的民警基本都要参与考核，防止少数人拍板造成暗箱操作情况的出现。例如，《监狱计分考核罪犯工作的规定》第6条第1款明确规定，监狱成立计分考核工作组，由监狱长任组长，分管狱政管理的副监狱长任副组长，有关部门负责人为成员，负责计分考核罪犯工作的组织领导和重大事项研究。监区成立计分考核工作小组，由监区长任组长，监区全体民警为成员，负责计分考核罪犯工作的具体实施。第25条规定，计分考核工作组、计分考核工作小组研究考核事项时，作出的决定应当经2/3以上组成人员同意后通过。对不同意见，应当如实记录在案，并由本人签字确认。

其次，《监狱计分考核罪犯工作的规定》第7条确立了"谁考核谁负责、谁签字谁负责、谁主管谁负责"的终身负责制，要求监狱警察及相关工作人员在职责范围内对计分考核工作终身负责，也就是说即便服刑人员出狱了，如果被发现其服刑期间的计分考核存在问题，曾参与考核的民警也有可能被追责。

问题 103：计分考核由谁监督

《监狱计分考核罪犯工作的规定》进一步完善了内外部监督机制，分别规定了人民检察院、监狱的纪检部门、社会团体和人民群众对计分考核进行监督的渠道和方式。

1. 外部监督

《监狱计分考核罪犯工作的规定》要求监狱要向社会公开计分考核内容和工作程序，向服刑人员亲属或者监护人公开罪犯考核情况及对结果有异议的处理方式。同时，还要求监狱应当通过聘请社会监督员、召开罪犯亲属或者监护人代表会等形式，通报计分考核工作，听取意见建议，接受社会监督。

目前监狱都会在监区和会见室设立信箱，或在官网、微信公众号公布监督渠道，如果服刑人员或者家属觉得考核计分有问题或者有疑问，可以通过服刑人员所在监狱公布的监督渠道反映相关情况。

同时，《监狱计分考核罪犯工作的规定》还要求监狱定期向人民检察院通报计分考核工作情况，人民检察院对于计分考核工作的违法违规情形可以提出口头或者书面纠正意见。因此，家属或者服刑人员对于计分考核中出现的问题，也可以向驻监检察室提出。

2. 内部监督

《监狱计分考核罪犯工作的规定》要求考核结果需要在公示期内公示，这是在内部对计分考核工作进行监督的重要方式之一。

此外，监狱纪检部门也可以通过收集服刑人员及其亲属通过举报渠道反映的违规线索，对计分考核中出现的问题进行监督。

问题 104：服刑人员不服考核结果的，如何维权

服刑人员如果不服考核结果，可以在考核结果公示期内申请复查；对复查结果不满意的，还可以申请复核。服刑人员如果认为考核过程中存在违法违规情形或考核结果不合理，可以向驻监检察室提出控告、举报。

除检举违法违纪行为、提供有价值破案线索等不宜公示的情形外，加分、扣分、每月得分和等级评定结果均会在监区内公示，公示时间不少于3个工作日。

在此期间，服刑人员本人对于对加分、扣分、每月得分和等级评定结果有异议的，可以自公示之日起3个工作日内向计分考核工作小组提出书面复查申请；本人书写确有困难的，可由他人代为书写，本人签名、按捺手印予以确认。

计分考核工作小组会在5个工作日内作出书面复查意见。

服刑人员对计分考核工作小组的复查意见有异议的，可以自收到复查意见之日起3个工作日内向计分考核工作组提出书面复核申请；计分考核工作组会在5个工作日内作出书面复核意见。该复核意见为最终决定，对于该决定，服刑人员无法再次申请复核。

问题105：家属是否可以对考核结果提出异议

根据狱务公开的规定，监狱需向社会公众公开计分考核内容和工作程序，向罪犯亲属或者监护人公开罪犯考核情况及对结果有异议的处理方式。家属对计分考核结果有异议的，可以根据服刑人员所在监狱公开的联系方式联系监狱反映情况，同时，也可以向驻监检察室提出控告和举报。家属可以通过"12309"了解服刑人员所在监狱驻监检察室的联系方式。

以北京市为例，根据北京市的相关规定，家属对于计分考核结果等存在异议的，可以通过以下途径反映情况：

1. 通过电话、信访、来访等方式向北京市监狱局监察处进行举报投诉；

2. 向驻监检察室进行举报投诉；

3. 通过监狱会见室和监区设置的举报信箱举报。

问题106：服刑人员可以对狱警的哪些违规行为进行举报、控告

监狱纪检部门通常会在监狱会见室和监区设置举报信箱，接收来自罪犯及其亲属或者监护人反映的计分考核问题，服刑人员及其家属发现考核人员存在如下违规行为的，可以及时进行举报、控告，一经查实，相关责任人员将会面临党纪、政务处分，甚至是刑事处罚。

在计分考核过程中，监狱民警及相关工作人员违法违规行为包括：

1. 捏造事实、伪造材料、收受财物或者接受吃请；
2. 打招呼说情或者施加压力，干预计分考核；
3. 超越职责范围或者未经集体研究决定，为罪犯计分考核；
4. 隐匿或者销毁罪犯检举揭发、异议材料；
5. 因故意或者重大过失导致计分考核台账或者资料遗失、损毁；
6. 故意延迟登记、错误记录或者篡改计分考核台账或者资料；
7. 违反计分考核议事规则，个人或者少数人决定计分考核事项；
8. 拒不执行或者擅自改变集体决定事项；
9. 借集体研究之名违规办理罪犯计分考核；
10. 其他违反法律法规的情形。

各地的监狱计分考核罪犯工作实施办法/细则几乎均承袭了上述规定，仅在部分条款上有细微差异。比如，北京市在上述第5项基础上删除了"因故意或者重大过失"的主观前提，只要监狱民警导致计分考核台账或者资料遗失、损毁，不论故意还是过失，均须给予相应处理。

问题 107：狱警违法违规的，如何处理

狱警出现违法违规行为，视情节严重程度，进行党纪政务处分或者刑事处罚。

实践中一旦查实监狱民警或其他工作人员存在违法违规行为，将对其给予党纪政务处分，处分类型包括警告、记过、记大过、降级、撤职、开除 6 种。党纪处分包括警告、严重警告、撤销党内职务、留党察看、开除党籍 5 种。情节严重的，还可能涉及以下刑事犯罪：徇私舞弊减刑、假释罪，受贿罪，玩忽职守罪，滥用职权罪，行贿罪，介绍贿赂罪等。其中徇私舞弊减刑、假释罪较为常见，且通常会与受贿罪等罪名数罪并罚。

《监狱计分考核罪犯工作规定》

第四条 计分考核自罪犯入监之日起实施，日常计分满 600 分为一个考核周期，等级评定在一个考核周期结束次月进行。

第五条 监狱应当根据计分考核结果给予罪犯表扬、物质奖励或者不予奖励，并将计分考核结果作为对罪犯实施分级处遇、依法提请减刑假释的重要依据。

第六条 监狱成立计分考核工作组，由监狱长任组长，分管狱政管理的副监狱长任副组长，有关部门负责人为成员，负责计分考核罪犯工作的组织领导和重大事项研究。监区成立计分考核工作小组，由监区长任组长，监区全体民警为成员，负责计分考核罪犯工作的具体实施。

监狱的狱政管理部门承担计分考核工作组日常工作，监区指定的专职民警负责计分考核工作小组日常工作，监区管教民警负责罪犯日常计分和提出等级评定建议。

第七条 监狱计分考核罪犯工作实行考核工作责任制，"谁考核谁负责、谁签字谁负责、谁主管谁负责",监狱人民警察及相关工作人员在职责范围内对计分考核罪犯工作质量终身负责。

省、自治区、直辖市司法厅（局）对计分考核罪犯工作承担指导责任,监狱管理局承担监督管理责任。

第八条 监狱计分考核罪犯工作应当依法接受纪检监察机关、人民检察院、社会团体和人民群众的监督。

第二章 日常计分的内容和标准

第九条 日常计分是对罪犯日常改造表现的定量评价,由基础分值、日常加扣分和专项加分三个部分组成,依据计分的内容和标准,对达到标准的给予基础分,达不到标准或者违反规定的在基础分基础上给予扣分,表现突出的给予加分,符合专项加分情形的给予专项加分,计分总和为罪犯当月考核分。

第十条 日常计分内容分为监管改造、教育和文化改造、劳动改造三个部分,每月基础总分为100分,每月各部分日常加分分值不得超过其基础分的50%,且各部分得分之间不得相互替补。

第十一条 罪犯监管改造表现达到以下标准的,当月给予基础分35分：

（一）遵守法律法规、监规纪律和行为规范；

（二）服从监狱人民警察管理,如实汇报改造情况；

（三）树立正确的服刑意识和身份意识,改造态度端正；

（四）爱护公共财物和公共卫生,讲究个人卫生和文明礼貌；

（五）厉行节约,反对浪费,养成节约用水、节约粮食等良好习惯；

（六）其他遵守监规纪律的情形。

第十二条 罪犯教育和文化改造表现达到以下标准的,当月给予基础分35分：

（一）服从法院判决,认罪悔罪；

（二）接受思想政治教育和法治教育，认识犯罪危害；

（三）接受社会主义核心价值观和中华优秀传统文化教育；

（四）参加文化、职业技术学习，考核成绩合格；

（五）接受心理健康教育，配合心理测试；

（六）参加监狱组织的亲情帮教、警示教育等社会化活动；

（七）参加文体活动，树立积极改造心态；

（八）其他积极接受教育和文化改造的情形。

第十三条 罪犯劳动改造表现达到以下标准的，当月给予基础分30分：

（一）接受劳动教育，掌握劳动技能，自觉树立正确劳动观念；

（二）服从劳动岗位分配，按时参加劳动；

（三）认真履行劳动岗位职责，按时完成劳动任务，达到劳动质量要求；

（四）遵守劳动纪律、操作规程和安全生产规定；

（五）爱护劳动工具和产品，节约原材料；

（六）其他积极接受劳动改造的情形。

第十四条 罪犯有下列情形之一，经查证属实且尚不足认定为立功、重大立功的，应当给予专项加分：

（一）检举、揭发他人违法犯罪行为或者提供有价值破案线索的；

（二）及时报告或者当场制止罪犯实施违法犯罪行为的；

（三）检举、揭发、制止罪犯自伤自残、自杀或者预谋脱逃、行凶等行为的；

（四）检举、揭发罪犯私藏或者使用违禁品的；

（五）及时发现和报告重大安全隐患，避免安全事故的；

（六）在抗御自然灾害或者处置安全事故中表现积极的；

（七）进行技术革新或者传授劳动生产技术成绩突出的；

（八）省、自治区、直辖市监狱管理局认定具有其他突出改造行为的。

罪犯每年度专项加分总量原则上不得超过300分，单次加分不得超过100分，有上述第一至五项情形的不受年度加分总量限制。

第十五条　罪犯受到警告、记过、禁闭处罚的，分别扣减考核分100分、200分、400分，扣减后考核积分为负分的，保留负分。受到禁闭处罚的，禁闭期间考核基础分记0分。

第十六条　对因不可抗力等被暂停劳动的罪犯，监狱应当根据实际情况并结合其暂停前的劳动改造表现给予劳动改造分。

第十七条　对有劳动能力但因住院治疗和康复等无法参加劳动的罪犯，住院治疗和康复期间的劳动改造分记0分，但罪犯因舍己救人或者保护国家和公共财产等情况受伤无法参加劳动的，监狱应当按照其受伤前3个月的劳动改造平均分给予劳动改造分，受伤之前考核不满3个月的按照日平均分计算。

第十八条　罪犯入监教育期间不给予基础分，但有加分、扣分情形的应当如实记录，相应分值计入第一个考核周期。

监狱应当根据看守所提供的鉴定，将罪犯在看守所羁押期间的表现纳入入监教育期间的加分、扣分，并计入第一个考核周期。

第十九条　对下列罪犯应当从严计分，严格限制加分项目，严格控制加分总量：

（一）职务犯罪罪犯；

（二）破坏金融管理秩序和金融诈骗犯罪罪犯；

（三）组织、领导、参加、包庇、纵容黑社会性质组织犯罪罪犯；

（四）危害国家安全犯罪罪犯；

（五）恐怖活动犯罪罪犯；

（六）毒品犯罪集团的首要分子及毒品再犯；

（七）累犯；

（八）因故意杀人、强奸、抢劫、绑架、放火、爆炸、投放危险物质或者有组织的暴力犯罪被判处十年以上有期徒刑、无期徒刑以及死刑缓期执行的罪犯；

（九）法律法规规定应当从严的罪犯。

第二十条 对老年、身体残疾、患严重疾病等经鉴定丧失劳动能力的罪犯，不考核劳动改造表现，每月基础总分为100分，其中监管改造基础分50分，教育和文化改造基础分50分。

第三章 等级评定

第二十一条 等级评定是监狱在日常计分基础上对罪犯一个考核周期内改造表现的综合评价，分为积极、合格、不合格三个等级。

等级评定结果由计分考核工作小组研究意见，报计分考核工作组审批，其中积极等级的比例由计分考核工作组确定，不得超过监狱本期参加等级评定罪犯总人数的15%。

第二十二条 罪犯在一个考核周期内，有下列情形之一的，不得评为积极等级：

（一）因违规违纪行为单次被扣10分以上的；

（二）任何一部分单月考核得分低于其基础分的；

（三）上一个考核周期等级评定为不合格的；

（四）确有履行能力而不履行或者不全部履行生效裁判中财产性判项的；

（五）省、自治区、直辖市监狱管理局明确不得评为积极等级的情形。

第二十三条 罪犯在一个考核周期内，有下列情形之一的，应当评为不合格等级：

（一）有违背宪法关于中国共产党领导、中国特色社会主义制度言行的；

（二）有危害民族团结或者国家统一言行的；

（三）有歪曲、抹黑中华优秀传统文化、革命文化和社会主义先进文化言行的；

（四）有鼓吹暴力恐怖活动或者宗教极端思想言行的；

（五）宣传、习练法轮功等邪教的；

（六）以辱骂、威胁、自伤自残等方式对抗监狱人民警察管理，经警告无效的；

（七）受到两次以上警告或者记过处罚的；

（八）受到禁闭处罚的；

（九）有三次以上单月考核分低于 60 分的；

（十）省、自治区、直辖市监狱管理局明确应当评为不合格等级的情形。

第二十四条 对本规定第十九条所列罪犯，在积极等级评定上应当从严掌握。

第四章 考核程序及规则

第二十五条 计分考核工作组、计分考核工作小组研究考核事项时，作出的决定应当经三分之二以上组成人员同意后通过。

对不同意见，应当如实记录在案，并由本人签字确认。

第二十六条 日常计分实行"日记载、周评议、月汇总"。监区管教民警每日记载罪犯改造行为加分、扣分情况，计分考核工作小组每周评议罪犯改造表现和考核情况，每月汇总考核分，不足月的按日计算。

第二十七条 对罪犯加分、扣分，监区管教民警应当以事实为依据，依法依规提出建议，报计分考核工作小组研究决定。

对罪犯违规违纪行为事实清楚、证据确凿，且单次适用分值 2 分以下的扣分，监区管教民警可以当场作出决定，并报计分考核工作小组备案。

对单次适用分值 5 分以上的加分、10 分以上的扣分和专项加分，由计分考核工作小组报计分考核工作组审批。

第二十八条 罪犯同一情形符合多项加分、扣分情形的，应当按照最高分值给予加分、扣分，不得重复加分、扣分。

第二十九条 罪犯通过利用个人影响力和社会关系、提供虚假证明材料、贿赂等不正当手段获得考核分的，应当取消该项得分，并根据情节轻重给予扣分或者处罚。

第三十条 罪犯在监狱服刑期间又犯罪的，取消已有的考核积分和奖励，自判决生效或者收监之日起重新考核；考核积分为负分的，保留负分，自判决生效或者收监之日起继续考核。

第三十一条 罪犯暂予监外执行期间暂停计分考核，自收监之日起继续考核，原有的考核积分和奖励有效。因违反暂予监外执行监督管理规定被收监执行的，取消已有的考核积分和奖励，自收监之日起重新考核；考核积分为负分的，保留负分，自收监之日起继续考核。

第三十二条 罪犯在假释期间因违反监督管理规定被收监的，取消已有的考核积分和奖励，自收监之日起重新考核。

第三十三条 罪犯因涉嫌犯罪被立案侦查的，侦查期间暂停计分考核。经查证有违法犯罪行为的，侦查期间的考核基础分记 0 分；经查证无犯罪行为的，按照罪犯立案前 3 个月考核平均分并结合侦查期间的表现计算其侦查期间的考核分；立案前考核不满 3 个月的按照日平均分计算。

罪犯因涉嫌违规违纪被隔离调查的，参照执行。

第三十四条 罪犯因办案机关办理案件需要被解回侦查、起诉或者审判，经人民法院审理认定构成犯罪的，取消已有的考核积分和奖励，自收监之日起重新考核；考核积分为负分的，保留负分。但罪犯主动交代漏罪、人民检察院因人民法院量刑不当提出抗诉或者因入监前未结案件被解回的，保留已有的考核积分和奖励，自收监之日起继续考核。

办案机关或者人民法院认定不构成犯罪、经再审改判为较轻刑罚或者因作证等原因被办案机关解回的,保留已有的考核积分和奖励,并按照解回前 3 个月考核平均分计算其解回期间的考核分;解回前考核不满 3 个月的按照日平均分计算。

第三十五条 除检举违法违纪行为、提供有价值破案线索等不宜公示的情形外,罪犯加分、扣分、每月得分和等级评定结果应当及时在监区内公示,公示时间不少于 3 个工作日。

第三十六条 罪犯对加分、扣分、每月得分和等级评定结果有异议的,可以自监区管教民警作出决定或者公示之日起 3 个工作日内向计分考核工作小组提出书面复查申请;本人书写确有困难的,可由他人代为书写,本人签名、按捺手印予以确认。计分考核工作小组应当进行复查,于 5 个工作日内作出书面复查意见,并抄报计分考核工作组。

罪犯对计分考核工作小组的复查意见有异议的,可以自收到复查意见之日起 3 个工作日内向计分考核工作组提出书面复核申请;计分考核工作组应当进行复核,于 5 个工作日内作出书面复核意见,并及时抄送人民检察院。计分考核工作组的复核意见为最终决定。

第三十七条 罪犯转押的,转出监狱应当同时将计分考核相关材料移交收押监狱,由收押监狱继续计分考核。

第五章 考核结果运用

第三十八条 一个考核周期结束,计分考核工作小组应当根据计分考核结果,按照以下原则报计分考核工作组审批:

(一)被评为积极等级的,给予表扬,可以同时给予物质奖励;

(二)被评为合格且每月考核分均不低于基础分的,给予表扬;

(三)被评为合格等级但有任何一个月考核分低于基础分的,给予物质奖励;

（四）被评为不合格等级的，不予奖励并应当给予批评教育。

一个考核周期结束，从考核积分中扣除600分，剩余考核积分转入下一个考核周期。

第三十九条 监狱决定给予罪犯表扬、物质奖励、不予奖励或者取消考核积分和奖励的，应当及时在监区内公示，公示时间不得少于3个工作日，同时应当及时将审批决定抄送人民检察院。

第四十条 监狱根据计分考核结果除给予罪犯奖励或者不予奖励外，可以依照有关规定在活动范围、会见通信、生活待遇、文体活动等方面给予罪犯不同的处遇。

第四十一条 监狱对罪犯的计分考核结果和相应表扬决定及有关证据材料，在依法提请减刑、假释时提交人民法院和人民检察院。

第六章 考核纪律和监督

第四十二条 监狱人民警察及相关工作人员在计分考核罪犯工作中有下列情形之一的，依纪依法给予处理；构成犯罪的，依法追究刑事责任：

（一）捏造事实、伪造材料、收受财物或者接受吃请的；

（二）打招呼说情或者施加压力，干预计分考核的；

（三）超越职责范围或者未经集体研究决定，为罪犯计分考核的；

（四）隐匿或者销毁罪犯检举揭发、异议材料的；

（五）因故意或者重大过失导致计分考核台账或者资料遗失、损毁的；

（六）故意延迟登记、错误记录或者篡改计分考核台账或者资料的；

（七）违反计分考核议事规则，个人或者少数人决定计分考核事项的；

（八）拒不执行或者擅自改变集体决定事项的；

（九）借集体研究之名违规办理罪犯计分考核的；

（十）其他违反法律法规的情形。

第五十条 监狱纪检部门应当在监狱会见室和监区设置举报信箱，及时受理罪犯及其亲属或者监护人反映的计分考核问题。

第五十一条 监狱应当根据狱务公开有关规定，向社会公众公开计分考核内容和工作程序，向罪犯亲属或者监护人公开罪犯考核情况及对结果有异议的处理方式。

监狱应当通过聘请社会监督员、召开罪犯亲属或者监护人代表会等形式，通报计分考核工作，听取意见建议，自觉接受社会监督。

监狱应当注重发挥罪犯互相教育、互相监督作用，通过个别谈话等方式，了解掌握情况，听取意见反映。

第五十四条 省、自治区、直辖市司法厅（局）、监狱管理局和监狱及其工作人员在计分考核罪犯工作中有违反本规定行为的，应当视情节轻重，对相关责任人员依纪依法进行处理；构成犯罪的，依法追究刑事责任。

第四章

减刑、假释

第一节 减刑、假释的基本问题

问题 108：服刑人员是否都可以减刑

被判处管制、拘役、有期徒刑、无期徒刑、死刑缓期执行的服刑人员，原则上都可以减刑。以下人员除外：

1. **终身监禁**

对犯贪污、受贿，贪污、受贿数额特别巨大或者有其他特别严重情节，被判处死刑缓期执行的，如果法院对其决定终身监禁，即便是在死刑缓期执行期满减为无期徒刑后依然不可以减刑。

2. **拘役或者 3 年以下有期徒刑，并宣告缓刑**

对被判处拘役或者 3 年以下有期徒刑，并宣告缓刑的服刑人员，由于本身刑期短，且未被羁押，除非是在缓刑考验期内有重大立功表现，否则一般不适用减刑。对缓刑人员适用减刑，不仅可以缩短其刑期，还可以缩短其缓刑考验期，缩减后，拘役的缓刑考验期限不少于 2 个月，有期徒刑的缓刑考验期限不少于 1 年。

3. 身份不明

对因不讲真实姓名、住址，身份不明而适用《刑事诉讼法》第 160 条第 2 款的服刑人员，其在刑罚执行期间仍不讲真实姓名、住址，且无法调查核实清楚的，将被认定为不真心悔罪，除具备重大立功等特殊情形外，不予减刑。

问题 109：哪些人员减刑会受到限制

减刑是对服刑人员的激励手段，但属于下列罪名、情节或者刑期的，无论其在服刑阶段表现如何，在减刑起始时间、间隔时间及减刑幅度上都会受到限制。

1. 犯特定罪名的人员减刑会受到限制

（1）职务犯罪；

（2）破坏金融管理秩序和金融诈骗犯罪；

（3）组织、领导、参加、包庇、纵容黑社会性质组织犯罪；

（4）危害国家安全犯罪；

（5）恐怖活动犯罪；

（6）毒品犯罪集团的首要分子及毒品再犯；

（7）故意杀人、强奸、抢劫、绑架、放火、爆炸、投放危险物质或者有组织的暴力性犯罪；

（8）累犯。

2. 特殊刑期人员减刑受到限制

（1）数罪并罚且其中两罪以上被判处 10 年以上有期徒刑的。

（2）如果被判处死刑缓期执行且被法院决定适用限制减刑，① 服

---

① 可以适用死刑缓期执行限制减刑的情形包括：
(1) 累犯；
(2) 故意杀人、强奸、抢劫、绑架、放火、爆炸、投放危险物质罪；
(3) 有组织的暴力性犯罪。

刑人员的减刑有最低服刑时间要求：

① 缓刑考验期满以后减为无期徒刑的，实际执行的刑期不得少于 25 年；

② 缓刑考验期满以后减为 25 年有期徒刑的，实际执行的刑期不得少于 20 年，且"25 年""20 年"，均从减为无期徒刑或有期徒刑之日起计算，不包括 2 年缓刑考验期。

问题 110：在看守所留所服刑人员是否可以减刑

可以。

根据法律规定，余刑不满 2 年有期徒刑但符合减刑条件，且前期实际执行的刑期（执行前羁押期 + 实际执行期）不少于原判刑期的 1/2 的，可以酌情减刑。因此，留看守所服刑人员即便余刑不满 3 个月，只要满足上述条件也可以减刑。

实践中也不乏留所服刑人员减刑的案例。此外，考虑到留所服刑人员的余刑多数不满 3 个月，因此，部分地区也尝试通过优化报请、裁定流程的方式压缩时间，确保留所服刑人员切实得到减刑。例如，浙江省余姚市公安机关就针对这一问题汇集政法、公安、法院、检察院等系统数据，开发运行"减刑假释案件网上办系统"集成应用项目，将留所服刑人员减刑全流程审批周期缩减 70%。[①]

《看守所留所执行刑罚罪犯管理办法》
第四节　减刑、假释的提请
第三十二条　罪犯符合减刑、假释条件的，由管教民警提出建

[①] 《余姚公安减刑假释案件网上办理，全流程审批周期缩减 70%》，载微信公众号"平安时报"2022 年 9 月 22 日，https：//mp.weixin.qq.com/s/V2Z4N8R9D8KlGeA61iao1A。

议，报看守所所务会研究决定。所务会应当有书面记录，并由与会人员签名。

第三十三条 看守所所务会研究同意后，应当将拟提请减刑、假释的罪犯名单以及减刑、假释意见在看守所内公示。公示期限为三个工作日。公示期内，如有民警或者罪犯对公示内容提出异议，看守所应当重新召开所务会复核，并告知复核结果。

第三十四条 公示完毕，看守所所长应当在罪犯减刑、假释审批表上签署意见，加盖看守所公章，制作提请减刑、假释建议书，经设区的市一级以上公安机关审查同意后，连同有关材料一起提请所在地中级以上人民法院裁定，并将建议书副本和相关材料抄送人民检察院。

第三十五条 看守所提请人民法院审理减刑、假释案件时，应当送交下列材料：

（一）提请减刑、假释建议书；

（二）终审人民法院的裁判文书、执行通知书、历次减刑裁定书的复制件；

（三）证明罪犯确有悔改、立功或者重大立功表现具体事实的书面材料；

（四）罪犯评审鉴定表、奖惩审批表等有关材料；

（五）根据案件情况需要移送的其他材料。

第三十六条 在人民法院作出减刑、假释裁定前，看守所发现罪犯不符合减刑、假释条件的，应当书面撤回提请减刑、假释建议书；在减刑、假释裁定生效后，看守所发现罪犯不符合减刑、假释条件的，应当书面向作出裁定的人民法院提出撤销裁定建议。

第三十七条 看守所收到人民法院假释裁定书后，应当办理罪犯出所手续，发给假释证明书，并于三日内将罪犯的有关材料寄送罪犯居住地的县级司法行政机关。

第三十八条 被假释的罪犯被人民法院裁定撤销假释的,看守所应当在收到撤销假释裁定后将罪犯收监。

第三十九条 罪犯在假释期间死亡的,看守所应当将执行机关的书面通知归入罪犯档案,并在登记表中注明。

问题111:哪些人不能假释

与减刑不同,假释具有较为严格的限制条件,只有符合法定条件的,才能假释。而且下列人员,是禁止假释的:

1. 累犯;

2. 因故意杀人、强奸、抢劫、绑架、放火、爆炸、投放危险物质或者有组织的暴力性犯罪被判处10年以上有期徒刑、无期徒刑的;

3. 因上述两种情形被判处死刑缓期执行,被减为无期徒刑、有期徒刑的;

4. 被判处终身监禁的;

5. 对于生效裁判中有财产性判项,确有履行能力而不履行或者不全部履行的;

6. 拒不交代真实身份或对假释材料弄虚作假的;

7. 拒不认罪悔罪的。

问题112:哪些人从严适用假释

除上述7类人员外,还有一些情况也要从严适用假释:

1. 对性侵未成年人的犯罪,一般不得假释。根据实践中的认定标准,"性侵"的范围包括《刑法》第236条规定的强奸罪,第236条之一规定的负有照护职责人员性侵罪,第237条规定的强制猥亵、侮辱罪和猥亵儿童罪,第358条规定的组织卖淫罪、强迫卖淫罪和协助组织卖淫罪,第359条规定的引诱、容留、介绍卖淫罪和引诱幼女卖淫罪。

2. 邪教组织犯罪的。

3. 因隐瞒漏罪、又犯新罪被数罪并罚的。

4. 因隐瞒犯罪事实、证据,后被再审加重刑罚的。

5. 在缓刑、假释、暂予监外执行期间有违反法律、行政法规或者国务院有关部门关于缓刑、假释、暂予监外执行的监督管理规定的行为,尚未构成新的犯罪,被撤销缓刑、假释或收监执行的。

6. 有严重暴力行为或倾向,对社会安全构成潜在威胁的。

7. 刑罚执行期间受到警告、记过、禁闭处罚的。

8. 拒不提供住址,或者故意提供虚假住址,或者经核实确无固定住所的。

9. 拒绝接受社区矫正的。

问题113:哪些服刑人员更容易获得假释

以下人员在适用假释时可以从宽掌握假释条件:

1. 过失犯罪、中止犯罪、被胁迫参加犯罪的。

2. 因防卫过当或者紧急避险过当而被判处有期徒刑以上刑罚的。

3. 犯罪时未满18周岁的。

4. 基本丧失劳动能力、生活难以自理,假释后生活确有着落的老年、患严重疾病罪犯或者身体残疾服刑人员。

5. 服刑期间改造表现特别突出的。

6. 具有其他可以从宽假释的特殊情形的。例如,服刑人员直系亲属、配偶因患病、残疾,长期生活不能自理,需服刑人员本人照顾的,或者服刑人员因丧偶、配偶正在服刑,其未成年子女确需本人抚养等特殊情形。

上述人员在以下方面可以"从宽适用"假释:

1. 放宽对于假释"剩余刑期"的要求,即对于判处有期徒刑的服刑人员，执行原判刑期尚未达到1/2以上，或者被判处无期徒刑的服刑人员，实际执行尚未达到13年以上，如果符合从宽适用的条件，也可以申请假释；

2. 评估是否具备假释实质条件时采取更为宽松的标准；

3. 在同等条件下优先呈报假释等。

【典型案例】

罪犯杨某某假释监督案（最高人民检察院指导性案例第196号）

要旨

人民检察院在日常监督履职中发现罪犯符合假释法定条件而未被提请假释的，应当依法建议刑罚执行机关启动假释提请程序。要准确把握禁止适用假释的罪犯范围，对于故意杀人罪等严重暴力犯罪罪犯，没有被判处10年以上有期徒刑、无期徒刑且不是累犯的，不属于禁止适用假释的情形，可在综合判断其主观恶性、服刑期间现实表现等基础上，对于符合假释条件的，依法提出适用假释意见。注重贯彻宽严相济刑事政策，对有未成年子女确需本人抚养且配偶正在服刑等特殊情况的罪犯，可以依法提出从宽适用假释的建议。

事实

罪犯杨某某，女，1984年9月出生，户籍所在地重庆市渝北区木耳镇。

杨某某与被害人周某存在不正当男女关系被丈夫刘某发现。杨某某为摆脱与周某之间的关系，在明知刘某及刘某甲等人欲殴打被害人周某的情况下，将周某邀约至自己家中，周某被刘某及刘某甲等人以菜刀、铁锤、木凳打击的方式故意杀害致死。2014年11月27日，杨某某因犯故意杀人罪被重庆市第一中级人民法院判处有期徒刑7年，刑期至2021年2月11日止。2014年12月23日，杨某某被交付重庆市女子监狱执行刑罚。2017年3月30日，重庆市第五中级人民法院裁定对杨某某减刑9个月，刑期至2020年5月11日止。

2018年3月，重庆市人民检察院第五分院（以下简称重庆市第五分院）派驻重庆市女子监狱检察室检察官在日常履职过程中，通过与罪犯谈话得知：杨某某家有两名未成年子女确需其抚养，其本人担心家中老人及两个年幼子女的生活学习，希望获得假释，早日出狱承担起母亲和家庭的责任。经了解，监狱已掌握杨某某希望被提请假释的情况，但考虑到杨某某犯故意杀人罪属于重罪罪犯不宜提请假释，故未将其纳入拟提请假释考察对象。重庆市第五分院为查明杨某某是否符合假释适用条件开展调查核实。

调查核实。重庆市第五分院重点围绕杨某某是否符合假释条件开展了以下调查核实工作：一是研判杨某某的违法犯罪情况。杨某某并非犯意提起者，也未直接实施侵害行为，被判处有期徒刑7年，其主观恶性、人身危险性、社会危害性较其配偶刘某有明显区别。同时，杨某某对被害人亲属进行了民事赔偿，并已取得被害人亲属的谅解，本案财产性判项履行完毕。二是评估杨某某服刑期间现实表现。通过询问罪犯、监管民警、查阅计分考核材料等了解到，杨某某服刑以来认罪服法，遵守监规，服从安排，在监狱医院帮助护理病犯，确有悔改表现。三是调查杨某某的家庭经济情况。杨某某的配偶刘某、配偶的父亲刘某甲因共同实施故意杀人罪入狱服刑；家中两个未成年子女小学在读，由体弱多病的婆婆一人照顾，家庭缺乏收入来源，3口人仅依靠低保金生活，经济困难，确需杨某某承担抚养未成年子女等义务。四是评估杨某某个人基本情况和心理状况。杨某某身体健康，监狱提供的评估报告显示其心理状态良好，入狱前从事销售工作，是家庭收入的主要来源，其本人抚养教育子女、承担家庭责任的意愿强烈。五是评估其假释后的监管条件。建议监狱委托杨某某居住地社区矫正机构开展社区矫正调查评估。经调查，该罪犯具备社区矫正监管条件，可以适用社区矫正。综合分析研判全案事实、证据，认定杨某某人身危险性较低、没有再犯罪的危险、服刑期间现实表现较好，假释后能自食其力，具备社区监管条件。

2018年4月6日，重庆市第五分院建议重庆市女子监狱对罪犯杨某某依法启动假释程序。重庆市女子监狱采纳了检察意见，于同年5月24日向重庆市第五中级人民法院提请对罪犯杨某某予以假释。

理由

1. 人民检察院在日常检察履职过程中发现符合假释法定条件而未被提请假释的罪犯，应依法建议刑罚执行机关提请假释。人民检察院不仅应对提请假释案件的程序、条件是否符合法律规定进行监督，还应当在日常检察履职过程中，注重通过与罪犯谈话、列席假释评审委员会、查阅会议记录等方式发现监督线索，对符合假释条件而未被提请假释的罪犯，应当建议刑罚执行机关提请假释，依法推进假释制度适用。

2. 准确把握《刑法》第81条第2款禁止适用假释的案件范围，结合罪犯的主观恶性、服刑期间的表现等综合判断"再犯罪的危险"。我国《刑法》第81条第2款规定，"对累犯以及因故意杀人、强奸、抢劫、绑架、放火、爆炸、投放危险物质或者有组织的暴力性犯罪被判处10年以上有期徒刑、无期徒刑的犯罪分子，不得假释"。人民检察院在办理假释监督案件时，应准确把握禁止假释的条件和范围。对于故意杀人罪等严重暴力犯罪，没有被判处10年以上有期徒刑、无期徒刑，且不是累犯的，要结合罪犯的主观恶性、犯罪行为的危害程度、在共同犯罪中的作用、服刑期间现实表现、社区监管条件等综合判断有无再犯罪危险，符合假释条件的，可以依法提出适用假释的建议。

3. 对有未成年子女确需本人抚养等特殊情形的罪犯，符合法定假释条件的，要充分考虑案件办理的社会效果，提出依法从宽适用假释的建议。人民检察院对假释案件开展监督时，既要严格按照法律规定的条件、程序规范办理，又要贯彻落实宽严相济刑事政策，对符合假释条件，因配偶正在服刑有未成年子女确需本人抚养，或者父母等因患病、残疾、长期生活不能自理确需本人照顾等特殊情形的罪犯，可以提出依法从宽适用假释的建议。通过依法积极适用假释，既感化罪犯，促使其真诚悔改，又维护家庭、社会和谐稳定，实现假释案件办理政治效果、社会效果和法律效果的有机统一。

结果

2018年6月29日，重庆市第五中级人民法院依法裁定对罪犯杨某某予以假释，假释考验期限至2020年5月11日止。经重庆市第五分院跟踪回访，杨某某在社区矫正期间遵守社区矫正各项规定，表现良好，在社区矫正机构帮助下找到稳定工作，家庭生活条件得到较大改善，教育帮扶效果明显，其女儿因成绩优异，被一所重点中学录取。

问题114：申诉是否会影响减刑、假释

通过合法途径提起的申诉，尤其是对于罪名及量刑的申诉，原则上不影响减刑、假释，但不排除对犯罪事实的申诉或者无罪申诉会影响到日常计分。

根据《关于办理减刑、假释案件具体应用法律的规定》的规定，刑罚执行期间的申诉权利应当依法保护，对正当申诉不能不加分析地认为是不认罪悔罪。目前大多省市的计分考核实施细则均规定"罪犯依法依规提出申诉和控告的，不影响计分考核"。据此，依法依规进行的正当申诉并不会被作为认定服刑人员不认罪悔罪的证据，不会影响到减刑、假释。但对于哪些申诉会被认定为不认罪悔罪，哪些申诉不会被认定，《关于办理减刑、假释案件具体应用法律的规定》并未给出明确标准。实践中，有部分省市对于如何区分申诉合法与否制定了相关标准，以山东省制定的《关于办理减刑、假释案件的实施细则》为例，其中第 7 条规定罪犯在刑罚执行期间的申诉权利应当依法保护，对罪犯通过合法途径提出申诉的，应当分别按照下列情形进行处理：

1. 对于服从管理，不抗拒改造的罪犯，在服刑期间对罪名、量刑有异议，通过合法途径进行申诉的，不能仅据此认定为不认罪悔罪；

2. 对不承认犯罪事实，或承认犯罪事实但做无罪申诉的，应根据申诉的理由、内容、依据、证据、间隔时间等，综合认定罪犯是否认罪悔罪；

3. 罪犯在报请减刑、假释前未申诉或仅对罪名、量刑有异议，报请减刑后又不承认犯罪事实或做无罪申诉的，一般不应视为认罪悔罪，尚未作出减刑裁定的，执行机关应当申请撤回减刑建议，已经裁定减刑的，在下一次报请减刑时作为考察其认罪悔罪情况的重要因素。

参考上述规定，服刑人员对犯罪事实无异议，仅就罪名和量刑申诉的，通常不会影响到认罪悔罪的认定，但如果对犯罪事实提出异议或者作无罪申诉，则有可能会影响到认罪悔罪的认定。这就要求服刑人员及其家属在申诉时，需要结合服刑地的具体规定，合理选择申诉的理由、申诉主体等，防止被认定为不当申诉，从而影响到减刑、假释。

值得注意的是，《监狱计分考核罪犯工作规定》第 12 条规定，罪犯服从法院判决，认罪悔罪的，当月给予基础分 35 分。这就意味着，尽管正当申诉可能不会直接影响到减刑、假释，但不排除计分考核的过程中，被视为不服从法院判决，影响到日常计分。由于计分是提请减刑、假释的基础，因此实际上也会对减刑、假释产生影响。

从公开检索到的案例情况来看，实务中对于申诉是否作为认定罪犯不具悔改表现的依据存在不同看法。有司法机关认为即便罪犯客观上能遵守法律法规及监规，接受教育改造，积极参加思想、文化、职业技术教育，积极参加劳动，努力完成劳动任务，但是提起申诉属于主观上不认罪悔罪，不能认定其确有悔改表现。但也有司法机关认为罪犯通过正常途径依法申诉，能做到认真遵守监规纪律，积极参加思想、文化、职业技术教育，完成劳动任务，属于确有悔改表现。

尽管实务中做法不一，但从法理的角度，只要是通过合法途径提起的申诉，都不能被作为从严减刑、假释或计分考核的依据。其一，申诉权是《刑事诉讼法》第252条明确赋予当事人的合法权利，《监狱法》第7条第1款也规定"罪犯的人格不受侮辱，其人身安全、合法财产和辩护、申诉、控告、检举以及其他未被依法剥夺或者限制的权利不受侵犯"。作为《监狱法》《刑事诉讼法》下位法的各类规定、细则如果将申诉、不服从法院判决作为限制减刑、假释或计分的因素，实际上是与上位法相违背的。其二，将对犯罪事实的申诉或无罪申诉作为不认定有认罪悔罪表现的依据，或将服从法院判决作为给予考核分的基础，实际上存在的一个预设前提是认为法院的判决均没有错误，而《刑事诉讼法》之所以构建审判监督程序、赋予当事人申诉权利，就是因为所有判决都是可能发生错误的，实务中申诉改判的案例也证明了判决确实可能出错，因此上述规定的预设既与审判监督程序的制度设计相背离，又不符合法律逻辑和客观事实情况。

问题115：减刑、假释程序中是否可以委托律师或适用法律援助

减刑、假释案件中，律师无法以辩护人或诉讼代理人的身份进行辩护或代理，但可以以律师身份提供相关法律咨询。司法实践中，由于立法未明确律师在刑罚执行阶段的诉讼地位，律师参与减刑、假释的情况较为少见。

在《刑事诉讼法》以及《律师法》中，只规定了犯罪嫌疑人、被告人有权聘请辩护律师，执行阶段可以代理提起申诉，但没有关于律师代理减刑、假释案件的相关规定，也没有为减刑、假释案件中服刑人员提供法律援助的相关规定。因此，现阶段律师无法以辩护人或诉讼代理人的身份代理减刑、假释案件，原则上仅可以律师身份提供相关法律咨询。

从实际需求来看，在减刑、假释案件中，对案件的事实认定和法律适用问题需要律师的参与。例如，律师可以利用专业知识，就服刑人员是否符合"确有悔改表现"，是否具有人身危险性、再犯可能性等进行调查取证及论证，同时也可以就减刑幅度等专业问题与法院、检察院、监狱方面进行沟通，提出意见。同时，在减刑、假释实质化审理的要求下，律师参与到减刑、假释案件办理中，可以推动案件的全面审查，并且打破减刑、假释案件提请、审理过程的封闭性，遏制司法腐败，确保法院可以充分听取各方意见，保障案件的公平公正。因此，尽管现阶段律师以辩护人或诉讼代理人身份正式代理案件存在困难，但是仍然可以通过法律咨询的方式为服刑人员的减刑、假释提供指导建议。同时，也建议《监狱法》《刑事诉讼法》《律师法》等立法修改过程中能够关注在执行环节中律师的作用，更好地保障服刑人员权益以及司法程序的公平、公正、公开。

《律师法》

第二十八条 律师可以从事下列业务：

（一）接受自然人、法人或者其他组织的委托，担任法律顾问；

（二）接受民事案件、行政案件当事人的委托，担任代理人，参加诉讼；

（三）接受刑事案件犯罪嫌疑人、被告人的委托或者依法接受法律援助机构的指派，担任辩护人，接受自诉案件自诉人、公诉案件被害人或者其近亲属的委托，担任代理人，参加诉讼；

（四）接受委托，代理各类诉讼案件的申诉；

（五）接受委托，参加调解、仲裁活动；

（六）接受委托，提供非诉讼法律服务；

（七）解答有关法律的询问、代写诉讼文书和有关法律事务的其他文书。

《刑事诉讼法》

第二百五十二条 当事人及其法定代理人、近亲属，对已经发生法律效力的判决、裁定，可以向人民法院或者人民检察院提出申诉，但是不能停止判决、裁定的执行。

《监狱法》

第七条第一款 罪犯的人格不受侮辱，其人身安全、合法财产和辩护、申诉、控告、检举以及其他未被依法剥夺或者限制的权利不受侵犯。

第二节　减刑、假释的实体条件

问题116：符合哪些实体条件才有减刑资格

减刑分为"可以减刑"和"应当减刑"，符合如下条件，即获得减刑资格，"可以减刑"；如果符合问题125中的条件，则"应当减刑"（见表4-1）。

表 4-1 "可以减刑" 条件

必要条件	可选条件	详细条件
判处管制、拘役、有期徒刑、无期徒刑的犯罪分子，在执行期间，认真遵守监规，接受教育改造	确有悔改表现（右侧条件须同时具备）	认罪悔罪
		遵守法律法规及监规，接受教育改造
		积极参加思想、文化、职业技术教育
		积极参加劳动，努力完成劳动任务
	或有立功表现	阻止他人犯罪活动的
		检举、揭发监狱内外犯罪活动，或者提供重要的破案线索，经查证属实的
		协助司法机关抓捕其他犯罪嫌疑人的
		在生产、科研中进行技术革新，成绩突出的（应当由罪犯在刑罚执行期间独立或者为主完成，并经省级主管部门确认）
		在抗御自然灾害或者排除重大事故中，表现积极的
		对国家和社会有其他较大贡献的（应当由罪犯在刑罚执行期间独立或者为主完成，并经省级主管部门确认）

问题 117："确有悔改表现"如何判断

"确有悔改表现"要求同时具备下列条件：

（1）认罪悔罪；

（2）遵守法律法规及监规，接受教育改造；

（3）积极参加思想、文化、职业技术教育；

（4）积极参加劳动，努力完成劳动任务。

实践中，据以认定是否具备上述法定条件的依据主要是服刑期间改造表现的考核材料，包括服刑期间的计分考核材料、认罪悔罪书、自我鉴定等自书材料，以及是否曾因违反监规纪律而受到处分的材料等。

问题 118：什么情况会被认为"无悔改表现"

"确有悔改表现"的判断标准在实践中主要是根据一贯改造表现来综合认定，对于服刑人员而言不易把握，因此，服刑人员可以通过下列会被认定为"无悔改表现"的情形来把握行为"红线"。

（1）认罪悔罪书、自我鉴定等自书材料无特殊原因非本人书写或者自书材料内容虚假的。

（2）未履行或者未全部履行财产性判项，具有下列情形之一的，不认定罪犯确有悔改表现：

①拒不交代赃款、赃物去向；

②隐瞒、藏匿、转移财产；

③有可供履行的财产拒不履行。

即便不存在上述行为，如果未履行或者未全部履行财产性判项，并且无特殊原因狱内消费明显超出规定额度标准的，一般也不认定确有悔改表现（关于财产性判项履行情况的认定详见下文有关财产性判项的专门问题）。

（3）对职务犯罪、破坏金融管理秩序和金融诈骗犯罪、组织（领导、参加、包庇、纵容）黑社会性质组织犯罪等，不积极退赃、协助追缴赃款赃物、赔偿损失，或者服刑期间利用个人影响力和社会关系等不正当手段意图获得减刑、假释的。

一旦在考核周期内出现上述"红线"行为，服刑人员即丧失减刑机会，无法参与此次减刑。如果未出现上述情形，只是改造情况不达标，如未能按时完成劳动任务，并不会直接导致被认定为不符合"积极参加劳动，努力完成劳动任务"条件，只是会导致积分速度慢，取得减刑所需的表扬奖励的时间延长。

问题119：如何认定阻止犯罪活动型立功

"阻止他人犯罪活动"是刑法规定的"可以减刑"的一类立功情形。判断是否构成此类立功，需要把握下列判断标准。

第一，此处的"犯罪活动"并不等于"犯罪"，不要求完全符合犯罪构成要件，只要他人的行为具有社会危害性并具备某种犯罪的外在表现形式，那么阻止该行为就可以认定为立功。

第二，"阻止"并不要求一定具有人身危险的激烈对抗，也可以是较为和缓的劝告、说服，或者是向司法机关告发等。需要注意的是，"阻止"还要有"止"的效果，即他人的犯罪活动停止，或者在特定时间内不再继续，或者法益受侵害的状态或结果及时得到控制或消除。

第三，"他人"包括不具有刑事责任能力的人，如不具有刑事责任能力的精神病人、未达刑事责任年龄的未成年人。但此处的"他人"不包括共同犯罪中的共犯。

第四，阻止行为与犯罪活动的停止之间需具备因果关系，必须是阻止行为本身使得犯罪活动得以停止。

第五，"阻止他人犯罪活动"必须是在当场，包括行为人进行犯罪预备的现场、实施犯罪活动的现场以及当即被追捕过程中的现场。

问题120：如何认定检举揭发、提供线索型立功

"检举、揭发监狱内外犯罪活动，或者提供重要的破案线索，经查证属实"是刑法所规定的依法可以减刑的立功情形之一。对检举揭发型和提供线索型立功表现的认定标准，需要从立功对象非共同犯罪人、线索来源正当、行为结果有效三个方面加以把握。

1. 立功对象必须是共同犯罪以外的其他犯罪

立功制度中，检举揭发的犯罪、提供的重要线索均须是他人的犯罪行为，而不能是本人的。而且，原则上也不能是共同犯罪中同案犯

的共同罪行，这是服刑人员立功与认罪悔罪的重要区别。准确把握这一区别的关键在于，判断检举揭发的犯罪、提供的重要线索是否属于本人本就应如实供述的范畴。

但是司法实践中有时也出于侦查犯罪的需要，针对某些比较重大，查证比较困难的上下线买卖型犯罪，即使在彼此同罪的情况下，自己罪行与他人罪行有时也可以重复评价。例如，最高人民法院印发的《关于执行〈全国人大常委会关于禁毒的决定〉的若干问题的解释》（已失效）根据毒品案件难以侦破的特殊性规定，揭发其他毒品犯罪分子（含同案犯）罪行得到证实的，属于有立功表现，虽然该解释没有明确规定揭发毒品同案犯的共同罪行属于立功，但司法实践中一般都据此认定为立功。这是由于毒品犯罪活动具有高度隐秘性、组织性，公安机关在抓获毒品犯罪分子之后，往往很难追溯到该犯罪分子的上线或者下线，这也是出于打击此类犯罪的目的。

以下几种特殊类型的立功，需要探讨：

（1）对合犯（犯罪构成上预先设定了双向行为的犯罪，最典型者如行贿罪与受贿罪），如果双方均构成犯罪，即使不属于同种罪名，但因为犯罪事实之间不可拆分，属于依法应如实供述的范畴，不构成立功。

（2）只有一方受刑事处分的对合犯或聚合犯（聚合犯即聚合性共同犯罪，也是必要共犯的一种表现形式，是指以不特定多数人的聚合行为构成要件的犯罪，最典型者如聚众斗殴罪等）中，不构成犯罪的一方供述构成犯罪一方的犯罪行为，不属于如实供述自己的罪行，属于揭发他人犯罪行为，应认定为立功。

（3）连累犯（连累犯是指事前没有通谋，事后明知是犯罪人还提供帮助的犯罪，如洗钱罪）中，本犯供述连累犯情况的，如犯洗钱罪上游犯罪的服刑人员供述他人下游洗钱犯罪的，属于如实供述必要犯罪事实，不构成立功；连累犯供述本犯犯罪事实的，如洗钱罪服刑人员供述他人实施的上游犯罪的，构成立功。

2. **线索来源正当**

立功线索来源的正当性是认定检举揭发和提供线索型立功的首要要件。参考作为量刑情节的立功认定标准，有下列情形的，同样也不能认定为作为减刑条件的立功表现：

（1）立功线索系通过贿买、暴力、胁迫等非法手段获取的。

（2）立功线索系犯罪分子原担任查办犯罪活动的职务时掌握的。例如，某警察犯罪后检举揭发其担任警察时掌握的他人犯罪事实（以前未报告公安机关），不能认定为立功。

（3）立功线索是他人违反监管规定向犯罪分子提供的。但如果是同监人员将自己知悉或自己所犯重大犯罪活动的情况告诉他人，后者再向监管部门检举的，以及罪犯的亲友在会见罪犯时将可构成重大立功的案件情况告诉罪犯，再由罪犯检举的，在排除立功线索系贿买、暴力、威胁或违反监规等非法手段获取的以外，在相关法律法规并无禁止性规定的情况下，查证属实后宜认定为立功。

3. **行为结果有效**

无论是检举揭发他人犯罪还是提供有价值的线索，均须经查证属实。司法实践中，被揭发的行为、侦破的案件是否经查证属实，一般是以立案为准；不必以被检举揭发人审查起诉阶段被决定起诉，或者被法院生效判决认定构成犯罪为依据。但是检察机关审查后，因存疑决定不起诉的，或者法院生效判决确认因证据不足认为不构成犯罪的，不能认定为构成立功。

问题 121：服刑人员揭发他人对自己的犯罪行为，是否构成立功

可以构成立功。

服刑人员以受害者的身份检举揭发他人对自己的犯罪行为，符合

立功的条件,是否构成立功存在一定争议。有观点认为,本人作为他人犯罪的被害人时,检举揭发他人对自己的犯罪,性质上属于报案,是其行使控告权的表现,不能认定为立功。这一观点失之偏颇。从犯罪的本质来看,犯罪的本质特征在于严重的社会危害性,犯罪行为不仅侵害了具体被害人的权益,更侵害了刑法所保护的社会关系即法益,被害人是犯罪对象,而犯罪客体则是法益。犯罪分子检举揭发他人对自己的犯罪行为,确实是其行使控告权的表现,但同时也是有利于发现和打击犯罪的社会有益行为。从法律规定来看,刑法和相关司法解释也并未将检举揭发对自己犯罪的行为排除在立功情形之外。因此,服刑人员检举揭发他人对自己的犯罪行为,也应当认定为立功。

问题122:如何认定协助抓捕型立功

"协助司法机关抓捕其他犯罪嫌疑人"是刑法规定的可以减刑的一类立功情形。是否可以认定为"协助司法机关抓捕其他犯罪嫌疑人",实践中一般以是否对抓捕其他犯罪嫌疑人发挥实际作用为判断标准。

参考作为量刑情节的立功的认定标准,可以被认定为协助抓捕型立功的情形包括:

(1)按照司法机关的安排,以打电话、发信息等方式将其他犯罪嫌疑人(含同案犯)约至指定地点;

(2)按照司法机关的安排,当场指认、辨认其他犯罪嫌疑人(含同案犯);

(3)带领侦查人员抓获其他犯罪嫌疑人(含同案犯);

(4)提供司法机关尚未掌握的其他案件犯罪嫌疑人的联络方式、藏匿地址的等。

但提供同案犯姓名、住址、体貌特征等基本情况,或者提供犯罪前、犯罪中掌握、使用的同案犯联络方式、藏匿地址，司法机关据此抓捕同案犯的，不能认定为协助司法机关抓捕同案犯。此外揭发他人犯罪行为时没有指明具体犯罪事实的；揭发的犯罪事实与查实的犯罪事实不具有关联性的；提供的线索或者协助行为对于其他案件的侦破或者其他犯罪嫌疑人的抓捕不具有实际作用的，不能认定为立功表现。

问题 123：如何认定对国家和社会有贡献，从而构成立功

"对国家和社会有其他较大贡献的"是"可以减刑"的立功表现中的兜底条款。根据《关于加强减刑、假释案件实质化审理的意见》规定，认定严格把握"较大贡献"或者"重大贡献"的认定条件。该"较大贡献"或者"重大贡献"，是指对国家、社会具有积极影响。

参考各地计分考核细则，实践中，及时报告、亲身阻止他人自杀、自伤的或者积极救治他人的，即便被认定为立功，通常也是作为专项加分情形，而非可直接予以减刑的情形，而在医疗资源匮乏、传染病流行期间及时救治他人，如在新冠疫情流行期间积极参与抗疫，才可以被认定为"对国家、社会具有积极影响"，进而被认定为符合减刑条件的立功。

《刑法》

第七十八条 被判处管制、拘役、有期徒刑、无期徒刑的犯罪分子，在执行期间，如果认真遵守监规，接受教育改造，确有悔改表现的，或者有立功表现的，可以减刑；有下列重大立功表现之一的，应当减刑：

（一）阻止他人重大犯罪活动的；

（二）检举监狱内外重大犯罪活动，经查证属实的；
（三）有发明创造或者重大技术革新的；
（四）在日常生产、生活中舍己救人的；
（五）在抗御自然灾害或者排除重大事故中，有突出表现的；
（六）对国家和社会有其他重大贡献的。

《最高人民法院印发〈关于处理自首和立功若干具体问题的意见〉的通知》

四、关于立功线索来源的具体认定

犯罪分子通过贿买、暴力、胁迫等非法手段，或者被羁押后与律师、亲友会见过程中违反监管规定，获取他人犯罪线索并"检举揭发"的，不能认定为有立功表现。

犯罪分子将本人以往查办犯罪职务活动中掌握的，或者从负有查办犯罪、监管职责的国家工作人员处获取的他人犯罪线索予以检举揭发的，不能认定为有立功表现。

犯罪分子亲友为使犯罪分子"立功"，向司法机关提供他人犯罪线索、协助抓捕犯罪嫌疑人的，不能认定为犯罪分子有立功表现。

五、关于"协助抓捕其他犯罪嫌疑人"的具体认定

犯罪分子具有下列行为之一，使司法机关抓获其他犯罪嫌疑人的，属于《解释》第五条规定的"协助司法机关抓捕其他犯罪嫌疑人"：1. 按照司法机关的安排，以打电话、发信息等方式将其他犯罪嫌疑人（包括同案犯）约至指定地点的；2. 按照司法机关的安排，当场指认、辨认其他犯罪嫌疑人（包括同案犯）的；3. 带领侦查人员抓获其他犯罪嫌疑人（包括同案犯）的；4. 提供司法机关尚未掌握的其他案件犯罪嫌疑人的联络方式、藏匿地址的，等等。

犯罪分子提供同案犯姓名、住址、体貌特征等基本情况，或者提供犯罪前、犯罪中掌握、使用的同案犯联络方式、藏匿地址，司法机关据此抓捕同案犯的，不能认定为协助司法机关抓捕同案犯。

《最高人民法院、最高人民检察院印发〈关于办理职务犯罪案件认定自首、立功等量刑情节若干问题的意见〉的通知》

据以立功的他人罪行材料应当指明具体犯罪事实；据以立功的线索或者协助行为对于侦破案件或者抓捕犯罪嫌疑人要有实际作用。犯罪分子揭发他人犯罪行为时没有指明具体犯罪事实的；揭发的犯罪事实与查实的犯罪事实不具有关联性的；提供的线索或者协助行为对于其他案件的侦破或者其他犯罪嫌疑人的抓捕不具有实际作用的，不能认定为立功表现。

《最高人民法院关于处理自首和立功具体应用法律若干问题的解释》

第五条 根据刑法第六十八条第一款的规定，犯罪分子到案后有检举、揭发他人犯罪行为，包括共同犯罪案件中的犯罪分子揭发同案犯共同犯罪以外的其他犯罪，经查证属实；提供侦破其他案件的重要线索，经查证属实；阻止他人犯罪活动；协助司法机关抓捕其他犯罪嫌疑人（包括同案犯）；具有其他有利于国家和社会的突出表现的，应当认定为有立功表现。

第六条 共同犯罪案件的犯罪分子到案后，揭发同案犯共同犯罪事实的，可以酌情予以从轻处罚。

第七条 根据刑法第六十八条第一款的规定，犯罪分子有检举、揭发他人重大犯罪行为，经查证属实；提供侦破其他重大案件的重要线索，经查证属实；阻止他人重大犯罪活动；协助司法机关抓捕其他重大犯罪嫌疑人（包括同案犯）；对国家和社会有其他重大贡献等表现的，应当认定为有重大立功表现。

前款所称"重大犯罪"、"重大案件"、"重大犯罪嫌疑人"的标准，一般是指犯罪嫌疑人、被告人可能被判处无期徒刑以上刑罚或者案件在本省、自治区、直辖市或者全国范围内有较大影响等情形。

问题124：符合哪些条件即"应当减刑"

如果存在如下情形、构成重大立功，则符合"应当减刑"条件：

（1）阻止他人重大犯罪活动的；

（2）检举监狱内外重大犯罪活动，经查证属实的；

（3）协助司法机关抓捕其他重大犯罪嫌疑人的；

（4）有发明创造或者重大技术革新的（须为罪犯在刑罚执行期间独立或者为主完成并经国家主管部门确认的发明专利，且不包括实用新型专利和外观设计专利）；

（5）在日常生产、生活中舍己救人的；

（6）在抗御自然灾害或者排除重大事故中，有突出表现的；

（7）对国家和社会有其他重大贡献的（须为罪犯在刑罚执行期间独立或者为主完成，并经国家主管部门确认）。

问题125："重大立功"如何认定

《最高人民法院关于处理自首和立功具体应用法律若干问题的解释》第7条将重大立功的认定标准限定得非常严格，即"重大犯罪""重大案件""重大犯罪嫌疑人"的标准，一般是指犯罪嫌疑人、被告人可能被判处无期徒刑以上刑罚或者案件在本省、自治区、直辖市或者全国范围内有较大影响等情形。

1. 评判的事实范围

应当以被检举揭发或协助抓获的犯罪嫌疑人所实施的危害行为及其危害程度为限度，一般不包括该犯罪嫌疑人的罪前表现（累犯等法定从重处罚情节被检举出来的除外）和罪后态度。如果行为人检举同案犯另外单独实施了抢劫杀人行为，依法应当判处死刑，但该抢劫犯又有重大立功表现，实际被合并处罚，减轻判处 20 年有期徒刑的，这一实际处刑结果，并不影响认定检举行为构成重大立功表现。

2. 评判的标准

应当以被检举揭发或协助抓获的犯罪嫌疑人所实施的危害行为通常应当判处的刑罚为依据。这里既不能简单地以宣告刑为标准，因其可能包含了罪后情节的作用或影响，也不能单纯以应当适用的法定最高刑为依据，因具体危害行为可能对应的是法定最低刑或其他低于无期徒刑的刑罚。

问题 126：死刑缓期执行罪犯符合什么条件可以申请减为无期徒刑

与普通的减刑不同，死刑缓期执行罪犯减为无期徒刑的条件仅为在缓期执行期间内没有故意犯罪，期满后就可以减为无期徒刑。司法实践中，监狱、检察院以及法院还会结合是否存在利用个人影响力和社会关系等不正当手段意图获得减刑的情况（如利用不正当手段掩盖犯罪事实）、监狱提请减刑程序是否合法等因素作出判断。

这里所说的"故意犯罪"，依照《刑法》第 14 条的规定，是指明知自己的行为会发生危害社会的结果，并且希望或者放任这种结果发生，因而构成犯罪的，不包括过失犯罪。是否构成"故意犯罪"，需要经人民法院审判确定，且所作的判决可以上诉、抗诉，即只要生效的终审判决没有认定罪犯在死缓执行期间实施了故意犯罪，经过死刑缓期执行期间后，死刑缓期执行罪犯的刑罚就应当减为无期徒刑。

需要注意的是，减为无期徒刑的效果并非死刑缓期执行期满自动生效的，而是需要监狱在期满后报请人民法院减刑，检察机关同意减刑，并由法院作出减为无期徒刑的生效裁定，方可发生实际效力。

问题 127：死刑缓期执行期间故意犯罪的，是否必然会被执行死刑

故意犯罪但不属于"情节恶劣"的，将不会被执行死刑，但是需要重新计算缓刑考验期。

从司法实践来看，关于故意犯罪"情节恶劣"的具体标准，可掌握为所犯故意犯罪依据刑法规定应当判处 3 年以上有期徒刑（也可以放宽至 5 年以上有期徒刑），同时也需综合考虑犯罪原因、是否存在被害人过程、手段残忍程度、性质恶劣程度、后果严重程度或者造成的社会影响，以及服刑人员的一贯表现等。

【典型案例】

刘某故意伤害案［（2018）晋刑终 251 号］

要旨

死刑缓期执行期间故意犯罪，但不属于情节恶劣的，可以不执行死刑。

事实

被告人刘某入监服刑以来，一直在汾阳监狱四监区服刑改造，2012 年 10 月 30 日 9 时 30 分许，在四监区劳务车间充放气组工作时，被告人刘某因怀疑被害人黄某故意刁难，而心怀不满，便趁其不备，手持工作用的钳子向黄某的头面部捅去，致其上口唇左侧贯通伤，头皮裂伤，随即被人拉开。经汾阳市公安司法鉴定中心鉴定，被害人黄某口唇部损伤为轻伤。

另认定：被告人刘某曾因犯故意杀人罪于 2011 年 5 月 14 日被山西省朔州市中级人民法院以（2011）朔刑初字第 5 号刑事判决判处死刑，缓期 2 年执行，剥夺政治权利终身；山西省高级人民法院于 2011

年 10 月 24 日以（2011）晋刑三复字第 38 号刑事裁定核准朔州市中级人民法院（2011）朔刑初字第 5 号以故意杀人罪判处被告人刘某死刑，缓期 2 年执行，剥夺政治权利终身的刑事判决。

理由

上诉人刘某在死刑缓期执行期间，故意伤害他人身体，并致一人轻伤，其行为已构成故意伤害罪。上诉人刘某的犯罪行为给附带民事诉讼原告人造成的经济损失应依法予以赔偿。原判认定事实清楚，证据确实、充分，定罪准确，量刑适当，赔偿合理，审判程序合法。上诉人刘某的上诉理由及其辩护人的辩护意见均不能成立，本院不予支持。2015 年 11 月 1 日颁布实施的《刑法修正案（九）》将《刑法》第 50 条第 1 款由"判处死刑缓期执行的，在死刑缓期执行期间，如果没有故意犯罪，二年期满以后，减为无期徒刑；如果确有重大立功表现，二年期满以后，减为二十五年有期徒刑；如果故意犯罪，查证属实的，由最高人民法院核准，执行死刑"修改为"判处死刑缓期执行的，在死刑缓期执行期间，如果没有故意犯罪，二年期满以后，减为无期徒刑；如果确有重大立功表现，二年期满以后，减为二十五年有期徒刑；如果故意犯罪，情节恶劣的，报请最高人民法院核准后执行死刑；对于故意犯罪未执行死刑的，死刑缓期执行的期间重新计算，并报最高人民法院备案"。现行刑法对在死刑缓期执行期间，故意犯罪处罚较《刑法修正案（九）》前更为严格。上诉人刘某故意伤害他人身体，构成故意伤害罪，但不属于情节恶劣，应依照现行法律对上诉人刘某处罚，应将本罪与已判决宣告的犯故意杀人罪判处死刑，缓期 2 年执行，剥夺政治权利终身合并执行。

结果

维持山西省吕梁市中级人民法院（2013）吕刑初字第 31 号刑事附带民事判决的第二项、第三项；

上诉人刘某犯故意伤害罪判处有期徒刑 1 年，与已判决宣告的犯故意杀人罪判处死刑，缓期2年执行，剥夺政治权利终身，并罚决定执行死刑，缓期2年执行，剥夺政治权利终身。

（死刑缓期执行期间，从本判决确定之日起重新计算。）

问题128：死刑缓期执行考验期内过失犯罪、未履行财产性判项或有违反监规情形的，能否减为无期徒刑

可以，且无须重新计算缓期执行时间。

如前所述，根据我国《刑法》第50条的规定，没有故意犯罪是死刑缓期执行减为无期徒刑的充分条件，这就意味着与一般的减刑不同，死刑缓期执行减无期徒刑属于"必减"情形，即便是有不服从改造的情形，只要不构成故意犯罪，都可以减为无期徒刑。但由于过失犯罪、未履行财产性判项或违反监规在一定程度上可以反映出服刑人员不服从改造的情况，因此在首次减刑时间上会有所推迟，或者是在减为无期徒刑后再减刑时，予以从严。

《刑法》

第五十条 判处死刑缓期执行的，在死刑缓期执行期间，如果没有故意犯罪，二年期满以后，减为无期徒刑；如果确有重大立功表现，二年期满以后，减为二十五年有期徒刑；如果故意犯罪，情节恶劣的，报请最高人民法院核准后执行死刑；对于故意犯罪未执行死刑的，死刑缓期执行的期间重新计算，并报最高人民法院备案。

对被判处死刑缓期执行的累犯以及因故意杀人、强奸、抢劫、绑架、放火、爆炸、投放危险物质或者有组织的暴力性犯罪被判处死刑缓期执行的犯罪分子，人民法院根据犯罪情节等情况可以同时决定对其限制减刑。

问题129：死刑缓期执行罪犯符合什么条件可以申请减为有期徒刑

死刑缓期执行罪犯直接减为有期徒刑的条件仅为罪犯在死刑缓期执行期间有重大立功表现。至于重大立功的认定详见"**如何认定'立功表现'及'重大立功表现'**"部分的内容。在司法实践中，通过"重大立功表现"直接减为有期徒刑的死刑缓期执行罪犯非常少见。

问题130：符合哪些条件才能假释

服刑满原判刑期的一半，且满足最低服刑期限，认真遵守监规，接受教育改造，确有悔改表现，不致再危害社会的可以假释。

1. **认真遵守监规，接受教育改造，确有悔改表现**

"确有悔改表现"的标准参见减刑"确有悔改表现"的认定。

实践中，服刑人员获得的表扬数是衡量服刑人员是否确有悔改表现的量化指标，各地所规定的假释条件中，基本都有对服刑期间所获表扬数量的要求。

2. **没有再犯罪的危险**

根据司法解释，确定服刑人员"没有再犯罪的危险"需要考虑的因素包括：

（1）服刑期间现实表现和生理、心理状况，相关材料一般是由刑罚执行机关提供；

（2）假释后对所居住社区影响，相关材料一般是由司法行政机关或者有关社会组织出具；

（3）犯罪的性质、具体情节、社会危害程度、社会关注度；

（4）个人特征包括年龄、性格特征；

（5）假释后生活来源以及监管条件；

（6）原判刑罚及生效裁判中财产性判项的履行情况；

(7) 服刑人员的假释意愿,即服刑人员是否同意假释。

实践中,各地均在探索评估没有再犯罪的危险的各类工具、途径。例如,部分地区制定了《罪犯再犯罪风险评估量表》,要求在提请假释前,首先依照规定程序进行再犯罪风险评估,只有经评估认定属再犯罪风险较低及以下的,才可视为"没有再犯罪的危险"。

此外,也有部分地区检察机关和监狱探索拟假释人员第三方评估机制,邀请相关领域专家、学者,执行机关人员,拟假释人员出席听证会,由第三方通过询问拟假释人员等方式,评估其是否"没有再犯罪的危险"。经公开听证,认为符合假释条件的,由检察院提出假释建议。

【典型案例】

罪犯向某假释监督案(检例第 195 号)

要旨

人民检察院办理假释监督案件可以充分运用大数据等手段进行审查,对既符合减刑又符合假释条件的案件,监狱未优先提请假释的,应依法监督监狱优先提请假释。可以对"再犯罪的危险"进行指标量化评估,增强判断的客观性、科学性。对罪犯再犯罪危险的量化评估应以证据为中心,提升假释监督案件的实质化审查水平。注重发挥"派驻+巡回"检察机制优势,充分运用巡回检察成果,以"巡回切入、派驻跟进"的方式,依法推进假释制度适用。

事实

罪犯向某,男,1991 年 12 月出生,户籍所在地为湖北省来凤县绿水镇。

2014 年 10 月 28 日,向某等三人驾车途中与被害人张某某产生纠纷,在争执过程中发生打斗,向某持随手捡起的砖块击打被害人张某某头部,张某某经送医抢救无效后死亡。2015 年 8 月 25 日,向某因犯故意伤害罪被山东省临清市人民法院判处有期徒刑10年6个月，刑期至2025年5月2日止。该犯不服，提出上诉后被法院裁定驳回上诉，维持原判。2016年1月8日，向某被交付山东省聊城监狱执行刑罚。聊城市中级人民法院于2018年7月26日、2020年11月16日分别裁定对向某减刑9个月，刑期至2023年11月2日止。

2022年4月底，聊城市人民检察院对聊城监狱开展机动巡回检察，重点检察假释案件办理情况。派驻聊城监狱检察室将派驻检察日常履职掌握的涉减刑、假释相关监管信息提供给巡回检察组。巡回检察组将信息输入大数据监督模型，发现向某可能既符合减刑条件又符合假释条件，属于可以依法优先适用假释的情形，鉴于监狱已将向某列入了拟提请减刑对象，遂决定启动对向某进行再犯罪危险评估。

聊城市人民检察院坚持以证据为中心，按照假释的有关法律法规及相关司法解释，依据"再犯罪危险系数评估法"，对原罪基本情况（包括前科劣迹、主从犯、既未遂等）、服刑期间表现情况（包括劳动任务完成情况、违规违纪次数、年均计分考核情况等）、罪犯主体情况（包括职业经历、健康程度、技能特长、监管干警和同监室人员评价等）、假释后生活及监管情况（包括婚姻状况、家庭关系、固定住所、出狱后就业途径等）四个方面多项具体指标进行定性定量分析。依据证据对各项指标进行正负面定性评定，以1和-1作为正面负面限值，根据程度轻重或有无计算各指标权重进行定量评定。通过定性定量分析，评定罪犯是否具有"再犯罪的危险"。

聊城市人民检察院依据该评估法，围绕证据的调取及审查运用开展了以下工作：一是调取原案卷宗材料综合评定罪犯主观恶性、人身危险性、社会危害程度。向某虽构成故意伤害罪（致人死亡），但归案后认罪态度较好，一审判决前积极主动赔偿被害人家属并取得谅解。二是审查监狱日常计分考核、劳动改造、教育改造、历次减刑、派驻检察工作记录等客观材料,调取其所在监室、劳动场所监控资料,并与监管民警、罪犯、相关人员进行谈话了解,综合评定其改造表现。三是询问罪犯户籍地和经常居住地相关人员、监管民警、同监室罪犯等,确定其生理、心理、认知正常,人格健全,无成瘾情况。四是征求社区矫正机构、基层组织、家庭成员、有关村民意见,确定假释后生活保障及监管条件。经了解,向某姐夫田某愿意为其提供工作条件并保证其稳定收入,当地接纳程度、监管条件较好。五是召开有监狱民警、社区矫正工作人员、心理专家等参与的公开听证会,听证员均认为向某认真遵守监规,接受教育改造,确有悔改表现,认定其没有"再犯罪的危险"证据确实充分,同意检察院对罪犯向某适用假释的建议。

聊城市人民检察院依据上述证据材料,综合评定向某各项指标,认为其没有再犯罪的危险,符合假释适用条件,根据相关规定,可依法优先适用假释,遂于2022年6月15日向聊城监狱提出对向某依法提请假释的检察意见。聊城监狱采纳了检察机关的意见,于同年7月25日向聊城市中级人民法院提请对向某予以假释。

此案办理后,聊城市人民检察院与聊城监狱召开联席会议,就假释适用的实体条件及"再犯罪危险系数评估法"达成共识,进一步完善假释适用大数据监督模型,形成常态化筛选机制。监狱依据模型设定的指标进一步完善罪犯具体监管信息,快速筛查出可能符合假释适用条件的罪犯,再结合相关证据材料,作出是否提请假释的决定。检察机关通过该模型开展同步监督。2022年12月至2023年8月,筛选出16件符合假释条件的案件,已由法院裁定假释7件。

理由

人民检察院在办理假释监督案件时,可以进行指标量化评估,科学客观认定罪犯是否有"再犯罪的危险"。要依据相关法律法规及司法解释,综合考量假释适用实体条件中的各项要素。在认定罪犯是否有"再犯罪的危险"时，可以将认定标准细化为"原罪基本情况、服刑期间表现情况、罪犯主体情况、假释后生活及监管情况"等方面的具体指标，进行定性定量评估，参考量化分值得出结论，增强假释制度适用的客观性、科学性。要秉持客观公正立场，全面收集、依法审查原审卷宗、自书材料、服刑期间现实表现等主客观证据材料，提升假释案件实质化审查水平。

结果

2022年9月15日，聊城市中级人民法院依法对罪犯向某裁定假释，假释考验期至2023年11月2日止。向某假释后，由聊城监狱干警送至湖北省来凤县绿水镇司法所报到。聊城市人民检察院定期与聊城监狱、湖北当地司法所及所在地村委会联系沟通，了解到向某按期接受社区矫正监管教育，与周边村民相处融洽，现已融入正常生活。

第三节 财产性判项履行与减刑、假释

"财产性判项"是指判决服刑人员承担的附带民事赔偿义务判项，以及追缴、责令退赔、罚金、没收财产等判项。服刑人员对上述判项的履行情况是监狱等执行机关提请减刑、假释及法院审理减刑、假释案件，审查服刑人员是否确有悔改表现，能否减刑、假释及确定减刑幅度的重要考量因素。

问题131：服刑后直接向一审法院退赔、缴纳罚金的，如何提供相应履行证据

如果是生效裁判作出前退赃退赔及罚金预缴的，裁判文书中通常会予以记载。因此，可以将裁判文书及相关缴款单据作为财产性判项

已履行的依据。

根据《最高人民法院关于刑事裁判涉财产部分执行的若干规定》（以下简称《刑事涉财执行若干规定》），财产刑、生效刑事附带民事诉讼裁判及另行提起的民事诉讼生效裁判，均由一审法院负责裁判执行的机构执行。被执行的财产在异地的，一审法院可以委托财产所在地的同级法院代为执行。**因此，服刑人员入监后，家属代为履行财产性判项的，一般需向原一审法院履行。**如果是服刑后直接向执行法院即一审法院退赔或者缴纳罚金的，需要根据服刑监狱的要求，登记好相关服刑人员信息后，再行缴纳，并取得执行法院开具缴付款票据等。

实践中，缴纳方式包括通过手机银行、银行柜台转账、法院大厅缴纳等多种方式，家属缴纳时，**需根据当地监狱发布的财产性判项履行要求填写相应备注信息，通常而言包括服刑人员姓名、服刑监狱的名称、家属的手机号码、判决书案号、财产性判项的具体名称等信息。**

缴纳成功后，法院会开具相应票据，家属可以邮寄或者现场送交的方式将该票据提交至服刑人员所在监狱作为财产性判项已履行的凭证。

问题132：服刑后直接向被害人退赔的，如何提供相应履行证据

如果是自觉向被害人退赔的，则可以在法官见证下履行，或者由对方出具收款凭证或提供相关转款记录；提供转款记录的，需注明所转款项是履行相关判项。

问题133：服刑后被强制执行的，如何提供相应履行证据

如果未主动履行财产刑，而是被法院强制执行的，财产性判项被

执行完毕后，执行法院将会出具结案通知书或结案证明，相关票据可以作为财产性判项已履行的依据。

在共同犯罪案件中，有些法院是待同案犯全部履行财产性判项（含连带退赔部分及个人部分）后才开结案通知书，因此当家属代为履行连带退赔及服刑人员个人的财产性判项后，可以由法院开具说明，用以证明财产性判项全部履行。

问题 134：生效裁判中未明确退赔、追缴数额，导致无法履行财产性判项的，是否影响减刑、假释

可以请求监狱、检察机关和审理减刑、假释案件的法院向原一审法院发函确认应追缴、退赔的金额以及已退赃退赔的情况。如果原一审法院未回复或根据回复情况仍无法履行，通常不明确的部分不计入未履行的财产性判项总额，不影响此次减刑、假释。

实践中，因没有查明具体涉案金额等，判决的主文（判决书中"判决如下"后的内容）经常出现"继续追缴违法所得""责令退赔"，但没有明确退赔、追缴的具体金额，由于判决的主文是执行的依据，主文不明确的，将导致判决中的涉财产部分无法顺利移送执行，服刑人员也无法履行相应判项。

《刑事涉财执行若干规定》第 6 条第 1 款及第 3 款规定，"刑事裁判涉财产部分的裁判内容，应当明确、具体""判处追缴或者责令退赔的，应当明确追缴或者退赔的金额或财物的名称、数量等相关情况"。此外，根据《最高人民法院关于适用刑法第六十四条有关问题的批复》"追缴或者责令退赔的具体内容，应当在判决主文中写明"的规定，判处追缴的，应当在裁判文书主文部分明确相应金额等具体内容。因此，如果裁判文书未列明追缴、退赔的具体金额，服刑人员或家属可以基于上述规定请求监狱、办理减刑、假释案件的检察院和法院函告原一审法院对此予以确认。原审法院未确认或者函复不明确的，通常在该次减刑、假释中，此未明确部分就不计入财产性判项总额，从而不会影响减刑、假释。过程中，服刑人员或家属可以积极与监狱沟通，协助梳理涉案财产流向及判决生效前已退赃退赔的财产金额。

实践中，也有部分地区针对此类问题出台了具体规定，如《浙江省办理减刑、假释案件实施细则》明确规定，判决主文未明确追缴、责令退赔金额的，刑罚执行机关、检察机关和审理减刑、假释案件的法院可以根据原生效判决认定的犯罪事实等函告原一审法院对相关金额及已追缴、退赃等情况予以确定，原一审法院收到后未在20日内函复确认的，本次办理减刑、假释时可以不计入财产性判项总额。根据原生效判决认定的犯罪事实，应当判处罪犯履行财产性义务而未判处且影响对罪犯减刑、假释适用的，刑罚执行机关、检察机关和审理减刑、假释案件的法院，可以函告原一审法院予以处理，原一审法院收到后未在30日内函复确认或者做出处理的，不影响本次对罪犯的减刑、假释。

问题135：未履行财产性判项的能否减刑

确有履行能力而拒不履行，会被认定为没有悔改表现，从而不予减刑。

"拒不履行"的情形包括：

1. 拒不交代赃款、赃物去向的；
2. 隐瞒、藏匿、转移财产的；
3. 妨害财产性判项执行的；
4. 拒绝报告或者虚假报告财产情况的。

其中，"妨害财产性判项执行"的情形在实践中表现为伪造、毁灭履行能力的证据，以暴力、威胁、贿买方法组织他人作证或者指使、贿买、胁迫他人作伪证，有可供执行的财物、票证、房屋或土地但拒不交付或者拒不迁出，虚假诉讼、仲裁、和解等方式妨害执行，接到人民法院限制消费令后，违反限制消费令进行消费等。

除此之外，采取借名、虚报用途等手段在监狱、看守所内消费的，或者无特殊原因明显超出刑罚执行机关规定额度标准消费的，视为其确有履行能力而不履行。

一旦被认定为"确有履行能力而拒不履行"，只有在上述情形消失或者财产性判项执行完毕6个月后方可依法减刑、假释。

问题136：未履行财产性判项是否一概不得减刑

不履行财产性判项不予减刑的前提是有履行能力而拒不履行，如果有证据证明"确无履行能力"，仍然可以减刑。就没收财产性判项而言，则采取更宽松的认定标准，即只要服刑人员不存在妨害执行的行为，没收财产的执行情况就不宜影响对其悔改表现的认定。

《最高人民法院关于办理减刑、假释案件审查财产性判项执行问题的规定》通过正向证明加负面清单的方式界定了确无履行能力的判断标准，服刑人员经执行法院查控未发现有可供执行财产，或被判处的罚金被执行法院裁定免除尚有其他财产性判项未履行完毕的，经审查相关材料，不具有"确有履行能力而拒不履行"情形的，应认定确无履行能力，可以依法减刑、假释。

实践中，法院主要是根据财产性判项的实际执行情况，并结合服刑人员的财产申报、实际拥有财产情况，以及监狱或者看守所内消费、账户余额等予以判断。证明上述情况的材料包括：

1. 执行裁定、缴付款票据、有无拒不履行或者妨害执行行为等有关财产性判项执行情况的材料；

2. 服刑人员对其个人财产的申报材料；

3. 有关组织、单位对服刑人员实际拥有财产情况的说明；

4. 不履行财产性判项可能承担不利后果的告知材料；

5. 反映服刑人员在监狱、看守所内消费及账户余额情况的材料；

6. 其他反映财产性判项执行情况的材料。

但就职务犯罪，破坏金融管理秩序和金融诈骗犯罪，组织（领导、参加、包庇、纵容）黑社会性质组织犯罪"三类犯"而言，相关规定要求其需要积极退赃、协助追缴赃款赃物、赔偿损失。这就意味着如果财产性判项是被动执行，比如经人民法院强制执行程序执行的，也会因不属于积极主动退赃退赔，而无法被认定确有悔改表现，不能被减刑（立功除外）、假释。

问题137：共同犯罪案件中没有足额退赃、承担附带民事赔偿连带责任的，是否影响减刑、假释

根据"部分行为，全部责任"原则，犯罪人需共同对其犯罪行为给被害人造成的物质损失承担相应的刑事责任，也正因如此，只要被害人的物质损失未得到全部退赔，无论共同犯罪人内部的退赔责任如何划分，全体共同犯罪人就均负有退赔义务，如果未履行该义务，一般会影响减刑、假释。

共同犯罪案件中，如果全案尚未全额退赃退赔，即便就自己实际分得部分全额退赔，一般也会被从严减刑、假释。此处"全案"指共同犯罪案件全案，如果同案犯未就单独犯罪部分退赃退赔，则不会影响他人减刑、假释。

如果共同犯罪中，部分人员履行了全部退赔责任或附带民事赔偿责任，使全案足额退赔，即可认定相应财产性判项已经执行完毕，不再影响减刑、假释。

问题138：同案犯没有缴纳罚金、没收财产刑的，是否影响自己的减刑、假释

同案犯未履行罚金刑原则上不影响其他同案犯的减刑假释。

与退赔不同，之所以要求各共同犯罪人对于全案退赔金额承担连带责任是基于"部分行为，全部责任"的原则，要求全体共犯对于其犯罪行为造成的全部结果退赔，这也是为了确保被害人能最大限度获得救济。但罚金刑作为刑罚是个别化的，罚金数额的确定不仅要考虑到犯罪的结果，还要考虑到各共同犯罪人在犯罪中的地位和作用、各共同犯罪人的情节等因素，因此实务中，各共同犯罪人的罚金刑均是单独判处的。根据罪责自负的原则，单独判处的罚金刑应由各共同犯罪人独立承担，罚金刑不履行的后果，也仅及于其本人。因此，共同犯罪人未履行罚金刑的并不会影响其他已履行者的减刑假释。

【典型案例】

余甲、沈乙、董丙贪污、受贿、挪用公款案［(2013) 苏刑二终字第22号］①

要旨

共同犯罪的被告人，部分被告人执行完毕但同案未能执行完毕的情况下，已经执行完毕的被告人能够取得《结案通知书》。

事实

余甲、沈乙、董丙三人除共同受贿所得2000万元外，余甲个人尚有贪污所得379万余元、财产刑140万元，沈乙个人贪污、挪用及单独受贿648万余元、财产刑140万元，董丙尚有贪污所得215万余元、财产刑70万元。

在判决执行过程中，执行法院足额追缴三被告人共同受贿所得2000万元。董丙贪污所得215万余元及财产刑70万元均执行到位，但从余甲、沈乙处单独执行到位案款均不足以满足追缴贪污、挪用公

---

① 邓光扬：《追缴共同犯罪之违法所得不能一概适用连带责任》，载《法律适用》2018年第22期。

款所得。

理由

在这种情况下,对董丙能否出具《结案通知书》,执行法院内部存在两种意见。

否定的意见认为刑事涉案财产的执行应当按照追缴贪污所得和挪用公款所得优先于追缴受贿所得的顺序进行。应当将执行到位的2000万元共同受贿所得优先补足追缴贪污、挪用公款所得的不足份额部分,优先实现追缴贪污所得发还被害单位损失,该2000万元因发还而致的"亏缺"应由三人共负连带责任;在2000万元连带责任承担完毕前不能认定执行完毕,因此不能对董丙出具《结案通知书》。

肯定的意见认为将追缴完毕的2000万元共同受贿所得挪取部分用于填补贪污所得的做法侵犯了董丙的利益,变相让董丙代为履行了余甲和沈乙退缴贪污、挪用公款所得的义务,减轻了部分共犯人财产性义务,加重了另一部分共犯人财产性义务。

结果

该案最终采纳了第二种意见,认为董丙涉财产部分执行完毕。

问题139:单位犯罪中,单位未履行财产性判项而注销的,能否要求两责人员承担财产性判项或者追加股东承担连带责任

被刑事判决判处罚金的单位注销后,除非出现股东应当承担连带责任的情形,否则不能追加股东为被执行人承担连带清偿责任。

首先,根据罪刑法定原则和罪刑相适应原则,刑罚的结果只及于被告人本人。科处刑罚应以承担刑事责任为前提,承担刑事责任则应以构成犯罪为基础。罚金与没收财产、剥夺政治权利系刑法规定的附加刑,属于刑罚方法之一,对于未被追究刑事责任的第三人要求其承担连带责任,属于由未经定罪、无刑事责任的主体与罪犯共担刑罚,违背罪刑法定原则。

其次,即使部分罪名中,单位犯罪双罚制中只对单位处以罚金,对两责人员未科以罚金刑、没收财产刑,这种情况下,也不能因为单位未履行罚金刑,而要求两责人员承担相应罚金刑,否则,也是违反罪刑法定原则。

最后,在单位犯罪主体注销后,如果发现被执行人的财产有被股东隐匿、转移等情形,应当追缴;如果发现股东出资不足,也应在出资范围内,补缴相应资金,在执行环节可以追加股东作为被执行人。根据《最高人民法院关于民事执行中变更、追加当事人若干问题的规定》(以下简称《变更追加规定》)第17条、第19条的规定,作为被执行人的企业法人,财产不足以清偿生效法律文书确定的债务时,申请执行人可以申请变更、追加未缴纳或未足额缴纳出资的股东为被执行人,在尚未缴纳出资的范围内依法承担责任。

【典型案例】

真铷货运代理有限公司执行案〔(2020)粤执复729号〕

要旨

被刑事判决判处罚金的一人有限责任公司注销后,除非出现股东应当承担连带责任的情形,否则不能追加股东为被执行人承担连带清偿责任。

事实

珠海市中级人民法院在执行真铷货运代理有限公司(以下简称真铷公司)刑事罚金一案的过程中,作出(2019)粤04执365号之一执行裁定,裁定追加周某辉为本案被执行人,周某辉对此不服。

理由

1. 追加变更被执行人应当严格遵循法定原则。《变更追加规定》第1条规定:"执行过程中,申请执行人或其继承人、权利承受人可以向人民法院申请变更、追加当事人。申请符合法定条件的,人民法院应予支持。"在无申请执行人的刑事裁判涉财产执行案件中,执行法院虽可以依职权变更、追加当事人,以维护生效刑事判决权威,但仍需严格遵循法定原则,审查变更、追加当事人有无相应的法律依据。

2. 罚金执行追加被执行人缺乏刑事法律依据。首先,罪刑法定原则和罪刑相适应原则,是我国刑法规定的基本原则。《刑法》第3条规定:"法律明文规定为犯罪行为的,依照法律定罪处刑;法律没有明文规定为犯罪行为的,不得定罪处刑。"第5条规定:"刑罚的轻重,应当与犯罪分子所犯罪行和承担的刑事责任相适应。"依罪刑法定原则,是否构成犯罪、应否课处刑罚均应由法律明文规定;依罪刑相适应原则,课处刑罚应以承担刑事责任为前提,承担刑事责任则应以构成犯罪为基础。罚金与没收财产、剥夺政治权利系刑法规定的附加刑,属于刑罚方法之一。执行程序中追加被执行人对其强制执行罚金,将造成未经定罪、无刑事责任的主体与罪犯共担刑罚的后果,违背我国刑法规定的罪刑法定和罪刑相适应的基本原则。其次,本案真铷公司系因犯走私普通货物罪被判处罚金,根据《刑法》第153条第2款和《最高人民法院、最高人民检察院关于办理走私刑事案件适用法律若干问题的解释》第24条第2款的规定,单位犯走私普通货物罪的,对单位判处罚金,并对其直接负责的主管人员和其他直接责任人员,处有期徒刑或者拘役。因此,在走私普通货物罪的单位犯罪中,对个人并不适用罚金。本案在执行中追加该公司股东和法定代表人的周某辉个人与公司共担罚金,与我国刑法规定的走私普通货物的单位犯罪所确立的对个人的量刑准则明显不一致。最后,《最高人民法院关于适用〈中华人民共和国刑事诉讼法〉的解释》第444条第1款第3项和第2款规定,被判处罚金的单位终止,且无财产可供执行的，人民法院应当裁定终结执行；裁定终结执行后，发现被执行人的财产有被隐匿、转移等情形的，应当追缴。依上述司法解释，真铷公司已经注销且经查实确无财产可供执行，应当裁定终结执行。但前述司法解释并未规定真铷公司清算注销后，公司的清算义务人或其他责任人应就罚金执行承担相应责任。周某辉作为登记的股东和法定代表人，在本案执行中依法负有配合调查和协助强制执行真铷公司财产的义务。执行法院如果发现周某辉在清算和注销真铷公司的过程中，隐瞒、转移、隐匿、毁损、处置被执行人真铷公司的财产，依前述司法解释的规定可以随时启动强制执行程序，责令其追回真铷公司财产并追究其相应的法律责任。但是，追加周某辉为本案被执行人，则缺乏明确的刑事法律依据。

3. 追加周某辉为本案被执行人缺乏事实依据。首先，《最高人民法院关于民事执行中变更、追加当事人若干问题的规定》第20条规定："作为被执行人的一人有限责任公司，财产不足以清偿生效法律文书确定的债务，股东不能证明公司财产独立于自己的财产，申请执行人申请变更、追加该股东为被执行人，对公司债务承担连带责任的，人民法院应予支持。"该规定中，股东因无法证明一人有限责任公司的财产独立，从而推定公司与股东财产混同，据此否定公司独立人格，从而追加股东为被执行人共同为公司债务承担连带责任。但是，本案生效刑事判决查明的事实足以证明，真铷公司的财产并不受周某辉控制与处分，公司财产与其个人财产互相独立并无混同的事实。即使本案可适用前述司法解释，本案仍缺乏相应的事实依据。其次，《最高人民法院关于民事执行中变更、追加当事人若干问题的规定》第21条规定："作为被执行人的公司，未经清算即办理注销登记，导致公司无法进行清算，申请执行人申请变更、追加有限责任公司的股东、股份有限公司的董事和控股股东为被执行人，对公司债务承担连带清偿责任的，人民法院应予支持。"根据刑事判决载明，真锄公司的公章、文书资料及其他财物已在本案刑事诉讼被司法机关查扣，同时周某辉确非真锄公司的实际控制人，仅作为挂名股东和法定代表人，故以周某辉未依法清算、拒不提供公司财务账册为由追加其为被执行人，亦缺乏前述司法解释规定的相应事实依据。

结果

复议申请人周某辉主张其不应被追加为本案被执行人，理由成立，其复议请求应予支持。执行法院所作的追加裁定和异议裁定适用法律错误，广东省高级人民法院应予撤销，执行法院应当解除对周某辉已经采取的执行措施。

问题140：单位犯罪中，单位未履行财产性判项，两责人员能否减刑、假释

单位未履行财产性判项的，原则上不会影响两责人员（单位犯罪中的直接负责的主管人员和其他直接责任人员）减刑、假释，但两责人员妨害单位履行财产性判项的，则会影响到其减刑、假释。

根据最高人民检察院指导案例罪犯刘某某假释监督案（检例第197号），如果罪犯已经履行个人财产性判项，其主观恶性不大、取得被害人谅解且积极协助履行单位财产性判项的，不宜将单位犯罪财产性判项履行情况作为限制对罪犯个人适用假释的考量因素。确有证据证实该罪犯滥用对公司支配地位或公司法人独立地位，隐藏、转移、故意毁损财产或者无偿转让财产、以明显不合理的低价转让财产等，妨害单位履行财产性判项的，不应认定该罪犯确有悔改表现，不能适用假释。

从原理上看，首先，我国刑法对单位犯罪确立的双罚制处罚原则，表明了我国刑法承认单位是独立的刑事责任主体。

其次，根据《最高人民法院、最高人民检察院、海关总署关于办理走私刑事案件适用法律若干问题的意见》第20条第1款的规定：

"单位和个人（不包括单位直接负责的主管人员和其他直接责任人员）共同走私的，单位和个人均应对共同走私偷逃应缴纳的税款负责"。根据该规定，单位与单位"两责人员"在同一单位犯罪案件中不能成立共同犯罪，故就财产刑履行而言，单位与单位"两责人员"也不能参照共同犯罪的规定，要求单位与单位两责人员对财产性判项承担连带责任。

《变更追加规定》第1条规定："执行过程中，申请执行人或其继承人、权利承受人可以向人民法院申请变更、追加当事人。申请符合法定条件的，人民法院应予支持。"在无申请执行人的刑事裁判涉财产执行案件中，执行法院虽可以依职权变更、追加当事人，以维护生效刑事判决权威，但仍需严格遵循法定原则，审查变更、追加当事人有无相应的法律依据。例如，《变更追加规定》第21条规定："作为被执行人的公司，未经清算即办理注销登记，导致公司无法进行清算，申请执行人申请变更、追加有限责任公司的股东、股份有限公司的董事和控股股东为被执行人，对公司债务承担连带清偿责任的，人民法院应予支持。"据此，相关责任人员并非当然的单位责任承担主体，只有存在可追加的事由时，法院才可以依申请追加相关责任人员作为单位债务的责任承担主体。因此，从法理上看，单位未履行财产性判项的，除非可归咎于该个人，否则不应以单位履行财产性判项与否作为认定个人能否减刑、假释的依据。

【典型案例】

1. 王某诈骗刑罚与执行变更案［(2022) 辽11刑更376号］

要旨

未履行财产性判项应从严减刑。

事实

葫芦岛市连山区人民法院于2017年5月24日作出（2017）辽

1402 刑初 69 号刑事判决，以被告人王某犯诈骗罪，判处有期徒刑 7 年，并处罚金人民币 5 万元，追缴违法所得 22 万元。刑期自 2016 年 9 月 28 日起至 2023 年 9 月 27 日止。2020 年 9 月 22 日减去有期徒刑 7 个月。执行机关盘锦监狱于 2022 年 9 月 5 日提出减刑建议书，报送辽宁省盘锦市中级人民法院审理。辽宁省盘锦市中级人民法院依法组成合议庭进行了审理。现已审理终结。

执行机关提出，该犯能够认罪悔罪，遵守监规纪律，接受改造，积极参加思想、文化、职业技术教育，积极参加劳动，努力完成劳动任务。2020 年 9 月至 2022 年 3 月，共获得表扬 3 次，可兑现减刑幅度 6 个月，该犯财产性判项未履行，酌定从严下调减刑幅度 1 个月；该犯考核周期内存在超额消费行为，酌定从严下调减刑幅度 1 个月，可兑现减刑幅度 4 个月。呈报减去有期徒刑 4 个月。检察机关同意执行机关提起的减刑建议。执行机关提出，该犯能够认罪悔罪，遵守监规纪律，接受改造，积极参加思想、文化、职业技术教育，积极参加劳动，努力完成劳动任务。2020 年 1 月、2020 年 7 月、2021 年 1 月、2021 年 6 月、2021 年 12 月获得表扬 5 次。另查明，**因该犯系累犯且财产性判项未履行等原因，刑罚执行机关已两次不予提请减刑。**

理由

罪犯王某在服刑期间，能够认罪悔罪；认真遵守监规，接受教育改造；积极参加思想、文化、职业技术教育；积极参加劳动，完成生产任务，有悔改表现，符合减刑条件。该犯系未履行财产性判项，应从严减刑。

结果

对罪犯王某减去有期徒刑 4 个月，刑期自裁定之日起计算至 2022 年 10 月 27 日止。

2. 胡某兴诈骗案 [（2022）豫 10 刑更 389 号]

要旨

未履行财产性判项且无合理理由狱内消费大幅高于狱内正常消费水平，不予减刑。

事实

刑罚执行机关河南省许昌监狱经监区全体警察集体研究、监区长办公会议审核后公示 2 日、刑罚执行科审查、监狱减刑假释评审委员会评审后公示 5 个工作日、监狱长办公会议决定，并书面通报和邀请驻狱检察人员现场监督评审委员会评审活动等程序提出，罪犯胡某兴确有悔改表现，并提供了相关证据予以证实，建议对其减刑 6 个月。

许昌市人民检察院出庭检察员意见：罪犯胡某兴，因犯诈骗罪被判处有期徒刑 15 年，系累犯，病犯，获得表扬 6 次符合减刑规定，但该犯财产性判项未履行，2019 年 4 月 15 日至 2020 年 10 月 15 日处于普管级期间狱内消费 443 元，超过规定限额标准（300 元）的 47.7%，根据《河南省高级人民法院关于规范减刑、假释案件审理的工作指引（试行）》第 26 条之规定，对未履行财产性判项的罪犯，无合理理由狱内消费大幅高于狱内正常消费水平，不认定罪犯具有悔改表现，而具有悔改表现是罪犯获得减刑的前提条件，建议不予减刑。

理由

罪犯胡某兴在服刑改造期间，确有悔改表现但**该犯财产性判项未履行且无合理理由狱内消费大幅高于狱内正常消费水平**。综合考察其犯罪性质和具体情节、社会危害程度、原判刑罚及生效裁判中财产性判项的履行情况、交付执行后的一贯表现，刑罚执行机关报请减刑幅度不当。

结果

对罪犯胡某兴本次不予减刑。

3. 罪犯刘某某假释监督案（检例第 197 号）

要旨

人民检察院办理涉及单位犯罪罪犯的假释监督案件，应分别审查罪犯个人和涉罪单位的财产性判项履行情况。对于罪犯个人财产性判项全部履行，涉罪单位财产性判项虽未履行或未全部履行，但不能归责于罪犯个人原因的，一般不影响对罪犯的假释。除实质化审查单位犯罪的罪犯原判刑罚、犯罪情节、刑罚执行中的表现等因素外，还应重点调查核实罪犯假释后对单位财产性判项履行的实际影响，实现假释案件办理"三个效果"有机统一。

事实

罪犯刘某某，男，1970 年 8 月出生，户籍所在地山东省邹平市青阳镇，案发前为山东某实业有限公司等三家公司实际控制人。

山东某实业有限公司等三家公司为缓解资金压力，公司人员伪造虚假的工业品买卖合同，修改公司财务报表、隐瞒真实财务状况，向银行骗取贷款、票据承兑 5400 万元（判决前，已偿还银行贷款 870 万元）。2019 年 4 月 28 日，山东某实业有限公司等三家公司因单位犯骗取贷款、票据承兑罪，被山东省邹平市人民法院判处罚金共计 11 万元，并追缴三家公司违法所得，刘某某作为单位直接负责的主管人员被判处有期徒刑 4 年 1 个月，并处罚金 6 万元，刑期至 2022 年 2 月 26 日止。2019 年 6 月 4 日，刘某某被交付山东省鲁中监狱（以下简称鲁中监狱）执行刑罚。

2020 年 9 月 9 日，山东省淄博市城郊地区人民检察院（以下简称淄博城郊地区检察院）收到罪犯刘某某妻子林某某的信访材料，请求检察机关监督鲁中监狱为其丈夫刘某某提请假释。淄博城郊地区检察院经与监狱沟通了解到，林某某此前也多次向监狱反映希望对刘某某适用假释的请求，但监狱未对其提请假释。为查明刘某某是否符合假释条件，淄博城郊地区检察院遂决定开展调查核实。

为了确保监督意见的准确性,淄博城郊地区检察院重点开展了以下工作:一是加强沟通,找准争议焦点。分别从鲁中监狱和山东省淄博市中级人民法院了解到,两单位均以刘某某实控企业的财产性判项未全部履行为由,认为对刘某某适用假释可能存在风险。二是开展调查核实,各方达成共识。围绕争议焦点,办案人员与涉案企业部分员工进行了座谈,调取了刘某某实控企业资产评估报告,实地走访刘某某实控企业和被害银行,对刘某某实控企业贷款偿还能力和社会影响进行核查。经调查核实,刘某某实控企业在涉案前经营状况良好,提供就业岗位600余个,销售收入60亿元;现有资产6230万元(包括写字楼、苗木等资产),涉罪单位的相关资产已被人民法院依法查控以履行相应财产性判项,但因无法立即变现,尚未完全履行财产性判项。刘某某案发后,其妻子林某某积极提交公司资产状况的材料,偿还部分利息;银行出具谅解书,希望刘某某尽快假释出狱经营公司;刘某某本人表示出狱后会尽心经营公司,尽快偿还所骗贷款。三是全面考察评估,开展实质化审查。通过审查监狱档案材料、法院卷宗材料,查明刘某某具有自首情节,已向法庭提供了大于逾期贷款数额的资产评估报告,取得涉案银行的谅解;在监狱服刑期间认罪悔罪,遵守法律法规和监规纪律,接受教育改造,没有被处罚记录,3次获得表扬奖励,执行期间足额履行财产刑;社区矫正机构对刘某某进行了社会调查评估,认定其不具有社会危险性,对所居住社区未发现有不良影响。四是开展检察听证,以公开促公正。2020年11月20日,淄博城郊地区检察院邀请法学专家、律师、民营企业家等参加听证会,公开听取社会各界意见。各方均认为适用假释能更好地帮助刘某某回归社会、服务社会,充分发挥假释罪犯对涉罪单位财产性判项履行的积极作用。

淄博城郊地区检察院认为,对刘某某适用假释能够促进企业恢复生产经营,更好帮助企业履行财产性判项。2020年12月15日,向鲁中监狱提出对罪犯刘某某依法提请假释的检察意见。鲁中监狱采纳了检察意见，于 2021 年 1 月 18 日向淄博市中级人民法院提请对罪犯刘某某予以假释。

理由

1. 单位犯罪生效裁判中有财产性判项未履行或未全部履行的，非归责于罪犯个人的原因，一般不影响对罪犯个人适用假释。人民检察院办理涉及单位犯罪罪犯的假释监督案件，应分别审查罪犯个人和涉罪单位的财产性判项履行情况。如果罪犯已经履行个人财产性判项，其主观恶性不大、取得被害人谅解且积极协助履行单位财产性判项的，不宜将单位犯罪财产性判项履行情况作为限制对罪犯个人适用假释的考量因素。如确有证据证实该罪犯滥用对公司支配地位或公司法人独立地位，隐藏、转移、故意毁损财产或者无偿转让财产、以明显不合理的低价转让财产等，妨害单位履行财产性判项，不应认定该罪犯确有悔改表现，不能适用假释。

2. 人民检察院办理涉及单位犯罪罪犯的假释监督案件，应当重点调查核实罪犯假释后的社会影响，实现"三个效果"有机统一。人民检察院在办理涉单位犯罪罪犯假释案件过程中，除审查罪犯是否符合法定假释条件外，还应当重点审查罪犯假释后是否对单位履行财产性判项存在不利影响、是否影响社会安全稳定等。要充分发挥假释制度激励罪犯积极改造的价值功能，将刑罚执行对企业正常生产经营的负面影响降到最低，确保案件办理政治效果、社会效果和法律效果的有机统一。

结果

淄博市中级人民法院依法对罪犯刘某某裁定假释，假释考验期限至 2022 年 2 月 26 日止。刘某某假释后认真遵守社区矫正相关规定，积极配合法院对单位财产性判项的执行，并在涉案公司之一山东某生态实业有限公司投入 90 余万元，聘用员工 60 余人，企业得以恢复生产经营，避免了企业经营停滞、资产缩水对涉罪单位履行财产性判项造成更大不利影响。

问题141：对被害人另行提起的民事诉讼未履行的，是否影响减刑、假释

会影响减刑、假释。

根据2024年最高人民法院新出台的《关于办理减刑、假释案件审查财产性判项执行问题的规定》，因犯罪行为造成损害，受害人单独提起民事赔偿诉讼的，人民法院办理减刑、假释案件时应对相关生效民事判决确定的赔偿义务判项执行情况进行审查，并结合"有履行能力而不履行"以及"确无履行能力"的认定标准判断服刑人员是否确有悔改表现。

如果既承担民事赔偿义务，又被判处罚金或者没收财产，应当先承担民事赔偿义务。如果财产不足以承担全部民事赔偿义务及罚金、没收财产，但能积极履行民事赔偿义务，在认定其是否确有悔改表现时法院将会予以考虑。

【典型案例】

阮某波刑罚与执行变更案[(2021)粤17刑更2261号]

要旨

服刑人员在服刑期间没有如实申报民事判决的事项，未履行被害人另行提起的民事诉讼的赔偿义务的，不具有悔改表现，不予减刑。

事实

广东省清远市清城区人民法院于2018年5月29日作出（2018）粤1802刑初160号刑事判决，以被告人阮某波犯故意伤害、非法持有枪支罪，数罪并罚，决定执行判决有期徒刑6年。宣判后，被告人不服，提出上诉。广东省清远市中级人民法院经过二审审理，于

2018年8月7日作出（2018）粤18刑终210号刑事裁定，对其维持原判。判决生效后，2018年9月27日交付执行。刑期执行至2023年11月24日。

执行机关广东省阳春监狱以罪犯阮某波在服刑期间确有悔改表现，提出减去有期徒刑2个月，于2021年11月12日报送广东省阳江市中级人民法院审理。广东省阳江市中级人民法院依法组成合议庭对该案进行了审理，现已审理终结。

经审理查明，罪犯阮某波在服刑考核期间，累计考核总分3301分，获得4个表扬；累计扣214分：2019年1月8日因欠产扣50分，2019年2月1日因欠产扣38分，2019年3月3日因欠产扣38分，2019年4月4日因欠产扣43分，2020年5月7日因不熟悉互监组管理要求扣5分，2020年5月17日因欺骗干警扣20分，2020年5月31日因欠产扣2分，2021年1月7日因欠产扣18分，累计扣214分。该罪犯在考核期内账户余额1320.62元，2019年11月前月平均购物75.37元，2019年11月后月平均购物321.22元。另查明，被害人就本案的经济损失另行提起民事诉讼，广东省清远市清城区人民法院于2019年4月18日作出（2018）粤1802民初4018号民事判决，判令阮某波赔偿人民币165,684.42元给被害人。罪犯在填报申报财产表时，没有如实申报该事项。以上事实有罪犯减刑呈批表、减刑建议书等在卷材料予以证实。

理由

罪犯阮某波在服刑期间没有如实申报民事判决的事项，在考核期内高消费高，但没有积极履行民事判决确定的赔偿义务。该罪犯在申报个人财产时存在故意瞒报的情形，不积极履行财产性判项确定的义务，且多次欠产和违反监规累计被扣分高达214分，其不具有悔改表现，不符合提请减刑的条件。该罪犯的悔改表现不足，不符合提请减刑的条件。

结果

对罪犯阮某波予以不予减刑。

问题142：服刑人员家属有收入、财产，是否会认定服刑人员本人也有履行能力

（1）如果服刑人员家属的财产本就属于犯罪所得或者服刑人员为逃避执行而转移的财产，一旦被司法机关查出，服刑人员将会被认定为有履行能力而拒不履行，从而不予减刑。

（2）如果是服刑人员家属的合法收入、财产，则须判断该收入、财产是否属于服刑人员与该家属的共同财产，如确为共同财产，服刑人员在其中占有相应份额，会因此被认定为有财产可供执行，在此情况下不履行财产性判项的，服刑人员将会被认定为确有履行能力而拒不履行。

实践中的共同财产主要包括：

①夫妻共同财产：没有特别约定的情况下，除法律明确规定属于夫妻一方个人财产的外，婚姻关系存续期间取得的财产通常属于夫妻共同财产。

②家庭共同财产：在没有约定的情况下，通常是指尚未分家的家庭成员交归家庭共有的财产，或尚未分割的共同继承、共同接受赠与的财产。

《最高人民法院关于适用〈中华人民共和国刑事诉讼法〉的解释》

第一百七十六条 被告人非法占有、处置被害人财产的，应当依法予以追缴或者责令退赔。被害人提起附带民事诉讼的，人民法院不予受理。追缴、退赔的情况，可以作为量刑情节考虑。

第一百九十八条　第一审期间未提起附带民事诉讼，在第二审期间提起的，第二审人民法院可以依法进行调解；调解不成的，告知当事人可以在刑事判决、裁定生效后另行提起民事诉讼。

第二百条　被害人或者其法定代理人、近亲属在刑事诉讼过程中未提起附带民事诉讼，另行提起民事诉讼的，人民法院可以进行调解，或者根据本解释第一百九十二条第二款、第三款的规定作出判决。

《最高人民法院关于适用刑法第六十四条有关问题的批复》

根据刑法第六十四条和《最高人民法院关于适用〈中华人民共和国刑事诉讼法〉的解释》第一百三十八条、第一百三十九条的规定，被告人非法占有、处置被害人财产的，应当依法予以追缴或者责令退赔。据此，追缴或者责令退赔的具体内容，应当在判决主文中写明；其中，判决前已经发还被害人的财产，应当注明。被害人提起附带民事诉讼，或者另行提起民事诉讼请求返还被非法占有、处置的财产的，人民法院不予受理。

《最高人民法院关于办理减刑、假释案件审查财产性判项执行问题的规定》

第一条　人民法院办理减刑、假释案件必须审查原生效刑事或者刑事附带民事裁判中财产性判项的执行情况，以此作为判断罪犯是否确有悔改表现的因素之一。

财产性判项是指生效刑事或者刑事附带民事裁判中确定罪犯承担的被依法追缴、责令退赔、罚金、没收财产判项，以及民事赔偿义务等判项。

第二条　人民法院审查财产性判项的执行情况，应将执行法院出具的结案通知书、缴付款票据、执行情况说明等作为审查判断的依据。

人民法院判决多名罪犯对附带民事赔偿承担连带责任的，只要其中部分人履行全部赔偿义务，即可认定附带民事赔偿判项已经执行完毕。

罪犯亲属代为履行财产性判项的，视为罪犯本人履行。

第三条 财产性判项未执行完毕的，人民法院应当着重审查罪犯的履行能力。

罪犯的履行能力应根据财产性判项的实际执行情况，并结合罪犯的财产申报、实际拥有财产情况，以及监狱或者看守所内消费、账户余额等予以判断。

第四条 罪犯有财产性判项履行能力的，应在履行后方可减刑、假释。

罪犯确有履行能力而不履行的，不予认定其确有悔改表现，除法律规定情形外，一般不予减刑、假释。

罪犯确无履行能力的，不影响对其确有悔改表现的认定。

罪犯因重大立功减刑的，依照相关法律规定处理，一般不受财产性判项履行情况的影响。

第五条 财产性判项未执行完毕的减刑、假释案件，人民法院在受理时应当重点审查下列材料：

（一）执行裁定、缴付款票据、有无拒不履行或者妨害执行行为等有关财产性判项执行情况的材料；

（二）罪犯对其个人财产的申报材料；

（三）有关组织、单位对罪犯实际拥有财产情况的说明；

（四）不履行财产性判项可能承担不利后果的告知材料；

（五）反映罪犯在监狱、看守所内消费及账户余额情况的材料；

（六）其他反映罪犯财产性判项执行情况的材料。

上述材料不齐备的，应当通知报请减刑、假释的刑罚执行机关在七日内补送,逾期未补送的,不予立案。

第六条 财产性判项未履行完毕,具有下列情形之一的,应当认定罪犯确有履行能力而不履行:

(一)拒不交代赃款、赃物去向的;

(二)隐瞒、藏匿、转移财产的;

(三)妨害财产性判项执行的;

(四)拒不申报或者虚假申报财产情况的。

罪犯采取借名、虚报用途等手段在监狱、看守所内消费的,或者无特殊原因明显超出刑罚执行机关规定额度标准消费的,视为其确有履行能力而不履行。

上述情形消失或者罪犯财产性判项执行完毕六个月后方可依法减刑、假释。

第七条 罪犯经执行法院查控未发现有可供执行财产,且不具有本规定第六条所列情形的,应认定其确无履行能力。

第八条 罪犯被判处的罚金被执行法院裁定免除的,其他财产性判项未履行完毕不影响对其确有悔改表现的认定,但罪犯确有履行能力的除外。

判决确定分期缴纳罚金,罪犯没有出现期满未缴纳情形的,不影响对其确有悔改表现的认定。

第九条 判处没收财产的,判决生效后,应当立即执行,所执行财产为判决生效时罪犯个人合法所有的财产。除具有本规定第六条第一款所列情形外,没收财产判项执行情况一般不影响对罪犯确有悔改表现的认定。

第十条 承担民事赔偿义务的罪犯,具有下列情形之一的,不影响对其确有悔改表现的认定:

(一)全额履行民事赔偿义务,附带民事诉讼原告人下落不明或者拒绝接受,对履行款项予以提存的;

（二）分期履行民事赔偿义务，没有出现期满未履行情形的；

（三）附带民事诉讼原告人对罪犯表示谅解，并书面放弃民事赔偿的。

第十一条 因犯罪行为造成损害，受害人单独提起民事赔偿诉讼的，人民法院办理减刑、假释案件时应对相关生效民事判决确定的赔偿义务判项执行情况进行审查，并结合本规定综合判断罪犯是否确有悔改表现。

承担民事赔偿义务的罪犯，同时被判处罚金或者没收财产的，应当先承担民事赔偿义务。对财产不足以承担全部民事赔偿义务及罚金、没收财产的罪犯，如能积极履行民事赔偿义务的，在认定其是否确有悔改表现时应予以考虑。

第十二条 对职务犯罪、破坏金融管理秩序和金融诈骗犯罪、组织（领导、参加、包庇、纵容）黑社会性质组织犯罪等罪犯，不积极退赃、协助追缴赃款赃物、赔偿损失的，不认定其确有悔改表现。

第十三条 人民法院将罪犯交付执行刑罚时，对生效裁判中有财产性判项的，应当将财产性判项实际执行情况的材料一并移送刑罚执行机关。

执行财产性判项的人民法院收到刑罚执行机关核实罪犯财产性判项执行情况的公函后，应当在七日内出具相关证明，已经执行结案的，应当附有关法律文书。

执行财产性判项的人民法院在执行过程中，发现财产性判项未执行完毕的罪犯具有本规定第六条第一款第（一）（二）（三）项所列情形的，应当及时将相关情况通报刑罚执行机关。

第十四条 人民法院办理减刑、假释案件中发现罪犯确有履行能力而不履行的，裁定不予减刑、假释，或者依法由刑罚执行机关撤回减刑、假释建议。

罪犯被裁定减刑、假释后，发现其确有履行能力的，人民法院应当继续执行财产性判项;发现其虚假申报、故意隐瞒财产,情节严重的,人民法院应当撤销该减刑、假释裁定。

第四节 减刑、假释的程序性条件

问题143:有期徒刑犯服刑多久后可以减刑

有期徒刑犯首次减刑所需间隔应当从入监执行之日起开始计算。不同宣告刑期下,首次减刑时间汇总如下表所述(见表4-2)。

表4-2 不同刑期的首次减刑时间

情形	原判刑期		
	不满5年有期徒刑	5年以上不满10年有期徒刑	10年以上有期徒刑
职务犯罪罪犯	执行2年以上		执行3年以上
应当限制减刑间隔和幅度的罪犯	执行2年以上		执行2年以上
普通犯罪罪犯	执行1年以上	执行1.5年以上	执行2年以上

"应当限制减刑间隔和幅度的罪犯"是指"被判处有期徒刑的破坏金融管理秩序和金融诈骗犯罪罪犯,组织、领导、参加、包庇、纵容黑社会性质组织犯罪罪犯,危害国家安全犯罪罪犯,恐怖活动犯罪罪犯,毒品犯罪集团的首要分子及毒品再犯,累犯,确有履行能力而不履行或者不全部履行生效裁判中财产性判项的罪犯,以及因故意杀人、强奸、抢劫、绑架、放火、爆炸、投放危险物质或者有组织的暴

力性犯罪被判处十年以上有期徒刑的罪犯,数罪并罚且其中两罪以上被判处十年以上有期徒刑的罪犯"。

地方司法性文件通常会以"获得若干表扬数"作为减刑的另一必要条件,只有当获得表扬数和间隔时间都满足要求时方可减刑。

需要注意的是,以上均为法律法规要求的最低间隔时间,司法实践中实际间隔时间要更长,且不确定性较大,短则在法定最低间隔时间基础上增加数月,长则为法定最低间隔时间的 2~3 倍,相较于非首次减刑,监狱报请首次减刑时会更为慎重,间隔也相对更久。但有重大立功表现的,可以不受上述减刑起始时间的限制。

问题 144:看守所的羁押期限是否计入实际执行刑期

判决执行前先行羁押期限计入实际执行刑期,即实际执行刑期 = 判决执行前先行羁押的期限 + 自入监之日起实际服刑的期限。

根据最高人民检察院第四十九批指导性案例——罪犯邹某某假释监督案确立的计算规则,《最高人民法院关于办理减刑、假释案件具体应用法律的规定》第 23 条"被判处有期徒刑的罪犯假释时,执行原判刑期二分之一的时间,应当从判决执行之日起计算,判决执行以前先行羁押的,羁押一日折抵刑期一日"的规定,"执行原判刑期二分之一以上"不仅包括交付监狱实际执行的刑期,也包括判决执行前先行羁押的期限。

此案例颁布前,实践中对于羁押折抵问题在减刑、假释案件中的适用存在争议。有观点认为,实际执行的刑期应是交付执行后,犯罪人实际服刑改造的期间。[①] 实践中,也不乏减刑、假释裁定采取该观点。最高人民检察院指导案例的发布,统一了减刑、假释案件中实际执行刑期的计算规则,对于服刑人员而言适用减刑、假释的可能性将

---

① 参见张璋、陈北京:《刑罚变更中实际执行刑期的认定》,载《中国检察官》2020 年第 22 期。

会大大增加。以邹某某假释监督案为例，邹某某被判处有期徒刑 6 年 6 个月，前期在看守所被羁押 3 年 5 个月，在监狱服刑 1 年 8 个月时报请假释，按照此前的多数观点，认为执行前羁押期限不计入实际执行刑期，那么实际执行期间就只有 1 年 8 个月，不足原判刑期的 1/2。而按照最高人民检察院指导案例的观点，前期羁押的 3 年 5 个月加上监狱服刑的 1 年 8 个月共计 5 年 1 个月，大于原判刑期 6 年 6 个月的 1/2，可以予以假释。

问题 145：因同一违法行为被行政拘留的，是否计入实际执行刑期

行为人因同一违法行为先被公安机关行政拘留，后又因该行为构成犯罪被法院判处有期自由刑的，行政拘留期限也应计入实际执行刑期。

根据《行政处罚法》第 35 条第 1 款的规定，违法行为构成犯罪，人民法院判处拘役或者有期徒刑时，行政机关已经给予当事人行政拘留的，应当依法折抵相应刑期。

目前尚无规定或权威案例明确行政拘留的期限是否可以计入已经执行的刑期，但从实际效果来看，行政拘留与刑事拘留、逮捕的实际效果一样，都是剥夺了当事人的人身自由，因此，对于行政拘留期限的处理方式应当与刑事拘留、逮捕保持一致，这也符合《行政处罚法》的立法本意。因此，只要是行为人因同一行为先被行政拘留后被法院判处有期自由刑的，应当参照判前羁押的处理方式，将拘留期限计入实际执行刑期。

《刑法》

第七十八条第二款 减刑以后实际执行的刑期不能少于下列

期限:

(一) 判处管制、拘役、有期徒刑的,不能少于原判刑期的二分之一;

(二) 判处无期徒刑的,不能少于十三年;

(三) 人民法院依照本法第五十条第二款规定限制减刑的死刑缓期执行的犯罪分子,缓期执行期满后依法减为无期徒刑的,不能少于二十五年,缓期执行期满后依法减为二十五年有期徒刑的,不能少于二十年。

《行政处罚法》

第三十五条 违法行为构成犯罪,人民法院判处拘役或者有期徒刑时,行政机关已经给予当事人行政拘留的,应当依法折抵相应刑期。

违法行为构成犯罪,人民法院判处罚金时,行政机关已经给予当事人罚款的,应当折抵相应罚金;行政机关尚未给予当事人罚款的,不再给予罚款。

【典型案例】

罪犯邹某某假释监督案(检例第198号)

要旨

人民检察院应当准确把握假释罪犯的服刑期限条件,被判处有期徒刑的罪犯"执行原判刑期二分之一以上"的期限,包括罪犯在监狱中服刑刑期和罪犯判决执行前先行羁押期限。注重通过个案办理,推动司法行政机关及时调整不符合法律规定和立法原意的相关规定,保障法律统一正确实施。

事实

罪犯邹某某,男,1977年7月出生,户籍所在地为江苏省江阴市。

邹某某在担任江苏某投资股份有限公司销售部经理、总经理助理、副总经理期间，通过销售、购买沥青等业务，非法索取或者收受客户好处费318.95465万元；利用职务便利，通过私自购买空白的收款收据、私刻该投资公司财务专用章等方式，非法占有供货公司支付给该投资公司的银行承兑汇票贴息现金人民币21.7908万元。2017年3月29日，邹某某被江苏省无锡市公安局刑事拘留；2019年4月19日，以非国家工作人员受贿罪、职务侵占罪等罪名被江苏省江阴市人民法院判处有期徒刑6年6个月，并处没收财产人民币30万元，继续追缴违法所得人民币318.95465万元，刑期至2023年9月27日止。该犯不服，提出上诉。2020年6月2日，江苏省无锡市中级人民法院作出刑事裁定，驳回上诉，维持原判。后邹某某被交付江苏省浦口监狱执行刑罚。

2022年5月，江苏省南京市钟山地区人民检察院（以下简称钟山地区检察院）在审查浦口监狱报送的罪犯减刑假释案卷材料时，发现监狱拟对罪犯邹某某不予提请假释存在问题。浦口监狱认为，根据江苏省监狱管理局相关规定，对原判刑期不长、在监狱服刑时间较短的罪犯适用假释时，严格控制假释考验期，在监狱实际服刑时间一般应超过原判刑期的1/2。罪犯邹某某属于该规定情形，不符合提请假释条件。钟山地区检察院认为，浦口监狱以该规定为依据对邹某某不予提请假释存在问题，应当予以监督纠正。

围绕罪犯邹某某是否符合假释条件，钟山地区检察院开展了以下工作：一是调取起诉书、刑事判决书、刑事裁定书、刑事案件执行通知书、罪犯结案登记表等原始档案材料。证实罪犯邹某某在交付浦口监狱执行前，因案情疑难复杂已在无锡市某看守所先行羁押3年5个月，加上在浦口监狱执行的1年8个月，共计执行有期徒刑5年1个月，已执行原判刑期1/2以上。二是核实罪犯邹某某认罪悔罪表现。通过对该犯奖励审批表、计分考核累计台账、罪犯评审鉴定表、改造小结、认罪悔罪书等材料的审查，认定该犯在浦口监狱服刑期间能够遵守监规，接受教育改造，努力完成劳动任务，财产性判项已全部履行，确有悔改表现。根据无锡市某看守所出具的羁押期间表现情况鉴定表等材料，认定该犯在所期间能遵守相关规定，表现较好。三是审查罪犯出监危险性评估报告、调查评估意见书等材料，证实该犯再犯罪危险性等级为低度，具备家庭监管条件，可适用社区矫正。

钟山地区检察院审查后认为，根据《最高人民法院关于办理减刑、假释案件具体应用法律的规定》第 23 条"被判处有期徒刑的罪犯假释时，执行原判刑期二分之一的时间，应当从判决执行之日起计算，判决执行以前先行羁押的，羁押一日折抵刑期一日"的规定，"执行原判刑期二分之一以上"不仅包括交付监狱实际执行的刑期，也包括判决执行以前先行羁押的期限。江苏省监狱管理局相关规定不符合法律和司法解释，不应当作为办案依据。2022 年 5 月 31 日，钟山地区检察院综合考虑邹某某犯罪情节、刑罚执行中的一贯表现、假释后监管条件等因素，向浦口监狱提出对其依法提请假释的检察意见。浦口监狱采纳钟山地区检察院的意见，于 2022 年 6 月 20 日向南京市中级人民法院提请对罪犯邹某某予以假释。

理由

（1）刑法规定适用假释须"执行原判刑期二分之一以上"的期限，应当包含罪犯在监狱中服刑刑期和判决执行前先行羁押期限。根据刑法相关规定，"执行原判刑期二分之一以上"是依法适用假释的前提条件。为充分保障罪犯合法权益，按照刑法中刑期折抵的规定，"执行原判刑期二分之一以上"应包含罪犯先行羁押期限。在罪犯符合"执行原判刑期二分之一以上"的刑期条件的基础上，检察机关还要结合罪犯交付执行刑罚后的教育改造情况、认罪悔罪表现、在羁押期间的表现情况、调查评估意见等综合考虑罪犯"再犯罪的危险"，依法提出对罪犯适用假释的检察意见。

（2）人民检察院在对假释案件监督中应当注重通过个案办理推动法律适用的统一规范。人民检察院在办理假释监督案件过程中，要加强对法律、司法解释的正确理解和准确适用，依法实现个案办理公平公正。同时，也要通过个案办理加强类案监督，对执法司法机关出于认识不同可能导致司法适用中出现偏差的相关内部规定、政策性文件等，推动相关机关及时调整修正，保障法律统一正确实施。

结果

2022 年 8 月 5 日，南京市中级人民法院裁定对罪犯邹某某予以假释，假释考验期限至 2023 年 9 月 27 日止。裁定生效后，钟山地区检察院积极与江苏省监狱管理局沟通，建议撤销关于假释执行刑期的相关规定，此后该规定被废止。

问题 146：无期徒刑犯服刑多久后可以减刑

无期徒刑犯首次减刑所需间隔应当从入监执行之日起开始计算，且判前先行羁押的日期不能折抵刑期。不同情形下首次减刑时间汇总如表 4-3 所示。

表 4-3 无期徒刑首次减刑时间

情形	首次减刑时间
职务犯罪罪犯	执行 4 年以上
应当限制减刑间隔和幅度的罪犯	执行 3 年以上
普通犯罪罪犯	执行 2 年以上

注："应当限制减刑间隔和幅度的罪犯"是指对被判处无期徒刑的职务犯罪罪犯，破坏金融管理秩序和金融诈骗犯罪罪犯，组织、领导、参加、包庇、纵容黑社会性质组织犯罪罪犯，危害国家安全犯罪罪犯，恐怖活动犯罪罪犯，毒品犯罪集团的首要分子及毒品再犯，累犯以及因故意杀人、强奸、抢劫、绑架、放火、爆炸、投放危险物质或者有组织的暴力性犯罪的罪犯，确有履行能力而不履行或者不全部履行生效裁判中财产性判项的罪犯，数罪并罚被判处无期徒刑的罪犯。

问题 147：死刑缓期执行罪犯服刑多久可以减刑

1. 死刑缓期执行期间没有故意犯罪的

自死刑缓期执行判决确定（高级人民法院作出的死刑缓期执行判决生效，或者高级人民法院死刑缓期执行复核裁定生效）之日起 2 年，为缓刑执行期间，该 2 年期间经过后，若无故意犯罪，则可报请减为无期徒刑；若确有重大立功表现，期满依法减为 25 年有期徒刑。

尽管法律规定缓期执行时间为 2 年，但在司法实践中，由于监狱报请减刑、法院裁定减刑需要一定的时间，而且监狱通常会根据罪名、赔偿情况、财产刑履行情况、情节、延长时间，因此死刑缓期执行罪犯的首次减刑通常是在判决确定之日起算 3 年后左右。

2. 若有故意犯罪，但不属于"情节恶劣"而未被执行死刑

此情况下，2 年缓期执行期间重新计算。

由于在死刑缓期执行期间犯罪属于"判决宣告以后，刑罚执行完毕以前"又犯新罪的情形，因此应当根据《刑法》第 71 条的规定，把前罪没有执行的刑罚和后罪所判处的刑罚进行数罪并罚。前罪是死刑，与其他刑种并罚的，只执行死刑，但因不属于情节恶劣的情形，故死刑仍应缓期 2 年执行。基于此，重新起算缓刑考验期的起点，应当为数罪并罚的新死缓判决确定之日。

根据不同情况，数罪并罚的新死缓判决确定之日的认定也存在差异：

（1）中级人民法院对死刑缓期执行期间的故意犯罪宣判，并认为不属于情节恶劣，不报请核准执行死刑，被告人或检察机关没有上诉、抗诉的，由于实践中的主流做法是数罪并罚后的死刑缓期执行判决仍需报请高级人民法院复核，因此，高级人民法院复核裁定生效之日即为数罪并罚后的死刑缓期执行判决确定之日，自此开始起算 2 年考验期。

（2）中级人民法院对故意犯罪宣判后，被告人上诉或检察机关抗诉，高级人民法院审理认为原判故意犯罪不属于情节恶劣，不报请核准执行死刑的，此时，高级人民法院判决生效之日即为数罪并罚后的死缓判决确定之日，自此开始起算2年考验期。

（3）最高人民法院不核准执行死刑，高级人民法院经审理后予以改判，数罪并罚后决定执行死刑缓期执行的，此时，高级人民法院判决生效之日即为数罪并罚后的死刑缓期执行判决确定之日，自此开始起算2年考验期。

问题148：是否可以连续多次减刑

可以多次减刑，但连续2次减刑需要有一定时间间隔，即前一次减刑裁定送达之日起至本次减刑报请之日止，要满足法律规定的最短时间间隔（见表4-4）。

表4-4 不同刑期的减刑间隔时间

刑期及情形	减刑间隔时间
死缓减无期/有期徒刑再减刑	间隔2年以上
无期徒刑减为有期再减刑	
10年以上有期徒刑	
不满10年有期徒刑	间隔1年6个月以上

需要注意，减刑间隔时间不得低于上次减刑减去的刑期，若服刑人员有重大立功表现，可以不受上述减刑间隔时间的限制。

在司法实践中，由于申报、审理等程序性问题，减刑间隔通常会超过法定的最低期限，也有监狱在报请减刑建议时提前预留出了审理程序所需时间，以达到法院作出减刑裁定时满足法定间隔期限，导致实际裁定减刑时未超出法定间隔时间，但这种情况较为少见。

问题149：职务犯罪案件的减刑是否有特殊程序性要求

根据《最高人民法院关于适用〈中华人民共和国刑事诉讼法〉的解释》第534条的规定，减刑、假释的裁定只能由中级以上人民法院作出。而根据《暂予监外执行规定》第2条的规定，对罪犯适用暂予监外执行，如果是在交付执行前，则由人民法院作出决定，如果罪犯已在监狱服刑，由监狱审查同意后提请省级以上监狱管理机关批准，如果罪犯在看守所服刑，由看守所审查同意后提请设区的市一级以上公安机关批准。对有关职务犯罪案件适用减刑、假释或暂予监外执行，还应当依照有关规定逐案报请相应法院、检察院备案审查。

1. 法院备案

法院备案程序见表4-5。

表4-5 法院备案程序

法院层级	级别	备案时限	备案法院
基层人民法院	原县处级职务犯罪	决定暂予监外执行后10日内	高级人民法院
	原厅局级职务犯罪	决定暂予监外执行后10日内	最高人民法院
中级人民法院	原县处级职务犯罪	减刑、假释或者决定暂予监外执行后10日	高级人民法院
	原厅局级职务犯罪	减刑、假释或者决定暂予监外执行后10日	最高人民法院
高级人民法院	对原厅局级以上职务犯罪	减刑、假释或者决定暂予监外执行后10日	最高人民法院

2. 检察院备案审查

检察院备案审查程序见表4-6。

表4-6 检察院备案审查程序

级别	时限	备案检察院
原县处级职务犯罪	减刑、假释或者决定暂予监外执行后10日	省级人民检察院
对原厅局级以上职务犯罪	减刑、假释或者决定暂予监外执行后10日	最高人民检察院

备案过程中，承担备案职责的法院发现减刑、假释裁定确有错误的，应当重新组成合议庭审理并裁定予以撤销。承担备案职责的检察院发现裁定不当的，应当通知下级人民检察院依法向有关单位提出纠正意见，其中，省级人民检察院认为高级人民法院作出的减刑、假释裁定不当的，应当直接向其依法提出纠正意见。而对于职务犯罪减刑、假释、暂予监外执行存在疑点或者可能存在违法违规问题的，应当通知下级人民检察院依法进行调查核实。

《最高人民检察院关于对职务犯罪罪犯减刑、假释、暂予监外执行案件实行备案审查的规定》

第二条 人民检察院对职务犯罪罪犯减刑、假释、暂予监外执行案件实行备案审查，按照下列情形分别处理：

（一）对原厅局级以上职务犯罪罪犯减刑、假释、暂予监外执行的案件，人民检察院应当在收到减刑、假释裁定书或者暂予监外执行决定书后十日以内，逐案层报最高人民检察院备案审查；

（二）对原县处级职务犯罪罪犯减刑、假释、暂予监外执行的案件，人民检察院应当在收到减刑、假释裁定书或者暂予监外执行决定书后十日以内，逐案层报省级人民检察院备案审查。

第三条 人民检察院报请备案审查减刑、假释案件，应当填写备案审查登记表，并附下列材料的复印件：

（一）刑罚执行机关提请减刑、假释建议书；

（二）人民法院减刑、假释裁定书；

（三）人民检察院向刑罚执行机关、人民法院提出的书面意见；

罪犯有重大立功表现裁定减刑、假释的案件，还应当附重大立功表现相关证明材料的复印件。

第四条 人民检察院报请备案审查暂予监外执行案件，应当填写备案审查登记表，并附下列材料的复印件：

（一）刑罚执行机关提请暂予监外执行意见书或者审批表；

（二）决定或者批准机关暂予监外执行决定书；

（三）人民检察院向刑罚执行机关、暂予监外执行决定或者批准机关提出的书面意见；

（四）罪犯的病情诊断、鉴定意见以及相关证明材料。

第五条 上级人民检察院认为有必要的，可以要求下级人民检察院补报相关材料。下级人民检察院应当在收到通知后三日以内，按照要求报送。

第六条 最高人民检察院和省级人民检察院收到备案审查材料后，应当指定专人进行登记和审查，并在收到材料后十日以内，分别作出以下处理：

（一）对于职务犯罪罪犯减刑、假释、暂予监外执行不当的，应当通知下级人民检察院依法向有关单位提出纠正意见。其中，省级人民检察院认为高级人民法院作出的减刑、假释裁定或者省级监狱管理局、省级公安厅（局）作出的暂予监外执行决定不当的，应当依法提出纠正意见；

（二）对于职务犯罪罪犯减刑、假释、暂予监外执行存在疑点或者可能存在违法违规问题的，应当通知下级人民检察院依法进行调查核实。

第七条 下级人民检察院收到上级人民检察院对备案审查材料处理意见的通知后，应当立即执行，并在收到通知后三十日以内，报告执行情况。

第八条 省级人民检察院应当将本年度原县处级以上职务犯罪罪犯减刑、假释、暂予监外执行的名单，以及本年度职务犯罪罪犯减刑、假释、暂予监外执行的数量和比例对比情况，与人民法院、公安机关、监狱管理机关等有关单位核对后，于次年一月底前，报送最高人民检察院。

第九条 对于职务犯罪罪犯减刑、假释、暂予监外执行的比例明显高于其他罪犯的相应比例的，人民检察院应当对职务犯罪罪犯减刑、假释、暂予监外执行案件进行逐案复查，查找和分析存在的问题，依法向有关单位提出意见或者建议。

第十条 最高人民检察院和省级人民检察院应当每年对职务犯罪罪犯减刑、假释、暂予监外执行情况进行分析和总结，指导和督促下级人民检察院落实有关要求。

第十一条 本规定中的职务犯罪，是指贪污贿赂犯罪，国家工作人员的渎职犯罪，国家机关工作人员利用职权实施的非法拘禁、非法搜查、刑讯逼供、暴力取证、虐待被监管人、报复陷害、破坏选举的侵犯公民人身权利、公民民主权利的犯罪。

《最高人民法院关于对部分职务犯罪罪犯减刑、假释、暂予监外执行实行备案审查的通知》

一、基层人民法院对原县处级职务犯罪罪犯决定暂予监外执行后十日内，逐级报请高级人民法院备案审查；对原厅局级以上职务犯罪罪犯决定暂予监外执行后十日内，逐级报请最高人民法院备案审查。

二、中级人民法院对原县处级职务犯罪罪犯裁定减刑、假释或者决定暂予监外执行后十日内，报请高级人民法院备案审查；对原厅局级以上职务犯罪罪犯裁定减刑、假释或者决定暂予监外执行后十日内，逐级报请最高人民法院备案审查。

三、高级人民法院对原厅局级以上职务犯罪罪犯裁定减刑、假释或者决定暂予监外执行后十日内，报请最高人民法院备案审查。

四、备案审查工作由高级人民法院、最高人民法院审判监督庭或者负责减刑、假释、暂予监外执行工作的审判庭承担。

五、报请高级人民法院、最高人民法院备案审查，应当制作报请备案审查报告一式五份，并附减刑、假释裁定书或者暂予监外执行决定书一式五份，及相关材料复印件。待全国法院网络办案平台建成后，还应当同时通过网络办案平台报送相关卷宗材料。

六、承担备案审查工作的人民法院对下级人民法院报请备案审查的案件，应当在立案后依法组成合议庭办理。合议庭应当对裁定、决定是否符合法律、司法解释规定进行全面审查。经审查认为减刑、假释、暂予监外执行确有错误的，应当依照《最高人民法院关于办理减刑、假释案件具体应用法律若干问题的规定》第29条之规定办理。

问题150：一次减刑可以减多少刑期

法律针对不同情形规定的单次减刑最多可减刑期上限，一般为6~12个月，个别情况下可以减18~24个月（极为少见），实践中，减3~9个月的比较常见。而且职务犯罪和普通服刑人员的减刑上限也不同。

单次减刑限度汇总如表4-7所示。

表4-7 不同刑期的单次减刑幅度

对比项目		有期徒刑/无期减为有期后/死刑缓期执行减为有期后	无期徒刑	死刑缓期执行减为无期后
职务犯罪罪犯	确有悔改或立功表现	不超过6个月	减为23年有期徒刑	减为25年有期徒刑
	确有悔改并有立功表现	不超过9个月	减为22~23年有期徒刑	减为24.5~25年有期徒刑
	重大立功表现	不超过12个月	减为21~22年有期徒刑	减为24~24.5年有期徒刑
应当限制减刑间隔和幅度的罪犯	确有悔改表现	不超过12个月（比照普通犯罪罪犯从严）	减刑后不得低于20年有期徒刑（比照普通犯罪罪犯从严）	减为25年有期徒刑
	确有立功或重大立功表现			减为23~25年有期徒刑
普通犯罪罪犯	确有悔改或立功表现	不超过9个月	减为22年有期徒刑	减为25年有期徒刑
	确有悔改并有立功表现	不超过12个月	减为21~22年有期徒刑	减为24~25年有期徒刑
	重大立功表现	不超过18个月	减为20~21年有期徒刑	减为23~24年有期徒刑
	确有悔改并有重大立功表现	不超过24个月	减为19~20年有期徒刑	减为22~23年有期徒刑

注："应当限制减刑间隔和幅度的罪犯"是指被判处有期徒刑、无期徒刑、死缓的破坏金融管理秩序和金融诈骗犯罪罪犯，组织、领导、参加、包庇、纵容黑社会性质组织犯罪罪犯，危害国家安全犯罪罪犯，恐怖活动犯罪罪犯，毒品犯罪集团的首要分子及

毒品再犯，累犯，确有履行能力而不履行或者不全部履行生效裁判中财产性判项的罪犯，以及因故意杀人、强奸、抢劫、绑架、放火、爆炸、投放危险物质或者有组织的暴力性犯罪被判处 10 年以上有期徒刑、无期徒刑、死缓的罪犯，数罪并罚且其中两罪以上被判处 10 年以上有期徒刑或数罪并罚被判处无期徒刑、死缓的罪犯。

司法实践中，绝大多数的减刑情节均为"确有悔改表现"，"立功"或"重大立功"的情形非常罕见。因此，在没有立功和重大立功的情况下，有期徒刑犯（包括从无期、死刑缓期执行减为有期徒刑的罪犯）每次减刑的最大幅度为 9 个月（职务犯罪罪犯为 6 个月）。地方司法性文件对于职务犯罪罪犯、应当限制减刑间隔和幅度的罪犯减刑时比照普通犯罪罪犯从严把握作出了更具体的规定。

问题 151：减刑最多能减多少

尽管符合减刑条件即可以减刑，原则上不作次数限制，但是不同刑种、刑期在多次减刑后，不能低于最低实际服刑期限。

（1）判处管制、拘役、有期徒刑：实际服刑时间不得少于原判刑期的 1/2；

（2）判处无期徒刑：实际服刑时间不得少于 13 年；

（3）未被限制减刑的死刑缓期 2 年执行：实际服刑时间不得少于 15 年；

（4）被限制减刑的死刑缓期 2 年执行：缓期执行期满后依法减为无期徒刑的，不少于 25 年，缓期执行期满后依法减为 25 年有期徒刑的，不少于 20 年。

由于死刑缓期执行期间不计入实际执行期间，因此，被判处无期徒刑的，在计算实际服刑期限时，应从减为无期徒刑或有期徒刑的减刑裁定生效之日起计算。

问题 152：服刑多久可以假释

刑种不同，适用假释的最低服刑期限要求也有不同。

（1）被判处有期徒刑：执行原判刑期 1/2 以上方可假释。

（2）被判处无期徒刑：实际执行 13 年以上方可假释。如果有特殊情况，经最高人民法院核准，可以不受上述执行刑期的限制。

（3）被判处死刑缓期执行，减为无期徒刑或者有期徒刑后，实际执行 15 年以上，方可假释，该实际执行时间应当从死刑缓期执行期满之日起计算。

在最高人民检察院假释指导案例出台之前，对于实际服刑期限的理解（是否从审前羁押之日开始起算），各地还存在不同认识，也导致实际服刑期限实践中掌握并不一致。从过往案例来看，虽然刑法规定执行原判刑期 1/2 以上即符合假释条件，但至少要服满原判刑期的 3/4 以上，才有可能获得假释。刑期越短，获得假释的可能性越小。但随着最高人民检察院指导案例的出台，这种情况将被扭转。

实践中，由于各地同时还会对表扬个数或剩余刑期等作特别要求，因此各地实际对服刑期限可能会有更为严格的要求。例如，根据北京市的规定，在满足刑法规定的剩余刑期要求的前提下，还需满足表扬数及剩余刑期的要求：

（1）被判处不满 5 年有期徒刑，获得的奖励累计折算期限在 6 个月以上（2 个以上表扬），且扣除该期限后剩余刑期在 6 个月以内的；

（2）被判处 5 年以上不满 10 年有期徒刑，获得的奖励累计折算期限在 9 个月以上（3 个以上表扬），且扣除该期限后剩余刑期在 1 年以内的；

（3）被判处 10 年以上有期徒刑，获得的奖励累计折算期限在 12 个月以上（4 个以上表扬），且扣除该期限后剩余刑期在 1 年 6 个月以内的；

（4）被判处无期徒刑，减为有期徒刑后，获得的奖励累计折算期限在 15 个月以上（5 个以上表扬），且扣除该期限后剩余刑期在 2 年以内的；

（5）被判处死刑缓期执行，减为有期徒刑后，获得的奖励累计折算期限在 18 个月以上（6 个以上表扬），且扣除该期限后剩余刑期在 2 年以内的。

问题 153：减刑之后是否可以马上假释

假释之前，服刑人员一般都会减刑，法律规定在减刑后假释的，要经过必要的间隔期。

（1）在减刑后又假释的，间隔时间不得少于 1 年。

（2）上一次减刑后余刑不足 2 年，决定假释的，可以适当缩短间隔时间。以北京市为例，余刑不足 2 年的，假释距离上一次减刑的时间间隔为不得少于 8 个月；而根据山东省的规定，则可以相应缩短间隔时间 3 个月，即间隔 9 个月即可申请减刑。

（3）一次减去 1 年以上有期徒刑后，决定假释的，间隔时间不得少于 1 年 6 个月。

问题 154：如果既符合假释条件，又符合减刑条件，应当如何处理

既符合减刑又符合假释条件的，优先适用假释。对于可以提起假释但监狱没有提起的，检察院有权建议监狱优先提起假释。

《最高人民法院关于办理减刑、假释案件具体应用法律的规定》第 26 条第 2 款规定："罪犯既符合法定减刑条件，又符合法定假释条件的，可以优先适用假释。"实践中，为了推动假释制度适用，帮助服刑人员早日回归社会，检察机关对于可以提请假释但监狱仅提请减刑的，检察院可以行使其法律监督权，建议监狱依法提请减刑。

但值得注意的是，在满足减刑条件的情况下，服刑人员无权主动选择不减刑而在经过更长时间的改造后适用假释。由于减刑后需要隔较长时间才能够假释，实践中，不乏服刑人员在符合减刑条件时，主动要求不减刑，通过更长时间服刑和更加积极的表现，达到尽快假释目的。这是因为根据我国刑罚制度，减刑、假释不是服刑人员的当然权利，而是激励其改造、最大限度实现刑罚目的的一种手段和方法。因此，是减刑还是假释，取决于监狱经过考核的结果而非服刑人员的自由选择。可参见前述检例第 195 号。

问题 155：因申请假释导致考核周期内尚有奖励未使用的，应如何处理

视各地规定而定，以北京为例，未使用的奖励可以折抵假释考验期。

如果适用减刑，则表扬奖励可以反映在减去的刑期上；而一旦选择适用假释，则从上一次减刑至此次假释期间所取得的表扬奖励就无法发挥其可以用于抵扣剩余刑期的激励作用。实践中，为了防止服刑人员在满足假释条件后改造积极性降低，部分地区规定未使用的奖励可以用于折抵假释考验期。

问题 156：余刑不满 1 年的，是否有假释机会

余刑不满 1 年的，通常不会被提请假释。

实践中，如果入监执行时余刑就不足 1 年，考虑到入监后需经过 1~2 个月入监教育，且至少需经过一个计分考核周期（约 6 个月）的考核，加之假释的报请通常需要 3 个月左右的时间，因此，如果入监执行时余刑不满 1 年，通常不会被提请假释。

如果经减刑后，剩余刑期不满 1 年，即便后续又符合了假释的条件，由于假释本就需要与减刑保持一定时间间隔，加上假释报请时间，因此减刑后余刑不满 1 年的，实践中一般也会不再报请假释。

《刑法》

第四十七条 【有期徒刑刑期的计算与折抵】有期徒刑的刑期，从判决执行之日起计算；判决执行以前先行羁押的，羁押一日折抵刑期一日。

第八十一条 【假释的适用条件】被判处有期徒刑的犯罪分子，执行原判刑期二分之一以上，被判处无期徒刑的犯罪分子，实际执行十三年以上，如果认真遵守监规，接受教育改造，确有悔改表现，没有再犯罪的危险的，可以假释。如果有特殊情况，经最高人民法院核准，可以不受上述执行刑期的限制。

对累犯以及因故意杀人、强奸、抢劫、绑架、放火、爆炸、投放危险物质或者有组织的暴力性犯罪被判处十年以上有期徒刑、无期徒刑的犯罪分子，不得假释。

对犯罪分子决定假释时，应当考虑其假释后对所居住社区的影响。

第五节 减刑、假释程序

问题 157：监狱提请减刑、假释后多久可以收到裁定

监狱提请减刑、假释后，一般情况下 3~5 个月可以收到裁定，拘役、管制案件的减刑裁定周期稍微短一些，涉黑涉恶案件的组织领导者或首要分子等人员的减刑、假释由于须报请复核，因此时间会更长。

该过程包括两个阶段，一是从启动阶段至监狱作出《减刑（假

释）建议书》向法院报请，该时限目前法律并无明确的规定，通常而言此阶段需要 2～3 个月的时间。二是法院作出裁定的时间，该时间周期为 1 个月，除拘役和管制案件的减刑外，其他案件的减刑、假释均可以再延长 1 个月。

问题 158：通常由哪个机关报请减刑、假释

一般由服刑监狱报请减刑、假释，看守所留所服刑的通常刑期较短，符合减刑、假释条件的，由看守所报请。

对下列特殊人员的减刑、假释，还需要经监狱管理局审核。

其一，被判处死刑缓期 2 年执行的服刑人员的减刑，被判处无期徒刑的服刑人员的减刑、假释，在提请法院裁定前，须经省、自治区、直辖市监狱管理局审核同意。

其二，被判处 10 年以上有期徒刑、无期徒刑、死刑缓期 2 年执行的黑社会性质组织的组织者、领导者或者恶势力组织的首要分子减刑的，须报经省、自治区、直辖市监狱管理局复核后，方可提请法院裁定。对黑社会性质组织的组织者、领导者或者恶势力组织的首要分子假释的，无论原判刑期长短，一律适用该复核程序。

问题 159：监狱等执行机关在裁定作出前，是否可以撤回减刑、假释申请

在减刑、假释裁定作出前，如果服刑人员又发生新的违法犯罪，或者被发现有漏罪，或者有严重违反监规纪律等行为，需要对其能否减刑、假释重新审视，如不再符合减刑、假释条件，监狱可以书面提请撤回减刑、假释建议，但是否准许须由法院决定。根据实践中检索到的案例来看，多数情况下，法院都会准许监狱撤回。

这就意味着即使对该服刑人员的减刑、假释意见已被报请至法院，在减刑、假释裁定作出前，一旦出现违规行为或改造态度消极懈息，同样会面临减刑、假释资格被取消的风险；而在被报请至法院前，则有更多的不确定因素，因此，在服刑人员被告知可以参与此次减刑、假释的报请后，更应以积极端正的态度参与改造，不可以因已经获得了参与减刑、假释的资格为由而消极改造。

【典型案例】

侯某宇减刑撤回案〔（2021）辽10刑更304号〕

要旨

罪犯在提请减刑期间发生违纪行为的，监狱有权撤回对其减刑建议。

事实

辽宁省抚顺市中级人民法院于2018年5月18日作出（2017）辽04刑初18号刑事附带民事判决，认定被告人侯某宇犯故意伤害、破坏生产经营罪，判处有期徒刑15年，附带民事赔偿人民币74,922.89元（已赔偿）。该犯不服，提出上诉。辽宁省高级人民法院于2018年10月16日作出（2018）辽刑终251号刑事附带民事裁定，驳回上诉，维持原判。刑期自2016年6月3日起至2031年6月2日止。2019年1月30日侯某宇被送往辽宁省辽阳第一监狱服刑改造。

执行机关辽宁省辽阳第一监狱于2021年6月提出减刑建议书，报送法院审理。法院审理过程中，执行机关辽宁省辽阳第一监狱于2021年6月21日以罪犯侯某宇在提请减刑期间发生违纪行为为由，提请撤回对罪犯侯某宇减刑建议。

理由

辽宁省辽阳第一监狱提请撤回对罪犯侯某宇的减刑建议符合法律规定，应予以准许。

结果

准许辽宁省辽阳第一监狱撤回对罪犯侯某宇减刑的建议。

问题160：家属是否可以参与减刑、假释程序

在正式提请之前，监区会准备并审核报请减刑、假释的材料，其中，关于财产性判项履行情况的材料，监狱通常会以电话通知的方式通知家属予以协助提供，其中包括提供财产性判刑的履行证明。如果财产性判项尚未履行完毕，监狱通常会告知家属可以代为履行，以尽可能争取此次减刑、假释的机会。如果家庭情况困难，无履行能力，也需要在家属的协助下，由服刑人员户籍所在地或服刑前经常居住地乡（镇）级以上民政部门出具判刑前系最低生活保障对象或符合最低生活保障条件的证明，或是出具服刑人员服刑前、后家庭收入等方面的情况说明等证明材料并提交给监狱，以证明服刑人员确无或暂无履行能力。

由于假释的裁定需要考虑假释后生活来源、家庭情况和监管条件等可能影响再犯罪可能性的因素，因此，刑罚执行机关在准备报请假释材料时，往往会通知家属予以配合提供家庭情况相关材料，包括房产证、房屋租赁合同等用以确定拟假释人员居住情况的证明、亲属关系证明、家庭收入来源证明等。此外，存在服刑人员直系亲属、配偶因患病、残疾，长期生活不能自理，需服刑人员本人照顾，或者服刑人员因丧偶、配偶正在服刑，其未成年子女确需本人抚养等可以争取从宽适用假释的特殊情形的，家属也可以主动与监狱联系，提供服刑人员直系亲属或配偶的病历、伤残鉴定报告、服刑材料、未成年子女信息、居委会或村委会出具的家庭情况说明等材料，以争取从宽适用假释。

问题161：减刑、假释案件是否都要开庭审理

下列几类减刑、假释案件为依法应当开庭审理的案件，除此外，其他案件可以书面审理：

（1）有重大立功表现提请减刑的；

（2）提请减刑的起始时间、间隔时间或者减刑幅度不符合一般规定的；

（3）被提请减刑、假释罪犯系职务犯罪服刑人员，组织、领导、参加、包庇、纵容黑社会性质组织服刑人员，破坏金融管理秩序罪犯或者金融诈骗服刑人员的；

（4）社会影响重大或者社会关注度高的；

（5）公示期间收到不同意见的；

（6）人民检察院提出异议的；

（7）有必要开庭审理的其他案件。

随着减刑、假释实质化审理的推进，实践中各地对非必须开庭审理的减刑、假释案件开庭审理的数量有所提升，但总体上仍以书面审理为主。

由于目前律师能否代理减刑、假释案件尚无明确法律规定，而服刑人员本人也无直接向法院递交申请材料的权利，因此实践中是否属于"有必要开庭审理的其他案件"几乎完全取决于法院的判断。

问题162：在减刑、假释案件审理过程中，服刑人员是否有机会发表意见

对于开庭审理的案件，法院应通知被报请减刑、假释的服刑人员参加庭审。在庭审过程中，服刑人员对报请理由有疑问的，在经审判长许可后，可以出示证据，申请证人到庭，向证人提问并发表意见。

对于书面审理的减刑案件，只有在法院提讯该被提请减刑的服刑人员的情况下，服刑人员才有机会发表意见；而书面审理的假释案件，由于法律要求法院应当提讯被报请假释的服刑人员，因此通常情况下服刑人员都有发表意见的机会。

《反有组织犯罪法》

第三十六条 对被判处十年以上有期徒刑、无期徒刑、死刑缓期二年执行的黑社会性质组织的组织者、领导者或者恶势力组织的首要分子减刑的,执行机关应当依法提出减刑建议,报经省、自治区、直辖市监狱管理机关复核后,提请人民法院裁定。

对黑社会性质组织的组织者、领导者或者恶势力组织的首要分子假释的,适用前款规定的程序。

第三十七条 人民法院审理黑社会性质组织犯罪罪犯的减刑、假释案件,应当通知人民检察院、执行机关参加审理,并通知被报请减刑、假释的罪犯参加,听取其意见。

《监狱提请减刑假释工作程序规定》

第七条 提请减刑、假释,应当根据法律规定的条件,结合罪犯服刑表现,由分监区人民警察集体研究,提出提请减刑、假释建议,报经监区长办公会议审核同意后,由监区报送监狱刑罚执行部门审查。

直属分监区或者未设分监区的监区,由直属分监区或者监区人民警察集体研究,提出提请减刑、假释建议,报送监狱刑罚执行部门审查。

分监区、直属分监区或者未设分监区的监区人民警察集体研究以及监区长办公会议审核情况,应当有书面记录,并由与会人员签名。

第八条 监区或者直属分监区提请减刑、假释,应当报送下列材料:

(一)《罪犯减刑(假释)审核表》;

(二)监区长办公会议或者直属分监区、监区人民警察集体研究

会议的记录;

（三）终审法院裁判文书、执行通知书、历次减刑裁定书的复印件;

（四）罪犯计分考核明细表、罪犯评审鉴定表、奖惩审批表和其他有关证明材料;

（五）罪犯确有悔改表现或者立功、重大立功表现的具体事实的书面证明材料。

第九条 监狱刑罚执行部门收到监区或者直属分监区对罪犯提请减刑、假释的材料后，应当就下列事项进行审查：

（一）需提交的材料是否齐全、完备、规范；

（二）罪犯确有悔改或者立功、重大立功表现的具体事实的书面证明材料是否来源合法；

（三）罪犯是否符合法定减刑、假释的条件；

（四）提请减刑、假释的建议是否适当。

经审查，对材料不齐全或者不符合提请条件的，应当通知监区或者直属分监区补充有关材料或者退回；对相关材料有疑义的，应当提讯罪犯进行核查；对材料齐全、符合提请条件的，应当出具审查意见，连同监区或者直属分监区报送的材料一并提交监狱减刑假释评审委员会评审。提请罪犯假释的，还应当委托县级司法行政机关对罪犯假释后对所居住社区影响进行调查评估，并将调查评估报告一并提交。

第十条 监狱减刑假释评审委员会应当召开会议，对刑罚执行部门审查提交的提请减刑、假释建议进行评审，提出评审意见。会议应当有书面记录，并由与会人员签名。

监狱可以邀请人民检察院派员列席减刑假释评审委员会会议。

第十一条 监狱减刑假释评审委员会经评审后，应当将提请减刑、假释的罪犯名单以及减刑、假释意见在监狱内公示。公示内容应当包括罪犯的个人情况、原判罪名及刑期、历次减刑情况、提请减刑假释的建议及依据等。公示期限为5个工作日。公示期内，如有监狱人民警察或者罪犯对公示内容提出异议，监狱减刑假释评审委员会应当进行复核，并告知复核结果。

第十二条 监狱应当在减刑假释评审委员会完成评审和公示程序后，将提请减刑、假释建议送人民检察院征求意见。征求意见后，监狱减刑假释评审委员会应当将提请减刑、假释建议和评审意见连同人民检察院意见，一并报请监狱长办公会议审议决定。监狱对人民检察院意见未予采纳的，应当予以回复，并说明理由。

第十三条 监狱长办公会议决定提请减刑、假释的，由监狱长在《罪犯减刑（假释）审核表》上签署意见，加盖监狱公章，并由监狱刑罚执行部门根据法律规定制作《提请减刑建议书》或者《提请假释建议书》，连同有关材料一并提请人民法院裁定。人民检察院对提请减刑、假释提出的检察意见，应当一并移送受理减刑、假释案件的人民法院。

对本规定第四条所列罪犯决定提请减刑、假释的，监狱应当将《罪犯减刑（假释）审核表》连同有关材料报送省、自治区、直辖市监狱管理局审核。

第十四条 监狱在向人民法院提请减刑、假释的同时，应当将提请减刑、假释的建议书副本抄送人民检察院。

第十五条 监狱提请人民法院裁定减刑、假释，应当提交下列材料：

（一）《提请减刑建议书》或者《提请假释建议书》；

（二）终审法院裁判文书、执行通知书、历次减刑裁定书的复印件；

（三）罪犯计分考核明细表、评审鉴定表、奖惩审批表；

（四）罪犯确有悔改或者立功、重大立功表现的具体事实的书面证明材料；

（五）提请假释的，应当附有县级司法行政机关关于罪犯假释后对所居住社区影响的调查评估报告；

（六）根据案件情况需要提交的其他材料。

对本规定第四条所列罪犯提请减刑、假释的，应当同时提交省、自治区、直辖市监狱管理局签署意见的《罪犯减刑（假释）审核表》。

第十六条 省、自治区、直辖市监狱管理局刑罚执行部门收到监狱报送的提请减刑、假释建议的材料后，应当进行审查。审查中发现监狱报送的材料不齐全或者有疑义的，应当通知监狱补充有关材料或者作出说明。审查无误后，应当出具审查意见，报请分管副局长召集评审委员会进行审核。

第十七条 监狱管理局分管副局长主持完成审核后，应当将审核意见报请局长审定；分管副局长认为案件重大或者有其他特殊情况的，可以建议召开局长办公会议审议决定。

监狱管理局审核同意对罪犯提请减刑、假释的，由局长在《罪犯减刑（假释）审核表》上签署意见，加盖监狱管理局公章。

第二十条 违反法律规定和本规定提请减刑、假释，涉嫌违纪的，依照有关处分规定追究相关人员责任；涉嫌犯罪的，移送司法机关依法追究刑事责任。

问题163：办理减刑、假释过程中，服刑人员家属可以提供哪些帮助

假释由刑罚执行机关负责的，提请假释的材料也主要由刑罚执行机关负责出具，但因部分材料执行机关并不掌握，往往也没有动力去主动获取，因此，需要家属主动联系监狱提供。该部分工作，家属也可以委托律师进行申请、提供。

1. 提供财产性判项的履行情况证明

服刑人员户籍需要提供的资料类型详见"服刑后被强制执行的，如何提供相应履行证据"部分。

2. 提供家庭情况证明

由于假释的裁定需要考虑假释后生活来源、家庭情况和监管条件等可能影响再犯罪可能性的因素，因此，刑罚执行机关在准备报请假释材料时，往往会通知家属予以配合提供相关材料，通常而言，包括房产证等用以确定拟假释人员居住情况的证明、亲属关系证明、家庭收入来源证明等材料。

问题164：服刑人员家属对减刑裁定不服有何救济手段

服刑人员家属如果对不予减刑或者减去刑期的裁定有异议，目前无法通过上诉程序进行救济，但可以采用下列方式申请监督。该部分工作，家属也可以委托律师进行申请。

1. 申请检察院进行监督

根据《最高人民法院关于适用〈中华人民共和国刑事诉讼法〉的解释》第539条的规定，法院作出减刑裁定后，需将裁定送达提请减刑的监狱、同级检察院以及服刑人员本人。而且检察院认为减刑裁定不当，可以对之提出书面纠正意见。因此，服刑人员家属可以尝试向作出减刑裁定法院的同级检察院提出监督申请。

2. 申请上级法院监督

根据《最高人民法院关于适用〈中华人民共和国刑事诉讼法〉的解释》第541条的规定，上级人民法院发现下级人民法院已经生效的减刑、假释裁定确有错误的，可以指令下级人民法院另行组成合议庭审理，也可以自行审理。因此，对于裁定不服的，服刑人员家属可以尝试向作出减刑裁定法院的上级人民法院（不限于上一级）提出监督申请。

问题 165：裁定减刑、假释后，发现不符合减刑、假释条件或适用法律存在错误的，是否可以撤销裁定

可以撤销，撤销后，应当重新计算刑期，或收监执行原未执行的刑罚。

首先，若检察院认为减刑、假释裁定不当，可以向人民法院提出书面纠正意见，建议法院撤销。根据《刑事诉讼法》的规定，检察院认为法院减刑、假释的裁定不当，应当在收到裁定书副本后 20 日以内，向人民法院提出书面纠正意见。人民法院应当在收到纠正意见后 1 个月以内重新组成合议庭进行审理，作出最终裁定。

其次，上级人民法院发现下级人民法院原裁定有错误或原裁定法院自行发现的，应当予以撤销。根据《最高人民法院关于适用〈中华人民共和国刑事诉讼法〉的解释》第 541 条的规定，人民法院发现本院已经生效的减刑、假释裁定确有错误的，应当另外组成合议庭进行审理；上级人民法院发现下级人民法院已经生效的减刑、假释裁定确有错误的，可以指令下级人民法院另行组成合议庭审理，也可以自行依法组成合议庭进行审理并作出裁定。

结合实践中的情况，常见的"裁定不当"包括提请减刑、假释前存在严重违反监规，未认罪悔罪，未履行财产性判项或发现被提请人虚假申报、故意隐瞒财产，被提请人属于被禁止减刑、假释人员范围，裁定严重违反程序要求等情形。

【典型案例】

王某刑罚与执行变更监督刑事裁定〔（2021）苏 11 刑更监 11 号〕
要旨

以贿赂方式取得减刑的，违反法律法规及监规，不具有"确有悔改表现"，不符合减刑条件。通过贿赂取得的减刑裁定不当，依法应当予以撤销并收监执行未执行完毕的刑罚。

事实

罪犯王某因犯盗窃罪，于2013年12月9日被江苏省沭阳县人民法院判处有期徒刑6年9个月，并处罚金人民币4万元，责令罪犯王某与同案犯共同退赔被害人经济损失。判决生效后，该犯于2014年1月24日被交付执行。

另查明，丹阳市人民法院于2021年5月8日作出（2020）苏1181刑初741号刑事判决，认定被告人赵某明在担任江苏省边城监狱二监区一警区副警长期间，利用职务之便，非法收受服刑罪犯王某委托亲属所送的贿赂共计人民币5000元。被告人赵某明明知罪犯王某存在贿赂监狱警察的严重违反法律和监规的行为而予以隐瞒，在讨论对罪犯提请减刑的监区全体民警会议上及提请减刑过程中未提出异议，同意呈报减刑，致使罪犯王某不符合减刑条件获得减刑。

江苏省镇江市人民检察院认为，罪犯王某的行为违反法律法规及监规，不具备《最高人民法院关于办理减刑、假释案件具体应用法律的规定》第3条"确有悔改表现"的条件，不能认定其确有悔改表现。建议对其上述减刑裁定予以纠正。

理由

《刑法》第78条规定，被判处有期徒刑的犯罪分子，在执行期间，如果认真遵守监规，接受教育改造，确有悔改表现的，可以减刑。《最高人民法院关于办理减刑、假释案件具体应用法律的规定》第3条规定，"确有悔改表现"是指同时具备以下条件：（1）认罪悔罪；（2）遵守法律法规及监规，接受教育改造；（3）积极参加思想、文化、职业技术教育；（4）积极参加劳动，努力完成劳动任务。罪犯王某委托亲属在其服刑期间贿赂监狱民警，违反法律法规及监规，故不能认定罪犯王某"确有悔改表现"，其不符合减刑条件。法院于2016年8月3日、2018年5月16日作出的对王某减刑的裁定不当，应予纠正，并收监执行未执行完毕的刑罚。

结果

其一，撤销江苏省镇江市中级人民法院（2016）苏11刑更2620号对罪犯王某减刑的刑事裁定；

其二，撤销江苏省镇江市中级人民法院（2018）苏11刑更1288号对罪犯王某减刑的刑事裁定；

其三，继续执行江苏省沭阳县人民法院（2013）沭刑初字第0931号刑事判决未执行完毕的刑罚。

问题166：减刑裁定作出后，服刑人员又严重违反监狱管理规定的，减刑裁定能否撤销

减刑裁定作出之后，服刑人员严重违反监狱管理秩序的，可以撤销减刑。

目前我国法律并未对减刑裁定作出后服刑人员严重违反监狱管理秩序的能否撤销原减刑裁定作出明确规定。主流观点主张，减刑撤销程序符合减刑制度立法原意：通过撤销减刑裁定，可以避免服刑人员滥用减刑制度，督促已获减刑的服刑人员在余刑执行期间继续积极改造，从而达到减刑制度的立法目的；而在减刑后不服从管理，违反监规，也表明了该服刑人员在实质上并非"确有悔改表现"，不符合减刑条件。[①] 目前，实践中已有因服刑人员在减刑后因严重违反监规而被撤销减刑裁定的案例。但对于哪些情况下可以撤销原减刑裁定、裁定作出后多久内出现违规行为应撤销原减刑裁定等尚无明确要求规定。

尽管实践中对此情形撤销减刑裁定的案例较少，但服刑人员也不能抱有侥幸心理，因已经减刑就消极懈怠，而是应以更积极端正的态度参与改造。

---

① 参见张志强、林慧翔、江东：《构建减刑撤销程序具有正当依据》，载《检察日报》2022年11月19日，第3版。

【典型案例】

张某军故意伤害罪减刑裁定撤销案〔(2019)晋03刑更353号〕

要旨

罪犯张某军被裁定减刑后1年内，不服从管理、抗拒改造，受到监狱禁闭处罚，根据其行为表现，不能认定为"确有悔改表现"，不符合减刑条件，应撤销原减刑裁定。

事实

执行机关山西省阳泉第二监狱对罪犯张某军重新审理减刑的申请中提出，罪犯张某军2018年8月16日坐夜哨期间，不仅对私藏使用违禁品行为不制止、不汇报，反而主动参与违纪行为，看不健康书籍。执行机关阳泉第二监狱依照相关规定对罪犯张某军作出禁闭处罚，并建议本院重新审理该犯减刑一案。并提供了本院作出的(2018)晋03刑更483号刑事裁定书、对罪犯张某军的讯问笔录、罪犯禁闭审批表等证据材料。山西省阳泉荫营地区人民检察院出具检察建议书，提出罪犯张某军被裁定减刑后1年内，不服从管理、抗拒改造，受到监狱禁闭处罚，根据其行为表现，不能认定为"确有悔改表现"，不符合减刑条件，根据相关法律规定，建议对罪犯张某军减刑案件重新审理，撤销原减刑裁定。

理由

本院认为，减刑制度作为一种刑罚执行变更制度，是贯彻宽严相济刑事政策中以"宽"济"严"的重要机制。确立减刑制度是为了加强对罪犯的改造，促进罪犯改造的积极性，鼓励罪犯认罪悔罪。罪犯在交付执行后是否"确有悔改表现"，是人民法院审理减刑案件的重要裁量标准。罪犯张某军本该珍惜减刑机会，严格遵守监规纪律，认真完成剩余刑期的服刑改造，但是该犯不服从管理，抗拒改造，严重违反监规纪律，情节恶劣，受到监狱禁闭处罚。因此，不能认定其在服刑期间"确有悔改表现"。

结果

撤销本院 2018 年 5 月 2 日作出的（2018）晋 03 刑更 483 号对罪犯张某军减刑 6 个月的刑事裁定书。执行刑期重新计算，即自 2011 年 11 月 30 日起至 2025 年 12 月 29 日止，剥夺政治权利 2 年不变。

问题 167：再审维持原判的，原减刑裁定是否继续有效

经再审重新审理后，裁定维持原判决、裁定的，不会对减刑、假释产生影响，即原减刑、假释裁定继续有效，减刑间隔仍从上一次减刑时起算，不会重新计算，减刑间隔和幅度要求也与之前相同，不会因再审而受到其他限制。

问题 168：再审改判的，原减刑裁定是否继续有效

1. **改判后为有期徒刑**

再审裁判改变原判决、裁定的，原减刑、假释裁定自动失效，由原执行机关即原服刑监狱（看守所）及时报请有管辖权的人民法院重新作出是否减刑、假释的裁定。其中，"有管辖权的人民法院"需要根据再审判决所判处的刑罚及刑期进行确定（见表 4-8）。

表 4-8 有管辖权的法院

再审判处刑罚	有管辖权的法院
死刑缓期执行	服刑地的高级人民法院
无期徒刑	服刑地的高级人民法院
被判处有期徒刑/被减为有期徒刑	服刑地的中级人民法院
被判处拘役、管制	服刑地的中级人民法院

实践中，原执行机关报请时间具有较大的随机性，从几日到数月不等，通常视该执行机关集中报请减刑、假释的时间而定。法院重新

作出减刑裁定时，不受法律规定的有关减刑起始时间、间隔时间的限制。但重新作出的裁定减刑幅度不得超过原裁定减去的刑期总和。具体减刑幅度一般需考虑此前减去的刑期、服刑期间的表现及所犯罪行的性质等各方面因素进行判断。

2. 改判为死刑缓期 2 年执行或无期徒刑

再审改判为死刑缓期执行或者无期徒刑的，在依照再审判决服刑至减为有期徒刑之时，此前依照原判决已经实际执行的刑期一并扣减。其中，"已经实际执行的刑期"指从原被交付执行之日（原判为有期徒刑的，则从被羁押之日起计算）至再审裁判生效之日已实际执行的刑期。

例如，原判决判处无期徒刑至再审判决生效之日，已经实际服刑 2 年，经再审改判死刑缓期 2 年执行的，在死刑缓期 2 年执行减为无期徒刑再减为有期徒刑 25 年时，原判决已经执行的 2 年应从 25 年的刑期中扣减。

【典型案例】

戴某强抢劫再审审查与审判监督案〔(2017) 闽刑更监 1 号〕

要旨

原判被判处无期徒刑，再审改判为死刑缓期执行，在新判决减为有期徒刑之时，原判决已经实际执行的刑期应当予以扣减。

事实

2001 年 2 月 19 日莆田市中级人民法院作出（2000）莆中刑初字第 90 号刑事判决，认定戴某强犯抢劫罪，判处无期徒刑，剥夺政治权利终身，并处罚金 5000 元。宣判后，该犯提出上诉。本院于 2001 年 7 月 4 日作出（2001）闽刑终字第 227 号刑事判决，对该犯维持原判。于 2001 年 10 月 19 日交付福建省闽西监狱执行。2003 年 9 月 1 日本院作出（2003）闽刑再终字 7 号刑事判决，改判其犯抢劫罪，判处死刑，缓期2年执行，剥夺政治权利终身；并处没收个人全部财产。该犯死刑缓期执行期满后，本院于2006年3月2日作出（2006）闽刑执字第118号刑事裁定，将提出将罪犯戴某强的刑罚减为无期徒刑，剥夺政治权利终身不变。根据罪犯戴某强服刑期间的悔改表现，本院于2008年12月12日作出（2008）闽刑执字第866号刑事裁定，将罪犯戴某强的刑罚减为有期徒刑18年9个月，剥夺政治权利7年。现罪犯戴某强向本院提出其再审判决前已执行的原刑期应当予以折抵的请求。本院依法组成合议庭进行了审理，现已审理终结。经审理查明，罪犯戴某强原判无期徒刑，自2001年10月19日交付福建省闽西监狱执行，至2003年9月1日本院再审改判其死刑，缓期2年执行，已实际执行原判刑期1年10个月14天。

理由

罪犯戴某强原判被判处无期徒刑，再审改判为死刑缓期执行，在新判决减为有期徒刑之时，原判决已经实际执行的刑期应当予以扣减。本院（2008）闽刑执字第866号刑事裁定所确定的刑期起至日期应予调整。

结果

罪犯戴某强原有期徒刑交付执行后至本院再审改判死刑缓期执行，已实际服刑1年10个月14天，应在减为有期徒刑18年9个月的刑期内扣减（刑期自2008年12月12日起至2025年10月28日止）。

问题169：服刑期间发现漏罪的，之前的减刑裁定是否有效

1. 普通减刑裁定

除死缓减为无（有）期徒刑及无期徒刑减为有期徒刑的裁定外，刑罚执行期间因发现漏罪而数罪并罚的，原减刑裁定自动失效。

其中，如漏罪为主动交代发现的，对其原减去的刑期，由执行机

关报请有管辖权的人民法院重新作出减刑裁定，予以确认。例如，前罪判处有期徒刑 8 年，实际执行 4 年，减刑 5 个月。漏罪判处有期徒刑 1 年，先以 8 年和 1 年数罪并罚确定刑期，再从刑期中减去已执行的 4 年，经法院确认后再减去之前裁定减去的 5 个月。

如漏罪系有关机关发现或者他人检举揭发的，由执行机关报请有管辖权的人民法院，在原减刑裁定减去的刑期总和之内，酌情重新裁定（具体处理规则参照再审改判后原减刑裁定的处理规则）。

2. 原判为死刑缓期执行

原判为死刑缓期执行的，减为有期徒刑后的减刑裁定处理方式与普通减刑裁定相同。死刑缓期执行减为无期徒刑、无期徒刑减为有期徒刑的减刑裁定处理方式如表 4-9 所示。

表 4-9 原判为死刑缓期执行发现漏罪处理方式一览

漏罪发现时间	漏罪刑罚	缓期执行期	已执行期间	原减刑裁定
死刑缓期执行期内	死刑缓期2 年执行	新判决生效之日起计算	不予扣除	—
	无期徒刑及以下刑罚	新判决生效之日起计算	新判决的死刑缓期执行期间扣除已经执行的死刑缓期执行期间	—
死刑缓期执行期满后	死刑缓期2 年执行	新判决生效之日计算	不予扣除	无效
	无期徒刑及以下刑罚	不再执行，即自新判决生效之日按无期徒刑执行	新判决的无期徒刑减为有期徒刑时，前罪减为无期徒刑之日起至新判决生效之日止已经实际执行的刑期，在减刑裁定决定执行的刑期中应予以扣减	有效

(1) 在死刑缓期执行期内被发现漏罪，数罪并罚后决定执行死刑缓期执行的，如果漏罪是无期徒刑及以下刑罚，死刑缓期执行期间自新判决确定之日起计算，新判决的死刑缓期执行期间扣除已经执行的死刑缓期执行期间；如漏罪也被判处死刑缓期执行，原已经执行的部分不予扣除。

(2) 在死刑缓期执行期满后，减为有期徒刑之前被发现漏罪，数罪并罚后决定执行死刑缓期执行的，交付执行时按无期徒刑执行，但漏罪被判处死刑缓期执行的仍按死刑缓期 2 年执行。

(3) 在死刑缓期执行已被减为有期徒刑后被发现漏罪，数罪并罚后决定执行死刑缓期执行的，在新判决作出后，交付执行时按无期徒刑执行。在新判决的无期徒刑减为有期徒刑时（减刑起始时间、幅度按照无期徒刑减刑的规定确定），前罪减为无期徒刑之日起至新判决生效之日止已经实际执行的刑期，在减刑裁定决定执行的刑期中应予以扣减。

例如，前罪被减为无期徒刑之日至数罪并罚新判决生效之日已实际执行 3 年，则执行新判决时，不再执行死缓考验期，直接按照无期徒刑执行，在无期徒刑减为 25 年有期徒刑时，再减去已经实际执行的 3 年，即只需实际执行 22 年。

3. 原判为无期徒刑

原判为无期徒刑的，减为有期徒刑后的减刑裁定处理方式与普通减刑裁定相同。无期徒刑减为有期徒刑的减刑裁定处理方式如表 4-10 所示。

表 4-10 无期徒刑减为有期徒刑后发现漏罪处理方式一览

漏罪发现时间	漏罪刑罚	已执行期间	原减刑裁定
减为有期徒刑前	—	不予扣除	—

续表

漏罪发现时间	漏罪刑罚	已执行期间	原减刑裁定
减为有期徒刑后	死刑缓期2年执行	—	无效
	3年以上有期徒刑、无期徒刑	新判决的无期徒刑减为有期徒刑时，前罪无期徒刑生效之日起至新判决生效之日止已经实际执行的刑期在减刑裁定决定执行的刑期内扣减	无效
	3年有期徒刑以下刑罚	同上	无效，但在新判决生效后执行1年以上，符合减刑条件的，可以减为有期徒刑

（1）被减为无期徒刑前发现漏罪的，数罪并罚后已执行的刑期不予扣除。

（2）被减为有期徒刑后发现漏罪的，如果漏罪为死刑缓期2年执行，数罪并罚后为死刑缓期2年执行的，已执行的刑期如何扣除目前尚无明确规定，参照死缓减刑后又发现漏罪的规定；如果漏罪是死刑缓期执行，原则上已执行的刑期不予扣除，无期徒刑减为有期徒刑的减刑裁定失效。

（3）被减为有期徒刑后发现漏罪的，如果数罪并罚后决定执行无期徒刑，新判决的无期徒刑减为有期徒刑时（减刑起始时间、幅度按照无期徒刑减刑的规定确定），前罪无期徒刑生效之日起至新判决生效之日止已经实际执行的刑期，应当在减刑裁定决定执行的刑期内扣减。但如果漏罪被判处3年有期徒刑以下刑罚，在新判决生效后执行1年以上，符合减刑条件的，可以减为有期徒刑，即不受无期徒刑通常减刑起始时间限制，但减刑幅度仍受无期徒刑减刑幅度限制。

问题 170：服刑期间又犯新罪的，之前的减刑裁定是否有效

如果新罪是过失犯罪，则原减刑裁定有效，如是故意犯罪则无效。但死刑缓期执行减为无期徒刑、有期徒刑，或者无期徒刑减为有期徒刑后又犯新罪的，即便新罪为故意犯罪，死缓减为无期/有期徒刑或无期徒刑减为有期徒刑的裁定继续有效。

如果服刑期间所犯新罪为过失犯罪，在数罪并罚时，需把前罪没有执行的刑罚和后罪所判处的刑罚，依照数罪并罚的原则决定执行的刑罚，原减刑裁定仍然有效。其中，"前罪没有执行的刑罚" = 前罪宣告刑 - 减刑裁定减去的刑期 - 已实际执行的刑期。例如，前罪判处有期徒刑 8 年，实际执行 4 年，减刑 5 个月。后罪判处有期徒刑 1 年，数罪并罚计算刑期时，前罪没有执行的刑罚是 3 年 7 个月（8 年 - 4 年 - 5 个月）。

如果所犯新罪为故意犯罪，经减刑裁定减去的刑期不计入已经执行的刑期。因此，上述例子中如果后罪是故意犯罪，数罪并罚计算刑期时，前罪没有执行的刑罚则是 4 年（8 年 - 4 年）。

如果是死刑缓期执行减为无期徒刑、有期徒刑，或者无期徒刑减为有期徒刑后又犯新罪，即便新罪为故意犯罪，死缓减为无期/有期徒刑或无期徒刑减为有期徒刑的裁定继续有效。例如，无期徒刑减为 25 年有期徒刑后又犯新罪，新罪应判处 10 年有期徒刑的，应以 25 年有期徒刑与 10 年有期徒刑并罚。

问题 171：服刑期间再犯新罪的，对后续减刑是否有影响

服刑期间再犯新罪，后续减刑会从严掌握，延长减刑间隔。

（1）前罪被判处有期徒刑、无期徒刑或死刑缓期执行减为有期徒刑、无期徒刑后又犯新罪：自新罪判决确定之日起 3 年内不予减刑。

（2）新罪被判处无期徒刑：自新罪判决确定之日起 4 年内不予减刑。

（3）死刑缓期执行期间又故意犯罪：未被执行死刑的，死刑缓期执行的期间重新计算，减为无期徒刑后，5 年内不予减刑。

以上是司法解释规定的间隔期限，实际执行过程中，各地制定的实施细则可能还会对减刑所需的表扬数再作要求，从而导致实际间隔长于该司法解释规定的间隔。

问题172：假释作出后还会被撤销吗

如果在假释考验期内出现严重违规行为，如又犯罪、被发现漏罪、严重违规等，假释要被撤销，且已经执行的假释考验期不能折抵刑期。

1. 在假释考验期内又犯新罪

在假释考验期内又犯新罪，无论所犯新罪的性质和形式，也无论所犯罪行会被判处何种刑罚，都应当撤销假释，对所犯新罪进行判决，并把前罪未执行完毕的刑期和新罪判决的刑期，按总和刑期以下数罪中最高刑期以上酌情决定刑期。

在假释考验期满后才被发现假释考验期内所犯的新罪，如果发现的新罪是在追诉时效内，也要撤销假释，把前罪没有执行的刑罚和后罪所判处的刑罚进行数罪并罚。

2. 在假释考验期内发现漏罪

在假释考验期内发现有漏罪，并且没有超过追诉时效的，不论其漏罪的性质、应判何种刑罚，都要撤销假释，把前后两罪所判刑罚合并，在总和刑期以下最高刑期以上决定执行数罪并罚的刑期，再将此前已经执行的刑期从新确定的刑期中扣除。

问题 173：假释考验期内出现哪些违反假释监督管理规定的行为会被撤销假释

在假释考验期内实施严重违反法律、行政法规或者国务院有关部门关于假释的监督管理规定的行为，会被撤销假释：

（1）无正当理由不按规定时间报到或者接受社区矫正期间脱离监管，超过1个月的；

（2）受到社区矫正机构两次警告①，仍不改正的。

如果有其他违反有关法律、行政法规和监督管理规定的行为，但尚未构成新的犯罪，从实践来看，是否撤销假释主要取决于社区矫正机关和司法机关的裁量，如果是轻微的违法违规行为，例如闯红灯等，并不会直接导致假释被撤销。

【典型案例】

江苏省高级人民法院发布审判监督十大典型案例：曹某被撤销假释案

要旨

假释考验期内违反《道路交通安全法》被行政处罚的，会被撤销假释。

事实

罪犯曹某因犯诈骗罪被判处有期徒刑5年2个月，并处罚金4万

---

① 《社区矫正法实施办法》第35条规定："社区矫正对象具有下列情形之一的，执行地县级社区矫正机构应当给予警告：（一）违反人民法院禁止令，情节轻微的；（二）不按规定时间报到或者接受社区矫正期间脱离监管，超过十日的；（三）违反关于报告、会客、外出、迁居等规定，情节较重的；（四）保外就医的社区矫正对象无正当理由不按时提交病情复查情况，经教育仍不改正的；（五）受到社区矫正机构两次训诫，仍不改正的；（六）其他违反监督管理规定，情节较重的。"

元，退赔被害人经济损失。服刑期间，外省某中级人民法院裁定对罪犯曹某予以假释。假释考验期内，曹某因违反《道路交通安全法》，无证驾驶汽车，被交警处以罚款1000元。

2021年1月18日，司法行政机关提出撤销假释建议。检察机关同意司法行政机关报请意见。

执行地法院经审理查明，曹某的机动车驾驶证已被注销，其在道路上驾驶机动车系未取得机动车驾驶证驾驶非营运汽车的违法行为，交警对其作出罚款1000元的行政处罚程序合法、处罚恰当。

理由

罪犯在假释考验期内违反法律规定，受到行政处罚，应当撤销假释。鉴于异地执行罪犯假释撤销面临的对接难、沟通难、文书移送难等问题，《社区矫正法实施办法》第46条明确规定执行地社区矫正机构也可以向执行地法院提出撤销假释建议，不再局限于假释裁定地法院。本案中，罪犯曹某系异地执行假释，执行地法院主动加强与公安机关、检察机关、司法行政机关、外省法院对接，裁定撤销原假释裁定，及时将罪犯收监，这一决定彰显了假释制度的严肃性，有效降低了收监执行成本，警示教育曹某及其他假释对象应当正确认识假释制度、严格遵守监督管理规定，取得了良好的法律效果和社会效果。

结果

执行地法院认为，罪犯曹某在假释考验期内，违反法律规定，受到行政处罚，依法应当撤销假释，收监执行尚未执行完毕的刑罚。综上，裁定撤销原假释裁定，对罪犯曹某收监执行未执行完毕的刑罚。

问题174：违规/犯罪部分行为发生在假释考验期内，部分发生在期满后，是否会被撤销缓刑

如果犯罪行为部分发生在假释考验期内，部分发生在假释考验期满后，则不论行为人的犯罪行为连续与否，也不论其犯罪行为是在何时被发现，只要有一项罪行是在假释考验期内实施且依法未超过追诉时效，就应当依法撤销其假释，实行并罚。

问题175：假释考验期内又犯新罪的，是否成立累犯

假释考验期内又犯新罪的，不成立累犯。

根据《刑法》第85条的规定，假释考验期满，就认为原判刑罚已经执行完毕。从该规定来看，假释并非不执行刑罚，而是相当于将假释考验期作为刑罚的替代措施，只有在假释考验期满后，才可以视为原判刑罚执行完毕。

无论是一般累犯还是特别累犯，均属于在刑罚执行完毕或者赦免以后又犯新罪的；据此，由于假释考验期满才是刑罚执行完毕，在考验期尚未期满的情况下又犯新罪的，因不符合法定条件而不成立累犯。

问题176：假释考验期内又犯新罪、发现漏罪的，原减刑裁定是否有效

假释考验期满才是刑罚执行完毕，因此在考验期尚未期满的情况下又犯新罪或发现漏罪的，原减刑裁定效力的认定与服刑期间又犯新罪、发现漏罪时的效力认定规则一致。（服刑期间又犯新罪、发现漏罪时，原减刑裁定的效力认定规则详见"问题169：服刑期间发现漏罪的，之前的减刑裁定是否有效""问题170：服刑期间又犯新罪的，之前的减刑裁定是否有效"。）

问题177：前罪符合犯罪记录封存条件，在前罪假释考验期限内又犯新罪的，是否撤销假释

应撤销假释，数罪并罚。

未成年人的犯罪记录封存制度是为了贯彻落实党和国家对违法犯罪未成年人的"教育、感化、挽救"方针和"教育为主、惩罚为辅"原则,消除"犯罪标签"对受过刑事处罚的未成年人在入伍、就业方面的影响,最终目的是帮助失足青少年回归社会。该制度的本质是"封存"而非"消灭",因此,不能将"犯罪记录封存"等同于"犯罪记录消灭",并进而禁止在此后的刑事诉讼中对犯罪记录进行法律评价。司法机关为办案需要可以使用已封存之犯罪记录也是实践中通行的做法。因此,即便前罪符合犯罪记录封存条件,在前罪假释考验期限内又犯新罪的,也应按照一般规则处理,予以撤销。

【典型案例】

《刑事审判参考》第 1300 号案例:沈某故意杀人、抢劫案

要旨

犯罪记录封存不等同于犯罪记录消灭,前罪犯罪记录封存的,在假释考验期内犯新罪的,应撤销假释,依法数罪并罚。

事实

2014 年 7 月 12 日至 13 日,被告人沈某于假释考验期限内,在吉林省长春市汽车经济技术开发区(以下简称汽开区)以独行的女性为抢劫目标,持刀抢劫 3 起,在实施抢劫后或实施抢劫过程中杀害或伤害被害人,劫得款物共计价值人民币(以下币种同)9985 元,并致一人死亡,一人重伤。2014 年 7 月 22 日,沈某被抓获。具体事实如下:2014 年 7 月 12 日 14 时许,被告人沈某尾随被害人周某某到汽开区 39 街区 716 栋 3 单元楼道内,持刀挟持周某某,劫得现金 30 元和 3 张银行卡,并逼迫周某某说出银行卡密码,因周某某向楼外跑并大声呼救,沈某追上后用刀刺周某某的胸部、肋部、臂部数刀,致周某某左肺静脉破裂导致其失血死亡。沈某逃离现场后,于当日 15 时许使用周某某的银行卡在银行 ATM 机取款,因密码错误,取款

未果。

2014年7月13日13时许，在汽开区47街区综合市场附近，被告人沈某尾随被害人张某某至46街区850栋5单元楼道内，持刀挟持后刺张某某腰部一刀、劫得价值6334元的黄金项链一条。经法医鉴定，张某某腹部外伤致右肾破裂及结膜系膜破裂并手术修补构成重伤二级；右手食指及中指皮肤裂伤构成轻微伤；腹部外伤致右肾破裂及结肠浆膜破裂修补术后，构成九级伤残。

2014年7月13日16时许，在汽开区50街区综合市场附近，被告人沈某尾随被害人赵某某至50街区21栋4单元楼道内，持刀挟持赵某某后劫得现金50元和价值3571元的黄金项链一条。长春市中级人民法院认为，被告人沈某在劫得被害人周某某的财物后，因周某某逃跑并呼救，持刀刺周某某要害部位致其死亡，其行为构成故意杀人罪；沈某以非法占有为目的强行劫取被害人周某某、张某某、赵某某的财物，其行为构成抢劫罪；沈某在假释考验期内犯新罪，应当撤销假释，与新犯的罪数罪并罚。

理由

对于本案被告人沈某的前罪犯罪记录是否封存，存在两种意见。

第一种意见认为，被告人沈某的前罪犯罪记录应予封存。理由是：沈某犯前罪时系未成年人，被判处5年有期徒刑以下刑罚，符合犯罪记录封存条件，根据《刑事诉讼法》及相关司法解释、规范性文件的规定，犯罪记录被封存的，司法机关因办案需要依法进行查询后仍应对被封存犯罪记录的情况予以保密。在案件均应当公开宣判的情况下，如果撤销沈某前罪的假释并与其后罪被判处的刑罚并罚，必然会公开此前被封存的犯罪记录，这样就与司法机关查询犯罪记录后的保密义务相冲突，故按照法律规定沈某的犯罪记录应予封存，不应在判决中体现。

第二种意见认为，犯罪记录封存不等同于犯罪记录消灭。本案中被告人沈某的前罪犯罪记录不应封存，应对其撤销假释，依法数罪并罚。

我们同意第二种意见，主要理由是：

1. 犯罪记录封存并非犯罪记录消灭，并不排斥在封存后的刑事诉讼中对已封存的犯罪记录进行法律评价

2012年《刑事诉讼法》第275条（2018年修正后的《刑事诉讼法》第286条）规定了未成年人的犯罪记录封存制度。最高人民法院、最高人民检察院、公安部、国家安全部、司法部等印发《关于建立犯罪人员犯罪记录制度的意见》以及立法机关相关立法说明都明确表示，我国建立未成年人犯罪记录封存制度是为了贯彻落实党和国家对违法犯罪未成年人的"教育、感化、挽救"方针和"教育为主、惩罚为辅"原则，消除"犯罪标签"对受过刑事处罚的未成年人在入伍、就业方面的影响，最终目的是帮助失足青少年回归社会。该制度的本质是"封存"而非"消灭"，因此，不能将"犯罪记录封存"等同于"犯罪记录消灭"，并进而禁止在此后的刑事诉讼中对犯罪记录进行法律评价。司法机关为办案需要可以使用已封存之犯罪记录也是实践中通行的做法。

刑法和刑事诉讼法制度在实践中相互影响。犯罪记录封存制度虽然规定在《刑事诉讼法》中，但相关刑法制度会影响对该制度的理解和适用。针对未成年人的犯罪记录封存制度，《刑法修正案（八）》也增加了相应内容，对累犯制度作出了相应调整。比如，在具体操作上，根据《公安机关办理刑事案件程序规定》第320条第1款、《人民检察院刑事诉讼规则（试行）》第503条和《人民检察院办理未成年人刑事案件的规定》第62条之规定，办案机关应当在收到人民法院生效判决后，对犯罪记录予以封存。根据《刑法》相关规定，刑罚执行过程中可以对符合条件的罪犯进行减刑、假释，而犯罪记录是审理减刑、假释案件的基础事实，如果片面强调犯罪记录已封存，不

得在裁判中使用，就有可能导致符合条件的罪犯无法适用假释、减刑程序的情况。一项有利于罪犯的刑法制度（减刑、假释制度）却因为有利于罪犯的另一项刑事诉讼法制度（犯罪记录封存制度）的存在无法适用，从法理和情理上来讲都是不妥当的，司法机关应当根据实际情况有所取舍。我们认为，尽管犯罪记录已经封存，但在审理减刑假释案件的诉讼中仍应对犯罪记录进行援引和评价。同理，罪犯假释期间违反《刑法》第86条第3款规定的，应撤销假释，收监执行未执行完毕的刑罚，在审理撤销假释案件过程中也可以对封存的犯罪记录进行援引和评价，这样才不至于因为未成年人的犯罪记录封存而架空《刑法》关于减刑、假释的规定。

犯罪记录封存制度是平衡社会公共利益与未成年犯罪人权益的一项举措，在理解和适用犯罪记录封存制度时，要注意平衡未成年犯罪人权益保护与惩罚犯罪及满足合理的社会防卫需要之间的关系，在权衡犯罪记录封存制度和相关刑法制度立法目的的基础上决定法律适用问题，不可片面强调"教育、感化、挽救"，也不可进行绝对的机械理解。除非法条有明确规定，如未成年人犯罪不构成累犯的规定，否则以犯罪记录封存为由而杜绝未成年人案件减刑、假释的适用，既违背了设立该制度的初衷，也不利于打击犯罪和保护未成年人权益。

2. 撤销假释数罪并罚的做法符合假释的制度功能

假释是对符合条件的犯罪分子附条件予以提前释放的一项刑法制度，附条件是指被假释的犯罪分子如果遵守相关规定，假释考验期满，就认为原判刑罚已经执行完毕。附条件释放很好地体现和实现了假释制度的特点和制度功能。倘若犯罪分子没有遵守相关规定，应依法撤销假释，执行未执行完毕的刑罚或数罪并罚。未成年人在假释期内犯罪也不例外，这样才符合假释系附条件释放的立法本意，该观点也得到《最高人民法院、最高人民检察院、公安部、司法部关于进一步加强社区矫正工作衔接配合管理的意见》第19条的印证、支持,该条规定:"撤销缓刑、撤销假释裁定书或者对暂予监外执行罪犯收监执行决定书应当在居住地社区矫正机构教育场所公示。属于未成年或者犯罪的时候不满十八周岁被判处五年有期徒刑以下刑罚的社区服刑人员除外。"根据该规定,犯罪记录封存后,罪犯在缓刑假释考验期内违反相关规定,法院在审理撤销缓刑假释案件的诉讼中可以援引和评价,并可在撤销缓刑、撤销假释裁定书体现被封存的犯罪记录,只是考虑到保密义务问题,不在居住地社区矫正机构教育场所公示撤销缓刑、撤销假释裁定书。

本案中,被告人沈某在假释考验期内犯新罪,对其撤销假释依法数罪并罚,属于依法惩罚犯罪的问题,这一方面实现了假释制度的立法目的,另一方面也与犯罪记录封存制度促使罪犯更好地回归社会的立法初衷并不冲突。如果仍以需遵守保密义务为由而不撤销假释依法数罪并罚,则有将"教育、感化、挽救"方针异化为"纵容"之嫌,也使假释制度形同虚设,实不足取。

3. 从司法实践操作层面分析,如果不撤销假释依法数罪并罚,则无法顺利进行刑事诉讼活动

本案中,被告人沈某在假释期间犯新罪,面临两种刑罚的执行:一种是前罪未执行完毕的刑罚执行问题,另一种是后罪所判处的刑罚的执行问题。如果不撤销假释并依法数罪并罚,那么,如何执行这两种刑罚呢?第一种方案是先执行前罪未执行完毕的刑罚,执行完毕后再执行后罪所判处的刑罚;第二种方案是先执行后罪所判处的刑罚,执行完毕后再执行前罪未执行完毕的刑罚。但这两种方案均无法律依据,且被告人沈某后罪所判处的刑罚是死刑,第二种方案更不可行。如果撤销假释依法数罪并罚,则通过数罪并罚制度一并解决了前罪未执行完毕的刑罚和后罪所判处刑罚的执行问题,亦无法律障碍。

综上,被告人沈某前罪被封存的犯罪记录是犯新罪后对其进行刑

罚裁量的法定基础性事实，即使在刑事诉讼中对其援引和评价违反法律规定的保密义务，也应予以援引和评价。

结果

（1）撤销吉林省辽源市中级人民法院（2014）辽刑执字第114号对被告人沈某予以假释的刑事裁定。

（2）被告人沈某犯故意杀人罪，判处死刑，剥夺政治权利终身；犯抢劫罪，判处有期徒刑15年，并处罚金人民币3万元，与前罪尚未执行的刑期并罚，决定执行死刑，剥夺政治权利终身，并处罚金人民币3万元。

（3）被告人沈某违法所得的财物责令退赔。

（4）被告人沈某赔偿附带民事诉讼原告人张某某经济损失人民币34,000.23元。

一审宣判后，被告人沈某不服，向吉林省高级人民法院提出上诉。吉林省高级人民法院经审理，裁定驳回上诉，维持原判，并依法报送最高人民法院复核。

最高人民法院经复核，于2016年5月31日裁定核准被告人沈某死刑。

问题178：假释被撤销后是否可以再申请假释

一般不能再申请假释。

1. 假释考验期内因漏罪而被撤销假释

如果因漏罪而被撤销假释，是否可以再次被假释需要视情况而定。

（1）如果是被司法机关发现或者被他人检举揭发发现漏罪，则属于隐瞒漏罪的情形，此种情形下一般不适用假释。

（2）如果是曾对漏罪事实如实供述但原判未予认定，或者漏罪系自首，则在符合其他假释条件的情况下，仍然可以再次假释。

2. 因在假释考验期内又犯新罪而被撤销假释

因在假释考验期内又犯新罪而被撤销假释的,一般也不适用假释,原因在于又犯新罪而被撤销假释的,不符合假释"没有再犯罪的危险"的条件。

3. 因违反法律、行政法规或者国务院有关部门关于假释的监督管理规定而被撤销假释

对于因违反法律、行政法规或者国务院有关部门关于假释的监督管理规定而被撤销假释的,实践中一般也不会再对其适用假释,因为尽管不属于再犯罪,但是也可以在一定程度上反映其人身危险性较高。

【典型案例】

《刑事审判参考》第202号案例:丁某军强奸、抢劫、盗窃案

要旨

(1) 不论行为人的犯罪行为连续与否,也不论其犯罪行为是在何时被发现,只要有一项罪行是在假释考验期内实施且依法未超过追诉时效,就应当依法撤销其假释,实行并罚。

(2) 假释是附条件的提前释放,犯罪分子因犯新罪被撤销假释后,其前罪的余刑仍须执行,而不是前罪的"刑罚已经执行完毕"。

事实

被告人丁某军,男,1951年1月18日出生,农民。1992年8月4日因犯强奸罪被判处有期徒刑9年,1997年9月5日被假释,假释考验期至1999年5月2日止。因涉嫌犯强奸、抢劫、盗窃犯罪于2001年8月17日被逮捕。

山东省青岛市人民检察院以被告人犯强奸、抢劫、盗窃罪,向青岛市中级人民法院提起公诉。

青岛市中级人民法院依法经不公开开庭审理查明如下事实。

被告人丁某军于1998年6月至2001年4月携带匕首、手电筒等作案工具，先后在莱西市马连庄镇、韶存庄镇、河头店镇、周格庄街道办事处、水集街道办事处的10余处村庄，骑摩托车或自行车于夜间翻墙入院，持匕首拨开门栓，或破门、窗入室，采取暴力威胁等手段，入户强奸作案近40起，对代某某、倪某某、姜某某等32名妇女实施强奸，其中强奸既遂21人，强奸未遂11人。在入户强奸作案的同时，被告人丁某军还抢劫作案5起，盗窃作案1起，劫得金耳环等物品，价值人民币970余元；窃得电视机1台，价值人民币200余元。

被告人丁某军于1999年4月至2001年7月携带匕首、手电筒等作案工具，骑摩托车或自行车先后在莱西市韶存庄镇、河头店镇、日庄镇的10余处村庄，采取翻墙入院、破门入室等手段，盗窃作案14起。盗窃王某某、郭某某、吕某某等14人的摩托车、电视机、酒、花生油等物品，价值合计人民币16,600余元。案发后共追回赃物价值人民币8800余元，其余被其挥霍。

被告人丁某军及其辩护人对公诉机关指挥的犯罪事实无异议。其辩护人提出，被告人丁某军有自首情节；所盗窃物品大部分已追回发还失主，且归案后认罪态度较好，要求对其从轻处罚。

理由

被告人丁某军数十次以暴力或胁迫的方法入户强奸妇女多人，构成强奸罪，情节恶劣，后果特别严重，社会危害极大，依法必须严惩。在入户强奸犯罪的同时抢劫作案5起，构成抢劫罪；盗窃作案15起，且盗窃数额巨大，构成盗窃罪；被告人丁某军有部分行为系在假释考验期限内重新犯罪，应当撤销假释，将前罪没有执行完的刑罚和后罪所判处的刑罚，实行数罪并罚；被告人丁某军还有部分行为系在假释考验期满后重新犯罪，构成累犯，依法应当从重处罚。公诉机关指控被告人丁某军犯强奸、抢劫、盗窃罪的事实成立，应予支持。关于被告人丁某军的辩护人所提,被告人丁某军有自首情节,认罪态度较好,所盗窃物品大部分已追回发还失主,要求对其从轻处罚的辩护意见,经查虽然属实,但被告人丁某军曾因强奸犯罪被判处有期徒刑9年,被假释后又在假释考验期内、期满后大肆连续实施强奸、抢劫、盗窃犯罪,且其强奸犯罪的情节恶劣,造成的后果特别严重,社会危害极大,同时还系累犯,故依法不对其从轻处罚。

结果

2002年6月17日核准被告人丁某军死刑。

第五章

暂予监外执行

第一节 暂予监外执行基本问题

问题179：符合哪些条件可以适用暂予监外执行

1. 刑期条件

暂予监外执行原则上只适用于被判处有期徒刑、拘役或者已经减为有期徒刑的服刑人员。但被判处无期徒刑的怀孕或者正在哺乳自己婴儿的妇女，可以暂予监外执行。

2. 实质条件

（1）患有属于《暂予监外执行规定》所附《保外就医严重疾病范围》的严重疾病，需要保外就医的。

（2）怀孕或者正在哺乳自己婴儿的妇女。

（3）生活不能自理的。

问题180：哪些情形适用暂予监外执行会受到限制

下列服刑人员，原被判处死刑缓期2年执行或者无期徒刑的，应当在减为有期徒刑后执行有期徒刑7年以上方可适用暂予监外执行；原被判处10年以上有期徒刑的，应当执行原判刑期1/3以上方可适用暂予监外执行。

（1）需要保外就医或者属于生活不能自理的累犯；

（2）需要保外就医或者属于生活不能自理的故意杀人、强奸、抢劫、绑架、放火、爆炸、投放危险物质或者有组织的暴力性犯罪的罪犯；

（3）对职务犯罪、破坏金融管理秩序和金融诈骗犯罪、组织（领导、参加、包庇、纵容）黑社会性质组织犯罪的罪犯适用保外就医应当从严审批；

（4）对在暂予监外执行期间因违法违规被收监执行或者因重新犯罪被判刑的罪犯，需要再次适用暂予监外执行的，应当从严审批。

上述前两种情形中患有《保外就医严重疾病范围》的严重疾病，短期内有生命危险的服刑人员，以及怀孕或者正在哺乳自己婴儿的妇女可以不受关于执行刑期的限制。对未成年罪犯、65周岁以上的罪犯、残疾人罪犯，可以适度从宽。

《暂予监外执行规定》

第七条第一款　对需要保外就医或者属于生活不能自理的累犯以及故意杀人、强奸、抢劫、绑架、放火、爆炸、投放危险物质或者有组织的暴力性犯罪的罪犯，原被判处死刑缓期二年执行或者无期徒刑的，应当在减为有期徒刑后执行有期徒刑七年以上方可适用暂予监外执行；原被判处十年以上有期徒刑的，应当执行原判刑期三分之一以上方可适用暂予监外执行。

问题181：哪些情况不得适用暂予监外执行

有下列情形之一的，无法适用暂予监外执行：

（1）需要保外就医或者属于生活不能自理，但经调查评估适用暂予监外执行可能有社会危险性的；

（2）自伤自残的；

（3）不配合治疗的；

（4）对职务犯罪、破坏金融管理秩序和金融诈骗犯罪、组织（领导、参加、包庇、纵容）黑社会性质组织犯罪的罪犯患有高血压、糖尿病、心脏病等严重疾病，但经诊断短期内没有生命危险的，不得暂予监外执行。

"短期内有生命危险"，是指服刑人员所患疾病病情危重，有临床生命体征改变，并经临床诊断和评估后确有短期内发生死亡可能的情形。诊断医院在《罪犯病情诊断书》注明"短期内有死亡风险"或者明确出具病危通知书，视为"短期内有生命危险"。临床上把某种疾病评估为"具有发生猝死的可能"一般不作为"短期内有生命危险"的情形加以使用。

服刑人员就诊的医疗机构 7 日内出具的病危通知书可以作为诊断医院出具《罪犯病情诊断书》的依据。

问题 182：哪些情况适用暂予监外执行有服刑期限限制

累犯以及故意杀人、强奸、抢劫、绑架、放火、爆炸、投放危险物质或者有组织的暴力性犯罪的罪犯，保外就医或者属于生活不能自理可以申请暂予监外执行，但有最低服刑期限限制，如下所述。

（1）原被判处死缓或者无期徒刑的：应当在减为有期徒刑后执行有期徒刑 7 年以上方可适用暂予监外执行；

（2）原被判处 10 年以上有期徒刑的，应当执行原判刑期 1/3 以上方可适用暂予监外执行。

但是，如果是因怀孕或者正在哺乳自己婴儿而申请暂予监外执行的，或者短期内有生命危险的，可以不受服刑期限的限制。未成年罪犯、65 周岁以上的罪犯、残疾人罪犯可以适度从宽，从宽主要体现在服刑期限的要求上可以适度放宽。

问题183：可以向哪些机关申请暂予监外执行

根据《暂予监外执行规定》第2条，对罪犯适用暂予监外执行，分别由下列机关决定或者批准：（1）在交付执行前，由人民法院决定；（2）在监狱服刑的，由监狱审查同意后提请省级以上监狱管理机关批准；（3）在看守所服刑的，由看守所审查同意后提请设区的市一级以上公安机关批准。对有关职务犯罪罪犯适用暂予监外执行，还应当依照有关规定逐案报请备案审查。因此，根据罪犯所处阶段不同，应当分别向交付执行的法院、看守所或监狱申请暂予监外执行。

需要说明的是，根据《最高人民法院关于适用〈中华人民共和国刑事诉讼法〉的解释》第511条，"交付执行的人民法院"是指第一审人民法院，所以，在交付执行前，无论案件是否经过二审，均应当在收到裁判文书后及时向一审人民法院提出暂予监外执行申请。比如，《河南省高级人民法院关于规范办理暂予监外执行案件若干问题的规定（试行）》第1条规定，在将罪犯交付执行前，被告人或者罪犯本人及其辩护人、近亲属提出罪犯符合暂予监外执行条件的，可以在收到裁判文书后3日内向一审人民法院提出暂予监外执行申请。

问题184：暂予监外执行期限如何确定

实践中，部分暂予监外执行决定书会载明暂予监外执行的具体期限，但结合暂予监外执行的特点及相关法律规定，暂予监外执行决定书应只载明起始日期而无须载明截止日期。

暂予监外执行的期限不同于具有固定刑期、考验期的管制、缓刑和假释，其期限其实是不确定的，只要出现了暂予监外执行的情形消失的事实，就应当对其收监。《社区矫正宣告书》作为具有公信力和公示效应的法律文书，如果在其中将暂予监外执行的期限予以固定，无疑会给暂予监外执行人员以刑期未满之前均可暂予监外执行的错觉，进而损害社区矫正工作的严肃性。根据现行法律规定，发现不符合暂予监外执行条件的，严重违反有关暂予监外执行监督管理规定的，或暂予监外执行的情形消失后，刑期未满的，就应当及时收监。

问题185：暂予监外执行的期间是否会被计入执行刑期

通常情况下，暂予监外执行期间应当计入刑期。其中，法院决定暂予监外执行的，判决生效至决定作出前的时间不计入执行刑期。

但是有下列情形的，暂予监外执行期限不计入刑期：

（1）不符合暂予监外执行条件的罪犯通过贿赂等非法手段被暂予监外执行；

（2）在暂予监外执行期间脱逃的，脱逃的期间不计入执行刑期。

至于监外执行期满后有关部门没有及时收监的，由于没有及时收监非由服刑人员所致，该未及时收监期间应当折抵刑期。例如，在张某新申诉案[①]中，法院认为："申诉人张某新在暂予监外执行期限届满后，未继续获得暂予监外执行决定，应收监执行剩余刑罚。鉴于申诉人张某新在2014年12月3日至2017年1月8日长期处于上访状态，未脱离相关司法部门监管，与法院亦有不定期联系。原裁定在刑期计算时，未充分结合实际情况予以扣除，导致刑期计算出现错误，法院予以纠正。"此外，最高人民法院研究室于2014年11月3日作出的《关于被告人江某建刑期折抵问题的复函》也明确提出：因造成江某建"逾期"未被收监的主要责任在相关部门，故江某建暂予

---

① 参见云南省泸水市人民法院刑事裁定书，（2019）云3321刑再4号。

监外执行期满后没有收监的期间应当折抵刑期。①

问题 186：暂予监外执行期间是否继续计分考核

服刑人员在暂予监外执行期间，暂停计分考核。

如果是因暂予监外执行事由消除而被重新收监的，重新收监之日起继续考核，原有的考核积分和奖励有效。

如果是因违反暂予监外执行监督管理规定被收监执行的，取消此前已有的考核分和奖励，自收监之日起重新考核；如果原有的考核分为负分，保留负分，自收监之日起以原负分为基础继续考核。

问题 187：暂予监外执行期间能否减刑、假释

目前国家层面尚未作统一规定，浙江、广东、上海、黑龙江等地的地方规定中明确，暂予监外执行的服刑人员确有悔改表现或者立功表现的，可以减刑；有重大立功表现的，应当减刑；符合法定假释条件的，可以假释。

实践中，也有反对意见，认为非羁押状态下的服刑人员除立功外，原则上不应当适用减刑。例如，最高人民法院审判监督庭编著的《最高人民法院关于减刑、假释司法解释理解与适用》一书中指出，"我们倾向于认为，减刑的对象一般指被羁押在监管场所内的犯人，正因为其处于被监管改造状态，监管人员才能根据其改造情况考察其是否确有悔改表现等，如果脱离了监管状态，在没有立功的情况下判断是否具有减刑条件就失去了依据，所以在一般情况下以对暂予监外执行的罪犯不适用减刑为宜"。据此，在尚未作出规定的地区，暂予

---

① 该复函未公开，仅见于原参与制定复函人员网络公开的相关文章，参见黄应生：《纠正纸面服刑应当分清是非责任——社区矫正期间应当视为服刑期间!》，载"法治应生"头条号 2024 年 1 月 26 日，https://www.toutiao.com/article/7328397891512058368/。

监外执行期间减刑、假释，目前可能尚有一定难度。

《社区矫正法》

第三十三条 社区矫正对象符合刑法规定的减刑条件的，社区矫正机构应当向社区矫正执行地的中级以上人民法院提出减刑建议，并将减刑建议书抄送同级人民检察院。

人民法院应当在收到社区矫正机构的减刑建议书后三十日内作出裁定，并将裁定书送达社区矫正机构，同时抄送人民检察院、公安机关。

问题188：暂予监外执行程序中是否可以委托律师或适用法律援助

审判阶段的暂予监外执行案件，可以由辩护人代为向法院提起暂予监外执行申请，该部分工作可以作为律师辩护业务的组成部分。执行阶段，律师无法以辩护人或诉讼代理人的身份进行辩护或代理，但可以以律师身份就申请暂予监外执行、收监执行、暂予监外执行能否计入刑期等问题提供相关法律咨询。

在《刑事诉讼法》以及《律师法》中，只规定了犯罪嫌疑人、被告人有权聘请辩护律师，执行阶段可以代理提起申诉，但没有关于律师代理暂予监外执行案件的相关规定，更没有为暂予监外执行案件中服刑人员提供法律援助的相关规定。因此，现阶段律师原则上仅可以以律师身份提供相关法律咨询。实践中，律师参与执行阶段暂予监外执行案件的情况较为少见。

从实际需求来看，在暂予监外执行案件中，对案件的事实认定和法律适用问题需要律师的参与。例如，在新闻报道的案件中，当事人委托律师对因执行机关原因而造成的服刑人员未及时收监期间是否计入刑期问题发表意见。① 因此，尽管现阶段律师以辩护人或诉讼代理人身份正式代理案件存在困难，但是仍然可以通过法律咨询的方式为服刑人员的执行阶段的暂予监外执行案件提供指导建议。

第二节　暂予监外执行的条件

问题189：哪些医疗机构可以进行暂予监外执行相关的诊断、检查

批准、决定暂予监外执行时即社区矫正过程中的病情诊断和妊娠检查均应当在省级人民政府指定的医院进行。

根据规定，各省、自治区、直辖市高级人民法院、人民检察院、公安厅（局）、司法厅（局）、卫生健康委应当共同建立暂予监外执行诊断检查医院名录，向社会公布并定期更新。家属可以通过公开渠道了解服刑地或社区矫正地的医院名录。

问题190：可以申请保外就医的严重疾病包括哪些

根据《保外就医严重疾病范围》的规定，有下列严重疾病之一，久治不愈，严重影响其身心健康的，属于适用保外就医的疾病范围。

（1）严重传染病。

（2）反复发作的，无服刑能力的各种精神病。关于患精神疾病罪犯"无服刑能力"的评估，应当以法医精神病司法鉴定意见为依据。精神疾病的发作和控制、是否为反复发作，应当以省级人民政府指定医院的诊断结果为依据。

---

① 参见罗书平：《监外执行：是左右为难还是内外有别？》，载《民主与法制》2020年第2期。

（3）严重器质性心血管疾病。

（4）严重呼吸系统疾病。

（5）严重消化系统疾病。

（6）各种急、慢性肾脏疾病引起的肾功能不全失代偿期。

（7）严重神经系统疾病及损伤。

（8）严重内分泌代谢性疾病合并重要脏器功能障碍，经规范治疗未见好转。

（9）严重血液系统疾病。

（10）严重脏器损伤和术后并发症，遗有严重功能障碍，经规范治疗未见好转。

（11）各种严重骨、关节疾病及损伤。

（12）五官伤、病后，出现严重的功能障碍，经规范治疗未见好转。

（13）周围血管病经规范治疗未见好转，患肢有严重肌肉萎缩或干、湿性坏疽，如进展性脉管炎、高位深静脉栓塞。

（14）非临床治愈期的各种恶性肿瘤。

（15）暂时难以确定性质的肿瘤，有下列情形之一的：

①严重影响机体功能而不能进行彻底治疗。

②身体状况进行性恶化。

③有严重后遗症，如偏瘫、截瘫、胃瘘、支气管食管瘘等。

（16）结缔组织疾病及其他风湿性疾病造成两个以上脏器严重功能障碍或单个脏器功能障碍失代偿，经规范治疗未见好转，如系统性红斑狼疮、硬皮病、皮肌炎、结节性多动脉炎等。"严重功能障碍"中的"严重"，一般对应临床上实质脏器（心、肺、肝、肾、脑、胰腺等）功能障碍"中度及以上的"的分级标准（下同）。

（17）寄生虫侵犯脑、肝、肺等重要器官或组织，造成继发性损害，伴有严重功能障碍者，经规范治疗未见好转。

（18）经职业病诊断机构确诊的以下职业病：

①尘肺病伴严重呼吸功能障碍，经规范治疗未见好转。

②职业中毒，伴有重要脏器功能障碍，经规范治疗未见好转。

③其他职业病并有瘫痪、中度智能障碍、双眼矫正视力<0.1、严重血液系统疾病、严重精神障碍等其中一项，经规范治疗未见好转。

（19）年龄在65周岁以上同时患有两种以上严重疾病，其中一种病情必须接近上述一项或几项疾病程度。

除所患疾病应属于上述范围外，可以申请保外就医的疾病还需符合"久治不愈"这一医学条件。"久治不愈"是指所有范围内疾病均应有规范治疗过程，仍然不能治愈或好转者。除《保外就医严重疾病范围》明确规定需经规范治疗的情形外，"久治不愈"是指经门诊治疗和/或住院治疗并经临床评估后仍病情恶化或未见好转的情形。在诊断过程中，经评估确认短期内有生命危险，即符合保外就医医学条件。

问题191：如何判断"生活不能自理"

生活不能自理，是指服刑人员因患病、身体残疾或者年老体弱，日常生活行为需要他人协助才能完成的情形。因此，以生活不能自理为由申请暂予监外执行需要满足两方面的要求：其一，需日常生活行为需要他人协助才能完成，这一点在实践中较难把握；其二，需生活不能自理系患病、身体残疾或者年老体弱所致，如果属于自伤自残则不在准予暂予监外执行的范畴。

根据《最高人民法院、最高人民检察院、公安部、国家安全部、司法部、国家卫生健康委关于印发〈关于进一步规范暂予监外执行工作的意见〉的通知》的规定，暂予监外执行中"生活不能自理"的鉴别参照《劳动能力鉴定　职工工伤与职业病致残等级》（GB/T

16180—2014）执行。

根据上述标准，生活自理范围共 5 项。

（1）进食：完全不能自主进食，需依赖他人帮助；

（2）翻身：不能自主翻身；

（3）大、小便：不能自主行动，排大、小便需依靠他人帮助；

（4）穿衣、洗漱：不能自己穿衣，洗漱，完全依赖他人帮助；

（5）自主行动：不能自主走动。

以上 5 项日常生活行为中有 3 项需要他人协助才能完成，且经过 6 个月以上治疗、护理和观察，自理能力不能恢复的，可以认定为生活不能自理。65 周岁以上的服刑人员，上述 5 项日常生活行为中有 1 项需要他人协助才能完成即可视为生活不能自理。

问题 192：认定是否符合暂予监外执行是否需要进行司法鉴定

根据规定，因有严重疾病需要保外就医的应进行病情诊断，怀孕妇女应进行妊娠检查，因生活不能自理暂予监外执行的应进行生活不能自理的鉴别。

目前，除对患精神疾病服刑人员"无服刑能力"的评估应当以法医精神病司法鉴定意见为依据外，相关规定并未明确要求在对拟暂予监外执行的服刑人员进行病情诊断、妊娠检查或者生活不能自理鉴别的基础上，需要对申请暂予监外执行人员进行司法鉴定。但在实践中，不乏法院或执行机关委托司法鉴定机构对上述事项中的专业疑难问题进行鉴定。

《关于进一步规范暂予监外执行工作的意见》中也明确，人民法院、公安机关、监狱管理机关决定或批准暂予监外执行时，审查过程中，遇到涉及病情诊断、妊娠检查或生活不能自理鉴别意见专业疑难问题时，可以委托法医技术人员或省级人民政府指定医院具有副高以上职称的医师审核并出具意见，审核意见作为是否暂予监外执行的参考。该规定也为在暂予监外执行程序中引入司法鉴定提供了制度依据。

问题193：因怀孕而暂予监外执行的，暂予监外执行期限到何时

罪犯生产后，系哺乳自己婴儿的妇女，仍符合应暂予监外执行的情形，原怀孕期作出的暂予监外执行决定继续有效，直至哺乳期结束。

从立法规定来看，《刑事诉讼法》将"怀孕或者正在哺乳自己婴儿的妇女"区别于符合保外就医和生活不能自理的罪犯，规定在同一项内容中，立法本意是认为该两种形态是相互承接、不可分割的，是作为完整的一项暂予监外执行的情形，而非两项各自独立的条件。而且，如果将法律规定的"怀孕或正在哺乳自己婴儿的妇女"割裂理解为两种相互独立的暂予监外执行情形，那么社区矫正对象生产后，社区矫正机关因原暂予监外执行条件消失，须先终止其社区矫正，然后又因其符合暂予监外执行"正在哺乳自己婴儿的妇女"这一条件，再提请或由罪犯自行向法院申请继续暂予监外执行。若按此流程操作，一方面会导致本应延续计算的刑期出现空档，人为造成罪犯暂予监外执行期限减少，余刑增加，不利于保障罪犯的正当权益；另一方面必将发生罪犯脱管漏管的严重后果，增加社会危险隐患，影响司法公信力。

从自然规律来看，除非出现特殊情况，如终止妊娠、产下死婴或哺乳期婴儿死亡等情形，否则这一自然规律是不可以人为割裂开来的。故法院根据罪犯申请暂予监外执行时的事实形态——怀孕或正在哺乳自己的婴儿——所作出的暂予监外执行决定应及于哺乳期结束。

【典型案例】

刘某红诈骗罪暂予监外执行案〔（2020）浙0304刑更22号〕

要旨

"怀孕或者正在哺乳自己婴儿的妇女"系一项完整的符合暂予监外执行的情形，法院根据罪犯申请暂予监外执行时的事实形态——怀孕或正在哺乳自己的婴儿——所作出的暂予监外执行决定应及于哺乳期结束。

事实

罪犯刘某红犯诈骗罪，浙江省温州市瓯海区人民法院于2019年10月10日作出（2019）浙0304刑初857号刑事判决书，对其判处有期徒刑1年9个月，并处罚金1.7万元。判决发生法律效力后，该犯以其怀孕为由向法院申请暂予监外执行，法院于2019年11月18日作出（2019）浙0304刑更46号暂予监外执行决定。该犯于同月25日前往福建省晋江市司法局报到并接受社区矫正。2020年5月9日，法院收到福建省晋江市司法局来函，反映罪犯刘某红于2020年4月13日产下一男活婴，该局以该罪犯怀孕期暂予监外执行情形消失为由，已经终止其社区矫正。随函附上罪犯刘某红延长暂予监外执行申请书、福建省泉州市第一医院疾病诊断书等。事后又补充提供了该罪犯暂予监外执行期间表现情况、关于罪犯刘某红的情况说明以及晋江市公安局东石边防派出所于同年6月22日出具的无犯罪记录证明书等材料。法院立案后依法征求检察机关的意见。

理由

罪犯刘某红系正在哺乳自己婴儿的妇女，依法可以暂予监外执行。

结果

对其继续暂予监外执行。

《交付执行意见》中，也明确法院组织上述鉴别工作，一般应在2个月内完成，最多3个月。特殊情况，报上级法院才能延长。

对于鉴定费用，也不应向申请人收取，而是由审查单位的办案经费承担。

问题194：暂予监外执行中的哺乳期一般多久

"哺乳自己婴儿的妇女"应指亲身在哺育和照顾自己婴儿的妇女，不仅指以母乳喂养自己婴儿的妇女。哺乳期限为1年，自出生之日起至次年生日止，且不可以延长。

从现行规定来看，《劳动法》第63条、《女职工劳动保护特别规定》第9条和《最高人民法院关于审理拐卖妇女儿童犯罪案件具体应用法律若干问题的解释》第9条，均对"婴儿"作出一致的定义，即未满1周岁的儿童。基于此，也就可以将"哺乳期"理解为"哺乳自己未满1周岁婴儿的期限"。至于"未满1周岁婴儿的期限"如何计算，应根据《最高人民法院关于审理未成年人刑事案件具体应用法律若干问题的解释》第2条关于"周岁"的解释进行理解，即这个期限最长应为1年，从出生日起计算至次年生日止，没有规定可以延长的情形。此外，"哺乳"这个概念，有狭义和广义之分。从狭义的角度看，是指以母乳喂养；而从广义的角度看，是指母亲对孩子的哺育、抚养，不仅限于母乳喂养。从儿童利益最大化原则出发，对哺乳作广义解释显然更有利于对儿童利益的保护。因此，司法实践中，无论是否母乳喂养，只要是亲身在哺育和照顾自己婴儿的，都应视为"哺乳"。

问题195：以怀孕为由申请暂予监外执行后流产的应如何处理

以怀孕为由申请暂予监外执行后流产的，应当在流产痊愈后依法收监执行。

如果在流产痊愈后隐瞒流产情况，逃避收监执行，自流产后至被重新收监执行前的期间为骗取的暂予监外执行期间，依法不计入刑期，相当于刑期期满日向后顺延。

问题 196：通过多次怀孕逃避入狱服刑，能否收监

有的处于孕期或者哺乳期的罪犯，暂予监外执行情形消失后，又故意再次怀孕甚至多次怀孕以逃避监禁刑的惩处，对此，目前暂予监外执行的相关法律并未规定相应惩戒措施，即只要是处于真实怀孕状态均符合暂予监外执行条件，不能收监执行。

问题 197：如何证明"适用暂予监外执行"无社会危险性

根据规定，对需要保外就医或者属于生活不能自理，但适用暂予监外执行可能有社会危险性，或者自伤自残，或者不配合治疗的罪犯，不得暂予监外执行。因此，在申请暂予监外执行的过程中，有无社会危险性也是需要重点考虑的因素。《暂予监外执行规定》并未明确"可能有社会危险性"的判断标准，实践中，主要是参照《刑事诉讼法》《人民检察院刑事诉讼规则》关于取保候审社会危险性的判断标准，并以司法局或有关社会组织对出具的社会危险性调查评估意见为参考加以判断。

家属在申请暂予监外执行时，可以从如下维度考虑有无社会危险性。

1. **犯罪前科情况**

如果此前为累犯或毒品再犯，或有犯罪前科，不属于初犯、偶犯的，通常会被认定社会危险性高。

2. **犯罪性质**

如果所犯罪名是严重犯罪，犯罪情节恶劣，拒不认罪认罚等的，

通常会被认定社会危险性高。

3. 配合医学鉴定情况

如果此前不如实提供病情诊断、医学鉴定等证明文件或生活不能自理鉴别意见等相关材料,或未根据司法机关要求,积极配合进行病情诊断、生活不能自理的鉴别等工作,通常会被认定为社会危险程度高。

4. 再犯可能性

如果有案发前或者案发后正在策划、组织或者预备实施新的犯罪,扬言实施新的犯罪,曾因故意实施同类违法行为受到行政处罚,无稳定收入、以犯罪所得为主要生活来源,有吸毒、赌博等恶习,或者存在多次作案、连续作案、流窜作案等情形,将会被认定为有再次犯罪的可能,社会危险性高。

5. 进行社区矫正的条件

由于暂予监外执行期间需要进行社区矫正,因此是否具备社区矫正条件,也通常会被纳入社会危险性因素中加以考量。主要的评估维度包括是否如实告知联系方式、户籍、居所情况、家庭和社会关系,提供相应的证明材料;是否配合社区矫正机构调查了解一贯表现、犯罪行为的后果和影响、居住地村(居)民委员会的意见;是否可以提出符合要求的保证人;有无固定住所;家庭状况是否具备监管条件;此前取保候审期间的表现,如是否遵守取保候审规定,有无逃跑、自杀行为或倾向,有无对被害人、举报人、控告人实施打击报复的行为或倾向,有无危害国家安全、公共安全或者社会秩序的现实危险等。

《社区矫正法》

第十八条 社区矫正决定机关根据需要,可以委托社区矫正机构或者有关社会组织对被告人或者罪犯的社会危险性和对所居住社区的影响，进行调查评估，提出意见，供决定社区矫正时参考。居民委员会、村民委员会等组织应当提供必要的协助。

《人民检察院刑事诉讼规则》

第一百二十九条　犯罪嫌疑人具有下列情形之一的，可以认定为"可能实施新的犯罪"：

（一）案发前或者案发后正在策划、组织或者预备实施新的犯罪的；

（二）扬言实施新的犯罪的；

（三）多次作案、连续作案、流窜作案的；

（四）一年内曾因故意实施同类违法行为受到行政处罚的；

（五）以犯罪所得为主要生活来源的；

（六）有吸毒、赌博等恶习的；

（七）其他可能实施新的犯罪的情形。

《最高人民法院、最高人民检察院、公安部、司法部关于规范判处监禁刑罚罪犯交付执行工作若干问题的意见》

第十三条　人民法院组织对被告人、罪犯进行病情诊断、妊娠检查和生活不能自理鉴别工作，一般应当在受理申请、采纳建议或者依职权启动后二个月以内完成，至迟不得超过三个月。因特殊情况需要延长的，报请上一级人民法院批准。

第十四条　对被告人或者罪犯进行病情诊断、妊娠检查、生活不能自理鉴别的费用，列入组织诊断、检查、鉴别单位年度办案经费预算。

【典型案例】

杨某水不予暂予监外执行案〔(2019)豫0822刑更8号〕

要旨

无亲属进行监管、系累犯且案发后仍故意实施同类违法行为,社会危险性高,不符合暂予监外执行条件。

事实

罪犯杨某水,曾因吸食毒品,于2009年8月31日至2011年1月6日经焦作市公安局解放分局决定在焦作市公安局强制戒毒所强制戒毒;又因吸食毒品,于2012年1月4日至3月21日经博爱县公安局决定在焦作市公安局强制戒毒所强制戒毒;又因犯盗窃罪于2013年7月30日被沁阳市人民法院判处有期徒刑2年,并处罚金10,000元。2015年8月3日因犯盗窃罪被河南省博爱县人民法院判处有期徒刑7个月,并处罚金12,000元,2015年8月28日刑满释放。2016年6月15日其因吸食毒品被沁阳市公安局强制戒毒。2016年8月23日其因涉嫌贩卖毒品犯罪,博爱县看守所以其患高血压、脑梗后遗症及生活不能自理为由暂不予收押,经博爱县公安局决定,于2017年2月15日被博爱县公安局监视居住,4月17日又因犯容留他人吸毒罪被河南省博爱县人民法院判处有期徒刑1年,并处罚金3000元。2018年3月27日,又因犯贩卖毒品罪,河南省博爱县人民法院对其判处有期徒刑3年,并处罚金5000元,加上其原犯容留他人吸毒罪所判的有期徒刑1年,并处罚金3000元,数罪并罚,决定执行有期徒刑3年6个月,并处罚金8000元。

判决生效后,罪犯杨某水以自己身患严重疾病不能服刑为由,于2019年7月23日书面向河南省博爱县人民法院刑事审判庭提交暂予监外执行申请,河南省博爱县人民法院委托焦作市中级人民法院司法技术处对其所患病情进行鉴定,焦作市中级人民法院委托郑州市第三人民医院刑事诉讼医学鉴定机构对罪犯杨某水所患病情进行鉴定,该机构于 2019 年 8 月 5 日作出鉴定意见,确认被鉴定人杨某水法医临床学诊断:(1)高血压病 2 级,很高危(合并靶器官损害伴临床疾患)。(2)多发性脑梗。8 月 9 日,经焦作市中级人民法院司法技术处组织有关专家就所送资料及郑州市第三人民医院刑事诉讼医学鉴定书进行诊断、讨论,专家结论为:被鉴定人杨某水系高血压病 2 级,很高危,合并靶器官损害伴临床疾患,依照《保外就医严重疾病范围》第 3 条第 4 款之规定,符合保外就医严重疾病范围。

河南省博爱县人民法院刑事审判庭于 2019 年 9 月 23 日向河南省博爱县人民法院审判监督庭出具关于罪犯杨某水暂予监外执行审查意见,认为罪犯杨某水符合暂予监外执行条件,应予暂予监外执行。经河南省博爱县人民法院审判监督庭审查后交由河南省博爱县人民法院立案庭审查立案,河南省博爱县人民法院于 9 月 25 日立案受理了本案,并依法进入暂予监外执行审核程序。

理由

经河南省博爱县人民法院审查认为,罪犯杨某水目前所患疾病虽经刑事诉讼医学鉴定机构鉴定及专家诊断、讨论,确认其所患病情符合保外就医严重疾病范围,但经河南省博爱县人民法院书面委托博爱县司法局对其进行社区调查评估,该局作出的评估意见认为杨某水独自生活,没有亲属能对其进行有效监管,又系累犯,曾因贩毒、盗窃被判刑,并因吸食毒品被强制戒毒多次,所在村干部反映其恶习深,再次犯罪的风险高,不具备社区矫正条件。又经河南省博爱县人民法院书面征求博爱县检察院的意见,该院作出书面回复,认为罪犯杨某水系累犯,且在监视居住期间仍容留他人吸毒被判刑,主观恶性较大,适用监外执行有较大的社会危险性,建议河南省博爱县人民法院不予决定对罪犯杨某水暂予监外执行。后河南省博爱县人民法院又召开了听证会,特邀博爱县检察院、县司法局、县公安局、县政协委员、县人大代表及律师代表等参会，与会代表除律师代表认为罪犯杨某水所患病情符合保外就医严重疾病范围，应予监外执行外，其余代表均认为罪犯杨某水的病情虽符合保外就医严重疾病范围，但其曾因多次吸毒、贩毒被多次强戒、获刑，对其暂予监外执行有较大的社会危险性，均不同意对罪犯杨某水决定暂予监外执行。

结果

对罪犯杨某水不予批准暂予监外执行。

第三节　暂予监外执行程序

问题 198：审判阶段是否可以申请暂予监外执行

自审判阶段至服刑完毕前，符合条件的，均可以申请暂予监外执行。其中，在被交付执行前，可向人民法院申请；在被交付监狱或看守所服刑过程中，可向监狱、看守所提出书面申请。

暂予监外执行针对的是"罪犯"，即经法院生效判决明确犯罪成立，并被判处刑罚的犯罪分子，判决生效之后方可暂予监外执行，在此之前则只能适用取保候审。但这并不意味着一定要等到判决生效后才可以申请暂予监外执行，否则可能会出现已经交付执行后法院才作出暂予监外执行决定的情况。根据规定，被告人及其辩护人有权向法院提出暂予监外执行的申请，而法院应当在执行刑罚的有关法律文书依法送达前，作出是否暂予监外执行的决定。根据《交付执行意见》，在审理过程中以及交付执行通知送达看守所以前，法院都可以启动适用暂予监外执行的审查。

申请主体包括：（1）被告人、罪犯及其近亲属、监护人、辩护人；（2）侦查机关、检察机关、看守所；（3）法院自行决定。

据此，在审判阶段，被告人及其辩护人、近亲属、监护人就可以向法院提出申请，还可以委托辩护人申请。

问题 199：监狱尚未收监的，如何申请暂予监外执行

在法院将余刑 3 个月以上罪犯交付执行的法律文书送达看守所后，看守所送交监狱执行前的法定期限内，出现或发现符合暂予监外执行情形的，该阶段也应属于法律规定的"交付执行前"，应向法院申请办理暂予监外执行。《交付执行意见》要求，对于可能病情严重必须立即保外就医的罪犯，法院应当立即审查并作出是否暂予监外执行的决定。审查决定程序与上述问题 198 中提及的流程一致。

法院是交付执行活动诸参与主体中的第一责任主体。法院判决后，依法将罪犯交付监狱执行刑罚；看守所是帮助将罪犯交付监狱的"运输人"；法律文书齐全、符合法律要求的，监狱将其收监执行刑罚。如果在看守所待交付执行期间发生符合暂予监外执行的重大疾病，意味着罪犯出现问题，不符合送监狱执行刑罚的条件，法院作为交付执行的第一责任主体，此时应当负责作出变更处理，否则将导致法院确保正确交付执行责任的缺位。

问题 200：服刑人员及其家属申请暂予监外执行的，需提交哪些材料

该程序既可以由罪犯本人或者其近亲属、监护人、辩护人向执行机关提出书面申请启动，也可由执行机关的警察或者医生提出书面意见，由执行机关主动启动。

由罪犯本人或其亲属启动的，需要提交相关申请材料。

1. **交付执行前**

交付执行前，被告人本人或其辩护人、近亲属及监护人想要申请暂予监外执行的，应当提供以下材料。

(1)《暂予监外执行申请书》

申请书主要包括申请人信息、申请事项及事实和理由部分。其中，申请理由主要围绕《暂予监外执行规定》等法律法规所规定的暂予监外执行条件展开。

怀孕或者正在哺乳自己婴儿的妇女，列明自身情况并承诺在暂予监外执行期间遵纪守法，暂予监外执行情形消失后及时报告并回到监狱服刑。至于申请保外就医或者因生活不能自理申请暂予监外执行的，除了列明疾病情况、身体条件外，还需进一步阐明申请监外执行的罪犯社会危险性低，并承诺将积极配合治疗，不自伤自残等。

此外，申请保外就医的，还可以在申请书中一并列明保证人信息。

(2) 证明材料

申请保外就医或者因生活不能自理而申请暂予监外执行的，应提交医院的住院资料、出院资料、诊断证明、手术证明、用药记录等相关材料。如果此前负责收押被告人的看守所曾因其健康问题认为不符合收押条件，出具过《建议变更强制措施通知书》等材料或看守所体检报告中载明罪犯身体状况的，也可以向看守所申请相关书面材料，在申请监外执行的过程中一并提供。

怀孕妇女申请暂予监外执行的，应当提供妊娠检查记录；正在哺乳自己婴儿的妇女则应提供出生证明，或者户籍所在地或者居住地的公安机关出具的户籍登记相关证明，以证实婴儿出生时间及与罪犯本人的关系。

(3) 保证人的《暂予监外执行保证书》及身份信息材料

申请保外就医的，还需要提出具有保证资格的保证人，并由保证人出具《暂予监外执行保证书》。在申请阶段，就可以一并提交证明保证人保证资质，如住所证明、职业信息及收入证明等，以及保证人签字捺印的保证书。

（4）手续资料

由被告人或罪犯本人之外的辩护人、近亲属、监护人申请暂予监外执行的，应提供以下手续材料。

①辩护人申请：委托书、律所介绍信及律师身份证明。

②近亲属、监护人申请：申请人身份证明及亲属关系证明。

此外，在申请过程中，还可以向收押被告人的看守所驻看检察人员或者对被告人执行取保候审的公安机关说明情况，征求意见，用以作为申请材料的补充依据。同时，也可以与负责批捕、审查起诉的检察官沟通，了解其意见。因为检察院可以向决定或者批准暂予监外执行的机关提出书面意见，且前期审查批捕及羁押必要性审查环节（如有）检察院的审查内容之一就是调查核实犯罪嫌疑人、被告人的身体健康状况。

2. 服刑过程中

服刑过程中申请暂予监外执行的，申请材料基本与交付执行前的要求相同，但是由于服刑期间，服刑人员就医等均在监狱内进行，且监狱对于服刑人员的健康状况有排查的职责，因此，关于证明是否符合暂予监外执行条件的材料也主要由监狱提供，一般无须申请人提供，服刑人员近亲属、监护人可以积极与监狱进行沟通，了解需要配合的事宜。

问题 201：暂予监外执行的审批包括哪些环节

暂予监外执行的审批包括如下基本环节。

1. 启动暂予监外执行程序

在法院审理阶段，被告人、罪犯及其近亲属、监护人、辩护人有权向法院提出暂予监外执行申请，侦查机关、检察机关、看守所也可以向法院提出暂予监外执行建议，法院自己也可以启动暂予监外执行审查程序。人民法院在案件审理过程中收到暂予监外执行申请或者看守所通报，经审查，可能符合暂予监外执行条件的，应当在刑事裁判生效后次日立案；刑事裁判生效后交付执行前收到暂予监外执行申请或者看守所通报，经审查，可能符合暂予监外执行条件的，应当在收到申请或者通报后3日内立案。除病情严重必须立即保外就医的，应当在立案后5个工作日内将相关信息向社会公示。

在刑罚执行阶段，服刑人员本人或者其亲属、监护人可以向监狱、看守所提出书面申请；对符合办理暂予监外执行条件的服刑人员，监区人民警察经集体研究，可以主动提出提请暂予监外执行建议，经监区长办公会议审核同意后，报送监狱刑罚执行部门审查。

2. **诊断、调查**

（1）法院/监狱、看守所组织对被告人、服刑人员进行病情诊断、妊娠检查或者生活不能自理的鉴别。

（2）法院、监狱、看守所对拟提请暂予监外执行的被告人/服刑人员应当核实其居住地，并可以委托居住地县级司法行政机关调查其对所居住社区的影响。

（3）被告人、服刑人员需要保外就医的，应当由本人或者其近亲属、监护人提出保证人，保证人由人民法院/监狱、看守所审查确定。没有近亲属、监护人的，可以由其居住地的村（居）民委员会、原所在单位或者社区矫正机构推荐保证人。

3. **审理/审议**

法院审理暂予监外执行案件，一般采用书面审理方式，必要时可以进行听证。书面审理时，可以讯问罪犯，听取有关方面意见，在作出暂予监外执行决定前，应当书面征求同级人民检察院的意见。检察院应在10日内书面回复。遇到涉及病情诊断、妊娠检查或生活不能自理鉴别意见专业疑难问题时，可以委托法医技术人员或省级人民政府指定的医院中具有副高以上职称的医师审核并出具意见，审核意见作为是否暂予监外执行的参考。鉴别时间一般在2个月内，至迟不超过 3 个月，需要延长的，要报上一级法院批准。

监狱、看守所应当就是否对罪犯提请暂予监外执行进行审议，同时可以邀请人民检察院派员列席评审委员会会议。经审议决定提请暂予监外执行的，将在监狱、看守所内进行公示。对病情严重必须立即保外就医的，可以不公示，但应当在保外就医后 3 个工作日以内在监狱、看守所内公告。

4. **报批**

监狱决定提请暂予监外执行后，须报请批准机关即省、自治区、直辖市监狱管理局作出决定。在看守所服刑的，由看守所审查同意后提请设区的市一级以上公安机关批准。批准机关应当自收到监狱、看守所提请暂予监外执行材料之日起 15 个工作日以内作出决定。批准暂予监外执行的，应当在 5 个工作日以内将暂予监外执行决定书送达监狱、看守所，同时抄送同级人民检察院、原判人民法院和服刑人员居住地社区矫正机构。法院决定暂予监外执行的，将决定书抄送同级检察院；法院决定不予暂予监外执行的，将决定书通知前期强制措施的执行单位、申请人、建议单位，抄送同级检察院。

问题 202：法院适用暂予监外执行是否可以听证

以下情形依法应当听证：在公示期间收到不同意见；在社会上有重大影响、社会关注度高的罪犯；或者其他有听证审查必要的。除上述情形外，是否适用听证取决于法院的态度，对此，被告人本人及其近亲属、监护人可以自行或委托律师与法院沟通，争取听证机会。

问题 203：如何对拟暂予监外执行服刑人员进行诊断、检查

1. **诊断/检查主体**

暂予监外执行病情诊断和妊娠检查应当在省级人民政府指定的医

院进行，病情诊断由 2 名具有副高以上专业技术职称的医师负责，妊娠检查由 2 名具有中级以上专业技术职称的医师负责。

2. **诊断/检查方式和依据**

医师通过查看化验单、影像学资料、病历等相关医疗文件，亲自诊查病人（特殊情况下无法及时到达现场诊断的可以视频诊断），进行合议并出具意见，填写《罪犯病情诊断书》或《罪犯妊娠检查书》，并附 3 个月内的客观诊断依据。

3. **诊断程序**

医院应当在收到人民法院、公安机关、监狱管理机关、监狱委托书后 5 个工作日内组织医师进行病情诊断或妊娠检查，并在 20 个工作日内完成并出具《罪犯病情诊断书》。对于病情严重必须立即保外就医的，受委托医院应当在 3 日内完成诊断并出具《罪犯病情诊断书》。目前，相关规定尚未对出具《罪犯妊娠检查书》的时限作出明确要求，但由于妊娠检查难度低、结果更为客观，因此通常均可以在较短时间内作出。

《罪犯病情诊断书》《罪犯妊娠检查书》由 2 名负责诊断检查的医师签名，并经主管业务院长审核签名后，加盖诊断医院公章。医师对诊断检查意见有分歧的，应当在《罪犯病情诊断书》或《罪犯妊娠检查书》中写明分歧内容和理由，分别签名或者盖章。因意见分歧无法作出一致结论的，人民法院、公安机关、监狱应当委托其他同等级或者以上等级的省级人民政府指定的医院重新组织诊断检查。

《罪犯病情诊断书》自出具之日起 3 个月内可以作为人民法院、公安机关、监狱管理机关决定或批准暂予监外执行的依据。超过 3 个月的，人民法院、公安机关、监狱管理机关应当委托医院重新进行病情诊断，并出具《罪犯病情诊断书》。

问题204：如何进行生活不能自理的鉴别

1. 监狱对生活不能自理的鉴别

（1）成立罪犯生活不能自理鉴别小组

监狱对生活不能自理的鉴别需要由罪犯生活不能自理鉴别小组进行。罪犯生活不能自理鉴别小组由监狱长任组长，分管暂予监外执行工作的副监狱长任副组长，刑罚执行、狱政管理、生活卫生等部门负责人及2名以上医疗专业人员为成员，对因生活不能自理需要办理暂予监外执行的罪犯进行鉴别，鉴别小组成员不少于7人。此外，检察院也可以派员监督生活不能自理的鉴定。

（2）资料审查

监狱罪犯生活不能自理鉴别小组审查下列事项：

①调取并核查罪犯经6个月以上治疗、护理和观察，生活自理能力仍不能恢复的材料；

②查阅罪犯健康档案及相关材料；

③询问主管人民警察，并形成书面材料；

④询问护理人员及其同一监区2名以上罪犯，并形成询问笔录；

⑤对罪犯进行现场考察，观察其日常生活行为，并形成现场考察书面材料；

⑥其他能够证明罪犯生活不能自理的相关材料。

审查结束后，鉴别小组应当及时出具意见并填写《罪犯生活不能自理鉴别书》，经鉴别小组成员签名以后，报监狱长审核签名，加盖监狱公章。

2. 法院对生活不能自理的鉴别

（1）成立生活不能自理鉴别小组

交付执行前因生活不能自理依法提出暂予监外执行申请的，对生活不能自理的鉴别，由法院司法技术辅助部门组织进行。因各地法院内设机构不尽相同，特别是近年来随着法院内设机构改革，司法技术部门的职能调整较大，如北京市改革后，中级人民法院、高级人民法院不再设立专门的司法技术部门，原有的司法鉴定职能从法院剥离后转为社会化管理，实践中一般由承办法院（部门）组织诊断工作，即谁承办谁负责组织诊断。① 此外，鉴别小组也可邀请检察人员临场监督。

从人员资质来看，应当由法医人员进行或组织相关专业的临床医学人员和法医人员共同进行，临床医学人员应当具有副主任医师以上职称，法医人员应当具有副主任法医师以上职称。

（2）调查、审核

鉴别小组需调查被鉴别人日常生活行为，审核相关治疗、护理和观察记录，以及必要的体检和辅助检查，经集体研究后作出鉴别意见。

鉴别意见包括以下内容：罪犯基本情况，简要病史，排除伪病或者自伤自残或者不配合治疗的意见，鉴别过程及结果。鉴别意见由鉴别小组成员和组织鉴别单位负责人签名，加盖单位公章，并附询问笔录、相关记录、体检和辅助检查报告等相关证明材料。

问题205：申请暂予监外执行后多久有审批结果

《暂予监外执行规定》第14条规定，批准机关应当自收到监狱、看守所提请暂予监外执行材料之日起15个工作日以内作出决定。但这仅是监狱、看守所提请暂予监外执行申请后的审批时限，在此之前还需要诊断、检查、鉴别，除病情严重适用立即保外就医程序，短则2~3个月，长则8~9个月。其间，需要法院或执行机关组织委托省级人民政府指定的医院进行病情诊断或者妊娠检查；对于生活不能自

---

① 参见吴小军：《暂予监外执行案件办理中的若干问题——兼论〈人民法院办理暂予监外执行案件工作规程〉》，载《法律适用》2023年第7期。

理需要暂予监外执行的罪犯,由执行机关成立罪犯生活不能自理鉴别小组进行鉴别;对正在哺乳自己婴儿的妇女,法院或执行机关应当通知罪犯户籍所在地或者居住地的公安机关出具相关证明。根据《交付执行意见》第13条,病情诊断、妊娠检查和生活不能自理鉴别工作,一般应当在受理后2个月以内完成,至迟不得超过3个月。因特殊情况需要延长的,报请上一级人民法院批准。此外,人民法院对罪犯作出暂予监外执行决定前,还需书面征求同级检察院的意见,检察院接到征求意见材料后,需在10日内将是否同意的意见书面回复法院。

问题206:法院暂予监外执行决定作出前,罪犯尚未送交监狱执行的,该期间内如何适用强制措施

实践中,对于法院暂予监外执行决定作出前应由哪一机关承担监管责任并无统一的做法。通常而言,在决定作出前,罪犯未被羁押的,继续由执行取保候审或者监视居住的公安机关实行监管;若强制措施期限已满,对可能逃跑或者可能发生社会危险性的罪犯,可以由法院决定逮捕,交看守所羁押;对因怀孕或者哺乳等原因无法羁押的,可以由法院决定取保候审或者监视居住,由公安机关实行监管;对罪犯下落不明的,可以由公安机关实施追捕,防止罪犯因监管不到位而发生重大违法犯罪行为。

尽管《暂予监外执行规定》第18条要求法院应当在执行刑罚的有关法律文书依法送达前,作出是否暂予监外执行的决定,但实际上,由于诊断、检查、鉴别环节耗时过长,法院多数情况下无法做到在该时限内作出决定并送达,这就导致该期间内罪犯监管责任不明确。

虽然《刑事诉讼法》规定逮捕的对象是犯罪嫌疑人、被告人,但《社区矫正法》规定对被提请撤销缓刑、假释的社区矫正对象可能逃跑或者可能发生社会危险的,可以提请法院决定逮捕。而且,在未羁押被判处实刑需交付执行的情况下,通常也是由法院作出逮捕决定,由公安机关负责逮捕并交付执行。暂予监外执行案件中,在法院作出决定前,如果强制措施期限已满,对可能逃跑或者可能发生社会危险性的罪犯,可以由法院决定逮捕,交看守所羁押。

问题 207:服刑人员及其家属不服(不予)暂予监外执行结果的,是否有救济手段

对于人民法院作出的决定结果不服的,罪犯本人或利害关系人对诊断意见有异议的,可在接到诊断意见之日起 10 日内向本地高级人民法院申请复核诊断,高级人民法院复核诊断意见为最终意见。

对于监狱或看守所等执行机关及相应审批机关的审批结果不服的,目前《暂予监外执行规定》未规定明确的救济途径,实践中,可以考虑通过以下途径救济。

(1)在公示期间向监狱或看守所提出异议。除了病情严重必须立即保外就医的,监狱、看守所须对暂予监外执行的审议结果在执行场所内进行公示,公示期间,服刑人员本人可以向监狱或看守所提出异议,或者向驻监检察组提出异议。

(2)向检察院提出异议。针对暂予监外执行不当的情形,检察院在执行机关提请及相应机关审批环节,有权提出书面意见。因此,服刑人员家属也可以积极与执行机关或批准机关同级的检察院进行沟通,告知检察院对于审批结果存在的异议,由检察院开展法律监督。

问题 208:暂予监外执行期限从什么时间开始起算

对于暂予监外执行期限起点,实践中主要有以下两种计算方式,其中,第一种方式是实践中的主流做法。

1. 自暂予监外执行决定作出之日起算监外执行期限

此种计算方式的理由在于暂予监外执行的罪犯都需要接受社区矫正，只有在暂予监外执行决定作出后并交付执行时，罪犯才有可能接受社区矫正，因此应以暂予监外执行决定书、执行通知书作出之日作为计算暂予监外执行期限的时间起点。

2. 提前至暂予监外执行决定作出日之前

具体做法包括以下几种：

（1）将罪犯出现应暂予监外执行事由之日作为计算起点；

（2）将罪犯向法院递交暂予监外执行申请之日作为计算起点；

（3）将前次暂予监外执行期限结束后的次日作为计算起点。

此种计算方式的理由在于暂予监外执行是罪犯的权利，不能因为司法机关办案期限而影响罪犯刑期的折抵，尤其是人民法院决定暂予监外执行的，如果从暂予监外执行决定作出之日起算期限，对罪犯不公平；不论暂予监外执行决定作出与否，此类罪犯事实上都是符合暂予监外执行条件的。

问题209：批准暂予监外执行后，是否需要罪犯本人前往司法行政机关办理交接手续

原则上相关手续为公对公办理，无须罪犯本人移交。

1. 法院决定暂予监外执行

（1）被羁押的罪犯：由看守所自收到决定之日起10日内将社区矫正对象移送社区矫正机构。

（2）未被羁押的罪犯：由执行取保候审、监视居住的公安机关自收到决定之日起10日内将社区矫正对象移送社区矫正机构。

2. 监狱管理机关、公安机关批准暂予监外执行

由监狱或者看守所自收到批准决定之日起10日内将社区矫正对象移送社区矫正机构。

《社区矫正法》

第二十一条 人民法院判处管制、宣告缓刑、裁定假释的社区矫正对象,应当自判决、裁定生效之日起十日内到执行地社区矫正机构报到。

人民法院决定暂予监外执行的社区矫正对象,由看守所或者执行取保候审、监视居住的公安机关自收到决定之日起十日内将社区矫正对象移送社区矫正机构。

监狱管理机关、公安机关批准暂予监外执行的社区矫正对象,由监狱或者看守所自收到批准决定之日起十日内将社区矫正对象移送社区矫正机构。

《最高人民法院、最高人民检察院、公安部、司法部关于规范判处监禁刑罚罪犯交付执行工作若干问题的意见》

第十条 人民法院在刑事案件审理过程中及执行刑罚有关法律文书送达看守所以前,对可能或者已经被判处无期徒刑、有期徒刑、拘役的被告人或者罪犯可能符合暂予监外执行情形,被告人、罪犯及其近亲属、监护人、辩护人提出暂予监外执行申请的,侦查机关、检察机关、看守所提出暂予监外执行建议的,或者在审判工作中发现的,应当依法进行审查,并将启动审查情况及时反馈申请人、建议单位。人民法院应当在有关法律文书送达看守所以前作出是否暂予监外执行的决定。

看守所收到执行刑罚有关法律文书以后将罪犯送交监狱以前的暂予监外执行工作,依照前款规定办理。对可能病情严重必须立即保外就医的罪犯,人民法院应当立即进行审查并依法作出是否暂予监外执行的决定。

人民法院对罪犯作出暂予监外执行决定前，应当书面征求同级人民检察院的意见，并附被告人或者罪犯的病情诊断、妊娠检查或者生活不能自理情况鉴别等有关材料。人民检察院接到人民法院征求意见材料后，应当在十日以内将是否同意对罪犯暂予监外执行的意见书面回复人民法院。

人民法院决定对罪犯暂予监外执行的，应当将暂予监外执行决定书抄送同级人民检察院。人民法院决定对罪犯不予暂予监外执行的，应当将不予暂予监外执行决定书通知看守所或者执行取保候审、监视居住的公安机关以及申请人、建议单位，并抄送同级人民检察院。

第十二条 人民法院对罪犯作出暂予监外执行决定的，应当自决定生效之日起五日以内通知执行地社区矫正机构，在十日以内送达暂予监外执行决定书并抄送同级人民检察院和执行地公安机关。罪犯在押的，应当将暂予监外执行决定书送达看守所和罪犯执行地社区矫正机构；罪犯未被羁押的，应当将暂予监外执行决定书送达执行取保候审、监视居住的公安机关和罪犯执行地社区矫正机构。罪犯属于社区矫正期间又犯罪的，人民法院还应当将暂予监外执行决定书送达罪犯原服刑或者接收其档案的监狱、看守所。

看守所或者执行取保候审、监视居住的公安机关自收到暂予监外执行决定之日起十日以内将社区矫正对象移送社区矫正机构。社区矫正机构应当依法接收社区矫正对象。

第十三条 人民法院组织对被告人、罪犯进行病情诊断、妊娠检查和生活不能自理鉴别工作，一般应当在受理申请、采纳建议或者依职权启动后二个月以内完成，至迟不得超过三个月。因特殊情况需要延长的，报请上一级人民法院批准。

问题 210：被决定暂予监外执行的，一般在哪里执行

暂予监外执行的罪犯应当依法实行社区矫正，原则上应由其居住地的社区矫正机构负责执行。在多个地方居住的，可以确定其经常居住地为执行地；罪犯的居住地、经常居住地无法确定或者不适宜执行社区矫正的，应当根据有利于罪犯接受矫正、更好地融入社会的原则，确定执行地。

关于确定居住地的具体标准，各地司法性文件的规定大同小异，主要根据是否有固定住所、是否有固定生活来源以及是否有亲属作为监督帮教人三个因素进行考量。以北京市《关于贯彻落实〈中华人民共和国社区矫正法实施办法〉的实施细则》第13条的规定为例，在北京市有合法住所且已经或者能够连续居住6个月以上的，可以认定为固定住所。本人有合法稳定收入，或者家庭成员、近亲属以及其他人员愿意为社区矫正对象生活提供经济支持的，可以认为具有固定生活来源。具有监督帮教能力的成年近亲属，或者确无成年近亲属的，具有监督帮教能力的成年其他亲属，愿意担任矫正小组成员的，可以认定为有亲属作为监督帮教人。

但以居住地作为暂予监外执行地点的做法并不是绝对的，若罪犯的居住地或经常居住地无法确定，或者经看守所、监狱的评估，罪犯居住地不适宜执行社区矫正，比如可能对其居住社区产生较大负面影响的，则可以在居住地、经常居住地以外确定执行地。

在确定执行地的过程中，家属可以协助提供房产证明、租赁合同、就读证明等相关证明材料，如果有多个居住地或者希望在居住地以外其他地点暂予监外执行，家属可以与决定、审批机关，以及在审批过程中负责出具调查评估意见书的司法行政机关沟通，说明适宜/不适宜在某地监外执行的理由，并根据有关机关的要求提供相应证明材料。

但司法实践中，居住地司法行政机关出具的调查评估意见书仅是确定执行地的参考，并不具有决定性意义。比如，在李某暂予监外执行案中，辽宁省大连市甘井子区司法局出具意见为，住所不稳定，可能对居住社区具有不良影响，评估意见为不适合社区矫正。但法院最终认为，李某被判处有期徒刑，但系正在哺乳期的妇女，不宜收监执行，决定对其暂予监外执行。①

问题211：暂予监外执行地后续是否可以变更

因治疗需要、居所变化等原因需要变更执行地的，只要符合法定条件和程序，并且原执行地和新执行地县级社区矫正机构同意，可以变更执行地。实践中，能否成功变更主要取决于原执行地和新执行地县级社区矫正机构的态度。

申请变更暂予执行地，一般应当提前1个月向司法所提出书面申请，并提供相应证明材料。该申请将由司法所报原执行地县级社区矫正机构审批，并由原执行地县级社区矫正机构书面征求新执行地县级社区矫正机构的意见。

如果原执行地和新执行地县级社区矫正机构均同意变更，将会书面告知服刑人员到新执行地县级社区矫正机构报到的时间期限，服刑人员应当自收到变更执行地决定之日起7日内，到新执行地县级社区矫正机构报到。

《社区矫正法》

第十七条 社区矫正决定机关判处管制、宣告缓刑、裁定假释、决定或者批准暂予监外执行时应当确定社区矫正执行地。

社区矫正执行地为社区矫正对象的居住地。社区矫正对象在多个

---

① 参见辽宁省大连市甘井子区人民法院刑事决定书，(2023) 辽0211刑更8号。

地方居住的，可以确定经常居住地为执行地。

社区矫正对象的居住地、经常居住地无法确定或者不适宜执行社区矫正的，社区矫正决定机关应当根据有利于社区矫正对象接受矫正、更好地融入社会的原则，确定执行地。

本法所称社区矫正决定机关，是指依法判处管制、宣告缓刑、裁定假释、决定暂予监外执行的人民法院和依法批准暂予监外执行的监狱管理机关、公安机关。

《社区矫正法实施办法》

第三十条 【变更执行地审批】社区矫正对象因工作、居所变化等原因需要变更执行地的，一般应当提前一个月提出书面申请，并提供相应证明材料，由受委托的司法所签署意见后报执行地县级社区矫正机构审批。

执行地县级社区矫正机构收到申请后，应当在五日内书面征求新执行地县级社区矫正机构的意见。新执行地县级社区矫正机构接到征求意见函后，应当在五日内核实有关情况，作出是否同意接收的意见并书面回复。执行地县级社区矫正机构根据回复意见，作出决定。执行地县级社区矫正机构对新执行地县级社区矫正机构的回复意见有异议的，可以报上一级社区矫正机构协调解决。

经审核，执行地县级社区矫正机构不同意变更执行地的，应在决定作出之日起五日内告知社区矫正对象。同意变更执行地的，应对社区矫正对象进行教育，书面告知其到新执行地县级社区矫正机构报到的时间期限以及逾期报到或者未报到的后果，责令其按时报到。

第三十一条 【变更执行地程序】同意变更执行地的，原执行地县级社区矫正机构应当在作出决定之日起五日内，将有关法律文书和档案材料移交新执行地县级社区矫正机构，并将有关法律文书抄送社区矫正决定机关和原执行地县级人民检察院、公安机关。新执行地县级社区矫正机构收到法律文书和档案材料后，在五日内送达回执，并将有关法律文书抄送所在地县级人民检察院、公安机关。

同意变更执行地的，社区矫正对象应当自收到变更执行地决定之日起七日内，到新执行地县级社区矫正机构报到。新执行地县级社区矫正机构应当核实身份、办理登记接收手续。发现社区矫正对象未按规定时间报到的，新执行地县级社区矫正机构应当立即通知原执行地县级社区矫正机构，由原执行地县级社区矫正机构组织查找。未及时办理交付接收，造成社区矫正对象脱管漏管的，原执行地社区矫正机构会同新执行地社区矫正机构妥善处置。

对公安机关、监狱管理机关批准暂予监外执行的社区矫正对象变更执行地的，公安机关、监狱管理机关在收到社区矫正机构送达的法律文书后，应与新执行地同级公安机关、监狱管理机关办理交接。新执行地的公安机关、监狱管理机关应指定一所看守所、监狱接收社区矫正对象档案，负责办理其收监、刑满释放等手续。看守所、监狱在接收档案之日起五日内，应当将有关情况通报新执行地县级社区矫正机构。对公安机关批准暂予监外执行的社区矫正对象在同一省、自治区、直辖市变更执行地的，可以不移交档案。

问题212：暂予监外执行是否需要提出保证人，如何确定保证人

保证人仅存在于保外就医的情形。需要保外就医的，应当由罪犯本人或者其亲属、监护人提出保证人；无亲属、监护人的，可以由罪犯居住地的村（居）委会、原所在单位或者县级司法行政机关社区矫正机构推荐保证人。根据法律规定，保证人应当具备以下条件。

（1）具有完全民事行为能力，愿意承担保证人义务。

根据《民法典》的规定，18周岁以上智力、精神健康状况正常的成年人或年满16周岁以自己的劳动收入为主要生活来源的，均为完全民事行为能力人，可以担任保证人。

（2）人身自由未受到限制。

（3）有固定的住处和收入。

相关规定对于职业类型和收入高低并无明确的限制，但是要求保证人要有固定的住处和收入，对此，保证人可以提交房产证明、租赁合同及收入证明等加以证实。

（4）能够与被保证人共同居住或者居住在同一市、县。

在提出保证人后，还需由监狱、看守所依照上述条件进行审查、确定。对于保证人是否具备保证条件需要进一步调查核实的，监狱刑罚执行部门可通过填写《拟暂予监外执行罪犯调查评估委托函》，附带原刑事判决书、减刑裁定书复印件以及罪犯在服刑期间表现情况材料，委托居住地县级司法行政机关进行调查，并出具调查评估意见书。

问题213：暂予监外执行的保证人需履行哪些义务

（1）保证人应当向监狱、看守所提交保证书。

（2）在服刑人员暂予监外执行期间，保证人应当履行下列义务：

①协助社区矫正机构监督被保证人遵守法律和有关规定；

②发现被保证人擅自离开居住的市、县或者变更居住地，或者有违法犯罪行为，或者需要保外就医情形消失，或者被保证人死亡的，立即向社区矫正机构报告；

③为被保证人的治疗、护理、复查以及正常生活提供帮助；

④督促和协助被保证人按照规定履行定期复查病情和向社区矫正机构报告的义务。

（3）特定情形下保证人具有见证交付的义务，比如，对于罪犯因病情严重需要送入居住地的医院救治的，监狱可与居住地县级司法行政机关协商确定在居住地的医院交付并办理交接手续，暂予监外执行罪犯的保证人应当到场。

如果保证人违反保证义务，将被取消保证资格。

问题214：出现哪些情况会被收监执行

根据《社区矫正法实施办法》的规定，出现下列情况之一的，将会被收监执行：

（1）不符合暂予监外执行条件的；

（2）未经社区矫正机构批准擅自离开所居住的市、县，经警告拒不改正，或者拒不报告行踪，脱离监管的；

（3）因违反监督管理规定受到治安管理处罚，仍不改正的；

（4）受到执行机关2次警告的；

（5）保外就医期间不按规定提交病情复查情况，经警告拒不改正的；

（6）暂予监外执行的情形消失后，刑期未满的；

（7）保证人丧失保证条件或者因不履行义务被取消保证人资格，不能在规定期限内提出新的保证人的；

（8）其他违反法律、行政法规和监督管理规定，情节严重的情形。

问题215：发现不符合暂予监外执行程序条件的，是否一定要收监

实践中存在因不符合程序条件而重新收监执行的案例。但是从法律规定的本意来看，"不符合暂予监外执行"应指不符合实体性条件，而不是程序性错误。如果是程序存在问题，应当进行程序补救，

并根据补救后所确定的实体条件，来评判是否符合暂予监外执行条件。程序本身的问题不足以否定原暂予监外执行决定。

以诊断、检查、鉴别的程序性要求为例，根据《刑事诉讼法》第 265 条、《监狱暂予监外执行程序规定》第 7 条，罪犯申请暂予监外执行的，须经省级人民医院指定的医院诊断，如果未经省级人民政府指定的医院诊断，就属于程序瑕疵，应当启动补救措施，根据当时的检查资料委托省级人民政府指定的医院重新进行诊断，经诊断符合暂予监外执行，且目前暂予监外执行条件未消失的，则无须重新收监执行；若经诊断自始不符合暂予监外执行条件的，需要分以下情况讨论。

如果原程序性瑕疵系罪犯通过贿赂等非法手段所致，则已暂予监外执行的期间不计入已服刑刑期。

如果原程序性瑕疵并非罪犯个人原因所致，由于法律仅规定了罪犯通过非法手段获取暂予监外执行及脱逃两种不计入刑期的情形，此种情况下，已暂予监外执行的期间应计入已服刑刑期，而不应由罪犯本人承担司法机关工作失误造成的后果。

问题 216：刑期届满后发现原暂予监外执行不符合条件的，是否还收监执行

（1）如果不符合暂予监外执行条件的罪犯是通过贿赂等非法手段被暂予监外执行，由于暂予监外执行期间不计入刑期，因此即便刑期届满也需要重新收监执行。在程序上，由原服刑或接收其档案的监狱或者看守所向所在地中级人民法院提出不计入执行刑期的建议书，人民法院审核裁定后，将罪犯收监执行。如果原来是法院决定收监执行，应当一并作出重新计算刑期的裁定，通知执行地公安机关将罪犯送交原服刑或接收其档案的监狱或者看守所收监执行。

（2）如果不存在暂予监外执行期间不计入刑期的情况，刑期届满后"发现不符合暂予监外执行条件"就不应重新收监执行。

首先，应当收监执行的对象是"暂予监外执行的罪犯"，已经刑期届满的，属于刑满释放人员，不再属于罪犯，而且从《刑事诉讼法》第268条的表述来看，应当收监执行的情形不适用于已经刑期届满的人员。

其次，如果存在"非法手段被暂予监外执行"和"暂予监外执行期间脱逃"两种不计入执行刑期的情形，则由于暂予监外执行期间不计入刑期，因此重新收监后尚有刑期可执行。但如果不属于上述两种情形，即使收监执行也无刑期可以执行，重新收监没有意义。

因此，尽管实践中存在少数将已经刑满人员又重新收监执行的情况，但是从法律关于暂予监外执行的规定来看，除非符合暂予监外执行期间不计入刑期的情形，否则不应重新收监执行。

问题217：法院决定收监执行而执行机关认为不符合收监执行条件暂不予收监执行的，应如何处理

看守所或者监狱拒绝执行法院依法作出的收监决定缺乏相应法律依据，法院不得因此重新作出准予暂予监外执行的决定，而应当采取积极措施确保收监决定得到有效执行。

看守所在一定情形下不予收押罪犯的依据主要来自《看守所条例》。其中规定不予收押的情形包括：患有精神病或者急性传染病的；患有其他严重疾病，在羁押中可能发生生命危险或者生活不能自理的，但是罪大恶极不羁押对社会有危险性的除外；怀孕或者哺乳自己不满1周岁的婴儿的妇女。

《刑事诉讼法》第264条关于交付执行的规定中，同样没有赋予执行机关不予收押的权限，因此，及时收押是执行机关的法定义务和职责。对此，《看守所条例》与《刑事诉讼法》不一致的，无论是基

于上位法优于下位法的原则，还是基于新法优于旧法的原则，对执行刑罚的罪犯，看守所不能再引用《看守所条例》不予收押。

根据 2012 年修正的《监狱法》的规定，监狱只有在没有收到法院交付执行文件，或文件不齐全或记载有误而可能导致错误收监的情况下，不予收监。除此之外，监狱应当收监执行。

公安部于 2013 年发布的《看守所留所执行刑罚罪犯管理办法》第 9 条规定："看守所在收到交付执行的人民法院送达的人民检察院起诉书副本和人民法院判决书、裁定书、执行通知书、结案登记表的当日，应当办理罪犯收押手续，填写收押登记表，载明罪犯基本情况、收押日期等，并由民警签字后，将罪犯转入罪犯监区或者监室。"第 10 条规定："对于判决前未被羁押，判决后需要羁押执行刑罚的罪犯，看守所应当凭本办法第九条所列文书收押，并采集罪犯十指指纹信息。"从此两条可看出，只要交付执行的人民法院法律文书齐备，看守所就应当办理收押手续，将罪犯转入罪犯监区或者监室。该管理办法没有设定不予收押的情形，也没有赋予看守所不予收押的权限。

《看守所条例》距今已 30 余年，而其后制定的各项法律法规实则一脉相承，即交付执行的人民法院只要相关文件齐备，看守所、监狱就应当收押，这是刑罚执行机关应履行的法定职责，其不得以任何理由拒绝、推诿。

问题 218：暂予监外执行期间严重违反法规，是否一概收监

根据《社区矫正实施办法》第 36 条的规定，违反监督管理规定或者人民法院禁止令，依法应予治安管理处罚的，执行地县级社区矫正机构应当提请同级公安机关根据《治安管理处罚法》第 60 条的规定，依法给予 5 日以上 10 日以下拘留，并处 200 元以上 500 元以下罚款。但目前，相关法律并未对何种情况应予治安管理处罚作出明确规定，实践中，更多取决于社区矫正机构和公安机关的判断。

如果严重违反法律、行政法规和监督管理规定，则应当重新收监执行（参见"问题214：出现哪些情况会被收监执行"），至于严重程度的判断，除法律明确列举的情形外，通常取决于社区矫正机构、批准或决定机关的判断。

问题219：暂予监外执行期间严重违法违规，是否还能适用暂予监外执行

如果确实需要再次适用暂予监外执行，审批时应从严。

根据《暂予监外执行规定》的规定，对在暂予监外执行期间因违法违规被收监执行或者因重新犯罪被判刑的罪犯，需要再次适用暂予监外执行的，应当从严审批。据此，暂予监外执行期间违法违规甚至又犯新罪的，仍然可以再次申请暂予监外执行。

根据《暂予监外执行规定》的规定，对需要保外就医或者属于生活不能自理，但适用暂予监外执行可能有社会危险性的，不得暂予监外执行。由于在暂予监外执行期间违法违规或者重新犯罪本身就可以反映相关人员的人身危险性及对其进行暂予监外执行可能再次造成的社会危害性，因此尽管法律并未明确规定一律禁止违法违规或又犯新罪者再次暂予监外执行，但实践中，除怀孕或者正在哺乳自己婴儿的妇女再次暂予监外执行不需要满足没有社会危险性的条件外，其他两类通常会因为可能有社会危险性而不被再次准予暂予监外执行。

问题220：暂予监外执行期间又犯新罪的，应如何处理

实践中对此存在以下两种处理方式。

1. 暂予监外执行的原批准或决定机关无须作出中止暂予监外执

行或收监的决定，只须社区矫正机构在接到侦查机关通知后，通知罪犯原服刑或接收其档案的监狱、看守所[①]（待新的判决生效后，收监执行数罪并罚后的刑期）。

该观点的依据在于，目前相关法律法规中并无"作出中止暂予监外执行决定"的相关规定，因此因犯新罪被采取强制措施之日起，前罪的暂予监外执行决定自动中止，前罪的实际服刑期间计算至暂予监外执行的中止日。同时，该观点认为，法律只是规定严重违反法律、行政法规或监管规定的应当收监执行，但是未规定犯罪的应收监执行，在数罪并罚的判决作出前重新收监执行的，没有法律依据且不便于新罪的侦查。

2. 暂予监外执行的原批准或决定机关无须作出中止暂予监外执行的决定，但应当收监执行，待新的判决生效后，再执行数罪并罚后的刑期。

尽管该观点同样认为服刑人员在又犯新罪被采取强制措施之日，暂予监外执行决定自动中止，但其认为中止的原因在于暂予监外执行的社区矫正人员违反有关法律、行政法规和监督管理规定，情节严重的，应予收监执行，举轻以明重，犯罪行为显然属于触犯刑法的行为，应依法收监执行，自有权机关依法定程序作出收监决定之日，前罪的暂予监外执行期间自动中止，前罪的实际服刑期间计算至暂予监外执行的中止日。

问题 221：暂予监外执行期间发现漏罪是否应当重新收监

对发现漏罪并被新罪法院审判的暂予监外执行社区矫正对象，旧

[①] 根据《暂予监外执行规定》第 20 条规定，罪犯原服刑地与居住地不在同一省、自治区、直辖市，需要回居住地暂予监外执行的，由原服刑地的监狱管理局将文书及罪犯档案等材料送达罪犯居住地的监狱管理局。因此，"接收其档案的监狱、看守所"指暂予监外执行地的监狱、看守所。

罪中作出暂予监外执行决定的法院或相应批准机关只需等待新的判决生效即可，对原暂予监外执行决定不用重新作出收监决定，社区矫正机构也无须提出收监执行建议。

实践中，有观点认为发现漏罪的，应当参考《刑事诉讼法》上关于缓刑、假释的社区服刑人员在矫正期间发现漏罪的处理方式，但是《最高人民法院关于适用〈中华人民共和国刑事诉讼法〉的解释》关于发现漏罪应撤销减刑、假释的规定，仅针对假释、缓刑人员，并未明确包括暂予监外执行情形。而且《暂予监外执行规定》及其配套法规也未明确将发现漏罪作为应当收监执行的情形，因此，认为发现漏罪时应由社区矫正机关向原决定或批准机关提请作出收监执行决定的观点缺乏法律依据。

问题 222：暂予监外执行期间逃避刑罚执行是否构成脱逃罪

可以构成脱逃罪。

脱逃行为是逃避刑事追究或刑事制裁的一种方式，打击脱逃罪的目的在于维护刑事诉讼活动及刑罚执行活动的正常秩序以及刑事司法活动的权威。暂予监外执行并非释放，更非恢复服刑人员的人身自由，暂予监外执行的服刑人员也处于监管之下，只是由于其有严重疾病等，但其行动自由受到严重限制，其家属等也被赋予一定的保证义务。从暂予监外执行的状态中脱离，即意味着摆脱了执法机关的监管，并最终逃避继续在监狱内执行，因而其从暂予监外执行的状态中逃离，同样对我国刑罚权正常行使而形成的秩序构成破坏。因此，从这个角度分析，从暂予监外执行的状态中脱离进而试图完全逃避继续在监狱内执行剩余刑罚的行为，与从监狱内逃脱的行为，在本质上并无区别。实践中，也不乏将暂予监外执行期间逃避刑罚执行认定为脱逃罪的案例。

《刑法》

第三百一十六条第一款 【脱逃罪】依法被关押的罪犯、被告人、犯罪嫌疑人脱逃的，处五年以下有期徒刑或者拘役。

【典型案例】

符某脱逃案

要旨

对于暂予监外执行期满后拒不归监的罪犯，检察机关应当准确理解把握脱逃罪的立法原意，全面收集固定证据，注重审查其为逃避刑罚执行而采取的手段行为，正确区别脱管与脱逃，通过客观行为反映的罪犯逃避追捕、逃避羁押的主观心态，依法定罪处罚。

事实

1998年2月12日，符某因犯贩卖毒品罪被常德市中级人民法院判处有期徒刑15年，刑期至2012年6月21日止，于1999年8月13日被调入湖南省德山监狱服刑。2001年5月10日，符某被常德市中级人民法院裁定减刑2年，减刑后刑期至2010年6月21日止。2003年1月22日，符某因患Ⅲ型肺结核等疾病被批准保外就医1年。2004年1月13日又经批准，保外就医续保1年。其间符某经治疗病情好转，保外就医情形消失，为再次获得保外就医，符某于同年10月将肝病患者葛某（已死亡）的病历资料变造成其本人的病历资料，但因其未按要求回监体检，故未获批准。符某为脱离监管，于2005年5月逃往外省。2008年7月29日，符某因脱逃罪被网上追逃。在此期间，符某通过其母亲刘某持"符某"死亡医学证明书在公安局分局办理了户口注销手续，公安机关据此撤销了对符某的网上追逃。随后，符某以别的身份多次潜入湖北、广东、内蒙古等多个省区市，躲避监管、逃避刑罚执行达14年之久。

理由

1. 为完善对"依法被关押"的司法解释提供了实证样本，有利于准确打击犯罪。《刑法》第316条第1款规定脱逃罪的犯罪主体是"依法被关押的罪犯、被告人、犯罪嫌疑人"。司法实践中经常出现监外执行罪犯长期脱管的情形，对"依法被关押"从字面理解，只能是被羁押。我国刑法从保障人权出发，对有严重疾病需保外就医的，规定经过批准可以变更执行，但罪犯仍处于司法机关的监管之下，且在罪犯遵守监管规定的情况下，监外执行期间折抵刑期，因此，从立法原意上来理解，监外执行的罪犯仍属于"依法被关押"的罪犯。这样理解，符合刑法规定，有利于打击犯罪，维护良好的司法秩序。

2. 准确把握罪与非罪，严格区分"脱逃"与"脱管"。"脱管"是指监外执行的犯罪分子未经批准擅自外出的偶发性行为，与刑法意义上的"脱逃"意思相近，却不完全相同。一是"脱逃"具有逃避监管或刑罚执行的直接故意，"脱管"则主要是违反监管纪律要求，逃避刑罚执行的主观故意不明显。二是"脱逃"行为呈持续状态，时间跨度较长，如本案被告人通过变更身份信息、伪造死亡证明的方式，意图永久性脱离监管，"脱管"则一般是偶发状态，时间较短。三是"脱逃"所采取的手段行为具有与司法机关强烈对抗的程度，一般具有欺骗性，而"脱管"行为一般是以不作为的方式暂时脱离监管，不具有强烈对抗性。

3. 准确把握犯罪构成，为查证脱逃罪完善证明标准。本案被告人拒不认罪，并将部分行为推卸给去世人员。在此情形下，承办检察官紧扣脱逃罪的犯罪构成，注重收集、梳理、审查证明罪犯为逃避刑罚执行而实施的行为、脱逃期间的行踪轨迹、脱逃时长、危害结果等客观证据，同时收集、梳理、审查监管机关为收监执行而采取的劝返、立案、网上追逃等证据，两相比较，推导出犯罪分子的主观认识与故意，构建完整的证据体系，达到确实充分的证明标准，从而做到精准指控，不枉不纵。

结果

2019年12月12日，符某被公安局抓捕归案，羁押于监狱。2021年7月9日，经湖南省监狱管理局指定管辖，娄底监狱以符某涉嫌脱逃罪立案侦查。同年11月8日，娄底监狱向娄底市人民检察院移送审查起诉，该院交办至娄星区人民检察院。娄星区人民检察院于12月9日决定对符某以脱逃罪提起公诉。2022年8月31日，法院判决符某犯脱逃罪，判处有期徒刑2年，与前罪尚未执行的有期徒刑数罪并罚，合并执行有期徒刑7年。符某不服提出上诉，同年10月28日，娄底市中级人民法院裁定驳回上诉，维持原判。

问题223：异地暂予监外执行完毕的，如何重新收监执行

由于暂予监外执行通常需在居住地执行，而原判法院多为犯罪地法院，因此，实践中常出现暂予监外执行完毕后异地收监执行的情况。根据法律规定，应当按照就近原则，即非异地执行社区矫正的，仍由原执行机关收监执行；而异地执行的，则由社区矫正地的执行机关收监执行。

程序上，存在以下两种做法。

（1）由社区矫正机构与决定机关或批准机关（原判法院或原服刑地省级以上监狱管理机关或设区的市一级以上公安机关）协商，取得决定机关或批准机关同意后，向暂予监外执行地法院、省级以上监狱管理机关或设区的市一级以上公安机关递交收监执行建议书，经审查批准或决定收监的，由暂予监外执行地看守所或监狱收监执行。

（2）由社区矫正机构向原决定机关或批准机关递交收监执行建议书，由原决定机关或批准机关审查并作出收监执行决定后，将执行通知等文书档案转社区矫正机构，社区矫正机构与暂予监外执行地公安机关、看守所对接，由暂予监外执行地看守所或监狱收监执行。

《治安管理处罚法》

第六十条 有下列行为之一的，处五日以上十日以下拘留，并处二百元以上五百元以下罚款：

（一）隐藏、转移、变卖或者损毁行政执法机关依法扣押、查封、冻结的财物的；

（二）伪造、隐匿、毁灭证据或者提供虚假证言、谎报案情，影响行政执法机关依法办案的；

（三）明知是赃物而窝藏、转移或者代为销售的；

（四）被依法执行管制、剥夺政治权利或者在缓刑、暂予监外执行中的罪犯或者被依法采取刑事强制措施的人，有违反法律、行政法规或者国务院有关部门的监督管理规定的行为。

《最高人民法院、最高人民检察院、公安部、司法部关于进一步加强社区矫正工作衔接配合管理的意见》

17. 社区服刑人员因违反监督管理规定被依法撤销缓刑、撤销假释或者暂予监外执行被决定收监执行的，应当本着就近、便利、安全的原则，送交其居住地所属的省（区、市）的看守所、监狱执行刑罚。

【典型案例】

1. 麻城市首例异地法院判决社矫对象被收监执行案①

要旨

异地暂予监外执行完毕的，可以由社区矫正机构与决定机关即原判法院协商，取得决定机关同意后，向暂予监外执行地法院递交收监执行建议书，经决定收监的，由暂予监外执行地看守所或监狱收监执行。

事实

王某，女，湖北省麻城市人。因犯诈骗罪于2020年4月21日被江苏省无锡市宜兴市人民法院依法判处有期徒刑2年6个月，并处罚金25,000元。

因被判决时王某尚处于哺乳期，符合暂予监外执行的情形，宜兴市人民法院对王某决定暂予监外执行，期限9个月，交由王某户籍所在地湖北省麻城市社区矫正管理局负责执行。2020年4月23日，王某自行到麻城市社区矫正管理局报到，后在麻城市鼓楼司法所接受社区矫正。

理由

2021年1月，在王某矫正期限即将届满前，考虑到疫情影响、年关将近，如对王某启用异地收监程序，无疑加大了执行难度。麻城市社区矫正管理局主动与江苏省无锡市宜兴市人民法院协商，在征求原判法院意见后，麻城市社区矫正管理局依据《刑事诉讼法》第268条第1款第3项、第2款，《社区矫正法》第49条第1款，《社区矫正法实施办法》第49条第1款第6项、第2款之规定，向执行地麻城市人民法院递交收监执行建议书。麻城市人民法院根据社区矫正管

---

① 《麻城市首例异地法院判决社矫对象被收监执行》，载微信公众号"麻城普法"2021年3月19日，https://mp.weixin.qq.com/s/Vu607HMN_s2UZ2YzUOcJdw。

理局提供的材料认定王某暂予监外执行条件消失，矫正刑期届满，而刑期未满，符合收监执行法定条件，麻城市人民法院依法受理了该案。

与此同时，社区矫正管理局积极联系王某，向王某说明相关事由，嘱咐王某提前安排好家中事宜。起初王某情绪激动，对收监一事存在抵触心理，工作人员立即对其进行安抚，在晓之以理、动之以情的政策宣讲下，王某表示愿意积极配合收监执行的程序。

结果

2021年3月10日，麻城市人民法院下达了对罪犯王某的收监执行决定书，在收到人民法院下达的收监执行决定文书后，麻城市社区矫正管理局积极与麻城市人民检察院、公安局协调收监执行事宜，经一致商议决定由鼓楼司法所、派出所共同完成对罪犯王某收监移交工作。

2021年3月11日，在鼓楼司法所办理了相关交接手续后，麻城市社区矫正管理局顺利将罪犯王某送至派出所，随后，由派出所民警将罪犯王某带至医院进行新冠病毒核酸检测。根据检测结果，王某被确定为健康状态。当日18时许，3名民警将罪犯王某送至黄冈市看守所。交接过程中，麻城市司法局还积极向执行地法院、原判法院进行双向沟通，确保中间环节无疑问，细节不遗漏。最终于当日21时，罪犯王某成功交接至黄冈市看守所收监。

2. 鼎城检察监督收监首例暂予监外执行罪犯案[①]

要旨

异地暂予监外执行完毕的，可以由社区矫正机构向原决定机关递

---

① 参见丁建英、张奇志：《鼎城检察监督收监首例暂予监外执行罪犯》，载微信公众号"鼎城检察"2016年11月18日，https：//mp.weixin.qq.com/s/IkB‐8rmSnoNwXGiKrTqVnw。

交收监执行建议书，由原决定机关审查并作出收监执行决定后，将执行通知等文书档案转社区矫正机构，社区矫正机构与暂予监外执行地公安机关、看守所对接，由暂予监外执行地看守所或监狱收监执行。

事实

罪犯汪某因贩毒于2015年5月19日被珠海市香洲区人民法院判处有期徒刑2年，并处罚金3000元，并因需哺乳自己婴儿被该院决定暂予监外执行。2016年11月10日因汪某暂予监外执行情形消失，香洲区人民法院决定收监执行余刑，该院监督执行机关将其予以收监。此案系《刑法修正案（九）》实施以来，常德检察机关监督收监执行的首例异地暂予监外执行案。

2016年4月1日，香洲区人民法院以罪犯汪某正在哺乳自己婴儿为由，决定对其暂予监外执行，并于同日交付常德市鼎城区司法局执行。罪犯汪某于2016年4月8日开始接受社区矫正，至同年7月17日暂予监外执行共计3个月10天。

理由

2016年7月20日，因汪某暂予监外执行的情形消失，香洲区人民法院决定对其收监执行余下刑期1年8个月20日。2016年8月上旬，鼎城区司法局收到该收监执行的文书档案后，因其是异地法院判决的，以无法执行为由将文书档案退回。2016年8月30日最高人民法院、最高人民检察院、公安部、司法部下发的《关于进一步加强社区矫正工作衔接配合管理的意见》中规定，暂予监外执行的对象被决定收监执行的，应当本着就近、便利、安全的原则。

结果

据此，香洲区人民法院又将罪犯汪某的执行通知等文书档案邮寄至鼎城区司法局、常德市人民检察院。鼎城区人民检察院收到上级院转来的执行书后,积极与区公安局、区司法局、常德市看守所沟通衔接,督促鼎城区司法局矫正部门于 2016 年 11 月 10 日将执行文书送达鼎城区公安局,并于 2016 年 11 月 14 日 14 时监督区公安局将罪犯送至市看守所羁押,该所已于 2016 年 11 月 15 日将罪犯汪某送至湖南省女子监狱执行余刑。

第六章

违规计分考核、减刑、假释、暂予监外执行的法律责任

问题 224：服刑人员利用不正当手段计分考核的，会有什么后果

如果利用个人影响力和社会关系、提供虚假证明材料、贿赂等不正当手段最终获得了考核分，该项得分将会被取消，并根据情节轻重给予相应扣分或者处罚，处罚的方式包括警告、记过、禁闭等，会影响后续的减刑、假释，甚至导致已经获得的减刑、假释被撤销。严重的，还可能构成刑事犯罪。

从各地的规定来看，各地对此类违规行为的处罚力度不一。例如，北京、浙江等地明确规定存在上述情形的应当给予最为严厉的禁闭处罚；江苏则规定可在警告、记过、禁闭之间进行选择。关于扣除的分值，部分地区还专门规定需直接扣除与通过不正当手段获取考核分同等的分值。

有些地区虽然没有明确规定罪犯通过不正当手段获得考核分需要扣减的分数和受到的处罚种类，但明确规定实施上述行为的该考核期内的评价直接为不合格，比如天津市。

如果服刑人员利用不正当手段已经获得减刑、假释、暂予监外执行，一般会由原作出减刑、假释裁定的法院裁定撤销减刑、假释或对

暂予监外执行罪犯决定收监执行。通过不正当手段获得暂予监外执行的罪犯，将会被重新收监执行，暂予监外执行期间不计入已执行的刑期。

若采取的不正当手段系犯罪行为，则有可能被追究相应刑事责任。实践中，较为多见的是罪犯或亲属向监狱管理人员行贿以非法获取减刑、假释、暂予监外执行，若行贿金额达到立案追诉标准，将会被追究行贿罪的刑事责任。

问题 225：服刑人员利用不正当手段计分考核的，是否会影响后续减刑、假释

此种情形中的服刑人员会被认定为不符合"确有悔改表现"的条件，被从严减刑、假释。

如果职务犯罪、破坏金融管理秩序和金融诈骗犯罪、组织（领导、参加、包庇、纵容）黑社会性质组织犯罪的服刑人员在服刑期间通过欺骗、贿赂、利用个人影响力或者社会关系等不正当手段意图获得减刑、假释，未能得逞被查证，即便客观上并没有获得相应的考核加分或者减刑、假释、暂予监外执行，但其行为将影响"确有悔改表现"的认定，实际上会因此在一定时间内丧失被提请减刑、假释的机会（因立功而减刑的除外），至于在多长时间内不得被提请减刑、假释，则需要视各地具体规定而定。

对于非上述三类犯罪的服刑人员而言，如果认罪悔罪书、自我鉴定等自书材料不是本人书写或者自书材料内容虚假，且无特殊原因，将不被认定为确有悔改表现，在一定时间内不得被提请减刑、假释（因立功而减刑的除外）。

除了影响"确有悔改表现"的认定进而影响提请减刑、假释外，罪犯通过不正当手段意图获得减刑、假释、暂予监外执行被查证的，还将影响考核期、减刑考核起始时间、间隔时间的计算，导致取得减刑、假释的难度增加。

例如，浙江省规定罪犯在服刑期间通过欺骗、贿赂、利用个人影响力或者社会关系等不正当手段意图获得减刑、假释的，其考核期、起始时间或者间隔时间均应当从查证或者新判决发生法律效力后重新起算。又如，江苏省规定，对服刑期间利用个人影响力、社会关系或者其他不正当手段意图获得减刑、假释、暂予监外执行的，起始时间或者间隔期应当延长 1 年以上；情节严重或者造成严重后果的，起始时间或者间隔期应当延长 1 年 6 个月以上；在法定减刑起始时间、间隔期期满之后发现以上情形的，延长的期限应当以查证属实的时间为起算时间。这意味着罪犯提请减刑、假释的时间将大为延后。

问题 226：服刑人员利用不正当手段计分考核的，是否有刑事责任

由于考核分直接关系到减刑、假释，实践中服刑人员违规争取更多考核分或违规逃避扣分的行为，有可能被认定为徇私舞弊减刑、假释、暂予监外执行罪（共犯），如果使用行贿手段获取，同时也可以构成行贿罪。但服刑人员是否构成徇私舞弊减刑、假释、暂予监外执行的共犯，存在一定的争议。一般认为，对合犯中刑法只规定了处罚一方的，对合犯的受益方不应该构成共犯，但在司法实践中存在不少滥用职权犯罪的受益方构成共犯的案例。从期待可能性的角度来看，罪犯都会希望自己能够减刑早日释放，所以无论采取什么样的行为都属于刑罚执行过程中的可能现象，不能据此来处罚，类比盗窃犯本人销赃不构成销赃犯罪，徇私舞弊减刑案中，被减刑人不应作为该罪的共犯，但其亲属等人可以成为共犯。

例如，张某等徇私舞弊暂予监外执行案[①]中，被告人张某作为案

---

① 参见辽宁省丹东市中级人民法院刑事判决书，(2017) 辽 06 刑终 45 号。

犯于 2002 年 4 月起在辽宁省某某监狱一监区服刑。2008 年 10 月，被告人张某为违规办理保外就医，事先通过同监服刑罪犯闫某某（已死亡）联系被告人任某俊，由任某俊帮忙找到时任铁岭市某某医院副院长、某某法医司法鉴定所主任的李某普，要求李某普为其在诊断上造假，以达到保外就医的目的，并与沈阳市某某人民医院医生被告人秦某民联系，希望秦某民能帮忙以其肝上肿瘤为恶性为由办理保外就医。上述人员协助张某伪造 CT 片及报告单用于申请外诊手续，并出具虚假的病理诊断报告。张某于 2009 年 2 月 19 日通过审批保外就医 6 个月。后因肝癌术后等疾病 9 次续保、暂予监外执行，于 2016 年 5 月 8 日被收监执行。**该案中涉及服刑人员本人在内的多名不同身份被告人，法院均认定构成徇私舞弊暂予监外执行罪，其中服刑人员张某被认定为本人也认定为共犯，判处有期徒刑 4 年。**

问题 227：减刑、假释、暂予监外执行过程中相关工作人员的哪些行为有可能构成刑事犯罪

相关工作人员的"舞弊"行为导致不符合减刑、假释、暂予监外执行条件的罪犯获得被减刑、假释、暂予监外执行的，请托人、舞弊者以及受益人都可能构成刑事犯罪。

"舞弊"在司法实践中多表现为伪造和隐瞒。其中，足以导致不符合减刑、假释、暂予监外执行的罪犯获得被减刑、假释、暂予监外执行的行为主要包括：伪造病历或诊断证明、立功证明以及计分考核结果，少数案例中包括伪造虚假矫正意见。由于病历或诊断证明、立功证明及矫正意见对于减刑、假释、暂予监外执行的取得有直接影响，因此，实践中多数案例涉及伪造此类材料。

而与计分考核相关的则多为隐瞒类舞弊。通常表现为相关人员隐瞒罪犯较为严重的违规行为，应当予以扣分而不扣分，部分情况下还可能涉及伪造相应的计分考核结果以隐瞒违规事实，使罪犯能够顺利

获得"表扬"等行政奖励，进而取得减刑、假释的机会。常见的较为严重的违规行为包括隐瞒私藏、使用现金，将手机传递给罪犯使用，或者查获私藏的手机后不处理，隐瞒吸毒、打架、辱骂顶撞管教民警等违规事由。如果隐瞒的违规行为较为轻微，如饭菜未吃完浪费粮食等，由于此类违规行为扣分少，且通常不会对减刑、假释结果产生实质性影响，因此一般只会作为违纪行为处理，刑事风险较低。

另一类较为常见的与计分考核相关的舞弊行为则是**将服刑人员安排到一些容易得到加分的岗位，或者将计分考核标准因人调整、将服刑人员发展为特情**等进行违规加分。此类违规情形往往涉及的考核分值高，影响时间长，足以对减刑、假释的结果产生实质性的影响。如果只是偶然性地少量加分，不会对减刑、假释结果产生实质影响，则通常不构成徇私舞弊减刑、假释、暂予监外执行罪。

根据《最高人民检察院关于渎职侵权犯罪案件立案标准的规定》，司法工作人员实施下列行为的，可能会被认定构成徇私舞弊减刑、假释、暂予监外执行罪：

1. **刑罚执行机关的工作人员**即监狱民警、监狱中层领导、监狱负责人对不符合减刑、假释、暂予监外执行条件的罪犯，**捏造事实、伪造材料**，违法报请减刑、假释、暂予监外执行的。

2. **监狱管理机关、公安机关**的工作人员对不符合**暂予监外执行**条件的罪犯，徇私舞弊，违法**批准**暂予监外执行的。

3. **不具有报请、裁定、决定或者批准减刑、假释、暂予监外执行权的司法工作人员**利用职务上的便利，**伪造有关材料**，例如公安派出所所长、司法局社区矫正管理局局长、司法所所长等其他机关的司法工作人员，导致不符合减刑、假释、暂予监外执行条件的罪犯被减刑、假释、暂予监外执行的。

问题 228：徇私舞弊减刑、假释、暂予监外执行罪中"徇私"应如何认定

根据《刑法》第 401 条的规定，司法工作人员徇私舞弊，对不符合减刑、假释、暂予监外执行条件的罪犯，予以减刑、假释或者暂予监外执行的，处 3 年以下有期徒刑或者拘役；情节严重的，处 3 年以上 7 年以下有期徒刑。

徇私舞弊减刑、假释、暂予监外执行罪以"徇私"情节的存在为前提。司法实践中，对于"徇私"的认定标准相对宽泛。"徇私"在司法实践中多表现为徇私情和徇私利，其中徇私利更为多见。徇私情的表现包括碍于同事情面、亲友情面等，徇私利的表现包括收受财物乃至接受宴请等私利。

需要注意的是，尽管从法理上看"徇私"系本罪的构成要件，但司法实践对此并未做强制性要求，仅强调减刑、假释、暂予监外执行行为的违规、违法性，即便查不清徇私的缘由，或者查明监狱民警拒贿后出于稳定罪犯改造情绪等因素的考虑，对罪犯行贿行为未上报、未扣分、未处罚，也可能认定构成本罪。

问题 229：徇私舞弊减刑、假释、暂予监外执行罪中"情节严重"应如何认定

虽然《刑法》对徇私舞弊减刑、假释、暂予监外执行规定了两档法定刑，但在实践中，绝大部分案件均未认定存在严重情节。**在少数被认定为情节严重的案件中，出现被违规减刑、假释的罪犯提前释放后再犯罪，涉及违规人数、次数较多，通过行贿方式获取违规减刑，罪犯属于无期或者长刑犯，通过造假的方式进行违规暂予监外执行等情形往往是情节严重的主要原因。**

但被违规释放的罪犯再犯新罪，涉及违规次数较多、人数较多且收受贿赂的情形在未认定情节严重的案例中也普遍存在，多取决于被告人是否具备其他从轻、减轻情节。如在张某徇私舞弊减刑、假释、暂予监外执行案［湖北省荆州市沙市区人民法院（2017）鄂1002刑初452号］中，2008年至2014年，被告人张某在担任沙洋长林监狱五监区生产干事、生产主任及监区长办公会成员期间，负责管理监区罪犯的日常劳动生产及参与审议行政奖励、减刑工作。其间，被告人张某利用职务上的便利，违反规定为关某、徐某华、周某等6名罪犯携带物品进监，并从中收受罪犯及其家属给予的财物共计20,160元（其中，现金6920元，香烟价值13,240元），且在审议关某、徐某华、周某等6名罪犯的行政奖励和呈报减刑时，隐瞒罪犯违规谋取物品进监、在监内使用手机、贿赂民警等违纪违法行为，**致使关某、徐某华、周某等6名不符合减刑条件的罪犯顺利获得减刑9次，法院并未认定其属于情节严重，因其具备自首情节，对其免予刑事处罚。**

被违规释放的罪犯重新犯罪的，也有可能认定为不属于情节严重。如在沙某徇私舞弊减刑案［吉林省吉林市丰满区人民法院（2017）吉0211刑初295号］中，2014年被告人沙某在担任吉林省吉林江城监狱四监区专管民警期间，利用职务便利，为其负责监管的服刑人员杨某向监内传递现金供其使用，并多次收受好处费，共计2000元。2014年夏，沙某在杨某减刑的提请过程中，明知杨某持有和使用现金属于狱内违纪行为，不符合减刑条件，隐瞒事实，出具虚假罪犯考核表，并在减刑庭审中出具虚假证言，致使2014年11月21日吉林市中级人民法院裁定为杨某减刑7个月。杨某刑满释放后再次犯罪，已被判处刑罚。**法院认为，因司法工作人员徇私舞弊，罪犯被裁定减刑释放后是否继续实施犯罪，危害社会，不属于徇私舞弊减刑罪的犯罪构成要件，没有法律规定不宜以罪犯被释放后是否再次犯罪，作为徇私舞弊减刑罪情节严重的认定依据。该案未认定属于情节严重，最终沙某被判处有期徒刑2年。**

问题 230：犯徇私舞弊减刑、假释、暂予监外执行罪的同时又有其他犯罪的，将如何处理

司法实践中对徇私舞弊减刑、假释、暂予监外执行案件进行数罪并罚的情况较为常见。

1. 与受贿罪数罪并罚

目前公开检索到的案例中，8 成案例中的被告人都同时涉嫌受贿罪，这也是最主要的徇私情节，且均为数罪并罚。例如在邹某武徇私舞弊减刑、假释、暂予监外执行、受贿案［湖北省荆州市沙市区人民法院（2017）鄂 1002 刑初 340 号］中，邹某武在接受刘某朋友徐某、王某的请托贿赂后，一是利用管理恩施监狱罪犯食堂的职务之便，通过"打招呼"将刘某安排到既轻松又容易获得行政奖励的罪犯食堂岗位，将刘某多次带出监狱。二是明知刘某私自接触外界人员属严重违反监规行为，应扣思想改造分且当季不能获得行政奖励，故意隐瞒事实，使刘某获得 4 个行政奖励并据此减刑。最终法院认定邹某武构成徇私舞弊减刑、假释、暂予监外执行罪及受贿罪，依法应数罪并罚。

2. 与玩忽职守罪、滥用职权罪数罪并罚

玩忽职守和滥用职权所涉及的事实多为罪犯违规私藏、使用手机、现金、毒品等。二者的区别在于，玩忽职守多为明知监狱罪犯存在上述违规情节而不查处，滥用职权则是民警亲自实施上述违规行为，如监狱民警违规为罪犯传递现金、手机、香烟，并收取部分现金回扣。

如在任某玩忽职守案［湖南省益阳市资阳区人民法院（2015）资刑初字第 89 号］中，时任第三监区监区长的任某明知罪犯顾某灿有私藏、使用手机，违规使用现金，饮酒等行为，不仅没有依法依规对其进行查处，也没有向单位领导和相关职能科室报告，并导致罪犯顾某灿使用手机指挥监外人员贩卖、运输毒品甲基苯丙胺 5000 克以上。

又在方某山滥用职权案［安徽省阜阳市颍东区人民法院（2019）皖1203刑初83号］中，2013年至2016年5月，被告人方某山在阜阳监狱任职期间，利用职务之便，接受服刑人员及亲友钱款79,700元及手机、香烟等物品，其将物品和部分现金带入监区交给服刑人员，使用钱款为服刑人员购买物品带入监区，并从中截留14,720元占为己有。2015年7月，第九监区研究呈报罪犯减刑工作，方某山故意隐瞒刘某私藏、使用违禁品、违规品的事实，违法呈报减刑。后经人民法院裁定，刘某于2015年12月2日被减刑2年。法院据此认定方某山构成滥用职权和徇私舞弊减刑罪。

3. 与行贿罪、介绍贿赂罪数罪并罚

如在李某升介绍贿赂、徇私舞弊暂予监外执行案［云南省瑞丽市人民法院（2014）瑞刑初字第128号］中，李某升接受罪犯吞某及其妻子团某、朋友刀某平的请托，把沈某等人欲出钱帮助吞某的想法告诉了被告人张某，后张某答应帮忙，但提出需要对方出50万元并自行负责到县级以上医院开具病情证明。违规暂予监外执行办理完成后，张某将办理情况告知了李某升，由李某升通知沈某、甫某年等人将事先说好的50万元送到其家。其后，张某到李某升家拿走40万元，留给李某升10万元。最终法院认定李某升构成介绍贿赂罪和徇私舞弊暂予监外执行罪，数罪并罚。

此外，有**个别数罪涉及同时贪污、挪用公款等情形，主体多为部门负责人**。其中一起涉及将罪犯预缴罚金截留归个人所有，如在孙某平受贿、徇私舞弊减刑、假释、贪污案［青海省尖扎县人民法院（2014）尖刑初字第19号］中，被告人孙某平在任青海省东川监狱刑罚执行教育科科长期间，给服刑人员段某甲妻子刘某打电话，以段某甲尚有30万元的罚金刑未执行，如不缴纳此罚金则会影响段某甲的最后一次减刑。为此，段某甲的儿子段某乙从河南省驻马店给被告人孙某平工商银行账户汇入 5 万元用以缴纳罚金。被告人孙某平收到此款后将其中 2 万元交给西宁市中级人民法院刑事审判第一庭副庭长雷某,由其代为缴纳了罚金,其余 3 万元被告人孙某平据为己有。

《刑法》

第四百零一条 司法工作人员徇私舞弊,对不符合减刑、假释、暂予监外执行条件的罪犯,予以减刑、假释或者暂予监外执行的,处三年以下有期徒刑或者拘役;情节严重的,处三年以上七年以下有期徒刑。

《最高人民检察院关于渎职侵权犯罪案件立案标准的规定》

(十一)徇私舞弊减刑、假释、暂予监外执行案(第四百零一条)

徇私舞弊减刑、假释、暂予监外执行罪是指司法工作人员徇私舞弊,对不符合减刑、假释、暂予监外执行条件的罪犯予以减刑、假释、暂予监外执行的行为。

涉嫌下列情形之一的,应予立案:

1. 刑罚执行机关的工作人员对不符合减刑、假释、暂予监外执行条件的罪犯,捏造事实,伪造材料,违法报请减刑、假释、暂予监外执行的;

2. 审判人员对不符合减刑、假释、暂予监外执行条件的罪犯,徇私舞弊,违法裁定减刑、假释或者违法决定暂予监外执行的;

3. 监狱管理机关、公安机关的工作人员对不符合暂予监外执行条件的罪犯,徇私舞弊,违法批准暂予监外执行的;

4. 不具有报请、裁定、决定或者批准减刑、假释、暂予监外执行权的司法工作人员利用职务上的便利,伪造有关材料,导致不符合

减刑、假释、暂予监外执行条件的罪犯被减刑、假释、暂予监外执行的;

5. 其他徇私舞弊减刑、假释、暂予监外执行应予追究刑事责任的情形。

问题 231：服刑人员家属如果向司法人员请托违规计分考核或减刑、假释、暂予监外执行，也构成犯罪吗

可以构成徇私舞弊减刑、假释、暂予监外执行罪的共犯。

尽管徇私舞弊减刑、假释、暂予监外执行罪的犯罪主体为"司法工作人员"，但是根据共同犯罪的原理，尽管不具有身份者无法构成此犯罪的实行犯，但是可以构成该犯罪的教唆犯或者帮助犯。如果服刑人员及其家属教唆狱警、狱医等为减刑、假释、暂予监外执行提供便利，同样可以构成徇私舞弊减刑、假释、暂予监外执行罪。

实践中，也存在将罪犯本人或其亲属认定为徇私舞弊减刑、假释、暂予监外执行罪共犯的案例。例如，在张某某等徇私舞弊暂予监外执行案［辽宁省丹东市中级人民法院（2017）辽06刑终45号］中，被告人张某某作为案犯于2002年4月起在辽宁省某某监狱一监区服刑，2008年10月，被告人张某某为违规办理保外就医，串通他人伪造患有肝癌的诊断证明，并因肝癌术后等疾病9次续保、暂予监外执行，于2016年5月8日被收监执行。该案中罪犯本人张某某被认定为违规暂予监外执行罪的共犯，被判处有期徒刑4年。

《最高人民法院关于办理减刑、假释案件具体应用法律的规定》
第三条 "确有悔改表现"是指同时具备以下条件：
（一）认罪悔罪；

(二) 遵守法律法规及监规，接受教育改造；

(三) 积极参加思想、文化、职业技术教育；

(四) 积极参加劳动，努力完成劳动任务。

对职务犯罪、破坏金融管理秩序和金融诈骗犯罪、组织（领导、参加、包庇、纵容）黑社会性质组织犯罪等罪犯，不积极退赃、协助追缴赃款赃物、赔偿损失，或者服刑期间利用个人影响力和社会关系等不正当手段意图获得减刑、假释的，不认定其"确有悔改表现"。

罪犯在刑罚执行期间的申诉权利应当依法保护，对其正当申诉不能不加分析地认为是不认罪悔罪。

《最高人民法院、最高人民检察院、公安部、司法部关于加强减刑、假释案件实质化审理的意见》

二、严格审查减刑、假释案件的实体条件

5. 严格审查罪犯服刑期间改造表现的考核材料。对于罪犯的计分考核材料，应当认真审查考核分数的来源及其合理性等，如果存在考核分数与考核期不对应、加扣分与奖惩不对应、奖惩缺少相应事实和依据等情况，应当要求刑罚执行机关在规定期限内作出说明或者补充。对于在规定期限内不能作出合理解释的考核材料，不作为认定罪犯确有悔改表现的依据。

对于罪犯的认罪悔罪书、自我鉴定等自书材料，要结合罪犯的文化程度认真进行审查，对于无特殊原因非本人书写或者自书材料内容虚假的，不认定罪犯确有悔改表现。

对于罪犯存在违反监规纪律行为的，应当根据行为性质、情节等具体情况，综合分析判断罪犯的改造表现。罪犯服刑期间因违反监规纪律被处以警告、记过或者禁闭处罚的，可以根据案件具体情况，认定罪犯是否确有悔改表现。

6. 严格审查罪犯立功、重大立功的证据材料，准确把握认定条件。对于检举、揭发监狱内外犯罪活动，或者提供重要破案线索的，应当注重审查线索的来源。对于揭发线索来源存疑的，应当进一步核查，如果查明线索系通过贿买、暴力、威胁或者违反监规等非法手段获取的，不认定罪犯具有立功或者重大立功表现。

对于技术革新、发明创造，应当注重审查罪犯是否具备该技术革新、发明创造的专业能力和条件，对于罪犯明显不具备相应专业能力及条件、不能说明技术革新或者发明创造原理及过程的，不认定罪犯具有立功或者重大立功表现。

对于阻止他人实施犯罪活动，协助司法机关抓捕其他犯罪嫌疑人，在日常生产、生活中舍己救人，在抗御自然灾害或者排除重大事故中有积极或者突出表现的，除应当审查有关部门出具的证明材料外，还应当注重审查能够证明上述行为的其他证据材料，对于罪犯明显不具备实施上述行为能力和条件的，不认定罪犯具有立功或者重大立功表现。

严格把握"较大贡献"或者"重大贡献"的认定条件。该"较大贡献"或者"重大贡献"，是指对国家、社会具有积极影响，而非仅对个别人员、单位有贡献和帮助。对于罪犯在警示教育活动中现身说法的，不认定罪犯具有立功或者重大立功表现。

7. 严格审查罪犯履行财产性判项的能力。罪犯未履行或者未全部履行财产性判项，具有下列情形之一的，不认定罪犯确有悔改表现：

（1）拒不交代赃款、赃物去向；

（2）隐瞒、藏匿、转移财产；

（3）有可供履行的财产拒不履行。

对于前款罪犯，无特殊原因狱内消费明显超出规定额度标准的，一般不认定罪犯确有悔改表现。

8. 严格审查反映罪犯是否有再犯罪危险的材料。对于报请假释的罪犯，应当认真审查刑罚执行机关提供的反映罪犯服刑期间现实表现和生理、心理状况的材料，并认真审查司法行政机关或者有关社会组织出具的罪犯假释后对所居住社区影响的材料，同时结合罪犯犯罪的性质、具体情节、社会危害程度、原判刑罚及生效裁判中财产性判项的履行情况等，综合判断罪犯假释后是否具有再犯罪危险性。

9. 严格审查罪犯身份信息、患有严重疾病或者身体有残疾的证据材料。对于上述证据材料有疑问的，可以委托有关单位重新调查、诊断、鉴定。对原判适用《中华人民共和国刑事诉讼法》第一百六十条第二款规定判处刑罚的罪犯，在刑罚执行期间不真心悔罪，仍不讲真实姓名、住址，且无法调查核实清楚的，除具有重大立功表现等特殊情形外，一律不予减刑、假释。

《最高人民法院、最高人民检察院、公安部、国家安全部、司法部、国家卫生健康委关于进一步规范暂予监外执行工作的意见》

29. 在暂予监外执行工作中，司法工作人员或者从事病情诊断检查等工作的相关人员有玩忽职守、徇私舞弊等行为的，一律依法依纪追究责任；构成犯罪的，依法追究刑事责任。在案件办理中，发现司法工作人员相关职务犯罪线索的，及时移送检察机关。

30. 在暂予监外执行工作中，司法工作人员或者从事病情诊断检查等工作的相关人员依法履行职责，没有故意或重大过失，不能仅以罪犯死亡、丧失暂予监外执行条件、违反监督管理规定或者重新犯罪而被追究责任。

第七章

服刑人员刑释回归

第一节 出狱前准备

问题 232：服刑人员刑满释放日期如何确定

刑满释放日期是指服刑人员刑罚执行完毕予以释放的时间，既包括生效刑事判决、裁定文书所确定的刑期终止之日，也包括服刑过程中经减刑程序由人民法院作出减刑裁定所确定的刑期终止之日，生效裁判或减刑裁定载明的刑止日期即为释放日期。

例如，生效文书确定的刑期为自 2022 年 1 月 1 日起至 12 月 31 日止，刑满释放日期应为 2022 年 12 月 31 日。原则上，2022 年 12 月 31 日 0 时刑期即届满，但由于出监需办理各项手续并进行检查，因此，实际出监时间通常为当日 9～10 时左右，具体时间家属可以咨询服刑人员所在监狱。

问题 233：刑满释放时，需要办理哪些手续

刑期届满当日，由监狱发放释放证明书，后续刑满释放人员可凭刑满释放证明到户口所在地公安机关报到，由公安机关办理户籍登记。如后续刑满释放证明丢失，可以向服刑机关申请重新办理。

收监时服刑人员随身携带的身份证、通行证、手机、手表、银行卡等非生活必需品，由监狱代为保管，刑满释放时予以发还；此外，服刑人员还可领取参与劳动改造的剩余劳动报酬及狱内资金账户余额。

问题 234：刑满释放时，家属能否前往监狱接回

1. 重点安置帮教对象

重点安置帮教对象即刑满释放后的无家可归、无业可就、无亲可投的"三无人员"，年老体弱的人员和经监狱评估认为回归社会后有重新违法倾向的人员（实践中一般为涉黑涉恶刑满释放人员），需要落实"必接必送"的要求，由监狱送回或由户籍所在地司法局、司法所接回，司法局、司法所接回的，家属可一同前往。

2. 一般安置帮教对象

不属于重点安置帮教对象的一般安置帮教对象，则应由家属或所在村（社区）代表接回。实践中，也存在无家属或所在村（社区）代表来接的一般安置帮教对象自行离监的情况。

在服刑人员刑满释放前 30 日内，监狱会与区、街（镇）安置帮教部门（一般为当地司法所）衔接工作，将综合评估意见、回执单等相关材料函达安置帮教部门，并由监狱或司法所提前 7～14 日通知服刑人员家属刑满释放日期，家属按照所告知的日期携带手续、证件接回服刑人员。实践中，家属行动不便或者有其他原因不能到场，且所在村（社区）代表也未到场的服刑人员也存在自行返家的情况，部分监狱还会根据服刑人员登记的家庭住址，发放相应数额的路费。

问题 235：家属接回服刑人员时需携带哪些手续、物品

家属需于释放当日携带本人身份证原件、复印件，证明与刑满释放人员关系的户口簿原件和户口簿复印件（如无户口簿应提供居委会、村委会开具的接收人与刑释人员关系证明），银行卡（亲属提供

用于结算刑满释放人员狱内账户余额的银行账户对应银行卡），前往监狱相关窗口办理手续。此外，家属可以自行携带一套日常衣物由监狱转交刑满释放人员更换。

由于不同监狱对于手续的要求存在一定差异，家属可以提前咨询服刑人员所在监狱需携带哪些手续以便提前办理。

问题 236：个人返回的如何乘坐交通工具

服刑人员的居民身份证在服刑期间并不会被注销，刑满释放后持有效居民身份证可正常购买火车票、汽车票及飞机票，不需要开具证明文件。如果服刑期间身份证件过期无法使用或者已经由家属领回、丢失等，也可以凭借释放证明购买。

第二节　刑满释放人员的社会待遇

问题 237：刑满释放人员可否继续享受社保待遇

可以。刑满释放人员可凭刑满释放证明等材料，经参保地社保经办机构审核后，通常于次月即可继续参保缴费或继续领取养老保险等社会保险。

刑满释放人员可以拨打社保参保地人力资源部门专门办理社会养老保险和医疗保险的热线，或持刑满释放证明及身份证件到窗口咨询社保续保问题。具体的办理程序及要求可能会因各省市政策的不同而有所差异，最好直接与参保地社保经办机构取得联系，以获取准确的指导和帮助。

问题 238：如何安置帮教刑满释放人员

刑满释放人员还要经过一定的安置帮教阶段，在帮教期内需要完成规定任务，享有被帮扶权利。

刑满释放的监所服刑人员和社区矫正期满解除矫正的人员安置帮教期限分别为 5 年和 3 年。服刑人员应自出狱或解除社区矫正后 30 日内，持释放证明，到户口所在地乡镇县（街道）帮教部门（通常是当地司法所）报到，汇报自己的思想工作，提出自己在生活、重新就业、创业方面的想法，咨询司法所或社区工作人员是否有相关的帮扶政策或优惠政策。

对因组织、领导黑社会性质组织被判处刑罚的人员，如果设区的市级以上公安机关决定其自刑罚执行完毕之日起，按照国家有关规定向公安机关报告个人财产及日常活动，刑满释放人员还需按要求定期向公安机关报告。

《公安部第三局关于被监外执行人员恢复户口有关问题的批复》

2003 年 8 月 7 日前被判并处徒刑并注销户口、现被监外执行要求恢复户口的人员，可以**由本人提出书面申请，凭人民法院作出的判决、裁定、决定书或者监狱管理机关对罪犯批准保外就医的决定等向注销户口的公安派出所申请，经县级公安机关批准后办理恢复户口手续。**

问题 239：城市户籍的刑满释放人员，是否可以申请最低生活保障

对于城市户籍（含城镇）的刑满释放人员，如果家庭人均收入低于当地最低生活保障标准，可以申请最低生活保障。

问题 240：农村户籍的刑满释放人员，是否可以申请最低生活保障

农村籍的刑满释放人员如果因无生活来源造成生活困难，经本人申请、村委会出具证明、乡镇司法所和民政办报县（市、区）司法局、民政局审核同意后，可以领取地方政府临时社会救济。

服刑人员刑满释放后生活困难的，可以咨询当地民政部门申请上述救济。

问题 241：服刑记录是否会影响个人征信

服刑记录不会影响个人征信。

个人征信报告是由中国人民银行征信中心出具的记载个人信用信息的记录，包含了个人过去的信用行为。

个人征信报告里记录了个人的信用信息，主要包括个人基本信息，信贷信息（是否有银行贷款、是否有逾期、信用卡透支记录等）、非银行信息（水、电、燃气等公用事业费用的缴费信息、欠税情况、民事判决等）。这些信息将影响到个人在金融机构的借贷行为。

目前金融机构的征信数据来源主要是中国人民银行征信系统和民间征信机构（如百行征信），个人征信报告由信贷记录、非信贷交易记录、公共记录（欠税记录、民事判决记录、强制执行记录、行政处罚记录及电信欠费记录）和征信查询记录组成，不包括刑事判决记录和服刑记录。百行征信等民间征信机构，通常会再包括微信、支付宝等渠道的信用记录，但也不包括刑事相关内容。据此，个人征信中不包括刑事记录。

问题 242：服刑记录是否会影响个人信用

服刑记录虽然不会影响中国人民银行提供的个人征信报告，但对个人信用还是有一些影响。

自 2014 年起，为贯彻落实党中央国务院建设社会信用体系的战略部署，国家发改委正式启动社会信用体系建设工作，并制定《社会信用体系建设规划纲要（2014—2020）》。社会信用体系包括公共信用体系、企业信用体系和个人信用体系。

信用记录是具有完全民事行为能力的自然人、法人和非法人组织（以下统称信息主体），在社会和经济活动中遵守法定义务或者履行约定义务的状态。与目前较为成熟的征信信息不同，信用信息不仅包含了金融经济领域的信用状况，还包括在经济社会活动中履行法律法规和生效法律文书规定义务、遵守行政管理和公共服务有关规定、履行合同约定义务、依法或自主作出承诺及履行承诺的信息，行政许可、资质等级、荣誉表彰以及根据上述信息作出的信用评价等信息。目前，严重失信主体名单的具体范围由各省市规定。从各省市制定的条例来看，通常有下列行为的主体将被列入严重失信主体名单：

（1）严重危害自然人身体健康和生命安全；

（2）严重破坏市场公平竞争秩序和社会秩序；

（3）拒不履行法定义务严重影响司法机关和行政机关公信力；

（4）拒不履行国防义务；

（5）法律、法规规定的其他情形。如，依据《反电信网络诈骗法》，对因从事电信网络诈骗活动或者关联犯罪受过刑事处罚的人员，可以按照国家有关规定记入信用记录。

据此，如果所实施的犯罪行为同时属于法律法规或者所在省市规定的失信行为，可能会影响到个人信用。

一旦被认定为失信主体，将可能视情形轻重被采取失信惩戒措施。失信惩戒措施包括三类，共 14 项：一是由公共管理机构实施的减损信用主体权益或增加其义务的措施，包括限制市场或行业准入、限制任职、限制消费、限制出境、限制升学复学等；二是由公共管理机构实施的相关管理措施，不涉及减损信用主体权益或增加其义务，包括限制申请财政性资金项目、限制参加评先评优、限制享受优惠政策和便利措施、纳入重点监管范围等；三是由公共管理机构以外的组织自主实施的措施，包括纳入市场化征信或评级报告、从严审慎授信等。

问题243：服刑记录是否会影响申请贷款

尽管服刑记录不会被计入个人征信，但其可能影响申请贷款，可以向相关部门申请创业担保贷款。目前绝大多数省市都向刑满释放人员个人创业提供创业担保贷款，由于各地负责办理的部门和具体办理条件不同，可以咨询所在地人力资源和社会保障部门，或通过网络查询所在地的具体办理部门及办理要求。

服刑完毕后无法申请到贷款有两种可能，一是其有赔偿款或财产刑判项未履行，处于失信被执行状态；二是银行通过征信报告以外的渠道了解到了当事人的犯罪信息，如：

（1）在部分经济犯罪案件中，当事人曾在立案或拘留后被司法机关冻结银行卡，银行存有信息，判断该银行卡以及持卡人的法律风险；

（2）在有罚金刑判项的案件中，如果当事人最终被判刑，罚金还会从先前被冻结的银行卡中划扣，银行掌握该信息；

（3）在帮助信息网络犯罪活动罪等案件中，当事人本身的银行卡存在资金异常状况的，银行会主动审查或在接到公安机关的某些指令后进行审查，进而了解情况；

（4）银行基于控制贷款风险的考虑，就一些大额的贷款审批申请要求无犯罪记录证明或无违法犯罪承诺书。

问题244：刑满释放人员是否可以短期出国（境）

《出境入境管理法》并未专门针对刑满释放人员设定限制或禁

止出境条件，除（1）可能危害国家安全和利益以及曾因妨害国（边）境管理受到刑事处罚未满不准出境规定年限，以及（2）因从事电信网络诈骗活动受过刑事处罚并被公安机关决定不准其出境的外，其他刑满释放人员较无犯罪前科人员而言，申请护照并不受额外限制。

至于犯罪前科是否会影响申领签证（注），通常而言，犯罪前科不会对旅游签证、商务签证的申请造成太大影响，但仍需视所前往国家（地区）的法律法规及政策而定。例如，申请美国签证过程中，有犯罪前科可能会成为签证被拒的理由。又如，澳大利亚的大部分签证申请对申请人的品行均有明确要求：需要申请人出具无犯罪记录证明，且只要是申请人居住满12个月的国家都需要出具上述无犯罪证明。但如果申请人曾被判刑但入狱时间未超过12个月，且不属于严重犯罪，仍有可能取得签证。因此，在申请签证前，需咨询使领馆或由专业机构协助办理。

问题245：刑满释放人员是否可以移民或取得居留资格

一般不可以。

目前绝大多数国家的法律法规及政策均要求申请移民者须提供无犯罪证明，以确保该新移民未在拒绝入境之列，不会危害移民对象国社会安全。以加拿大为例，在申请加拿大移民时，申请人曾有犯罪行为，包括酒驾，或者在药品毒品影响下的驾驶，或曾参与有组织犯罪活动，为走私或洗钱组织成员的，均会被拒签。

又如，自2023年2月起，香港高端人才通行证计划、一般就业政策、输入内地人才计划、科技人才入境计划、非本地毕业生留港/回港就业安排、输入中国籍香港永久性居民第二代计划的申请人须在申请时申报是否有刑事定罪记录。

因此，一般情况下，有犯罪前科将会对申请移民或居留资格产生较大影响。但由于部分国家同时规定了有犯罪前科者移民或居留的豁免条件，刑满释放人员可以咨询使领馆或专业中介机构相应豁免条件并聘请专业人员协助办理。

《出境入境管理法》

第十二条 中国公民有下列情形之一的，不准出境：

（一）未持有效出境入境证件或者拒绝、逃避接受边防检查的；

（二）被判处刑罚尚未执行完毕或者属于刑事案件被告人、犯罪嫌疑人的；

（三）有未了结的民事案件，人民法院决定不准出境的；

（四）因妨害国（边）境管理受到刑事处罚或者因非法出境、非法居留、非法就业被其他国家或者地区遣返，未满不准出境规定年限的；

（五）可能危害国家安全和利益，国务院有关主管部门决定不准出境的；

（六）法律、行政法规规定不准出境的其他情形。

《反电信网络诈骗法》

第三十六条 对前往电信网络诈骗活动严重地区的人员，出境活动存在重大涉电信网络诈骗活动嫌疑的，移民管理机构可以决定不准其出境。

因从事电信网络诈骗活动受过刑事处罚的人员，设区的市级以上公安机关可以根据犯罪情况和预防再犯罪的需要，决定自处罚完毕之日起六个月至三年以内不准其出境，并通知移民管理机构执行。

第三节 就学与再就业

问题 246：有前科是否可以参加高考，学校是否可以有前科记录为由不予录取

除下述情况外，刑满释放、缓刑、拘传、取保候审、监视居住期间均可以参加高考，但拘传、取保候审、监视居住、缓刑期间参加高考的需要得到其对应阶段司法机关（公安、检察院、法院）的批准：

（1）正在被羁押或在未成年管教所、监狱、看守所服刑的；

（2）有反对宪法所确定的基本原则的言行或参加邪教组织，情节严重的；

（3）触犯刑法，受到刑事处罚且情节严重、性质恶劣，尚在处罚期内的。

除非具有第（2）（3）项所列明的情形，学校原则上无权对刑满释放或社区矫正期间的未成年学生或犯罪时尚未成年的学生不予录取，对于成年学生目前尚无明确规定，通常而言，刑满释放学生报考、录取不受影响，但被采取拘传、取保候审、监视居住或处于社区矫正期间的学生是否可以被录取则视学校的政策而定。

根据《预防未成年人犯罪法》的规定，刑满释放和接受社区矫正的未成年人，在复学、升学、就业等方面依法享有与其他未成年人同等的权利，任何单位和个人不得歧视。但教育部《普通高等学校招生工作规定》中有关于"被采取强制措施或正在服刑者不得报名"的限制。从实践情况来看，尽管《普通高等学校招生工作规定》有限制性规定，但从未成年人权益保护的角度，司法机关通常会准予拘传、取保候审、监视居住及缓刑期间的学生参加高考。

在招录环节，仍存在学校以考生尚在社区矫正或被采取强制措施为由不予录取或录取后在资格复核阶段开除学籍的情况。对此，如果是未成年学生或犯罪时未成年的学生可以根据《预防未成年人犯罪法》的规定自行或申请司法机关、司法行政机关与学校沟通协调，向教育行政部门投诉存在歧视情形。如果是犯罪时已成年的学生，则可以自行或申请司法机关、司法行政机关与学校沟通协调。实践中，有少数以侵犯受教育权提起行政诉讼的案例，但法院多以学校具有招生、学籍管理自主权为由不予支持。

《普通高等学校招生工作规定》

2. 下列人员不得报名：

……

（5）因触犯刑法已被有关部门采取强制措施或正在服刑者，其中，未成年人按相关法律规定执行。

10. 考生有下列情形之一且未能提供对错误的认识及改正错误的现实表现等证明材料的，应认定为思想政治品德考核不合格：

（1）有反对宪法所确定的基本原则的言行或参加邪教组织，情节严重的；

（2）触犯刑法、治安管理处罚法，受到刑事处罚或治安管理处罚且情节严重、性质恶劣，尚在处罚期内的。

【典型案例】

王某凯与天津大学教育行政管理（教育）案［（2020）津0104行初40号］

要旨

高校研究生在入学前有违法犯罪行为的，经法定程序研究决定后，高校有权依据法律法规和学校规章制度给予违法犯罪学生开除学籍处分。

事实

原告王某凯,男,原系天津大学2019级硕士研究生。

2018年2月,原告实施了故意伤害他人的行为,2019年7月15日被山东省莒县人民法院判处有期徒刑8个月,缓刑1年。

原告上诉于山东省日照市中级人民法院期间,被告天津大学录取其为2019级硕士研究生。

2019年11月5日,被告天津大学收到山东省法院的裁判文书,知晓原告因犯故意伤害罪被判处刑罚的事实。

被告天津大学对有关情况进行调查、了解,原告做了书面情况说明,被告经有关会议研究决定,给予原告开除学籍处理,并将处分决定送达原告。

原告随后向学生申诉处理委员会提出申诉,该委员会收到原告申诉后进行了审查,作出复查决定书,维持了对被告的上述决定。

原告向天津市教育委员会提出申诉,该委员会经审查认为,被告作出对原告开除学籍处分决定事实清楚、定性准确、处分适当,但在对原告进行开除学籍处分前,未书面告知原告开除学籍处分所依据的事实、理由、依据及原告享有的陈述、申辩权利,决定被告收到决定书后30个工作日内重新作出处理决定。

被告再次经有关会议研究决定,给予原告开除学籍处理,并向原告进行送达。

原告收到处分决定后,向人民法院提起行政诉讼,要求撤销该处分决定。

理由

依据《教育法》《普通高等学校学生管理规定》的规定,被告作为高等教育的学校,依法具有招收学生,对受教育者进行学籍管理,实施奖励、处分的权利。

被告作出开除原告学籍的决定，对原告能否继续在被告处学习有影响，原告对此有权提起诉讼。

原告在 2018 年 2 月实施了故意伤害他人的行为，后经人民法院一审、二审判决构成故意伤害罪，对原告判处有期徒刑适用缓刑，其故意伤害他人行为属违法犯罪性质终确认。

《2019 年全国硕士研究生招生工作管理规定》《天津大学 2019 年硕士学位研究生招生简章》中要求报考人员具备的条件之一是遵纪守法。被告录取原告后，发现原告有因犯罪被刑事处罚的事实，其依据规定履行程序后，作出开除原告学籍的决定并无不当。

结果

驳回原告王某凯的诉讼请求。

问题 247：学校是否可以涉刑事犯罪为由开除学籍

1. 义务教育阶段

国家实行九年义务教育制度，如果仍处于九年义务教育阶段涉嫌刑事犯罪，学校一般不会开除学籍，如果情节恶劣，学校可以按照法定程序，配合家长、有关部门将其转入专门学校教育矫治，以保证其完成义务教育。

2. 非义务教育阶段

高中、大学不属于义务教育阶段，非义务教育阶段的学生涉嫌刑事犯罪的，学校可以视情节恶劣程度给予警告、严重警告、记过、留校察看或开除学籍的纪律处分，最终是否开除学籍决定权在于学校。实践中，学校通常给予开除学籍处分，如果犯罪情节较轻，则可能给予留校察看处分。对此，学生或其近亲属可以与司法机关、司法行政机关和学校沟通，尽可能争取宽大处理。

《预防未成年人犯罪法》

第五十三条 对被拘留、逮捕以及在未成年犯管教所执行刑罚的未成年人,应当与成年人分别关押、管理和教育。对未成年人的社区矫正,应当与成年人分别进行。

对有上述情形且没有完成义务教育的未成年人,公安机关、人民检察院、人民法院、司法行政部门应当与教育行政部门相互配合,保证其继续接受义务教育。

《中小学教育惩戒规则(试行)》

第十条第二款、第三款 对违规违纪情节严重,或者经多次教育惩戒仍不改正的学生,学校可以给予警告、严重警告、记过或者留校察看的纪律处分。对高中阶段学生,还可以给予开除学籍的纪律处分。

对有严重不良行为的学生,学校可以按照法定程序,配合家长、有关部门将其转入专门学校教育矫治。

《普通高等学校学生管理规定》

第五十二条 学生有下列情形之一,学校可以给予开除学籍处分:

(一)违反宪法,反对四项基本原则、破坏安定团结、扰乱社会秩序的;

(二)触犯国家法律,构成刑事犯罪的;

(三)受到治安管理处罚,情节严重、性质恶劣的……

问题248：劳动者是否应如实告知犯罪前科，用人单位是否可以有犯罪前科为由解聘

劳动者负有如实告知犯罪前科的义务，但这并不意味着劳动者必须向用人单位主动披露犯罪记录，而是不刻意隐瞒相关犯罪情况。除法律明确规定的受过刑事处罚不得从事的岗位外，只有当用人单位对此提出询问或明确要求，劳动者才产生如实告知义务，这也是为了维持公民平等就业权和用人单位知情权之间的平衡。此外，单位可以查询本单位在职人员或者拟招录人员的犯罪记录，但应当符合法律、行政法规关于从业禁止的规定。

在法律没有明确规定职业禁止的场合，劳动者的就业权应被优先保护。单位无权查询相关犯罪记录，劳动者也仅在询问时具有如实告知义务。若用人单位随意扩大解释劳动者如实告知义务的范围或者设置不合理的招聘条件，对有犯罪记录的劳动者不予录用，可能构成就业歧视。对此，劳动者可以提起侵权诉讼，主张用人单位赔礼道歉、赔偿损失；对有犯罪记录的劳动者直接解除劳动关系的，可能会构成违法解除劳动关系，需要支付经济赔偿金。

在规定了职业禁止的场合或犯罪前科与劳动合同履行直接相关，劳动者负有如实告知的义务，劳动者存在隐瞒与劳动合同履行直接相关的犯罪记录、特种作业资格等情形，而用人单位又基于信任作出了订立劳动合同的意思表示，劳动者构成欺诈的，劳动合同无效或部分无效。但劳动合同被确认无效，劳动者已付出劳动的，用人单位仍应向劳动者支付相关劳动报酬。

问题249：有犯罪前科从事哪些职业会受到限制

1. 有特定罪名前科会受到限制的职业

利用职业便利实施犯罪或者实施违背职业要求的特定义务的犯罪，且法院作出从业禁止判决的，自刑罚执行完毕之日或者假释之日起不得从事相关职业,期限为 3~5 年。

下列职业受到从业限制:

(1) 密切接触未成年人的工作

实施性侵害、虐待、拐卖、暴力伤害等违法犯罪的人员,不得从事密切接触未成年人的工作。"性侵害、虐待、拐卖、暴力伤害等"包括实施强奸罪,负有照护职责人员性侵罪,强制猥亵、侮辱罪,猥亵儿童罪,组织卖淫罪,强迫卖淫罪,协助组织卖淫罪,引诱、容留、介绍卖淫罪,引诱幼女卖淫罪,虐待罪,虐待被监护、看护人罪,故意杀人罪,故意伤害罪,拐卖儿童罪、收买被拐卖的儿童罪以及在性质、危害、手段等方面与《未成年人保护法》第 62 条所明确列举的性侵害、虐待、拐卖、暴力伤害具有类似性的犯罪行为。"密切接触未成年人的工作"包括在学校、幼儿园等教育机构工作的教师、教育教学辅助人员、行政人员、勤杂人员、安保人员,校外培训机构的相关工作人员以及学校、幼儿园等教育机构、校外培训机构的举办者、实际控制人。

(2) 证券业特定从业人员

根据《证券法》第 103 条及第 124 条的规定,因贪污、贿赂、侵占财产、挪用财产或者破坏社会主义市场经济秩序,被判处刑罚,或者因犯罪被剥夺政治权利,执行期满未逾 5 年,或者被宣告缓刑的,自缓刑考验期满之日起未逾 2 年,不得担任证券交易所负责人、证券公司的董事、监事、高级管理人员;因违法或违纪行为被解除职务、吊销执业证书或取消资格的专业人员,未满期限不得担任证券交易所负责人、证券公司的董事、监事、高级管理人员。

(3) 保险业特定从业人员

根据《保险法》第 82 条的规定,因贪污、贿赂、侵占财产、挪用财产或者破坏社会主义市场经济秩序,被判处刑罚,或者因犯罪被剥夺政治权利,执行期满未逾 5 年,或者被宣告缓刑的,自缓刑考验期满之日起未逾2年，不得担任保险公司董事、监事、高级管理人员；因违法或违纪行为被取消任职资格的金融机构的董事、监事、高级管理人员或被吊销职业资格的律师、注册会计师或者资产评估机构、验资机构等的专业人员，未满期限不得担任保险公司的董事、监事、高级管理人员。

（4）商业银行的董事、高级管理人员

根据《商业银行法》第27条的规定，因犯有贪污、贿赂、侵占财产、挪用财产罪或者破坏社会经济秩序罪，被判处刑罚，或者因犯罪被剥夺政治权利的，不得担任商业银行的董事、高级管理人员。

（5）公司的董事、监事、高级管理人员

根据《公司法》第178条的规定，因贪污、贿赂、侵占财产、挪用财产或者破坏社会主义市场经济秩序，被判处刑罚，或者因犯罪被剥夺政治权利，执行期满未逾5年，或者被宣告缓刑的，自缓刑考验期满之日起未逾2年，不得担任公司的董事、监事、高级管理人员。

（6）国有独资企业、国有独资公司、国有资本控股公司的董事、监事、高级管理人员

根据《企业国有资产法》第73条的规定，国有独资企业、国有独资公司、国有资本控股公司的董事、监事、高级管理人员违反本法规定，造成国有资产重大损失，被免职的，自免职之日起5年内不得担任国有独资企业、国有独资公司、国有资本控股公司的董事、监事、高级管理人员；造成国有资产特别重大损失，或者因贪污、贿赂、侵占财产、挪用财产或者破坏社会主义市场经济秩序被判处刑罚的，终身不得担任国有独资企业、国有独资公司、国有资本控股公司的董事、监事、高级管理人员。

（7）村（居）委会成员

根据《村民委员会组织法》第18条的规定，村委会成员被判处

刑罚的，其职务自行终止。

目前《城市居民委员会组织法》并未对居委会成员被判处刑罚后的处理作出明确规定，但部分省市在实施办法中规定居委会成员被判处刑罚的，其职务自行终止。例如，《湖北省居民委员会选举办法》第 39 条规定居委会成员被判处刑罚的，其职务自行终止。

至于刑满释放人员是否可以被选举为村委会或居委会成员，根据法律规定，凡享有选举权和被选举权的村民、居民均可以参加选举，但依照法律被剥夺政治权利的除外。根据《刑法》的规定，附加剥夺政治权利的刑期，从徒刑、拘役执行完毕之日或者从假释之日起计算。因此如果被附加剥夺政治权利，且自刑满释放、假释之日起附加剥夺政治权利期限未届满的人员，不仅不得被选举为村委会或居委会成员，而且也不得参加选举。

（8）**农产品质量检测人员**

根据《农产品质量安全法》第 65 条第 2 款的规定，因农产品质量安全违法行为受到刑事处罚或者因出具虚假检测报告导致发生重大农产品质量安全事故的检测人员，终身不得从事农产品质量安全检测工作。农产品质量安全检测机构不得聘用上述人员。

（9）**网络安全管理和网络运营关键岗位**

根据《网络安全法》第 63 条的规定，因从事危害网络安全的活动，或者提供专门用于从事危害网络安全活动的程序、工具，或者为他人从事危害网络安全的活动提供技术支持、广告推广、支付结算等帮助受到刑事处罚的人员，终身不得从事网络安全管理和网络运营关键岗位的工作。

（10）**对外贸易工作**

根据《对外贸易法》第 61 条、62 条，有下列情况之一的，国务院对外贸易主管部门可以禁止违法行为人自前款规定的行政处罚决定生效之日或者刑事处罚判决生效之日起 1 年以上 3 年以下的期限内从事有关的对外贸易经营活动。

①伪造、变造进出口货物原产地标记，伪造、变造或者买卖进出口货物原产地证书、进出口许可证、进出口配额证明或者其他进出口证明文件；

②骗取出口退税；

③走私；

④逃避法律、行政法规规定的认证、检验、检疫；

⑤从事属于禁止的国际服务贸易的，或者未经许可擅自从事属于限制的国际服务贸易的；

⑥违反法律、行政法规规定的其他行为。

根据《对外贸易法》第60条，进出口属于禁止进出口的货物、技术的，或者未经许可擅自进出口属于限制进出口的货物、技术的，自行政处罚决定生效之日或者刑事处罚判决生效之日起，国务院对外贸易主管部门或者国务院其他有关部门可以在3年内不受理违法行为人提出的进出口配额或者许可证的申请，或者禁止违法行为人在1年以上3年以下的期限内从事有关货物或者技术的进出口经营活动。

（11）出口经营相关活动

根据《出口管制法》第39条，因出口管制违法行为受到刑事处罚的，终身不得从事有关出口经营活动。

（12）食品检验人员

根据《食品安全法》第138条，因食品安全违法行为受到刑事处罚或者因出具虚假检验报告导致发生重大食品安全事故受到开除处分的食品检验机构人员，终身不得从事食品检验工作。

（13）民办非企业单位负责人

根据《民办非企业单位登记管理暂行条例》第11条，拟任负责人正在或者曾经受到剥夺政治权利的刑事处罚，或者不具有完全民事行为能力的，不予登记。

(14) 社会团体发起人/负责人

根据《社会团体登记管理条例》第13条，发起人、拟任负责人正在或者曾经受到剥夺政治权利的刑事处罚，或者不具有完全民事行为能力的，不予登记。

(15) 生产经营单位负责人

根据《安全生产法》第94条的规定，生产经营单位的主要负责人未履行《安全生产法》规定的安全生产管理职责，导致发生生产安全事故，受刑事处罚或者撤职处分的，自刑罚执行完毕或者受处分之日起，5年内不得担任任何生产经营单位的主要负责人；对重大、特别重大生产安全事故负有责任的，终身不得担任本行业生产经营单位的主要负责人。

(16) 电力企业主要负责人

电力企业主要负责人未依法履行安全生产管理职责，导致事故发生，或者发生电力事故的企业主要负责人、有关人员受到撤职处分或者刑事处罚的，自受处分之日或者刑罚执行完毕之日起5年内，不得担任任何生产经营单位主要负责人。

(17) 旅行社主要负责人

根据《旅行社条例》第64条，因妨害国（边）境管理受到刑事处罚的，在刑罚执行完毕之日起5年内不得从事旅行社业务经营活动；旅行社被吊销旅行社业务经营许可的，其主要负责人在旅行社业务经营许可被吊销之日起5年内不得担任任何旅行社的主要负责人。

2. 哪些职业对犯罪记录零容忍

以下职业均需提供无犯罪记录证明，如果受过刑事处罚的，不得从事相应职业，个别情况下，过失犯罪的除外。有的是终身禁业，有的是有相应禁业期限，期满之后仍可从事。

(1) 公务员（含司法、监察人员）

根据《公务员法》第26条的规定，因犯罪受过刑事处罚的，不得录为公务员。

与其他公务员相比,监察官有着更为严格的从业要求,除因犯罪受过刑事处罚外,因犯罪情节轻微被人民检察院依法作出不起诉决定或者被人民法院依法免予刑事处罚的,也不得担任监察官。

(2) 驻外外交人员

根据《驻外外交人员法》第 7 条的规定,曾因犯罪受过刑事处罚的不得任用为驻外外交人员。

(3) 律师

根据《律师法》第 7 条的规定,受过刑事处罚的,不予颁发律师执业证书,过失犯罪的除外。第 49 条规定,律师因故意犯罪受到刑事处罚的,其律师执业证书将被吊销,过失犯罪的则不受此限制。

(4) 人民陪审员

根据《人民陪审员法》第 7 条的规定,受过刑事处罚的,不得担任人民陪审员。

(5) 破产管理人

根据《企业破产法》第 24 条,法院根据债务人的实际情况,可以在征询律师事务所、会计师事务所、破产清算事务所等有关社会中介机构的意见后,指定该机构具备相关专业知识并取得执业资格的人员担任管理人。但因故意犯罪受过刑事处罚的,不得担任管理人,过失犯罪的则不受此限制。

(6) 司法鉴定人员

《全国人民代表大会常务委员会关于司法鉴定管理问题的决定》规定,因故意犯罪或者职务过失犯罪受过刑事处罚的,受过开除公职处分的,以及被撤销鉴定人登记的人员,不得从事司法鉴定业务。

(7) 资产评估人员

根据《资产评估法》第 11 条的规定,因故意犯罪或者在从事评估、财务、会计、审计活动中因过失犯罪而受刑事处罚,自刑罚执行完毕之日起不满 5 年的人员,不得从事评估业务。

(8) 证券公司风险处置人员

根据《证券公司风险处置条例》第 58 条的规定,曾受过刑事处罚或者涉嫌犯罪正在被立案侦查、起诉的人员,禁止参与处置证券公司风险工作。

(9) 医生

根据《医师法》第 16 条的规定,受刑事处罚,刑罚执行完毕不满 2 年或者被依法禁止从事医师职业的期限未满的,不予注册医师执业证书。

(10) 教师

根据《教师法》第 14 条的规定,受到剥夺政治权利或者故意犯罪受到有期徒刑以上刑事处罚的,不能取得教师资格;已经取得教师资格的,丧失教师资格。

(11) 拍卖师

根据《拍卖法》第 15 条的规定,被开除公职或者吊销拍卖师资格证书未满 5 年的,或者因故意犯罪受过刑事处罚的,不得担任拍卖师。

(12) 注册建筑师

根据《注册建筑师条例》第 13 条的规定,因受刑事处罚,自刑罚执行完毕之日起至申请注册之日止不满 5 年的,不予注册成为注册建筑师。

(13) 配备公务用枪的专职守护、押运人员

根据《专职守护押运人员枪支使用管理条例》第 3 条的规定,配备公务用枪的专职守护、押运人员须没有行政拘留、收容教育、强制戒毒、收容教养、劳动教养和刑事处罚记录。

(14) 保安及保安公司法定代表人/主要负责人

根据《保安服务管理条例》第 8 条的规定,拟任的保安服务公司法定代表人和主要管理人员应当具备任职所需的专业知识和有关业务工作经验，无被刑事处罚、劳动教养、收容教育、强制隔离戒毒或者被开除公职、开除军籍等不良记录。

根据《保安服务管理条例》第 17 条的规定，曾因故意犯罪被刑事处罚的，不得担任保安员，过失犯罪的不受此限制。

(15) 民用爆炸物品的生产、销售、购买、运输和爆破作业人员

根据《民用爆炸物品安全管理条例》第 6 条的规定，无民事行为能力人、限制民事行为能力人或者曾因犯罪受过刑事处罚的人，不得从事民用爆炸物品的生产、销售、购买、运输和爆破作业。

(16) 导游

根据《导游人员管理条例》第 5 条的规定，受过刑事处罚的，不得颁发导游证，但过失犯罪的除外。

(17) 直销企业授课人员

根据《直销管理条例》第 19 条，对直销员进行业务培训的授课人员应当无因故意犯罪受刑事处罚的记录，过失犯罪的不受此限制。

问题 250：被适用禁止令的，会有哪些职业限制

与从业禁止不同，禁止令是对被判处管制、缓刑犯的具体执行监管措施。具体的禁止从业范围会根据所犯具体罪名及判决情况有所区别。法院可以根据犯罪情况，禁止判处管制、宣告缓刑的服刑人员在管制执行期间、缓刑考验期限内从事以下职业活动：

（1）个人为进行违法犯罪活动而设立公司、企业、事业单位或者在设立公司、企业、事业单位后以实施犯罪为主要活动的，禁止设立公司、企业、事业单位；

（2）实施证券犯罪、贷款犯罪、票据犯罪、信用卡犯罪等金融犯罪的，禁止从事证券交易、申领贷款、使用票据或者申领、使用信

用卡等金融活动；

（3）利用从事特定生产经营活动实施犯罪的，禁止从事相关生产经营活动；

（4）附带民事赔偿义务未履行完毕，违法所得未追缴、退赔到位，或者罚金尚未足额缴纳的，禁止从事高消费活动；

（5）其他确有必要禁止从事的活动。

禁止令的期限从管制、缓刑执行之日起计算，可以等于或短于管制执行、缓刑考验的期限，但判处管制的，禁止令的期限至少是3个月（如果判处管制的服刑人员在判决执行以前先行羁押以致管制执行的期限少于3个月，禁止令的期限可以少于3个月），宣告缓刑的，禁止令的期限至少是2个月。

《关于对判处管制、宣告缓刑的犯罪分子适用禁止令有关问题的规定（试行）》

第三条　人民法院可以根据犯罪情况，禁止判处管制、宣告缓刑的犯罪分子在管制执行期间、缓刑考验期限内从事以下一项或者几项活动：

（一）个人为进行违法犯罪活动而设立公司、企业、事业单位或者在设立公司、企业、事业单位后以实施犯罪为主要活动的，禁止设立公司、企业、事业单位；

（二）实施证券犯罪、贷款犯罪、票据犯罪、信用卡犯罪等金融犯罪的，禁止从事证券交易、申领贷款、使用票据或者申领、使用信用卡等金融活动；

（三）利用从事特定生产经营活动实施犯罪的，禁止从事相关生产经营活动；

（四）附带民事赔偿义务未履行完毕，违法所得未追缴、退赔到

位,或者罚金尚未足额缴纳的,禁止从事高消费活动;

(五) 其他确有必要禁止从事的活动。

第四条 人民法院可以根据犯罪情况,禁止判处管制、宣告缓刑的犯罪分子在管制执行期间、缓刑考验期限内进入以下一类或者几类区域、场所:

(一) 禁止进入夜总会、酒吧、迪厅、网吧等娱乐场所;

(二) 未经执行机关批准,禁止进入举办大型群众性活动的场所;

(三) 禁止进入中小学校区、幼儿园园区及周边地区,确因本人就学、居住等原因,经执行机关批准的除外;

(四) 其他确有必要禁止进入的区域、场所。

问题 251:刑满释放人员享有哪些就业扶持优待

根据《关于进一步加强刑满释放解除劳教人员安置帮教工作的意见》《关于进一步做好刑满释放、解除劳教人员促进就业和社会保障工作的意见》,刑满释放人员可以享受到以下就业方面的扶持(由于劳动教养制度于2013年被废除,故本书仅针对刑满释放人员):

1. **领取失业保险**

刑满释放人员可以到户籍所在地公共就业服务机构进行失业登记,凭登记证明享受公共就业服务和有关就业扶持政策。如果在服刑以前,所在单位和本人已按照规定履行缴费义务满1年,可以在刑满释放后办理失业登记,领取失业保险金。

2. **申请就业援助**

符合就业困难人员认定标准条件的刑满释放人员进行失业登记后可以直接申请就业援助。

3. **落实责任田(林)**

农村户籍的刑满释放人员原有责任田(林)的,可以向村委会等申请落实应有的责任田（林）。

4. 申请创业担保贷款

目前绝大多数省市都向刑满释放人员个人创业提供创业担保贷款，由于各地负责办理的部门和具体办理条件不同，可以咨询所在地人力资源和社会保障部门，或通过网络查询所在地的具体办理部门及办理要求。

5. 参与相关培训

人力资源和社会保障部门要对刑满释放人员提供就业指导服务和就业岗位信息，刑满释放人员参加由各级人力资源和社会保障部门组织的再就业定点单位培训的，经考核合格并实现就业后，可根据当地政府有关规定减免培训费用。

《中央社会治安综合治理委员会、司法部、公安部、原劳动和社会保障部、民政部、财政部、国家税务总局、原国家工商行政管理总局关于进一步做好刑满释放、解除劳教人员促进就业和社会保障工作的意见》

二、加强就业技能培训，实行扶持政策

（五）监狱、劳教所要大力宣传党和政府对刑释解教人员安置帮教的方针政策，教育服刑在教人员特别是即将刑满释放和解除劳教的人员掌握出狱所后基本的就业和社会保障常识。要进一步加强对服刑、在教人员的职业技能教育培训，不断提高培训质量。劳动和社会保障部门要支持和配合监狱、劳教场所管理部门，开展职业技能培训与职业技能鉴定，适当减免有关费用。

（六）劳动和社会保障部门要对刑释解教人员提供就业指导服务和就业岗位信息，刑释解教人员参加由各级劳动和社会保障部门组织的再就业定点单位培训的，经考核合格并实现就业后，可根据当地政府有关规定减免培训费用。

（七）对刑释解教人员在 2005 年底以前从事个体经营的，给予三年免征营业税、城市维护建设税、教育附加和个人所得税优惠政策。

……政府有关部门要扶持其发展"的规定精神，对刑释解教人员就业实体实行税收扶持。

1. 对司法行政机关与劳动和社会保障部门共同开办或认定的刑释解教人员就业实体，安置刑释解教人员达到职工总数的 40% 以上的，由安置企业提出书面申请，市（地）司法行政机关、劳动和社会保障部门审核，报同级税务部门批准，三年内免征企业所得税。

2. 各市（地）刑释解教人员安置帮教工作领导小组办公室每年会同财政、税务、工商、司法行政机关对刑释解教人员就业实体实行年审。经年审合格的继续享受有关优惠政策，凡年审不合格的取消其实体的资格，不再享受优惠政策。

3. 刑释解教人员就业实体应当接受司法行政、劳动和社会保障、财政、税务、工商管理等部门的管理和监督，按规定报送有关报表，禁止弄虚作假骗取优惠政策。

（九）刑释解教人员安置帮教工作机构所需的业务经费，各级财政要列入年度预算。

三、落实刑释解教人员的责任田和社会保障

（十）对城市（含城镇）户籍的刑释解教人员，其家庭人均收入低于当地最低生活保障标准的，各级民政部门应将其纳入当地最低生活保障范围，实现"应保尽保"。

（十一）城市（含城镇）户籍的刑释解教人员在服刑、劳教前已参加失业保险或正在领取失业保险金，其刑满释放或解除劳教后，符合条件的，可以按规定享受或恢复失业保险待遇。

对被判刑或劳教前已经参加企业职工基本养老保险的刑释解教人

员，重新就业的，应按国家有关规定接续养老保险关系，按时足额缴纳养老保险费；达到法定退休年龄的，按规定享受相应的养老保险待遇。对被判刑、劳教前已领取基本养老金的刑释解教人员，可按服刑或劳教前的标准继续发给基本养老金，并参加以后的养老金调整。

（十二）农村籍的刑释解教人员，在刑满释放、解除劳教回原籍居住地后，应及时落实责任田（山、地）。因无生活来源造成生活困难的，经本人申请、村委会出具证明、乡镇司法所和民政办报县（市、区）司法局、民政局审核同意后，可领取地方政府临时社会救济。

《关于进一步加强刑满释放解除劳教人员安置帮教工作的意见》

（11）解决刑释解教人员生活和就学问题。刑释解教人员在就业、就学、社会保障等方面不受歧视，享受社会同等待遇。刑释解教人员可以到户籍所在地公共就业服务机构进行失业登记，凭登记证明享受公共就业服务和有关就业扶持政策。各地应适当放宽对刑释解教人员中就业困难人员的认定标准，符合条件的刑释解教人员进行失业登记后可以直接申请就业援助；经人力资源和社会保障部门认定后，享受就业困难人员的就业扶持政策。农村户籍的刑释解教人员原有责任田（林）的，应予以落实。对生活困难的刑释解教人员，民政部门应按规定给予最低生活保障或采取临时救助措施。

鼓励刑释解教人员自主创业、自谋职业，工商行政管理、人力资源和社会保障部门在办理证照、人员培训等方面给予政策扶持，金融机构按照国家有关政策给予信贷支持，符合条件的享受国家统一的促进就业税收政策。录用符合用工条件刑释解教人员的企业按规定享受国家普惠政策。

对于符合就学条件的刑释解教人员，特别是未成年人，教育部门和相关学校应当切实做好其就学的有关工作。

（12）落实刑释解教人员社会保险政策。符合申领失业保险金条件的刑释解教人员按规定享受失业保险待遇；已经参加职工基本养老保险或新型农村社会养老保险的，按规定继续参保缴费或领取基本养老金。刑释解教人员按当地规定参加城镇基本医疗保险或新型农村合作医疗。

第四节　未成年人特殊保护

问题252：未成年人前科情况是否可以不披露

在犯罪的时候不满18周岁，且被判处5年有期徒刑以下刑罚以及免予刑事处罚的未成年人，除司法机关为办案需要或者有关单位根据国家规定查询外，相关前科情况将会被封存，不会对任何单位和个人披露。因此，申请查询符合上述封存条件的未成年人犯罪记录时，受理机关原则上出具与完全没有任何犯罪记录人员相同的无犯罪记录证明，载明查询对象无犯罪记录。即便是根据国家规定有权查询的单位，对于查询到的未成年人前科情况也应当予以保密。

至于被判处5年有期徒刑以上刑罚的未成年人，其前科记录则不会被封存。

问题253：对哪些未成年人可以适用犯罪记录封存

犯罪的时候不满18周岁，被判处5年有期徒刑以下刑罚的未成年人；犯罪的时候不满18周岁，被免予刑事处罚的未成年人；年满18周岁前后实施数个行为，构成一罪或者一并处理的数罪，主要犯罪行为是在年满18周岁前实施的，被判处或者合并决定执行5年有期徒刑以下刑罚以及免予刑事处罚的未成年人犯罪记录，应当对全案依法予以封存。

此外，对于 2012 年 12 月 31 日以前办结的案件，符合犯罪记录或者相关记录封存条件的，案件材料也应当予以封存。

问题 254：未成年人与成年人共同犯罪案件如何适用前科封存

1. **未成年人和成年人共同犯罪的分案办理案件**

对于分案办理的未成年人与成年人共同犯罪案件，在封存未成年人案卷材料和信息的同时，应当在未封存的成年人卷宗封面标注"含犯罪记录封存信息"等明显标识，并对相关信息采取必要保密措施。

2. **未成年人和成年人共同犯罪的并案办理的案件、涉及未成年人的其他案件**

对于未分案办理的未成年人与成年人共同犯罪案件，应当在全案卷宗封面标注"含犯罪记录封存信息"等明显标识，并对相关信息采取必要保密措施。

其他刑事、民事、行政及公益诉讼案件，因办案需要使用了被封存的未成年人犯罪记录信息的，也应当在相关卷宗封面标明"含犯罪记录封存信息"，并对相关信息采取必要保密措施。

问题 255：未成年人哪些犯罪记录应纳入封存范围

1. **需涵盖自侦查至执行等各个阶段的记录**

依法应当被封存的犯罪记录应涵盖公安机关立案侦查，检察机关审查逮捕、审查起诉，法院判决，社区矫正等各个阶段的各种文书、材料和信息。

2. **需涵盖实体处理及过程性文书、材料和信息**

依法应当被封存的犯罪记录不仅包括判决、不起诉决定等终局处理文书、材料和信息，而且还应包括侦查、起诉、审判及刑事执行过程中的强制措施记录、立案文书、侦查文书、刑罚执行文书等过程文书。此外，针对涉罪未成年人进行社会调查、帮教考察、心理疏导、司法救助等工作的记录也应当一并予以封存。

3. 需涵盖不予刑事处罚、不追究刑事责任、不起诉及无罪的记录

不仅需要对未成年人的有罪记录进行封存，对未成年人定罪但免予刑事处罚，不追究刑事责任①，不起诉，或因事实不清、证据不足被宣告无罪的记录，由于可能包含对未成年人不利的信息，也应当被封存。

而如果是没有犯罪事实或者查明犯罪行为并非被告未成年人所为，对未成年人宣告无罪的案件，由于完全排除了未成年人犯罪嫌疑，因此无须予以封存。

4. 需涵盖纸质案卷材料和电子卷宗信息

除纸质卷宗材料外，办案机关在办理案件过程中形成的电子案卷资料等案件电子档案信息也应当依法与纸质材料事实同步封存，进行加密或者单独管理，并设置严格的查询权限。如办案系统应当对需要封存的内容进行特殊处理或提示，户籍档案信息管理系统应当设置专门屏蔽未成年人犯罪记录模块等，从而防止被封存的犯罪记录通过授权联网，或通过政务服务平台与相关部门进行数据对接和批量查询等渠道被披露。

---

① 《刑事诉讼法》第16条规定，有下列情形之一的，不追究刑事责任，已经追究的，应当撤销案件，或者不起诉，或者终止审理，或者宣告无罪：（1）情节显著轻微、危害不大，不认为是犯罪的；（2）犯罪已过追诉时效期限的；（3）经特赦令免除刑罚的；（4）依照刑法告诉才处理的犯罪，没有告诉或者撤回告诉的；（5）犯罪嫌疑人、被告人死亡的；（6）其他法律规定免予追究刑事责任的。

问题 256：符合封存条件但相关单位未依法封存的，如何提出封存申请

1. **查明封存义务主体**

如果符合封存条件，但未成年人及其法定代理人或近亲属发现犯罪记录未被依法封存，未成年当事人及其法定代理人或近亲属可以自行或委托律师了解由哪个单位负责封存犯罪记录，然后向相应单位提出申请，要求其履行法定封存职责，具体而言：

对于审判机关已判决的，应当是向作出生效判决的法院申请履行封存职责；

对于检察机关决定不起诉的，向作出不起诉决定的检察院申请履行封存职责；

对于被判处管制、宣告缓刑、假释或者暂予监外执行，实行社区矫正的未成年罪犯，社区矫正完毕的，向执行地社区矫正机构申请履行封存职责。

2. **提出申请**

查明封存机关后，未成年当事人及其法定代理人或近亲属可以自行或委托律师向相应主体提出申请，包括申请作出生效判决的法院履行封存职责，要求其将生效裁判文书、《犯罪记录封存通知书》及时送达被告人，并同时送达同级人民检察院、公安机关；要求检察机关将《不起诉决定书》《犯罪记录封存通知书》及时送达被不起诉人，并同时送达同级公安机关；要求执行地社区矫正机构将涉案未成年人的犯罪记录封存。

如果上述机关已经履行了封存及送达其他机关的职责，但其他机关在收到《犯罪记录封存通知书》后未统筹本级单位对犯罪记录整体封存，则可以进一步申请相应机关依照《犯罪记录封存通知书》的要求履行封存义务。

3. 审查封存是否符合要求

必要时，未成年当事人及其法定代理人或近亲属可以自行或委托律师对其封存结果是否符合法律要求（如是否全案封存，是否在封面标明"含犯罪记录封存信息"，是否将电子信息加设封存标记，禁止对外公开等）进行查阅。

问题 257：未成年人在前科封存后，是否还有披露、报告义务

前科封存后，未成年人在入伍、就业时可以免除犯罪记录的报告义务。但如果是未成年人因涉嫌再次犯罪接受司法机关调查，还是需要主动、如实地供述其犯罪记录情况，不能隐瞒、回避。

问题 258：前科封存后，是否可以查询

原则上不得查询，司法机关为办案需要、有关单位根据国家规定需要查询的除外。

1. 一般原则

对于需要封存的未成年人犯罪记录，应当遵循《个人信息保护法》不予公开，不可以公开查询，同时需建立专门的未成年人犯罪档案库，执行严格的保管制度。对于电子信息系统中需要同步封存的未成年人犯罪记录数据，应当加设封存标记，未经法定查询程序，不得进行信息查询、共享及复用。同时，封存的未成年人犯罪记录数据不得向外部平台如提供外卖、快递、网约车服务等公司的网络平台提供或对接，政府服务平台也不得与相关部门封存的未成年人犯罪记录数据进行对接和批量查询等。

2. 司法机关为办案需要查询

对司法机关为办理案件、开展重新犯罪预防工作需要查询犯罪记录或封存信息的，应当向封存机关提出书面申请，列明查询理由、依据和使用范围等。符合查询条件的，受理机关将在 3 个工作日内开具有/无犯罪记录证明，同时，可以依法允许其为办理案件、开展重新犯罪预防工作需要查阅、摘抄、复制相关案卷材料和电子信息。依法不许可查询的，应当在 3 个工作日内向查询单位出具不许可查询决定书，并说明理由。

至于为办案需要包括哪些情形，目前并无明确的规定，从实践中的情况来看，通常是涉及数罪并罚，前科作为降低立案标准的入罪条件等的情形。

3. 有关单位根据国家规定申请查询

对司法机关以外的单位根据国家规定申请查询的，封存单位可以根据查询的用途、目的与实际需要告知被查询对象是否受过刑事处罚、被判处的罪名、刑期等信息，必要时，可以提供相关法律文书复印件。

至于哪些单位是根据国家规定有权查询的单位，目前并无统一的规定。实践中，常见的是单位政审查阅犯罪记录、行政机关实施行政许可、授予职业资格等。因此，尽管未成年人在入伍、就业时被免除了前科报告义务，但是相关招录单位在政审时会有权申请查询相关记录。

问题 259：前科封存后，是否可以申请无犯罪记录证明

对符合条件的未成年人，家属或者律师可以为其申请无犯罪记录证明。通常情况下是向公安机关申请，受理单位应当在 3 个工作日内出具无犯罪记录证明。

从内容上看，受理单位向前科封存的未成年人出具的无犯罪记录证明需与无前科人员的无犯罪记录证明在格式、内容上保持一致，家属或律师应当审查受理单位出具的证明在格式及内容上是否符合要

求，不符合要求的，应要求受理单位重新出具。

问题260：被封存的犯罪记录是否可以在其他案件中作为认定相关情节的依据

被封存的犯罪记录原则上不可以在其他案件中作为举证质证、羁押必要性审查、盗窃等罪名降低立案标准的入罪条件、毒品再犯认定等的依据，也不可以作为前科写进诉讼文书，作为检察机关适用径行逮捕或者提出量刑建议的依据，或者作为法院裁量刑罚的量刑情节，否则将会间接导致相关犯罪记录被解封。

但如果被封存犯罪记录的未成年人在成年后再故意犯罪，一方面反映出其主观恶性较大，改造情况不佳；另一方面因其成年后的故意犯罪必然会被公开，未成年时的犯罪记录再继续封存已无实际意义。因此，其成年后又故意犯罪的，法院应当在裁判文书中载明其之前被封存的犯罪记录，以体现对其惩戒、教育功能。

问题261：已经适用前科封存制度的，什么情况下会被解除封存

出现下列情形的，此前被封存的前科记录将会被解除封存。

1. **又犯新罪**

在未成年时实施新的犯罪，且新罪与封存记录之罪数罪并罚后被决定执行刑罚超过5年有期徒刑的，不仅前罪记录及相关案件材料会被解封，新旧罪并罚审理的相关案件资料也都不会被封存。

2. **发现漏罪**

发现未成年时实施的漏罪，且漏罪与封存记录之罪数罪并罚后被决定执行刑罚超过5年有期徒刑的，不仅已经封存的案件资料会被解封，并罚审理的相关案件资料也都不会被封存。

3. 改判

经过审判监督程序，原被封存的犯罪被改判为 5 年有期徒刑以上刑罚的，相关犯罪记录及案件资料将会被解封。

问题 262：未成年人犯罪记录被封存的，是否可以申请解除

针对不起诉、免予刑事处罚、不追究刑事责任、证据不足的无罪案件等，未成年被告人及其法定代理人申请不予封存或者解除封存的，经法院同意，也可以不予封存或者解除封存。

通常情况下，未成年人前科罪错需要进行匿名、封存处理，但特殊情况下的无罪案件，未成年人及其法定代理人出于恢复声誉等考虑，也希望能予以公开。例如《关于未成年人犯罪记录封存的实施办法》第 7 条明确规定，对于未成年人因事实不清、证据不足被宣告无罪的案件，尽管原则上应封存涉罪记录，但是未成年被告人及其法定代理人申请不予封存或者解除封存的，经法院同意，也可以不予封存或者解除封存。

因此，实践中如果对于特殊案例从恢复名誉等诉求出发希望不予封存或者解除封存，也可以自行或委托律师向封存机关申请解除封存。

问题 263：如果发现相关单位、个人未履行封存职责或泄露封存信息，应当如何处理

公安机关、检察机关、审判机关、司法行政机关负有封存职责，因工作原因获知未成年人封存信息的司法机关、教育行政部门、未成年人所在学校、社区等单位组织及其工作人员、诉讼参与人、社会调查员、合适成年人等，均负有保密义务。基于以上法律所规定的权利义务，在未成年人犯罪案件中，家属或者律师可以通过以下途径维护未成年人的合法权益：

负有封存职责的公安机关、检察机关、审判机关、司法行政机关及其工作人员，无论是故意还是过失未按要求履行相应封存职责，导致侵害未成年人利益的，如造成未成年人在就学、就业、生活保障等方面未受到同等待遇的，可以要求相关单位进行纠正，要求相关单位履行封存职责；并要求对责任人员追究责任，涉及公职人员的，可以要求对其进行政务处分，造成严重后果的，也可以追究其失职渎职的刑事责任。

承担犯罪记录封存以及保护未成年人隐私、信息工作的公职人员，无论是故意还是过失不当泄露未成年人犯罪记录或者隐私、信息的，可以要求其所在单位予以政务处分；造成严重后果，给国家、个人造成重大损失或者恶劣影响的，可以依法追究其失职渎职等的刑事责任。

其他承担保密义务的主体不当泄露未成年人犯罪信息的，则依照《未成年人保护法》《个人信息保护法》的规定，向公安机关举报，追究相关主体的法律责任。

如果相关单位未自行纠正或者未追究相关人员责任，也可以向同级检察机关申请监督。检察机关审查后，对确实存在错误的，应当及时通知有关单位予以纠正，也可以不向责任单位申请纠正，直接向同级检察机关申请监督（见表7-1）。

表7-1 常见违反封存义务情形一览

事项类型	违法内容
违反封存职责	应当封存不封存
	不应当封存而封存
	封存范围不全面
	对不符合例外条件的案件解除封存
	对符合条件的单位、人员拒不提供查询途径和查询结果

续表

事项类型	违法内容
违反保密义务	封存机关未对司法机关之外的单位查询范围进行限制，超范围提供前科信息，非必要提供法律文书复印件
	在法律文书中公开使用应当封存的前科记录
	违反规定对外提供前科记录
	向外界披露适用前科封存的未成年人的姓名、住所、照片，以及可能推断出该未成年人身份的其他资料
违反封存制度	对符合条件的未成年人拒不提供无犯罪记录证明
	不按照规定时间对档案材料进行封存
	未按照封存要求对卷宗和电子数据进行封存
	对符合条件的未成年人申请公开封存资料的，拒不解除封存
	未按照规定时间提供无犯罪记录证明

问题264：前科封存中是否可以委托律师或适用法律援助

就诉讼过程中的前科封存事宜，如申请作出生效判决的法院、作出不起诉决定的检察院履行封存职责，辩护律师可以提供相应法律服务。至于其他事项，《律师法》及《刑事诉讼法》未将前科封存作为律师业务的一部分，因此，现阶段律师以辩护人或诉讼代理人身份正式代理前科封存中的部分事项存在困难，但是仍然可以通过法律咨询的方式为未成年人及其法定代理人在前科封存中面临的问题提供指导建议：

1. 对未成年人及其代理人提供犯罪记录封存法律咨询服务，告知其相应权利义务。

2. 对符合条件的未成年人，为其申请无犯罪记录证明。

通常向公安机关申请，受理单位应当在3个工作日内出具无犯罪记录的证明。

3. 要求相应单位及个人依法履行封存职责。

（1）对于法院已判决的，向作出生效判决的法院申请履行封存职责，要求法院将刑事裁判文书、《犯罪记录封存通知书》及时送达被告人，并同时送达同级人民检察院、公安机关，同级人民检察院、公安机关在收到上述文书后应当在3日内统筹相关各级检察机关、公安机关将涉案未成年人的犯罪记录整体封存。必要时要对其封存结果是否符合法律要求（如是否全案封存，是否在封面标明"含犯罪记录封存信息"，是否将电子信息加设封存标记，禁止对外公开等）进行查阅。

（2）对于检察机关决定不起诉的，向作出不起诉决定的检察院申请履行封存职责，要求检察机关将《不起诉决定书》《犯罪记录封存通知书》及时送达被不起诉人，并同时送达同级公安机关，同级公安机关收到上述文书后应当在3日内将涉案未成年人的犯罪记录封存。必要时要对其封存结果是否符合法律要求（如是否全案封存，是否在封面标明"含犯罪记录封存信息"，是否将电子信息加设封存标记，禁止对外公开等）进行查阅。

（3）对于社区矫正完毕的，向执行地社区矫正机构申请履行封存职责，执行地社区矫正机构应当在刑事执行完毕后3日内将涉案未成年人的犯罪记录封存。适用于被判处管制、宣告缓刑、假释或者暂予监外执行，实行社区矫正的未成年罪犯。必要时要对其封存结果是否符合法律要求（如是否全案封存，是否在封面标明"含犯罪记录封存信息"，是否将电子信息加设封存标记，禁止对外公开等）进行查阅。

（4）对于因工作原因获知未成年人封存信息的司法机关、教育行政部门、未成年人所在学校、社区等单位组织及其工作人员、诉讼参与人、社会调查员、合适成年人等，要求其做好保密工作，不得泄露被封存的犯罪记录，不得向外界披露该未成年人的姓名、住所、照片，以及可能推断出该未成年人身份的其他资料。

4. 对未依法履行封存职责的单位和个人不当泄露未成年人前科信息的，进行控告和提请监督。

如上述单位和个人未按要求履行相应封存职责，导致侵害未成年人利益，造成未成年人在就学、就业、生活保障等方面未受到同等待遇，可以要求相关单位进行纠正，要求相关单位履行封存职责；并要求对责任人员追究责任，涉及公职人员的，可以要求对其进行政务处分，造成严重后果的，也可以追究其失职渎职的刑事责任。

如果相关单位未自行纠正或者未追究相关人员责任，也可以向同级检察机关申请法律监督。检察机关审查后，对确实存在错误的，应当及时通知有关单位予以纠正。

也可以不向责任单位申请纠正，直接向同级检察机关申请法律监督。

《最高人民法院、最高人民检察院、公安部、司法部关于未成年人犯罪记录封存的实施办法》

第二条 本办法所称未成年人犯罪记录，是指国家专门机关对未成年犯罪人员情况的客观记载。应当封存的未成年人犯罪记录，包括侦查、起诉、审判及刑事执行过程中形成的有关未成年人犯罪或者涉嫌犯罪的全部案卷材料与电子档案信息。

第三条 不予刑事处罚、不追究刑事责任、不起诉、采取刑事强制措施的记录，以及对涉罪未成年人进行社会调查、帮教考察、心理疏导、司法救助等工作的记录，按照本办法规定的内容和程序进行封存。

第四条 犯罪的时候不满十八周岁，被判处五年有期徒刑以下刑罚以及免予刑事处罚的未成年人犯罪记录，应当依法予以封存。

对在年满十八周岁前后实施数个行为，构成一罪或者一并处理的数罪，主要犯罪行为是在年满十八岁周岁前实施的，被判处或者决定执行五年有期徒刑以下刑罚以及免予刑事处罚的未成年人犯罪记录，应当对全案依法予以封存。

第五条 对于分案办理的未成年人与成年人共同犯罪案件，在封存未成年人案卷材料和信息的同时，应当在未封存的成年人卷宗封面标注"含犯罪记录封存信息"等明显标识，并对相关信息采取必要保密措施。对于未分案办理的未成年人与成年人共同犯罪案件，应当在全案卷宗封面标注"含犯罪记录封存信息"等明显标识，并对相关信息采取必要保密措施。

第六条 其他刑事、民事、行政及公益诉讼案件，因办案需要使用了被封存的未成年人犯罪记录信息的，应当在相关卷宗封面标明"含犯罪记录封存信息"，并对相关信息采取必要保密措施。

第七条 未成年人因事实不清、证据不足被宣告无罪的案件，应当对涉罪记录予以封存；但未成年被告人及其法定代理人申请不予封存或者解除封存的，经人民法院同意，可以不予封存或者解除封存。

第八条 犯罪记录封存决定机关在作出案件处理决定时，应当同时向案件被告人或犯罪嫌疑人及其法定代理人或近亲属释明未成年人犯罪记录封存制度，并告知其相关权利义务。

第九条 未成年人犯罪记录封存应当贯彻及时、有效的原则。对于犯罪记录被封存的未成年人，在入伍、就业时免除犯罪记录的报告义务。

被封存犯罪记录的未成年人因涉嫌再次犯罪接受司法机关调查时，应当主动、如实地供述其犯罪记录情况，不得回避、隐瞒。

第十条 对于需要封存的未成年人犯罪记录，应当遵循《中华人民共和国个人信息保护法》不予公开，并建立专门的未成年人犯罪档案库，执行严格的保管制度。

对于电子信息系统中需要封存的未成年人犯罪记录数据，应当加设封存标记，未经法定查询程序，不得进行信息查询、共享及复用。

封存的未成年人犯罪记录数据不得向外部平台提供或对接。

第十一条 人民法院依法对犯罪时不满十八周岁的被告人判处五年有期徒刑以下刑罚以及免予刑事处罚的，判决生效后，应当将刑事裁判文书、《犯罪记录封存通知书》及时送达被告人，并同时送达同级人民检察院、公安机关，同级人民检察院、公安机关在收到上述文书后应当在三日内统筹相关各级检察机关、公安机关将涉案未成年人的犯罪记录整体封存。

第十二条 人民检察院依法对犯罪时不满十八周岁的犯罪嫌疑人决定不起诉后，应当将《不起诉决定书》、《犯罪记录封存通知书》及时送达被不起诉人，并同时送达同级公安机关，同级公安机关收到上述文书后应当在三日内将涉案未成年人的犯罪记录封存。

第十三条 对于被判处管制、宣告缓刑、假释或者暂予监外执行的未成年罪犯，依法实行社区矫正，执行地社区矫正机构应当在刑事执行完毕后三日内将涉案未成年人的犯罪记录封存。

第十四条 公安机关、人民检察院、人民法院和司法行政机关分别负责受理、审核和处理各自职权范围内有关犯罪记录的封存、查询工作。

第十五条 被封存犯罪记录的未成年人本人或者其法定代理人申请为其出具无犯罪记录证明的，受理单位应当在三个工作日内出具无犯罪记录的证明。

第十六条 司法机关为办案需要或者有关单位根据国家规定查询犯罪记录的，应当向封存犯罪记录的司法机关提出书面申请，列明查询理由、依据和使用范围等，查询人员应当出示单位公函和身份证明等材料。

经审核符合查询条件的,受理单位应当在三个工作日内开具有/无犯罪记录证明。许可查询的,查询后,档案管理部门应当登记相关查询情况,并按照档案管理规定将有关申请、审批材料、保密承诺书等一同存入卷宗归档保存。依法不许可查询的,应当在三个工作日内向查询单位出具不许可查询决定书,并说明理由。

对司法机关为办理案件、开展重新犯罪预防工作需要申请查询的,封存机关可以依法允许其查阅、摘抄、复制相关案卷材料和电子信息。对司法机关以外的单位根据国家规定申请查询的,可以根据查询的用途、目的与实际需要告知被查询对象是否受过刑事处罚、被判处的罪名、刑期等信息,必要时,可以提供相关法律文书复印件。

第十七条 对于许可查询被封存的未成年人犯罪记录的,应当告知查询犯罪记录的单位及相关人员严格按照查询目的和使用范围使用有关信息,严格遵守保密义务,并要求其签署保密承诺书。不按规定使用所查询的犯罪记录或者违反规定泄露相关信息,情节严重或者造成严重后果的,应当依法追究相关人员的责任。

因工作原因获知未成年人封存信息的司法机关、教育行政部门、未成年人所在学校、社区等单位组织及其工作人员、诉讼参与人、社会调查员、合适成年人等,应当做好保密工作,不得泄露被封存的犯罪记录,不得向外界披露该未成年人的姓名、住所、照片,以及可能推断出该未成年人身份的其他资料。违反法律规定披露被封存信息的单位或个人,应当依法追究其法律责任。

第十八条 对被封存犯罪记录的未成年人,符合下列条件之一的,封存机关应当对其犯罪记录解除封存:

(一)在未成年时实施新的犯罪,且新罪与封存记录之罪数罪并罚后被决定执行刑罚超过五年有期徒刑的;

(二)发现未成年时实施的漏罪,且漏罪与封存记录之罪数罪并罚后被决定执行刑罚超过五年有期徒刑的;

(三) 经审判监督程序改判五年有期徒刑以上刑罚的；

被封存犯罪记录的未成年人，成年后又故意犯罪的，人民法院应当在裁判文书中载明其之前的犯罪记录。

第十九条 符合解除封存条件的案件，自解除封存条件成立之日起，不再受未成年人犯罪记录封存相关规定的限制。

第二十条 承担犯罪记录封存以及保护未成年人隐私、信息工作的公职人员，不当泄漏未成年人犯罪记录或者隐私、信息的，应当予以处分；造成严重后果，给国家、个人造成重大损失或者恶劣影响的，依法追究刑事责任。

第二十一条 涉案未成年人应当封存的信息被不当公开，造成未成年人在就学、就业、生活保障等方面未受到同等待遇的，未成年人及其法定代理人可以向相关机关、单位提出封存申请，或者向人民检察院申请监督。

第二十二条 人民检察院对犯罪记录封存工作进行法律监督。对犯罪记录应当封存而未封存，或者封存不当，或者未成年人及其法定代理人提出异议的，人民检察院应当进行审查，对确实存在错误的，应当及时通知有关单位予以纠正。

有关单位应当自收到人民检察院的纠正意见后及时审查处理。经审查无误的，应当向人民检察院说明理由；经审查确实有误的，应当及时纠正，并将纠正措施与结果告知人民检察院。

第八章

社区服刑常见问题

被判处管制、宣告缓刑、假释或者暂予监外执行的罪犯属于社区服刑人员，本章整理了社区矫正过程中的常见问题。

第一节 社区矫正基本问题

问题 265：社区矫正对象包括哪些

根据《刑事诉讼法》第 269 条和《社区矫正法》第 2 条的规定，社区矫正面向的对象包括四类人员：被判处管制、宣告缓刑、假释和暂予监外执行的罪犯。这四类人员都在监狱外服刑，必须依法接受社区矫正。他们的社会危险性较小，让他们离开监狱，接受社区矫正更有利于其接受改造，融入社会。

除此之外，对于狱外探假的罪犯、外出参加社会公益劳动的罪犯，甚至戒毒人员、犯罪嫌疑人、轻微违法人员、被不起诉人员、刑满释放人员等，即使是有监管必要，但因为不属于法定社区矫正对象，因此不应适用社区矫正措施。

问题 266：如何判断是否适合接受社区矫正

由于社区矫正是一种附随于前述四种刑罚种类的非监禁刑罚执行方式，因此，判断被告人或罪犯是否适合接受社区矫正本质上是判断被告人或罪犯是否适宜采取非监禁的刑罚执行方式，是否应当对其判处管制、宣告缓刑、假释和暂予监外执行。

结合《社区矫正法》第 18 条的规定和司法实践，社区矫正决定机关，即做出管制、缓刑、假释、暂予监外执行判决和裁定的法院以及批准暂予监外执行的监狱管理机关、公安机关，可以根据需要委托司法局、社区矫正机构或者有关社会组织去了解被告人或罪犯的具体生活、工作情况，进行调查评估，家属和律师也可以向决定机关申请调查评估（可多次申请），但不能直接参与调查评估工作。调查评估的内容主要包括被告人或者罪犯的居所情况、家庭和社会关系、家庭成员协助监管的条件、生活来源、社会表现、犯罪行为的后果和影响、居住地村（居）民委员会和被害人意见、拟禁止的事项、社会危险性、对所居住社区的影响等。调查评估完毕后，受委托方会出具是否适合接受社区矫正的评估报告，供作出社区矫正决定时参考，该报告应严格保密，不能提供给被告人或罪犯。

司法局、社区矫正机构、有关社会组织收到委托函后，首先会进行审核，如果发现被调查评估的人员的户籍地和居住地不在本辖区，会及时告知委托机关另行委托。接受委托后，调查评估单位会指派专职工作人员到罪犯或被告人所在的公安派出所、村（居）委会、有关单位、家庭、学校等地展开社会调查评估工作。调查评估一般采用个别约谈、小范围座谈等方式进行。一般情况下，调查评估工作以 10 日为限（刑事案件适用速裁程序的，调查评估期限为 5 日），调查评估单位应当在此期限内提交评估意见。人民检察院会对整个调查评估过程进行法律监督，一旦发现违法情形，可以提出纠正违法通知书或者检察建议书。因此，被告人或罪犯本人及其家属、律师在调查评估期间发现存在违法情形的，可以向检察院申请监督。

问题 267：如果司法所出具了"不适合接受社区矫正"的意见，是否一定会收监

不一定。在司法实践中，接受社区矫正决定机关的委托后，社区矫正机构通常会委托乡镇司法所具体开展调查评估工作，将其出具的调查评估意见书作为参考，尽管多数情况下会被采纳，但也存在例外。比如在侯某某暂予监外执行案①中，辽宁省大连市甘井子区司法局出具的意见为："侯某某不适合在我辖区接受社区矫正。"但法院最终认为，罪犯侯某某户籍地为大连市甘井子区华中街，现租住大连市甘井子区华中街×号×单元×层×号，罪犯侯某某家属能够为侯某某提供稳定生活来源，因此大连市甘井子区应确定为侯某某暂予监外执行执行地。

问题 268：刑罚执行结束，剥夺政治权利期间，是否需要进行社区矫正

不需要。过去司法解释曾将"被剥夺政治权利，并在社会上服刑的"罪犯也纳入社区矫正的对象范围，但现行有效的法律和司法解释均已明确地将"剥权犯"从社区矫正对象中剔除。根据 2012 年 3 月 1 日起实施的《社区矫正实施办法》（已失效）第 32 条的规定，被剥夺政治权利的罪犯可以自愿参加社区矫正机关组织的矫正工作。但 2020 年《社区矫正法实施办法》中已将该条文删去，表明了"剥权犯"逐步脱离社区矫正制度体系的立法倾向和态度。

---

① 参见辽宁省大连市甘井子区人民法院刑事决定书，(2021) 辽 0211 刑更 4 号。

问题 269：被判缓刑的，缓刑期内有哪些注意事项

缓刑是指犯罪人在遵守特定条件的情况下，暂时不执行判决确定的监禁刑，而是让其在社会上服刑，接受社区矫正，若在缓刑期间，矫正对象表现良好，遵守了一系列规定和条件，期满后原判刑罚便不再执行。因此，对于缓刑犯而言，在缓刑期内遵守相关的规定和条件，确保顺利度过缓刑期非常重要。以下是在缓刑期间需要注意的重要事项：

（1）矫正对象应当自缓刑判决生效之日起 10 日内到执行地社区矫正机构或司法局（所）报到，并办理社区矫正接收手续。

（2）若法院判决中有禁止令，矫正对象应当严格遵守，在执行期间不从事特定活动，不进入特定区域、场所，不接触特定的人。

（3）未经执行地县级社区矫正机构批准，矫正对象不得擅自接触其犯罪案件中的被害人、控告人、举报人。

（4）矫正对象开始社区矫正后，司法所会定期要求矫正对象报告情况。报告内容包括在哪，做了什么，是否按时参加了教育学习、社区服务和社会活动等情况。如果有居所变化、工作变动、家庭重大变故等情况发生，矫正对象应当及时主动报告。

（5）有劳动能力的矫正对象需要依照规定参加公益活动，内容包括照顾老弱病残、值班巡逻、板报宣传、打扫卫生等，有技能特长的矫正对象也可以选择绘画、木工、电器修理、编制、摄影、书法、乐器、电脑维护等社区服务内容。过去要求矫正对象每月至少参加 8 小时的社区服务，现在已经取消了时间要求。

（6）必须按要求定期参加教育活动，过去要求矫正对象每月参加教育学习时间不少于 8 小时，现已取消了时间要求，矫正对象可根据自身的时间安排及相应课程的开设时间合理择时参与。

（7）矫正对象不能脱离监管，必须随身携带定位手机，方便有关部门联系。

（8）矫正对象不能离开自己所在的市、区及县，如真有急事需外出必须请假。司法所一般可批准 7 日假期，如要超过 7 日需市县的司法局批准。

（9）切记不要再次触犯法律，如再次犯罪或违反行政法规被行政处罚，将会被撤销缓刑，判处收监。

（10）矫正对象不服从相关部门的管理，违反法院判决中的禁止令，不按照规定和要求参与社区矫正活动的，比如未定期汇报情况、私自外出未报备、违规会客、未按要求随身携带定位手机等，矫正机构将视情节依法给予训诫、警告、提请公安机关予以治安管理处罚，甚至依法提请撤销缓刑。

问题 270：被假释的，假释期内有哪些注意事项

假释是指被判处有期徒刑、无期徒刑的犯罪分子，在执行一定刑期之后，因其遵守监规、接受教育改造，确有悔改表现，不致再危害社会，而附条件地将其提前释放。有期徒刑的假释考验期为尚未执行完毕的刑期，无期徒刑的假释考验期为 10 年。假释考验期有多久，犯罪人就需要接受多久的社区矫正。以下是在假释考验期内需要注意的重要事项：

（1）矫正对象应当自假释裁定生效之日起 10 日内到执行地社区矫正机构或司法局（所）报到，并办理社区矫正接收手续。

（2）未经执行地县级社区矫正机构批准，矫正对象不得擅自接触其犯罪案件中的被害人、控告人、举报人。

（3）矫正对象开始社区矫正后，司法所会定期要求矫正对象报告情况。报告内容包括在哪，做了什么，是否按时参加了教育学习、社区服务和社会活动等情况。如果有居所变化、工作变动、家庭重大变故等情况发生，矫正对象应当及时主动报告。

（4）有劳动能力的矫正对象需要依照规定参加公益活动，内容

包括照顾老弱病残、值班巡逻、板报宣传、打扫卫生等，有技能特长的矫正对象也可以选择绘画、木工、电器修理、编制、摄影、书法、乐器、电脑维护等社区服务内容。过去要求矫正对象每月至少参加8小时的社区服务，现在已经取消了时间要求。

（5）必须按要求定期参加教育活动，过去要求矫正对象每月参加教育学习时间不少于8小时，现已取消了时间要求，矫正对象可根据自身的时间安排及相应课程的开设时间合理择时参与。

（6）矫正对象不能脱离监管，必须随身携带定位手机，方便有关部门联系。

（7）矫正对象不能离开自己所在的市、区及县，如真有急事需外出必须请假。司法所一般可批准7日假期，如要超过7日需市县的司法局批准。

（8）切记不要再次触犯法律和国务院有关部门关于假释的监督管理规定，如果再次犯罪，或违反关于假释的监督管理规定，即便尚未构成新的犯罪，也将依照法定程序撤销假释，收监执行未执行完毕的刑罚。

（9）矫正对象不服从相关部门的管理，不按照规定和要求参与社区矫正活动的，比如未定期汇报情况、私自外出未报备、违规会客、未按要求随身携带定位手机等，矫正机构将视情节依法给予训诫、警告、提请公安机关予以治安管理处罚，甚至依法提请撤销假释。

问题271：被暂予监外执行的，监外执行期内有哪些注意事项

暂予监外执行的情况主要包括三种：保外就医、妇女怀孕或处在哺乳期以及生活无法自理。暂予监外执行只是一种临时性的监外服刑制度，一旦上述情形消失，仍然应当将服刑人员收监执行。在监外执

行期间，服刑人员需要根据自身情况接受社区矫正。以下是在暂予监外执行期内需要注意的重要事项：

（1）应当自暂予监外执行决定生效之日起 10 日内到执行地社区矫正机构或司法局（所）报到，并办理社区矫正接收手续。

（2）未经执行地县级社区矫正机构批准，矫正对象不得擅自接触其犯罪案件中的被害人、控告人、举报人。

（3）保外就医的社区矫正对象应当按时提交病情复查情况。

（4）矫正对象开始社区矫正后，司法所会定期要求矫正对象报告情况。报告内容包括在哪，做了什么，是否按时参加了教育学习、社区服务和社会活动等情况。如果有居所变化、工作变动、家庭重大变故等情况发生，矫正对象应当及时主动报告。

（5）矫正对象不能脱离监管，必须随身携带定位手机，方便有关部门联系。

（6）矫正对象不能离开自己所在的市、区及县，如真有急事需外出必须请假。司法所一般可批准 7 日假期，如要超过 7 日需市县的司法局批准。

（7）如果原先的保证人丧失保证条件或者被取消了保证人资格，矫正对象要在规定时间内提出新的保证人。

（8）矫正对象不服从相关部门的管理，不按照规定和要求参与社区矫正活动的，比如未定期汇报情况、私自外出未报备、违规会客、未按要求随身携带定位手机等，矫正机构将视情节依法给予训诫、警告、提请公安机关予以治安管理处罚。矫正对象受到两次警告就会被依法收监。

问题 272：被判管制的，服刑期内有哪些注意事项

管制是《刑法》规定的一种刑罚种类，不剥夺犯罪分子的人身自由，但其需要在社区矫正机构的监督下接受改造。法院可能会对管

制犯发布禁止令，管制犯违反禁止令可能会被处以行政处罚。以下是在管制期间需要注意的重要事项：

（1）应当自管制判决生效之日起 10 日内到执行地社区矫正机构或司法局（所）报到，并办理社区矫正接收手续。

（2）若法院判决中有禁止令，矫正对象应当严格遵守，在执行期间不从事特定活动，不进入特定区域、场所，不接触特定的人，否则公安机关可以依据《治安管理处罚法》的规定进行处罚。

（3）未经执行地县级社区矫正机构批准，矫正对象不得擅自接触其犯罪案件中的被害人、控告人、举报人。

（4）开始社区矫正后，司法所会定期要求矫正对象报告情况。报告内容包括在哪，做了什么，是否按时参加了教育学习、社区服务和社会活动等情况。如果有居所变化、工作变动、家庭重大变故等情况发生，矫正对象应当及时主动报告。

（5）有劳动能力的矫正对象需要依照规定参加公益活动，内容包括照顾老弱病残、值班巡逻、板报宣传、打扫卫生等，有技能特长的矫正对象也可以选择绘画、木工、电器修理、编制、摄影、书法、乐器、电脑维护等社区服务内容。过去要求矫正对象每月至少参加 8 小时的社区服务，现在已经取消了时间要求。

（6）必须按要求定期参加教育活动，过去要求矫正对象每月参加教育学习时间不少于 8 小时，现已取消了时间要求，矫正对象可根据自身的时间安排及相应课程的开设时间合理择时参与。

（7）矫正对象不能脱离监管，必须随身携带定位手机，方便有关部门联系。

（8）矫正对象不能离开自己所在的市、区及县，如真有急事需外出必须请假。司法所一般可批准 7 日假期，如要超过 7 日需市县的司法局批准。

（9）矫正对象不服从相关部门的管理，违反法院判决中的禁止令，不按照规定和要求参与社区矫正活动的，比如未定期汇报情况、私自外出未报备、违规会客、未按要求随身携带定位手机等，矫正机构将视情节依法给予训诫、警告、提请公安机关予以治安管理处罚。

问题 273：社区矫正中是否可以委托律师或适用法律援助

适用管制、缓刑，审判阶段决定暂予监外执行可以委托律师或适用法律援助，撤销管制、假释的，可以委托律师，但不属于可以适用法律援助的案件范畴。

适用管制、缓刑，审判阶段决定暂予监外执行属于刑事诉讼程序中的事项，对此，可以由辩护律师发表意见或提出申请，该部分工作可以作为律师辩护业务的组成部分。

根据《社区矫正法》第 48 条，人民法院拟撤销缓刑、假释的，应当听取社区矫正对象的申辩及其委托的律师的意见。因此，被撤销缓刑、假释的，可以委托律师。

除上述事项外，目前尚无法律法规明确律师可以在社区矫正中从事的业务范围，但从实际需求来看，在社区矫正过程中，法律适用问题需要律师的参与，例如，律师可以利用专业知识，协助服刑人员申请变更实际居住地等。因此，尽管现阶段律师以辩护人或诉讼代理人身份正式代理社区矫正中的部分事项存在困难，但是仍然可以通过法律咨询的方式为社区矫正人员提供指导建议。

《社区矫正法》

第四十八条 人民法院应当在收到社区矫正机构撤销缓刑、假释建议书后三十日内作出裁定，将裁定书送达社区矫正机构和公安机关，并抄送人民检察院。

人民法院拟撤销缓刑、假释的，应当听取社区矫正对象的申辩及其委托的律师的意见。

人民法院裁定撤销缓刑、假释的，公安机关应当及时将社区矫正对象送交监狱或者看守所执行。执行以前被逮捕的，羁押一日折抵刑期一日。

人民法院裁定不予撤销缓刑、假释的，对被逮捕的社区矫正对象，公安机关应当立即予以释放。

第二节　社区矫正执行程序

问题 274：被判处社区矫正的，什么时间去报到

在收到法院的判决书、裁定书，或者离开监所之日起的 10 日内，社区矫正对象应当拿着生效判决书、假释裁定书或暂予监外执行决定书（证明书）到居住地县（市、区）司法行政机关指定地点报到。

问题 275：矫正对象未及时报到的，会被收监吗

被判处缓刑或被裁定假释的矫正对象未及时报到，有可能会被收监执行。根据《最高人民法院关于适用〈中华人民共和国刑事诉讼法〉的解释》和《社区矫正法实施办法》的有关规定，无正当理由不按规定时间报到或者接受社区矫正期间脱离监管超过一个月的，社区矫正机构向原审人民法院或者执行地人民法院提出撤销缓刑、假释建议。社区矫正机构会充分考虑矫正对象未及时报到理由的正当性，作出是否提请撤销缓刑、假释的决定。

而对于暂予监外执行的矫正对象以及被判处管制的矫正对象而言，即便矫正对象未及时报到，一般而言也不会被收监执行，这是因为前者基于治疗疾病、生育等必要事宜出监执行,在必要事项完成之前一般不会收监;而后者本身就是一种非监禁刑罚,不存在收监执行的后果,但公安机关可能会对未及时报到的矫正对象进行行政处罚。

问题276:在哪执行社区矫正

应当在居住地执行社区矫正。依据《社区矫正法》第17条、《最高人民法院关于适用〈中华人民共和国刑事诉讼法〉的解释》第519条第1款的规定,社区矫正原则上在矫正对象的居住地执行,如果矫正对象有多个居住地,则在"经常居住地"(所谓经常居住地,是指公民离开住所地最后连续居住1年以上的地方,但住院就医除外)执行。若居住地、经常居住地都无法确定或者不适宜执行社区矫正,应当根据有利于矫正对象接受矫正、更好地融入社会的原则,确定执行地。但在开始社区矫正之前,人民法院、公安机关、监狱应当核实其居住地,并对所居住社区的影响进行调查评估。

问题277:判决生效后实际居住地变更的,在哪进行社区矫正

矫正对象实际居住地变更的,比如迁居等,执行地也可以变更,但需要办理相关手续。变更执行地一般应当向执行地的司法所提前一个月提出书面申请,并提供相应证明材料,如果是因为工作原因需要变更,需要提供新工作单位劳动关系证明、有效的统一社会信用代码证(照)复印件、居住证明材料;如果是因为居所变化需要变更,需要提供本人、配偶和子女不动产证明材料。经过原执行地社区矫正机构和新执行地社区矫正机构的审核与同意后,方可完成变更。社区矫正对象应当在收到变更执行地决定之日起的7日内到新执行地的社区矫正机构报到。

在司法实践中，有许多社区矫正决定机关在作出判决、裁定时未认真核实执行地，直接以户籍地作为执行地，导致矫正对象的居住地和执行地不符，这也是大多数矫正对象申请执行地变更的原因。可即便如此，实践中执行地变更申请的成功率也不高。究其原因，一方面，变更执行地程序烦琐，许多县级社区矫正机构也并未出台接受户籍地是外地的矫正对象迁入本地的具体办法，说明程序、要求以及证明材料种类，且变更程序至少需要花费40日的时间，而社区矫正的期限一般也较短，变更执行地的成本较高；另一方面，变更目的地的社区矫正机构也不愿意增加外地社区矫正对象，故会以各种理由拒绝接收。

问题278：社区矫正过程中，矫正对象有哪些权利

1. 合法权益不受侵犯和歧视

社区矫正对象依法享有的人身权利、财产权利和其他权利不受侵犯，在就业、就学和享受社会保障等方面不受歧视；社区矫正机构开展实地查访等工作时，应当保护社区矫正对象的身份信息和个人隐私；社区矫正的措施和方法应当避免对社区矫正对象的正常工作和生活造成不必要的影响；除非法律另有规定，不得限制或者变相限制社区矫正对象的人身自由。社区矫正对象认为其合法权益受到侵害的，有权向人民检察院或者有关机关申诉、控告和检举。

2. 获得教育和帮扶

有关部门、单位应当通过多种形式为社区矫正对象提供必要的场所和条件，组织动员社会力量参与教育帮扶工作，例如对就业困难的社区矫正对象，依法开展职业技能培训、就业指导，帮助在学校就读的社区矫正对象完成学业。

3. 获得救助

社区矫正对象可以按照国家有关规定申请社会救助、参加社会保

险、获得法律援助，社区矫正机构应当给予必要的协助。

4. 依法进行申辩

人民法院拟撤销缓刑、撤销假释的，矫正对象可以进行申辩，法律规定决定机关应当听取社区矫正对象的申辩及其委托律师的意见。

5. 获得减刑

社区矫正对象符合刑法规定的减刑条件的，社区矫正机构应当向社区矫正执行地的中级以上人民法院提出减刑建议。人民法院应当在收到社区矫正机构的减刑建议书和相关证据材料之日起 30 日内作出裁定，并将裁定书送达社区矫正机构，同时抄送社区矫正执行地同级人民检察院、公安机关及罪犯原服刑或者接收其档案的监狱。

6. 符合法定情形接受奖励

社区矫正机构根据社区矫正对象的表现，依照有关规定对其实施考核奖惩。社区矫正对象认罪悔罪、遵守法律法规、服从监督管理、接受教育表现突出的，应当给予表扬。

问题 279：社区矫正机构可以提供哪些帮扶措施

司法所会为矫正对象制定矫正方案，制定有针对性的教育、帮扶措施，同时为矫正对象确定矫正小组，负责具体的矫正工作。教育、帮扶工作主要由司法所组织开展或委托相关单位组织开展，工作内容主要包括法治道德的教育、心理问题的辅导、职业培训和就业指导、社区服务和社会公益活动的开展、社会救助申请的协助等。总体来看，社区矫正的教育、帮扶工作呈现出专业化、个性化、便捷化、修复化、效率化的发展趋势。

1. 法治道德的教育

教育学习的内容主要有公共道德、法律常识、时事政策等，目的在于增强矫正对象的法制观念、道德素质和悔罪自新意识。教育的方式包括邀请公检法专家进行授课、组织观看影视作品和时政新闻、组织未曾拘禁的社区矫正对象到看守所现场接受警示教育，等等。一般而言，矫正对象每月参加教育学习时间不少于 8 小时，矫正对象可根据自身的时间安排及相应课程的开设时间合理择时参与。

2. 心理问题的辅导

心理辅导是根据社区矫正对象的心理状态、行为特点等具体情况采取有针对性的个别教育和帮助，目的在于矫正其违法犯罪心理，提高其适应社会能力。心理辅导的内容一般包括心理知识、正念呼吸、沟通艺术、家庭关系等方面。

3. 职业培训和就业指导

职业培训和就业指导是根据矫正对象的实际需要，针对在校学生开展学业辅导，针对就业困难的矫正对象开展职业技能教学和就业指引，以帮助矫正对象更好、更快地完成学业、融入社会，使其具备自食其力的生存能力。同时，司法局和司法所还应当依照相关政策法规规定帮助落实社会保障措施，国家也鼓励企业事业单位、社会组织为社区矫正对象提供就业岗位和职业技能培训，招用符合条件的社区矫正对象的企业，按照规定享受国家优惠政策。实践中社区矫正机构可能也会给矫正对象推荐工作等。

4. 社区服务和社会公益活动的开展

社区服务面向有劳动能力的社区矫正对象，内容包括照顾老弱病残、值班巡逻、板报宣传等，有技能特长的矫正对象也可以选择绘画、木工、文化传授、电器修理、编制、摄影、书法、乐器、电脑维护等社区服务内容。社区服务的目的在于修复矫正对象的社会关系，培养社会责任感、集体观念和纪律意识。此外，社区矫正机构还会根据社区矫正对象的个人特长，组织其参加公益活动，比如志愿服务、慈善募捐、帮困助学、无偿献血，等等。

5. 社会救助申请的协助

社区矫正对象可以按照国家有关规定申请社会救助、参加社会保险、获得法律援助，社区矫正机构应当给予必要的协助。在实践中，各地司法机关采取了各种措施落实对矫正对象获取社会救助的人性化帮扶。比如，杭州市滨江区司法局设立社区矫正对象关爱基金；徐州市曾组织法律援助律师到社区矫正中心与矫正对象进行沟通交流，提供有针对性的法律帮扶。

问题280：社区矫正过程中，矫正机构是否需要向矫正对象单位、邻居公开矫正人员犯罪情况

社区矫正机构会向执行地的社区公开宣告矫正对象的犯罪情况，但未成年人除外。社区矫正机构在接收社区矫正对象时，会在社区宣告社区矫正对象的犯罪事实、执行社区矫正的期限以及应当遵守的规定。在社区矫正过程中，矫正对象的考核结果与奖惩也会定期在社区进行公示。但未成年社区矫正对象的宣告和考核奖惩都会不公开进行。

一般情况下，社区矫正机构不会向矫正对象的单位公开矫正对象的犯罪情况，除非矫正对象所在单位或者就读学校的人员被纳入了矫正小组，或出现需要矫正对象所在单位配合矫正工作的情况。

问题281：矫正对象遇到哪些情况应当及时报告社区矫正机构

矫正对象的报告义务可以分为定期报告和临时报告。

首先，矫正对象应当定期向司法所或社区矫正机构报告自己遵纪守法、接受监督管理、参加教育学习、社区服务和社会活动的情况。被判处禁止令的社区矫正对象应当定期报告遵守禁止令的情况。暂予监外执行的社区矫正对象，应当每个月向司法所或社区矫正机构报告本人的身体情况。保外就医的，每3个月向司法所提交病情复查情况。

其次，如果矫正对象发生居所变化、工作变动、家庭重大变故以及接触对其矫正产生不利影响人员，也应当及时向社区矫正机构报告。矫正对象经过批准外出时，到达和离开都应该向当地的司法所或社区矫正机构报告。按时返回的，返回时要向司法所或社区矫正机构报告，如果不能按时返回，也要向司法所或社区矫正机构报告说明具体情况。对于被批准经常性跨市县活动的，社区矫正对象在批准有效期（一般为6个月）内，要到批准市、县活动的，也要通过电话等简易方式进行报告。

问题282：矫正对象是否需要参加公益活动

有劳动能力的矫正对象应该参加公益活动。部分地区可能还会依据《社区矫正实施办法》的规定，要求矫正对象每月参加至少8小时的社区服务，但2019年《社区矫正法》及《社区矫正法实施办法》取消了时间的要求。公益劳动作为开展社区矫正的重要形式，具有多重意义：促进矫正对象积极修复社会关系，通过劳动回报社会；矫正小组的工作人员可以通过公益活动了解矫正对象近期的心理动态、生活工作状态，最大化预防矫正对象脱管、漏管、虚管和重新违法犯罪；使矫正对象在劳动中受到教育，明白自食其力、遵纪守法才是实现人生价值的正确途径。公益活动的内容多种多样，包括志愿服务、慈善募捐、帮困助学、无偿献血等，对于有技能特长的矫正对象也可以选择绘画、木工、文化传授、电器修理、编制、摄影、书法、乐器、电脑维护等社区服务内容。

只有具备劳动能力的矫正对象才应该参加公益活动，对于不具有劳动能力、身体健康状况较差的矫正对象，司法所和社区矫正机构不能强制要求其参加。比如暂予监外执行的保外就医人员、孕妇、生活不能自理的人等，由于不具有劳动能力，可以不参加公益活动。

问题 283：矫正对象是否会被电子定位

电子定位装置一般只有在矫正对象违反监督管理规定时才会使用。矫正对象在矫正期间，如果违反法院禁止令、擅自离开所居住的市县、拒不报告自己活动情况被给予警告、违反监督管理规定被给予治安管理处罚或将被提请撤销缓刑、假释或者暂予监外执行收监执行，则有可能被要求安装电子定位装置。电子定位装置是指具有防拆、防爆、防水等性能的专门的电子设备，主要包括电子定位腕带等，但不包括手机等设备。社区矫正机构给矫正对象配发的手机主要用于信息化核查，同实地走访、通信联络等一样。信息化核查手机不具有防拆等功能、没有使用期限，从入矫到解矫都可以使用，也没有使用对象限制，所有社区矫正对象都可以使用。

电子定位装置的设定范围为本市行政区域，如果经批准离开本市区域，社区矫正机构会对监管范围进行调整。使用电子定位装置的期限不得超过 3 个月。对于不需要继续使用的，应当及时解除；期满后经评估仍有必要继续使用的，要经过县级司法行政部门负责人的批准延长期限，每次不得超过 3 个月。通过电子定位装置获得的信息会被严格保密，只能用于社区矫正工作，不能用于其他用途。

对于接受电子定位监管的社区矫正对象而言，应当正确使用电子定位装置，及时充电以确保设备 24 小时处于开机状态并正常运转，若发现设备异常或丢失，应当及时报告司法所，不得故意毁坏、自行摘除电子定位装置，不得改作他用或转借、转让他人。若社区矫正对象具有适用电子定位装置的情形但拒绝使用电子定位装置，社区矫正机构可依情况给予训诫、警告或提请治安管理处罚，情节严重的可依法提请收监执行。

问题 284：奖惩考核工作具体如何实施

社区矫正对象在整个社区矫正期间都要接受社区矫正机构的奖惩

考核。奖惩种类包括：表扬、提请减刑、训诫、警告、提请公安机关予以治安管理处罚、提请撤销缓刑、撤销假释、提请收监执行。

考核一般以1个月或3个月为周期，区分若干档考核等级，比如北京区分为合格、基本合格、不合格三档，贵州则在此基础上增加了良好一档。考核的主要内容包括：社区矫正对象的电话报告是否符合要求、到司法所报告是否符合要求、提交思想汇报是否符合要求、参加教育学习是否符合要求、参加社区服务是否符合要求、是否遵守了外出请假制度、是否认罪悔罪和服从监管、是否按规定提交病情复查情况、是否有违反监督管理制度的情况、是否遵守法律法规等。一般来说，社区矫正对象认罪悔罪，服从司法所社区矫正监管要求，认真遵守法律、行政法规和监督管理规定，积极参加集中教育学习活动，热衷社区服务等公益性事业，并较好完成教育学习和社区服务，该考核周期就会被评定为良好。一方面，每次的考核结果是对社区服刑人员进行分类管理的重要依据，不同的管理类别，矫正对象被采取的管理措施也存在差异；另一方面，考核结果也会直接影响奖惩措施的作出。

问题285：社区矫正过程中，能否减刑

除假释犯不能减刑外，其他社区矫正对象符合减刑条件的，均有机会减刑。矫正对象符合刑法规定的减刑条件的，社区矫正机构应当向社区矫正执行地的中级以上人民法院提出减刑建议，由人民法院在30日内作出是否减刑的裁定。矫正对象获取减刑可通过两种方式：被认定有"重大立功"行为的可以直接提请减刑；经过一段时间的奖惩考核后，获得一定的表扬次数可提请减刑。矫正对象接受社区矫正6个月以上，同时表现良好的，可以获得表扬。表现良好包含以下方面：服从判决，认罪悔罪，遵守法律法规和关于报告、会客、外出、迁居等规定，服从社区矫正机构的管理，积极参加教育学习等活动，接受教育矫正。此外，有见义勇为、抢险救灾等突出表现，或者

帮助他人、服务社会等突出事迹的，也可以获得表扬。

问题286：矫正对象是否会被分级管理

《社区矫正法》明确规定，社区矫正机构应当根据裁判内容和社区矫正对象的性别、年龄、心理特点、健康状况、犯罪原因、犯罪类型、犯罪情节、悔罪表现等情况，制定有针对性的矫正方案，实现分类管理、个别化矫正。分类管理的类别一般为严管、普管、宽管（对类别的称呼和层次各地有所不同，但基本内涵差不多）。不同管理类别之间可能会转换，转换的依据主要是矫正对象的考核奖惩情况。对入矫时间较短（一般为2~3个月）、综合评估风险等级较高、受到多次行政处罚、考核不合格的矫正对象适用严管。正常情况下，入矫满一定时间后（一般为2~3个月），会根据考核结果调整管理类型。考核结果合格的，实行普管，考核结果为不合格的，继续实行严管，考核结果为基本合格的，管理类型不变。社区矫正对象受到行政处罚或综合评估结果为高风险等级的，及时调整为严管。若矫正对象连续获得表扬、风险等级较低且有突出表现或有重大立功表现，则可以转为宽管。不同类别的管理措施差异主要体现在报告周期、参加学习教育的最低时间要求、参加社区服务的最低时间要求、走访核查周期等方面。

对社区矫正对象评定管理类别，除了考虑矫正对象的具体表现外，也要征求相关社区居民、社区矫正社会工作者、社会志愿者的意见，经受委托的司法所组织矫正小组成员进行集体评议，受委托的司法所提出评定、变更建议，公示后审定上报县级社区矫正机构，经过社区矫正机构审批才能生效。

问题287：矫正期间能否去外地

矫正对象基于特定事由，包括就医、就学、参与诉讼、处理家庭或工作重要事务等，经执行地县级社区矫正机构或者受委托司法所的批准，可以去外地，但不能出境。"外地"是指矫正对象所居住市、县之外，需要特别注意的是，所谓"市"的范围是指直辖市的城市市区、设区的市的城市市区和县级市的辖区。在设区的同一市内跨区活动的，不属于离开所居住的市、县。比如在北京接受社区矫正的对象，可以不经批准在北京市内流动，只有出北京市需要经过批准；在杭州市西湖区接受社区矫正的对象，可以在杭州市内跨区流动，但不能未经批准前往杭州市下辖的县级市和县；同理，在县级市接受社区矫正的对象也不能未经批准前往代管本县级市的地级市。

除了单次性的请假外出，矫正对象如果因为正常工作和生活需要经常性跨市、县活动，可以申请外出至居住地以外的二至三个市、县，或者根据其外出情形划定活动范围。经常性跨市、县活动经批准后，在接下来的 6 个月时间内，矫正对象到批准市、县活动的，可以通过电话报告等形式简化批准程序和方式。到期后如果要续期，需要重新提出申请。

问题 288：矫正期间去外地的，如何申请

《社区矫正实施办法》规定，社区矫正对象因就医、就学、参与诉讼、处理家庭或工作重要事务等正当理由需要离开所居住市、县的，应当经执行地县级社区矫正机构或者受委托的司法所批准，一般应当提前 3 日提交书面申请，载明请假事由、外出目的地、外出期限和返回时间，并如实提供相关证明材料。如果是申请经常性跨市、县活动，还应该写明理由、经常性去往市县名称、频次等，同时提供相应证明。申请外出就医的，应当提供诊断材料，病例，各类检验、化验报告单等就医材料，转院证明，交通食宿等；申请外出就学的，应当提供录取通知书等入学证明；申请参与诉讼的，应当提供相关法律文书；申请处理家庭重要事务的，应当提供相应的亲属关系证明材料

和相应事项的证明材料，比如结婚请帖、病危通知书、准考证等；申请处理工作重要事务的，应当提供单位出具的委托手续及相关事项的证明材料，比如合同文本、会议通知等。此外，部分省份规定，如果矫正对象遇到突发性重大变故等紧急情形确实需要立即外出，可以用电话、微信、传真等方式提出申请，取得司法所或社区矫正机构的同意后方可先行外出，并保持通信畅通。待紧急情形消失后，应当在24小时内补办外出手续。

申请外出的材料应该递交给居住地司法所。申请外出时间在7日以内的，由司法所审批；超过7日的，由司法所审核后报执行地县级社区矫正机构批准。每次批准外出的时间不超过30日。因特殊情况确需外出超过30日的，需要层报市级社区矫正机构审批。矫正对象应该按期返回居住地，并向司法所报告及时销假。

问题289：如果请假未被批准，是否有救济途径

矫正对象可以申请执行地的人民检察院对司法所、社区矫正机构不批准跨市、县活动的决定进行检察监督。根据《社区矫正法》和《社区矫正实施办法（征求意见稿）》的相关规定，人民检察院具有受理社区矫正对象的申诉、控告和检举，维护社区矫正对象的合法权益的职责，人民检察院发现社区矫正工作违反法律规定的，应当依法提出纠正意见、检察建议。有关单位应当将采纳纠正意见、检察建议的情况书面回复人民检察院，没有采纳的应当说明理由。所以，人民检察院有依法对社区矫正工作实行法律监督的权利，矫正对象可以向人民检察院提出对矫正执行的异议，人民检察院如果认为异议成立，会向司法所或社区矫正机构提出纠正意见、检察建议。

问题290：矫正期间能否出境

社区矫正对象在矫正期间不能前往其他国家和地区，也不能前往

我国港澳台地区。我国《出境入境管理法》第 12 条明确规定，被判处刑罚尚未执行完毕或者属于刑事案件被告人、犯罪嫌疑人的，不准出境。矫正对象擅自出境会导致非常严重的后果，很可能被撤销缓刑、撤销假释、收监执行、被行政处罚等。为了规避矫正对象擅自出境，矫正对象的护照、往来港澳通行证等出入境证件会被收缴进行集中保管，同时社区矫正机构会向公安机关通报备案，公安机关出入境管理部门不会批准矫正对象出境。

问题 291：矫正对象擅自变更联系方式等行为导致"脱管"，会有什么后果

矫正对象擅自变更联系方式、变更居住地、拒不报告行踪等行为会导致自己脱离社区矫正机构的管理（俗称"脱管"），可能会被给予警告或受到治安管理处罚，严重的还可能被撤销缓刑或假释而收监执行。根据《社区矫正实施办法（征求意见稿）》的相关规定，矫正对象脱离监管 5 日以上未超过 15 日的，社区矫正机构应当给予警告；15 日以上未超过 30 日的，社区矫正机构应当提请同级公安机关依法给予处罚；超过 30 日的，社区矫正机构应当向原审人民法院或者执行地人民法院提出撤销缓刑、假释建议书。此外，暂予监外执行的社区矫正对象脱离监管的，社区矫正机构可以提出收监执行建议。而如果矫正对象听说自己要被收监而逃跑，还可能构成脱逃罪。

问题 292：对未成年人的社区矫正有何特殊之处

《社区矫正法》对未成年人的社区矫正作出了专章的规定，对未成年人矫正对象予以特殊保护。具体而言包括以下几个方面：

1. 明确根据未成年社区矫正对象的特点开展矫正工作。社区矫正机构应当根据社区矫正对象的年龄、心理特点、发育需要、成长经历、犯罪原因、家庭监护教育条件等情况，采取有针对性的矫正措施。比如，矫正小组中应当吸收熟悉未成年人身心特点的人员参加，对未成年人的社区矫正应当与成年人分别进行，社区矫正机构应当为未成年人提供义务教育条件和就业指导帮助，未成年社区矫正对象在社区矫正期间成年的仍继续按照未成年人社区矫正有关规定执行。

2. 依法保护未成年社区矫正对象的身份信息。社区矫正机构工作人员和其他依法参与社区矫正工作的人员对履行职责过程中获得的未成年人身份信息应当予以保密。除司法机关办案需要或者有关单位根据国家规定查询外，未成年社区矫正对象的档案信息不得提供给任何单位和个人。未成年人的矫正宣告应当以非公开的形式进行，除司法所工作人员、抽调的监狱劳教人民警察、社区民警、村（居）民委员会工作人员和其监护人以外不得允许其他人员在场。

3. 依法保障未成年人接受义务教育、升学和就业不受歧视等权利。未成年社区矫正对象在接受社区矫正期间，并未丧失受教育的权利，学校不得因此拒绝其入学就读。此外，根据《刑法》《社区矫正法》的规定，未成年罪犯被判处 5 年有期徒刑以下刑罚的，在升学、就业时无须报告，实行前科保密。

4. 强化家庭监护责任。督促未成年社区矫正对象的监护人履行监护职责，承担抚养、管教等义务。监护人怠于履行监护职责的，社区矫正机构应当予以督促教育；监护人拒不履行监护职责的，通知有关部门依法做出处理。

问题 293：对女性的社区矫正有何特殊之处

针对女性的社区矫正工作有其特殊性。第一，在矫正小组的组成上，《社区矫正法》明确规定，社区矫正对象为女性的，矫正小组中应有女性成员；第二，在矫正方案的制定上，应当充分考虑女性的生理心理特征，制定有针对性的矫正方案；第三，对女性社区矫正对象加戴和解除电子定位装置时,应当由女性工作人员来实施;第四,在教育帮扶措施上,社区矫正机构可以组织面向女性社区矫正对象的教育活动和公益活动,比如开展《妇女权益保障法》法律知识讲座和女性健康专题讲座,提供围绕女性个人情感、婚姻、家庭等方面的心理咨询服务等。

问题 294:对严重精神障碍者的社区矫正有何特殊之处

严重精神障碍是指疾病症状严重,导致患者社会适应等功能严重损害,对自身健康或者客观现实不能完整认识,或者不能处理自身事务的精神障碍,主要包括精神分裂症、分裂情感性障碍、偏执性精神病、双相(情感)障碍、癫痫所致精神障碍、精神发育迟滞伴发精神障碍等。严重精神障碍社区矫正对象在精神状态和矫正恢复能力上都和正常社区矫正对象有较大区别,但我国目前的社区矫正制度对这类特殊人群的监管尚存在法律法规缺位、衔接机制不善、专业保障薄弱等问题。为应对上述问题,部分地区已出台相关文件对如何筛查诊断、精准管控、严格收治、积极帮扶工作等方面提出明确要求。以湖南省发布的《关于进一步加强严重精神障碍社区服刑人员管理救治工作的意见》为例,该意见要求司法行政机关在接收或发现严重精神障碍社区服刑人员时,应当及时向当地卫生计生行政部门通报,同时将确诊的精神障碍社区服刑人员纳入严管对象;要成立由监护人、司法所工作人员、村(居)委会干部、社区医生、社区民警、综治(民政)协管员、残疾人联络员等组成的矫正小组,制定管控矫正方案,指导帮助监护人履行监护责任,实时掌握居家治疗严重精神障碍社区服刑人员动态基础信息;各级卫生计生行政部门要为精神障碍社区服刑人员管理救治工作提供医疗帮助,经治疗达到临床出院标准的患者,由收治医院通知司法行政机关接回并办理相关移交手续,同时向所在地的基层医疗卫生机构通报情况;要将严重精神障碍社区服刑人员管理救治工作纳入考评，对工作不重视、监管不到位、救助不及时导致发生严重精神障碍社区服刑人员肇事肇祸重大事件的，严格实行责任倒查制度。

第三节 社区矫正的解除和终止

问题295：社区矫正什么时候结束

社区矫正的结束可分为解除和终止。解除社区矫正的情形有二：矫正期满或者被特赦。矫正期与罪犯被判处的管制刑期、缓刑考验期、假释考验期保持一致，管制刑期和假释考验期届满，意味着原判刑罚执行完毕，社区矫正随之解除；缓刑考验期届满，原判的刑罚就不再执行，社区矫正随之解除。此外，若在暂予监外执行期间，刑期届满，也应当自刑期届满时解除社区矫正。特赦是指国家元首或者最高国家权力机关对已受罪刑宣告的特定犯罪人免除其全部或部分刑罚的制度，属于非常特殊的情形。

社区矫正终止的情形主要有四：社区矫正对象被裁定撤销缓刑、被裁定撤销假释、被决定收监执行以及矫正对象死亡。解除社区矫正和终止社区矫正的区别在于，解除是管制刑期、缓刑考验期、假释考验期的自然届满，刑罚效果解除，矫正对象已摆脱罪犯身份，不再符合社区矫正的对象条件；而终止是矫正对象在接受社区矫正期间，因为一些负面表现而被撤销缓刑、假释，或因不符合暂予监外执行条件、严重违反有关暂予监外执行监督管理规定、暂予监外执行的情形消失后刑期未满等原因被决定收监执行，罪犯不再具备在监狱（看守所）外执行刑罚的条件，而须入监执行，此时罪犯的刑罚仍未执行完毕，且因为客观原因需要接受更严格的自由刑。

问题 296：违反社区矫正规定的，会被重新收监吗

对于缓刑犯、假释犯和暂予监外执行的罪犯，违反社区矫正规定的，有可能被收监执行，而管制犯不会被收监。

对于缓刑犯和假释犯而言，存在以下情形的将会被撤销缓刑、假释，收监执行：

1. 缓刑考验期、假释考验期内发现新罪或漏罪没有判决的。

2. 缓刑考验期、假释考验期内违反禁止令，情节严重的。情节严重主要是指 3 次以上违反禁止令，因违反禁止令被治安管理处罚后再次违反，违反禁止令造成较为严重的后果以及其他情节严重的情形。

3. 没有正当理由不按时报到或者接受社区矫正期间脱离监管，超过 1 个月的。"正当理由"在实践中多种多样，司法机关有较大的自由裁量权，比如因材料准备不全而超出正常报到期限①、认知能力有限而没有及时报到，经通知后马上配合②等。

4. 因违反监督管理规定受到治安管理处罚，仍不改正的。

5. 受到社区矫正机构 2 次警告，仍不改正的。社区矫正机构给予警告的情形主要包括：违反人民法院禁止令但情节轻微，脱离监管超过 10 日，违反关于报告、会客、外出、迁居等规定情节较重，受到社区矫正机构 2 次训诫仍不改正等。

6. 其他违反有关法律、行政法规和监督管理规定，情节严重的情形。情节严重的认定应当全面考虑矫正对象违反有关法律、行政法规和监督管理规定行为的性质、次数、频率、手段、事由、后果等客观事实，结合矫正对象的主观恶性大小作出综合认定。

对于暂予监外执行的罪犯，存在以下情形的将被决定收监执行：

---

① 参见江西省德兴市人民法院刑事裁定书，（2022）赣 1181 刑更 2 号。
② 参见陕西省吴堡县人民法院刑事裁定书，（2021）陕 0829 刑执 24 号。

1. 不符合暂予监外执行条件的。
2. 未经批准离开所居住的市、县，经警告拒不改正，或者拒不报告行踪，脱离监管的。
3. 因违反监督管理规定受到治安管理处罚，仍不改正的。
4. 受到执行机关 2 次警告。
5. 保外就医期间不按规定提交病情复查情况，经警告拒不改正的。
6. 暂予监外执行的情形消失后，刑期未满的。
7. 保证人丧失保证条件或者因不履行义务被取消保证人资格，不能在规定期限内提出新的保证人的。
8. 违反法律、行政法规和监督管理规定，情节严重的其他情形。

社区矫正对象存在以上情形，社区矫正机构会向决定机关提请撤销缓刑、撤销假释、收监执行，只有当决定机关作出了撤销缓刑、撤销假释、收监执行的裁定或决定，社区矫正才能终止。

问题 297：矫正对象未按要求请假或报告外出的，会被收监吗

被判处缓刑、假释或决定暂予监外执行的矫正对象多次不请假外出，情节严重的有可能被收监。根据法律规定，矫正对象未按要求请假或报告外出的，可能被社区矫正机构处以训诫、警告、提请公安机关予以治安管理处罚或依法提请撤销缓刑、假释、收监执行。一般来说，矫正对象偶有一次不请假外出，如果能及时上报，积极配合社区矫正机构的调查，社区矫正机构给予训诫即可；如果矫正对象未请假外出被发现后，非但不积极配合调查，还采用欺瞒等方式逃避调查，社区矫正机构一般会给予警告处罚甚至提请公安机关予以治安管理处罚；如果矫正对象多次未请假外出，2 次训诫仍不改正会被警告，2 次警告或被治安管理处罚后仍不改正就会被收监执行。此外，如果不

请假外出导致脱离监管超过 30 日，也将被收监执行。

问题 298：矫正对象请假外出后未按时回来的，会被收监吗

被判处缓刑、假释或决定暂予监外执行的矫正对象多次请假外出后未按时归来，情节严重的有可能被收监。矫正对象请假外出后未按时回来的情形与未请假外出的情形相似，都属于违反外出规定，可能被训诫、警告、行政处罚或收监执行。一般来说，矫正对象请假外出未按时归来，经催促未果，返回后又没有及时主动向司法所和社区矫正机构报告情况和销假，也没有提出合理正当理由的，社区矫正机构会给予训诫、警告或提请公安机关给予治安管理处罚；2 次警告或被治安管理处罚后仍不改正就会被收监执行。此外，如果请假外出后脱离监管超过 30 日，也将被收监执行。

问题 299：社区矫正期间再犯新罪的，如何处理

对于缓刑犯和假释犯而言，在社区矫正期间犯新罪的，不论是缓刑考验期届满前还是届满后被发现和审判（除非已过追诉时效），都应当由审理新罪的法院撤销前罪的缓刑和假释，将前罪尚未执行完毕的刑罚和后罪所判处的刑罚，根据《刑法》第 71 条"先减后并"的规则确定最终执行刑期。"前罪没有执行的刑罚"是指前罪的宣告刑期扣除被实际羁押的时间，实际羁押的时间不包括缓刑考验期和假释考验期。撤销缓刑、假释既可能单独以裁定书的形式作出，也可能包含在新的判决之中。

对于暂予监外执行的罪犯，在社区矫正期间犯新罪的，侦查机关应当在对罪犯采取强制措施后 24 小时内通知社区矫正机构，此时旧罪法院不用作出任何处理，待新的判决生效后由相关机关执行数罪并罚后的刑期即可。新的判决应当将前罪尚未执行完毕的刑罚和后罪所判处的刑罚，根据数罪并罚的原则，决定最终执行的刑罚。除了前期羁押时间外，暂予监外执行期间一般也会计入刑期（一日折抵一日），除非存在通过贿赂等非法手段被暂予监外执行或者在暂予监外执行期间脱逃的情形。在新判决生效后，法院会根据罪犯的具体情况，决定是否收监执行。此外，因为暂予监外执行的罪犯大多存在不宜羁押的情形，所以在多数案件中，侦查机关在侦查期间会及时对罪犯取保候审或监视居住。

对于管制犯而言，在社区矫正期间犯新罪的，由于新罪尚未经审判程序确认成立，不会被收监，但很可能会因新罪被采取强制措施。数罪并罚时，如果新罪被判处了拘役或有期徒刑，由于管制和拘役、有期徒刑并非同一刑种，应当在对新罪所判处的有期徒刑或者拘役执行完毕后，再执行前罪所没有执行完的管制。

此外，根据司法实践确定的规则，应以矫正对象因新罪被抓获之日作为计算前罪剩余刑期的界点。

问题300：社区矫正期间发现漏罪的，如何处理

对于缓刑犯和假释犯而言，在社区矫正期间发现罪犯在判决宣告以前还有其他罪没有判决的，侦查机关应针对前判漏罪启动新的刑事诉讼程序，即进行刑事立案、侦查、采取相应的刑事强制措施。然后由审理新罪的法院撤销前罪的缓刑和假释，并把前后两个罪名所判处的刑罚进行数罪并罚后，根据《刑法》第70条规定的"先并后减"规则，扣除掉已经执行的刑期，决定最终执行的刑罚。"已经执行的刑期"是指实际羁押的时间，不包括缓刑考验期和假释考验期。撤销缓刑、假释既可能在新罪判决作出前单独以裁定书的形式作出，也可能包含在新的判决之中。需要特别说明的是，如果缓刑或假释考验期届满后，才发现判决宣告以前的漏罪，新的判决应当只针对新发现的罪行作出判决并执行，而不能撤销之前的缓刑和假释。

对于暂予监外执行的罪犯，在社区矫正期间发现罪犯在判决宣告以前还有其他罪没有判决的，侦查机关应当在对罪犯采取强制措施后 24 小时内通知社区矫正机构，此时旧罪法院不用作出任何处理，待新的判决生效后由相关机关执行数罪并罚后的刑期即可。新的判决应当把前后两个罪名所判处的刑罚进行数罪并罚后，根据《刑法》第 70 条规定的"先并后减"规则，扣除掉已经执行的刑期，决定最终执行的刑罚。除了前期羁押时间外，暂予监外执行期间一般也会计入刑期（一日折抵一日），除非存在通过贿赂等非法手段被暂予监外执行或者在暂予监外执行期间脱逃的情形。在新判决生效后，法院会根据罪犯的具体情况，决定是否收监执行。此外，因为暂予监外执行的罪犯大多存在不宜羁押的情形，所以在多数案件中，侦查机关在侦查期间会及时对罪犯取保候审或监视居住。

对于管制犯而言，在社区矫正期间发现罪犯在判决宣告以前还有其他罪没有判决的，侦查机关会针对前判漏罪启动新的刑事诉讼程序，并且可能会对罪犯采取强制措施。数罪并罚时，如果新罪被判处了拘役或有期徒刑，由于管制和拘役、有期徒刑并非同一刑种，应当先执行有期徒刑或者拘役，再执行管制。

问题 301：社区矫正期间如果被行政处罚，如何处理

社区矫正对象被行政处罚后并非一概收监执行。

《社区矫正法》规定矫正对象违反法律法规或者监督管理规定的惩戒措施包括：训诫、警告、提请公安机关予以治安管理处罚、提请撤销缓刑、撤销假释、对暂予监外执行的收监执行。

首先，如果社区矫正机构主动提请公安机关对矫正对象予以治安管理处罚，意味着社区矫正机构已对矫正对象的违法违规行为做出处理，不会有进一步的惩戒措施。在这种情况下，若矫正对象经治安管理处罚后仍不改正，再次违法违规，通常会被社区矫正机构提请撤销

缓刑、撤销假释或收监执行。

其次，如果矫正对象被行政处罚后，社区矫正机构才知晓，则需要根据矫正对象违法违规行为的严重程度以及行政处罚的严厉程度，确定是否需要给予惩戒措施、给予何种惩戒措施。比如矫正对象因交通违法行为被行政处罚，情节较轻微，仅是被罚款的，社区矫正机构可能不会处理，或仅给予训诫的处理；如果情节较重，则可能被警告；如果情节严重（可参考行政处罚"情节严重"的认定），比如因赌博、酒驾等被行政处罚，则有可能直接被提请撤销缓刑、假释或者收监执行。

问题302：矫正期间表现好，能否缩短矫正期限

通常情况下不能，除非存在重大立功情形。

对于管制犯而言，由于不用入监执行，其社区矫正期限就是管制刑期，且一般刑期较短，一般情况下不会予以减刑，社区矫正期限相应地也不会缩短。出现重大立功行为，至多可以减少原判刑期的一半。

对于缓刑犯而言，根据《最高人民法院关于办理减刑、假释案件具体应用法律的规定》第18条的规定，在缓刑考验期内确有悔改表现或者有一般立功表现，一般不适用减刑。只有存在重大立功表现的，才可以减刑，同时缩减其缓刑考验期，缩减后，拘役的缓刑考验期限不得少于两个月，有期徒刑的缓刑考验期限不得少于1年。

对于假释犯而言，有期徒刑的假释考验期限为没有执行完毕的刑期，无期徒刑的假释考验期限为10年。除有特殊情形经最高人民法院核准外，一般不得减刑，其假释考验期也不能缩短。所谓"特殊情况"，主要是指有国家政治、国防、外交等方面的特殊需要的情况。

对于监外执行的罪犯而言，由于其具有不宜收监执行的特殊原因，一般情况下，在特定事由消除前不会收监执行。因此，暂予监外

执行的期限主要取决于特殊原因存续的时间，与社区矫正考核的结果关系不大。

问题303：违反社区矫正规定的，会延长社区矫正期限吗

不会，各类社区矫正对象违反社区矫正规定，均不会被延长社区矫正期限。对管制犯而言，违反社区矫正规定可能面临被社区矫正机构依法给予训诫、警告、提请公安机关予以治安管理处罚的后果；对缓刑犯和假释犯而言，违反规定可能面临被社区矫正机构依法给予训诫、警告、提请撤销缓刑或假释的后果；对暂予监外执行的罪犯而言，违反规定可能面临被社区矫正机构依法给予训诫、警告、提请收监执行的后果，均不包含延长社区矫正期限的惩处措施。

问题304：社区矫正解除或终止后，矫正对象的档案如何处理

矫正对象在入矫时，社区矫正机构会为其建立档案，档案的内容主要包括：（1）适用社区矫正的法律文书；（2）接收、监管审批、奖惩、收监执行、解除矫正等有关社区矫正执行活动的法律文书；（3）进行社区矫正的工作记录；（4）社区矫正对象接受社区矫正的其他相关材料。这些档案单独立卷，由专人保管，未经批准任何人不得查阅、复印或私自将档案转借他人。社区矫正对象解除社区矫正后，矫正机构应当对档案进行归类整理，并交给所属的县级司法局统一集中保管，保管期限为15年，以备有关机关核查。保管期间应当保证档案信息不被泄露。如果社区矫正因矫正对象被收监而终止，档案应当移交给收监执行的看守所或者监狱。

| 第九章 |

死刑执行常见问题

问题 305：被判处死刑后，一般多久会执行

如果是中级人民法院判处死刑的第一审案件，在上诉、抗诉期（自收到判决书之第二日起算 10 日）满后 10 日以内报请高级人民法院复核，高级人民法院同意判处死刑的，应当在作出裁定后 10 日以内报请最高人民法院核准；如果是高级人民法院判处死刑的第一审案件，在上诉、抗诉期（自收到判决书之第二日起算 10 日）满后 10 日以内报请最高人民法院核准。

至于最高人民法院核准执行死刑的时间，法律并没有明确规定，一般由最高人民法院根据案件情况自行决定，死刑复核程序一般也要 2 个月以上。对重大敏感、社会关注度高的案件，最高人民法院复核时间比较短，可能因为优先复核，复核的时间在 1 个月内；对重大复杂、涉及人数众多的案件甚至可能需要数年。

但一旦最高人民法院核准死刑后，第一审人民法院在接到执行死刑命令后需要在 7 日内执行。

问题 306：死刑一般在哪里执行

死刑一般在罪犯羁押地的指定刑场或者羁押场所内执行。所谓"刑场"是指传统意义上由执行机关设置的执行死刑的场所，死刑立即执行的执行机关为作出该判决的人民法院。所谓"指定的羁押场所"是指人民法院指定的监狱或者看守所。执行死刑应严格控制刑场，除依法执行死刑的司法工作人员以外，其他任何人不准进入刑场。一般来说设置专门的"刑场"的人民法院比较少，所以在"指定的羁押场所"执行死刑立即执行的比较多。

问题 307：死刑的执行方式有哪些

我国目前死刑的执行方式主要有两种，枪决或者注射。截至目前，尽管实践中尚未达到全国普及注射死刑的水平，且部分省份的注射死刑仍处在推广阶段，但注射死刑的执行方式正在成为主流执行方式。

1979 年《刑法》第 45 条规定了"死刑用枪决的方法执行"，1997 年修订《刑法》时则删除了这一表述，因为在 1996 年修订《刑事诉讼法》时已将死刑的执行方式变更为"采用枪决或者注射等方法"。这意味着，目前我国死刑的执行方式既包括传统的枪决，又包括药物注射这一痛苦较轻的方式。2001 年，最高人民法院在昆明召开了全国法院采用注射方法执行死刑工作会议，要求各地人民法院切实推进注射方法执行死刑工作。

问题 308：罪犯会提前多久知道死刑具体的执行时间

严格意义上来说，死刑犯何时被执行死刑，其本人并不知情。按照死刑的执行程序，死刑执行前必须要收到由最高人民法院院长签发的死刑执行令，执行法院在收到执行令后 7 日内通过枪决或者注射执行死刑。也就是说，即便被判处了死刑立即执行，执行前还需要等待死刑执行令，而执行令何时能送达到执行法院是不确定的，就连执行法院都不知道执行令何时会送达；再者，执行令下达后的 7 日内随时都有可能执行死刑，但具体是哪一日，死刑犯是未知的，其间还要经过一系列的程序，比如会见家属、验明正身、通知同级检察院派员临场监督、讯问有无遗言信札等，之后才会在 7 日内的某一日执行死刑。

问题 309：死刑执行前罪犯是否可以见家属最后一面

可以。

在执行死刑前法院将告知罪犯有权会见其近亲属，罪犯申请会见并提供其近亲属的具体联系方式，由法院通知其近亲属。对经查找确实无法与罪犯近亲属取得联系的，或者其近亲属拒绝会见的，法院将会告知罪犯。

除罪犯主动申请外，罪犯近亲属也可以向法院申请会见，但罪犯拒绝会见的除外。罪犯提出会见近亲属以外的亲友，经法院审查，确有正当理由的，可以在确保安全的情况下予以准许。

如果罪犯申请会见未成年子女，必须经过其监护人同意才能会见，会见可能影响未成年人身心健康的，可以采取视频方式，在未成年子女监护人在场的情况下会见。

此外，罪犯也可以通过录音录像等方式留下遗言。

问题 310：死刑执行时罪犯家属可以在场吗

不能在场。

执行死刑时，在场的人员为法官、检察官、法警、法医、书记员。其中，由法警负责将死刑犯带到刑场指定地点执行，由法官最后问话，确认死刑犯是否有遗言，如果有的话由书记员记入笔录，没有的话也要如实记入笔录。执行完毕后，由法医负责出检查报告，确认死刑犯死亡后，由法院书记员记入笔录。

问题 311：什么情况下会停止死刑的执行

《刑事诉讼法》第 262 条中规定了应当停止执行死刑的三种情

形，分别是：

（1）在执行前发现判决可能有错误的；

（2）在执行前罪犯揭发重大犯罪事实或者有其他重大立功表现，可能需要改判的；

（3）罪犯正在怀孕。如果原审法院发现有上述三种情况之一，应当停止执行，并且第一时间上报最高人民法院，由最高人民法院作出裁定。

经审查后可以根据不同情况作出如下处理办法：

一是进行改判。人民法院认为判决确实有错误，或者罪犯确实揭发了重大犯罪事实，或者确有重大立功表现的，应当按照死刑复核程序予以改判；对正在怀孕的犯罪分子也应当予以改判。

二是恢复死刑的执行。人民法院确认原判决没有错误；或者确认罪犯检举揭发重大的犯罪事实等情况不属实；或者罪犯虽有揭发犯罪事实等立功表现，但不需要改判，仍然应当执行死刑，但如果经审查仍需执行死刑，则必须报请最高人民法院院长再签发执行死刑的命令才能执行。

问题312：罪犯可以通过自残逃避死刑执行吗

不可以。

首先，《刑事诉讼法》规定的依法应当停止执行的三种情况中并不包含"自残"，也就是说自残造成的轻微伤并不影响死刑的执行，如果自残造成受伤严重，那么实践中极有可能也不会停止执行。

其次，在被执行之前，死刑犯均由看守所监管。看守所的看押强度与监狱无异，洗漱、睡觉、活动、劳作、休息等都在监控视线之内，实践中基本不可能通过自残的方式逃避执行。

最后，监管人员一旦发现死刑犯有自残或者有伤害他人的举动，或者会对其进行单独关押，或者或对其采用脚镣、手铐等械具，对其行动进行限制,想要"自残"无异于比登天还难,监管会想尽一切办法保证死刑犯的健康、完整和健全。

问题 313:死刑执行完毕后,家属是否可以领回遗书及遗体

可以。

死刑执行完毕后,法院在事先审查完毕后将涉及财产继承、债务清偿、家事嘱托等内容的遗书、遗言笔录交给家属,同时复制附卷备查;如果遗书、遗言笔录涉及案件线索等问题,还需抄送有关机关。

同时,由于执行死刑后,遗体通常需要火化,执行法院也将通知家属在限期内领取罪犯骨灰;没有火化条件或者因民族、宗教等原因不宜火化的,通知领取尸体;如果家属过期不领取,则由法院通知有关单位处理。

第十章

精神病强制医疗执行常见问题

问题314：满足哪些条件可以适用强制医疗程序

实施暴力行为，危害公共安全或者严重危害公民人身安全，经法定程序鉴定依法不负刑事责任的精神病人，有继续危害社会可能的，可以予以强制治疗。因此，适用强制医疗需满足以下三个条件：

1. 危害公共安全或者严重危害公民人身安全

强制医疗程序的适用对象仅限于暴力型的精神病人，即俗称"武疯子"，而对于所谓的"文疯子"则不能适用强制医疗程序。暴力指的是具体行为手段具有暴力性，实践中有些表现为犯罪目的及手段均具有暴力性，如故意杀人、故意伤害等，有些仅表现为手段具有暴力性，但目的为侵犯财产或者其他不法目的，如绑架、暴力劫持汽车。

危害公共安全一般指危害了不特定多人的生命、健康或者重大公私财产的安全。实践中，是否危害了公共安全主要是从以下方面考量：是否实施了爆炸、放火、决水、投放危险物质、驾车冲撞人群、抢夺方向盘、暴力劫持及破坏等暴力行为，是否在人员密集、流动性大的公共场所实施相关行为，是否可能会对不特定多数人的生命、健康或者重大公私财产安全造成侵害，是否使用了杀伤力和破坏力强、有扩散性的工具如汽车、爆炸装置、燃煤气等。

严重危害公民人身安全一般指严重侵害公民生命、健康安全，实践中，此类暴力性行为主要侵犯《刑法》第四章中侵犯公民人身权利罪所保护的法益，如杀人、伤害、绑架等暴力性行为，但也包括侵犯《刑法》第五章侵犯财产罪中所保护的部分法益，如抢劫、抢夺等暴力性行为。严重侵害公民人身安全通常要求造成致人重伤、死亡的结果，但如果多次实施暴力行为，造成多次轻伤的；实施放火行为，虽未造成人员伤亡，但造成公私财产重大损失的等已达到犯罪程度的，也符合强制医疗的条件。

如果行为人只是偶尔实施轻微暴力行为，从工具、手段等看，尚未危害公共安全或者严重危害公民的人身安全，或者暴力行为的社会危害性较小，尚未达到犯罪程度，不应适用强制医疗。换言之，如果被申请人不是因为经法定程序被鉴定为依法不负刑事责任的精神病人，其应该接受审判，并应承担相应的刑事责任。因此，如果被申请人虽实施了暴力行为，但尚未危害公共安全或者严重危害公民的人身安全，或者暴力行为的社会危害性较小，尚未达到犯罪程度，此时判断是否决定予以强制医疗要极为慎重。可以考虑不予强制医疗，由其监护人严加看管即可。如被申请人将自家衣服堆在客厅并浇上酒精予以焚烧进而引发火灾，造成自己及邻居家房屋受损，经济损失3000余元，是否应被强制医疗，就值得商榷。

但如果行为人实施了暴力行为，且指向公共安全或者他人的人身安全，仅因为意志以外的原因而未得逞，例如使用刀具、斧头等杀伤力大的工具实施严重暴力行为，被害人只是侥幸避免伤亡，也应认定其暴力行为的社会危害性已达到犯罪程度，应予以强制医疗。

2. 经法定程序鉴定依法不负刑事责任的精神病人

对精神病鉴定等法医类鉴定应当委托列入省级人民政府司法行政部门编制的名册中的鉴定机构，并由2名或者2名以上无利害关系的鉴定人共同进行鉴定。精神病鉴定意见中通常会有被告人是否具有完全刑事责任能力的结论,但就其法律性质来说,该"结论"仍然只是一种意见,法官还需对鉴定意见是否科学、客观进行审查后,作出是否采纳鉴定意见的决定。审查的重点主要有鉴定人是否合格,鉴定意见的形式要件是否完备,鉴定程序是否合法,鉴定的材料是否全面、充分、可靠,鉴定意见的论证分析过程是否客观合理,鉴定标准是否合法合规,鉴定意见的得出是否合乎逻辑,表述是否准确等。

首先,要依照相关法律、法规,对精神病司法鉴定意见书进行程序性审查。实践中要根据《精神疾病司法鉴定暂行规定》及《司法鉴定程序通则》进行程序性审查,具体要重点审查如下方面:(1)鉴定机构和鉴定人是否具有法定资质,是否向省级人民政府司法行政部门申请登记,经审核获得通过且已向社会公告,其中鉴定人是否系具有5年以上精神科临床经验并具有司法精神病学知识的主治医师以上人员,或者系具有司法精神病学知识、经验和工作能力的主检法医师以上人员;(2)鉴定人是否存在应当回避的情形;(3)鉴定材料的取得方式是否合法,且内容是否真实、完整、充分,具体是否包括被鉴定人及其家庭情况、案件的有关情况、工作单位提供的有关材料、知情人对被鉴定人精神状态的有关证言、医疗记录和其他有关检查结果;(4)鉴定意见的形式要件是否完备,鉴定意见书是否注明提起鉴定的事由、鉴定委托人、鉴定机构、鉴定要求、鉴定过程、鉴定方法、鉴定日期等相关内容,是否由鉴定机构加盖司法鉴定专用章并由鉴定人签名、盖章,其中在鉴定过程部分,鉴定意见书是否记载如下内容:案情摘要、被鉴定人的一般情况、被鉴定人案发时和案发前后各阶段的精神状态、被鉴定人精神状态检查和其他检查所见、分析说明等内容;(5)鉴定程序是否符合法律及《精神疾病司法鉴定暂行规定》、《司法鉴定程序通则》的要求;(6)鉴定的过程和方法是否符合精神病鉴定的规范要求;(7)鉴定意见是否明确；（8）鉴定意见是否依法及时告知相关人员，当事人对鉴定意见有无异议等。

其次，要根据被申请人的精神病史及既往诊断治疗情况，对精神病司法鉴定意见书进行实质性审查。精神疾病不具有突发性，系长期演变发展的结果，被申请人在实施暴力行为之前，一般会存在长期的精神疾病发作及诊疗历史。第一，审判人员要对卷宗中知情人的证言、被申请人在公安机关的陈述及被申请人既往诊断治疗病历材料、诊断证明书等书证进行比较分析鉴别，判断被申请人案发前是否确实存在精神病史。必要时审判人员需要实际走访被申请人的左右邻居、同学或者单位同事，实际了解被申请人日常的精神健康状况，以防止出现被申请人伪造精神病史、假借精神疾病以达到逃避刑事处罚的情况。第二，审判人员要结合被申请人既往精神疾病发作及诊疗历史、在案发现场的具体行为及言语表现、在归案后接受讯问时的对答是否切题等情况，对精神病司法鉴定意见书进行实质审查，重点审查鉴定材料记载是否真实、完整、充分，论证分析过程是否客观合理，鉴定标准是否合法合规，鉴定意见的得出是否合乎逻辑，表述是否准确。

3. 有继续危害社会可能

判断是否有继续危害社会的可能，应当从被申请人的家属或者监护人的看管条件和医疗能力、被申请人的精神病史、实施暴力行为前的发病程度以及行为表现等方面进行综合判断。

《刑法》第 18 条规定："精神病人在不能辨认或不能控制自己行为的时候造成危害结果，经法定程序鉴定确认的，不负刑事责任，但是应当责令他的家属或者监护人严加看管和医疗；在必要的时候，由政府强制医疗。"这说明强制医疗只有在必要的时候才可以决定执行，因此对有继续危害社会可能要件的审查，需要结合《刑法》第18 条规定，从两个方面进行：

首先，要评估被申请人当下及今后的人身危险性。精神病司法鉴定意见书只是评定被申请人实施暴力行为时的辨认和控制能力，而决定是否予以强制医疗需要考虑被申请人当前及今后的辨认控制能力及其对社会的潜在危险。为此，审判人员第一步要通过阅卷了解被申请人的精神病史、精神疾病的发病频率、发病时及案发时行为的暴力程度等，通过既往行为表现评估被申请人当前及今后可能的行为表现；第二步要亲自会见被申请人，在交谈提问中观察其言语表述、表情动作等具体情况，了解判断其目前的精神健康状况及人身危险性；第三步要调阅被申请人被采取临时保护性约束措施以后的诊断病历，并会见被申请人的主管医生，听取其对被申请人当前的治疗状况及健康状况的分析意见；第四步合议庭要综合各方面情况，总体判断被申请人是否仍存在继续危害社会的可能。

其次，要评估被申请人的家属或者监护人的看管条件和医疗能力，是否足以防止被申请人继续危害社会。部分被申请人的家属或者监护人基于种种原因，不愿意被申请人被限制人身自由，从而提出种种理由，希望由监护人进行看管。为此，审判人员不仅需要审查被申请人家属或者监护人既往的实际看管与提供医疗的状况，而且要从被申请人的家属及其监护人的收入状况、居住状况及意愿程度等方面，审查被申请人家属或者监护人是否有实际能力看管被申请人以及为其提供相应治疗、所提出的看管及医疗措施是否具有可行性及可操作性，最终综合判断被申请人的家属或者监护人的看管条件及医疗能力是否足以防止被申请人继续危害社会。

综上，如果经过审查判断，被申请人符合《刑事诉讼法》第284条所规定的三个条件，人民法院应该决定对被申请人予以强制医疗；如果不符合其中任何一个条件，人民法院应该决定对被申请人不予强制医疗。

【典型案例】

宋某某被申请强制医疗案——对强制医疗条件的审查〔(2013)一中刑医复字第1420号〕

要旨

强制医疗决定一经作出,将直接限制或者剥夺精神病人的人身自由,因而需极为慎重。实务中要认真领会立法精神,严格审查三个要件,慎重作出强制医疗决定。

事实

2012年11月30日16时20分许,被申请人宋某某在北京市地铁2号线鼓楼大街站内,将在站台边等候列车的被害人李某伟(男,37岁)推下站台,致使李某伟被正在进站的列车碾压致伤,造成其右侧第6~10肋骨骨折;右侧血气胸;左侧血胸;右下肺破裂;右肺血管破裂;右侧肋间血管破裂;双肺挫伤;右侧胸部皮下气肿;头部开放伤口;脑外伤后神经反应;全身多处软组织损伤。

2012年12月6日,被申请人宋某某被抓获归案,并供述了上述事实。2013年1月6日,被申请人宋某某经法定程序鉴定,依法不负刑事责任。被申请人宋某某于2013年1月7日被释放,同日被采取临时保护性约束措施。

理由

北京市海淀区人民法院认为,被申请人宋某某在2007年2月就曾被医院诊断为精神分裂症,在2012年1月至10月连续发生无故打骂他人的情况,在2012年11月30日又实施了将他人推下地铁站台,造成被害人身体遭到列车碾压后多处受伤的危害后果。被申请人宋某某虽经法定程序被鉴定为依法不负刑事责任能力的精神病人,但其行为严重危害了他人的生命安全,具有社会危险性,应予以强制医疗。针对被申请人宋某某的法定代理人及诉讼代理人提出的被申请人宋某某现不具有社会危险性，没有必要被强制医疗的意见，法院认为在案证据表明，现被申请人宋某某没有康复，仍然存在继续危害社会的可能，故对此点意见法院不予采纳。

北京市海淀区人民法院依照 2011 年《刑法》第 18 条第 1 款、2012 年《刑事诉讼法》第 284 条、第 285 条第 1 款之规定，决定对被申请人宋某某予以强制医疗。

结果

北京市第一中级人民法院经复议后认为，宋某某目前尚未康复，仍有继续危害社会的可能，其法定代理人并不能够提供足以防止其可能继续危害社会的安全保障措施。综合宋某某目前的疾病治疗及其监护人的看管情况，宋某某仍有继续危害社会的可能，应当予以强制医疗。依照 2012 年《最高人民法院关于适用〈中华人民共和国刑事诉讼法〉的解释》第 537 条第 1 项之规定，决定驳回复议申请，维持原决定。

问题 315：强制医疗在哪里执行

目前，法律、法规尚未对强制医疗机构的名称、设置和管理体制作出明确规定。

截至 2020 年，我国有 20 个省（区、市）设有属于公安机关管辖的 28 家强制医疗所（或者安康医院）。[①] 由于目前专门的强制医疗所（安康医院）较少，实践中所属民政部门的精神卫生机构，以及普通的精神病院，也收治强制医疗人员。

地域上，被强制医疗人应在其实施暴力行为地或居住地的强制医疗所接受强制医疗，即与强制医疗程序审理法院所在地保持一致，但

---

① 参见《致为精神卫生共同奋斗的 70 年》第五章的第五节，国家卫生健康委员会疾病预防控制局组织编写。

由于强制医疗机构数量较少，实践中也不乏未设强制医疗机构的地区就近将被强制医疗人交付异地执行的情况。

问题 316：强制医疗应如何交付执行

由公安机关将被决定强制医疗的人送交强制医疗。

至于交付强制执行的时间，法律仅规定在法院作出决定后 5 日内，向公安机关送达强制医疗决定书和强制医疗执行通知书，但是尚无规定明确公安机关需在多久内将被决定强制医疗的人送交强制医疗机构。目前仅部分省市在地方性的规定中明确了交付时间。

问题 317：强制医疗期间的治疗费用应当由谁承担

目前，国家层面并未就强制医疗期间的费用承担作统一规定。实践中，解决被强制医疗人费用的途径主要包括以下几种：

1. 被强制医疗人参加了新农合、医保的，由社保报销。由于被强制医疗人在强制医疗期间的社保仍正常缴纳、报销，因此，强制医疗产生的费用也属于社保报销范畴。

2. 符合民政救助条件的，民政医疗救助金也会支付部分强制医疗费用。我国多数地区都对严重精神障碍者、家庭困难精神障碍者等制定了救助政策，家属可以咨询所在地民政部门相关救助政策，符合条件的可以申领救助金。

3. 财政兜底/公安机关垫付。国内目前有部分省市实行强制医疗财政兜底的政策，或由负责送交执行的公安机关垫付强制医疗费用。例如，《江苏省精神卫生条例》明确强制医疗费用由财政予以保障。除此之外，部分地区在个案中，也采取检察机关协调财政、民政等部门以财政资金兜底的方式解决无家属或家属无力负担强制医疗费用的问题。

4. 本人或家属承担。对于未缴纳社保、不符合民政条件且无财政资金兜底，或虽有上述渠道但不足以覆盖全部治疗费用的，相应的强制医疗费用则需要由本人或家属支付。未找到家属或家属拒绝支付、无力支付的,实践中多由强制医疗机构临时垫付相应款项。

综上所述,强制医疗期间,被强制医疗人家属应当依法、及时为被强制医疗人缴纳社保,确保社保正常报销相应费用。对于社保无法覆盖部分,可以积极申请民政医疗救助金。如家庭确有困难,通过上述渠道仍无法全额支付强制医疗费用,则可以向民政部门或履行强制医疗监督职责的检察机关求助,由其协调强制医疗机构、政府相关部门加以解决。

问题318:强制医疗期间家属是否可以探视、通信、送物品

可以。

尽管目前施行中的法律规定尚未明确强制医疗期间的探视、通信、送物品相关问题,但根据《精神卫生法》的规定,"非自愿住院"精神病人在入院时被强制住院;在住院期间有会见、通信的权利。实践中,各地安康医院或政府指定的强制医疗定点医院均允许被强制医疗人的监护人、近亲属探视、通信或送生活用品等,具体的探视、通信人员范围、送物品范围、时间、频率、注意事项等则视各强制医疗机构的具体规定而有所差异。家属可以咨询相应的强制医疗机构了解关于探视、通信、送物品的具体规定。

问题319:强制医疗期间患有其他疾病的应当如何处理

如果强制医疗机构不具备相应医疗条件,通常情况下会转至具备医疗条件的医院接受治疗,如不宜继续接受强制医疗,则可以启动强制医疗解除程序。

目前,尚无法律法规明确强制医疗期间患病的具体处置流程、措施,仅部分省市对该问题作出了原则性规定。

例如，江苏省《关于做好肇事肇祸精神障碍患者强制医疗工作的通知》规定，对住院期间出现合并有其他严重躯体疾病或并发症的患者，送诊公安机关应积极配合收治医院及时做好患者转诊工作。又如，北京市《关于强制医疗程序的实施办法（试行）》第30条规定被采取临时的保护性约束措施的涉案精神病人或者被强制医疗的精神病人在临时保护性约束期间或者强制医疗期间，患有突发疾病、重大疾病等严重躯体疾病危及生命，需要进行专门治疗的，应当依照有关规定及时予以救治；认为不宜继续采取临时的保护性约束措施或者强制医疗的，北京市安康医院可以提出相关意见，经原决定机关批准后，解除临时的保护性约束措施，经决定强制医疗的人民法院审理决定后，解除强制医疗。但上述规定并未进一步明确如何办理转院手续，由哪一部门审批，在普通医院治疗期间如何监管等问题。

《强制医疗所条例（送审稿）》第33条规定被强制医疗人员患传染病、严重躯体疾病，强制医疗所不具备治疗条件，需要转送其他医疗机构治疗的，强制医疗所应当在发现后立即提出所外就医意见，报主管公安机关审批。经批准后，强制医疗所应当立即将被强制医疗人员转至具备条件的医疗机构治疗，并在24小时内通知监护人、近亲属，同时通知作出强制医疗决定的人民法院和同级人民检察院。但因该条例至今未能出台，这一解决方案也并未在实践中落地。

目前检索到的公开报道案例中，多数情况下是由家属向负责强制医疗监督的检察机关反映情况，由检察机关协调医院、公安机关开展转诊工作，由交付执行的公安机关按照"谁送治，谁负责"的原则将被强制执行人转至具备相应医疗条件的医院治疗，并负责转诊治疗期间的监管工作。据此，被强制医疗人因病需要转诊就医的，本人或家属可以向履行监督职责的检察机关提出申请。

此外，如果被强制医疗人患有严重疾病，致使其人身危险性降低，不具有再危害社会的可能性，家属也可以向法院申请解除强制医疗。

问题 320：强制医疗期间是否可以请假回家

目前法律法规尚未赋予被强制医疗人请假回家的权利，原则上强制医疗期间不可以请假回家。

根据《精神卫生法》的规定，被强制住院患者的法定权利包括会见、通信、住院、康复后出院，但未包括"请假"或类似权利。此外，《刑事诉讼法》《人民检察院强制医疗执行检察办法（试行）》《最高人民法院关于适用〈中华人民共和国刑事诉讼法〉的解释》中也无与被强制医疗人请假回家相关的程序性规定。

《强制医疗所条例（送审稿）》中规定被强制医疗半年以上、经诊断病情明显缓解，本人申请临时请假回家，其监护人、近亲属书面担保能够履行看护、治疗、安全、按期送回责任的，强制医疗所可以批准其临时请假回家，并出具准假证明，同时向作出强制医疗决定的人民法院备案。但由于目前该条例并未生效，各地的地方规定中也未明确请假相关事项，因此，目前被强制医疗人原则上不可以请假回家。

问题 321：满足什么条件可以解除强制医疗

不具有人身危险性，不需要继续强制医疗是法定的强制医疗解除条件。至于"人身危险性"的判断标准，目前尚无法律法规作明确规定。结合实践中的司法案例，法院在作出解除强制医疗决定时，认定不具有人身危险性的考量因素主要包括：

1. 诊断评估报告给出无人身危险性意见

被强制医疗人的疾病状态是评估人身危险性的首要考量因素。无论是强制医疗机构提出解除强制医疗意见，还是被强制医疗的人及其近亲属申请解除强制医疗的，都需要附有强制医疗机构作出的诊断评估报告。诊断评估报告的主要内容为对被强制医疗人临床症状的描述，对其治愈情况的诊断，对其人身危险性进行评估与界定，以及对是否符合解除强制医疗要求提出意见。其中，对被强制医疗人人身危险性和可否解除强制医疗的意见是法院认定能否解除强制医疗最主要的依据。但在少数案件中，强制医疗机构出具的诊断评估报告并未给出明确的意见，还需要法官在现有报告的基础上，对有无人身危险性，能否解除强制医疗作进一步判断。

少数案件中还包括精神病鉴定意见，但由于目前法律并未对此作明确要求，因此是否经过精神病鉴定并非必要条件。

2. 解除后精神障碍者家属具备监管意愿与监管能力

除被强制医疗人的精神状态外，解除后精神障碍者共同生活的家属是否具备监管意愿与监管能力也是法院决定是否解除强制医疗的重要考量因素。实践中，不乏诊断评估报告给出无人身危险性的意见，但因被强制医疗人无家属监管、家属拒绝监管或明确表示无监管能力而不予解除强制医疗的案例。

至于如何审查共同生活的家属是否具备监管意愿和监管能力，实践中，多数法院采取形式审查的方式，即只要家属表明其愿意监管且有能力监管即可。在少数案件中，法院对家属的监管意愿和能力进行了实质审查，包括要求提供具备监管能力的证明，如工资收入证明、基层组织证明、监护计划书等，或对被强制医疗人家庭状况进行实地考察。

上述条件是解除强制医疗的必要条件，在少数案件中，除上述条件外，法院还将解除强制医疗的社会影响、被强制医疗人的个人意愿作为考量因素，包括听取被害人或其家属、检察机关、被强制医疗人及其所在基层组织等的意见。

问题322：家属如何申请解除强制医疗

1. 向决定强制医疗的法院提出申请

被强制医疗的人及其近亲属均有权申请解除强制医疗，应当向决定强制医疗的法院提出申请，该解除强制医疗申请被法院驳回的，可以在6个月后再次提出申请，再次提出的，法院应当受理。

2. 提交相关证明材料

被强制医疗的人及其近亲属向法院申请解除强制医疗应当提供强制医疗机构的诊断评估报告。如果强制医疗机构未提供诊断评估报告，申请人可以申请法院调取。必要时，也可以申请法院委托鉴定机构对被强制医疗的人进行鉴定。

除诊断评估报告等关于人身危险性的专业意见外，家属还应提供反映监管意愿及监管能力的证据，如详细的监管计划、监管承诺书、家庭经济情况证明等。

3. 法院审理

对于被强制医疗的人及其近亲属提出解除强制医疗申请的，法院将组成合议庭进行审查，并在一个月以内作出是否解除强制医疗的决定。法院审理解除强制医疗的案件可以采取不开庭审理的方式，仅必要时开庭审理。

问题 323：解除强制医疗程序中是否可以委托律师或适用法律援助

可以。

根据《刑事诉讼法》的规定，审理强制医疗案件，被申请人或被告人没有委托诉讼代理人的，应自受理强制医疗申请或发现被告人符合强制医疗条件之日起 3 日以内，通知法律援助机构指派律师担任其诉讼代理人，为其提供法律帮助。解除程序作为强制医疗程序的环节之一，原则上也应当适用该规定。但由于刑事诉讼法仅就强制医疗程序法律援助作原则性规定，根据调研，2013～2021 年，强制医疗解除程序的律师参与率（包括申请人委托律师与法律援助机构指派律师）仅为 32.3%。[①]

[①] 参见王迎龙：《刑事强制医疗解除程序实证研究》，载《中国法学》2022 年第 2 期。

强制医疗解除程序中引入律师参与,可以对司法鉴定意见、强制医疗期间病案、诊断评估报告等进行质证,基于专家意见、被强制医疗人的临床表现提出实质性的意见,以增强强制医疗解除程序中各方主体的对抗性,一定程度上可以弥补被强制医疗人法律知识的不足,保障被强制医疗人的诉讼权利,促进法庭的实质审理。

问题324:强制医疗存在违规行为的如何救济

被强制医疗人的法定代理人、近亲属可以向负有监督职责的检察院,通常为向法院提出强制医疗申请的检察院控告、举报和申诉。

根据《人民检察院强制医疗决定程序监督工作规定》,在强制医疗的过程中,检察院有权对强制医疗的交付执行,医疗、监管及解除环节进行监督,被强制医疗人的法定代理人、近亲属发现强制医疗过程中存在侵害被强制医疗人权益的行为的,可以向检察院提出控告、举报和申诉意见。相关意见可以以信件的方式邮寄至检察官信箱,也可以约见检察官,当面反映相关情况。检察院将在自受理之日起15个工作日以内书面反馈处理情况。

表10-1中的违法违规行为均属于检察院强制医疗检察的范畴。

表10-1 检察院强制医疗检察的范畴

环节	违规行为类型
交付执行	人民法院在作出强制医疗决定后5日以内未向公安机关送达强制医疗决定书和强制医疗执行通知书的
	公安机关没有依法将被决定强制医疗的人送交强制医疗机构执行的
	交付执行的相关法律文书及其他手续不完备的
	强制医疗机构对被决定强制医疗的人拒绝收治的
	强制医疗机构收治未被人民法院决定强制医疗的人的
	其他违法情形

续表

环节	违规行为类型
医疗、监管	强制医疗工作人员的配备以及医疗、监管安全设施、设备不符合有关规定的
	没有依照法律法规对被强制医疗人实施必要的医疗的
	没有依照规定保障被强制医疗人生活标准的
	没有依照规定安排被强制医疗人与其法定代理人、近亲属会见、通信的
	殴打、体罚、虐待或者变相体罚、虐待被强制医疗人,违反规定对被强制医疗人使用约束措施,或者有其他侵犯被强制医疗人合法权利行为的
	没有依照规定定期对被强制医疗人进行诊断评估的
	对被强制医疗人及其法定代理人、近亲属提出的解除强制医疗的申请,没有及时审查处理,或者没有及时转送作出强制医疗决定的人民法院的
	其他违法情形
解除	对于不需要继续强制医疗的被强制医疗人,没有及时向作出强制医疗决定的人民法院提出解除意见,或者对需要继续强制医疗的被强制医疗人,不应当提出解除意见而向人民法院提出解除意见的
	收到人民法院作出的解除强制医疗决定书后,不立即解除强制医疗的
	被解除强制医疗的人没有相关凭证或者凭证不全的
	被解除强制医疗的人与相关凭证不符的
	其他违法情形

第十一章

刑事涉财产部分执行常见问题

第一节 移送执行与立案

问题325：刑事裁判涉财产部分的执行的范围是什么

刑事裁判涉财产部分的执行，是指发生法律效力的刑事裁判主文确定的下列事项的执行：

（1）罚金、没收财产；

（2）责令退赔；

（3）处置随案移送的赃款赃物；

（4）没收随案移送的供犯罪所用本人财物；

（5）其他应当由人民法院执行的相关事项。

至于刑事附带民事裁判的执行，以及另行提起民事诉讼作出的民事裁判，则适用民事执行的有关规定。

问题326：如何启动对涉案财物的处置程序

1. 权利人申请

权利人（犯罪嫌疑人、被告人、被害人）在刑事诉讼过程中有权对涉案财物提出先行处置的申请，办案机关应当受理并在3日之内（易腐烂变质物品应当立即）提交法院裁定；法院收到办案机关提交的先行处置申请后,应当在 3 日之内(易腐烂变质物品应当立即)作出是否同意进行先行处置的裁定。

2. 办案机关建议,权利人同意

办案机关如果认为有必要,也可以建议权利人申请对涉案财物进行先行处置,权利人如果接受建议,可以向办案机关提出先行处置的申请,办案机关再提交法院裁定。如果权利人委托律师,也应同步征求律师的意见。

3. 利害关系人申请

除上述两种情形外,犯罪嫌疑人、被告人、被害人之外的案外人如果认为涉案财物与自己有利害关系,可以向办案机关提出先行处置的申请,同时也可以委托律师进行上述申请。如写字楼的所有权人可以请求办案机关帮助提前终止与犯罪嫌疑人或被告人的房屋租赁合同,并解除查封;汽车租赁公司可以请求办案机关帮助提前终止与犯罪嫌疑人或被告人的汽车租赁合同,并解除扣押等。办案机关收到申请后应当提交法院裁定。

权利人或利害关系人申请先行处置的,应当提交先行处置申请书,申请书的内容包括:

(1)犯罪嫌疑人、被告人基本情况;

(2)被害人基本情况;

(3)利害关系人的基本情况;

(4)案由、涉嫌犯罪事实和主要证据材料;

(5)申请先行处置的涉案财物的种类、数量、所在地、拟处置的方式;

(6)权利人申请或同意对涉案财物先行处置的文件;

(7)先行处置的理由和法律依据;

(8)先行处置的方式(如拍卖、返还、没收、销毁等)。

认为先行处置行为侵害自己权利的,权利人可以在 3 日内向上一级法院提起上诉,上级法院收到上诉后应在 7 日内作出裁定;对于先行处置不当的,权利人可以向检察机关的检察监督部门申诉,检察监督部门接到申诉后应当进行调查并在 7 日之内给予答复;应先行处置而未先行处置或者先行处置违法造成财产权损害的,权利人有权申请国家赔偿。对涉案财物的先行处置不影响以后权利人通过民事诉讼或其他法律途径解决权属争议。

问题 327:裁判生效后多久移送执行

目前尚无统一的移送执行的时间,实践中取决于各地的地方性规定。

《关于刑事裁判涉财产部分执行的若干规定》第 7 条仅规定刑事审判部门应当及时移送立案部门审查立案。至于如何把握"及时"则并无进一步细化规定。实践中,多取决于各地的地方性规定,例如,《湖北省高级人民法院关于刑事裁判涉财产部分执行办案指引》第 3 条规定的移送时限为生效裁判确定的履行期限届满之日起 1 个月内,未确定履行期限的,一般应当在裁判生效之日起 1 个月内移送执行。而浙江省《关于刑事裁判财产性判项执行工作若干问题的规定》第 12 条则要求刑事审判部门应当在作出的刑事裁判生效后 10 日内,将相关案件材料移送第一审法院立案部门审查立案。

问题 328:哪些情况下可以对涉案财物先行处置

对涉案财物处置一般要留待判决生效后由执行庭负责。实践中,为了避免涉案财物的保管、存放费用过高以及返还难等问题,涉案财物的及时发还与处理甚为重要,符合特定条件的,也可以在判决之前,由县级以上公安机关、国家安全机关、人民检察院、人民法院先行处置。可以先行处置的财物包括:

1. 权属明确的被害人合法财产

《刑法》和《刑事诉讼法》明确规定，对被害人的合法财产，应当及时返还。对被害人的合法财产，权属明确的，可以确认属于特定被害人所有的，应当在刑事审判过程中由刑事审判庭在判决中明确写明返还被害人。

2. 涉案违禁品

对于缴获在案的涉案违禁品，由刑事审判庭直接移送公安等部门予以销毁处理，无须再移送执行。

3. 特殊财产

（1）不宜长期保存的财物

易毁损、灭失、变质等不宜长期保存的物品，易贬值的汽车、船艇等物品，或者市场价格波动大的债券、股票、基金等财产，有效期即将届满的汇票、本票、支票，有消费期限的卡、券，有保质期的食品、药品、专营物品等，经权利人同意或者申请，提前处置不损害国家利益、被害人利益，不影响诉讼正常进行的，经人民法院主要负责人批准，可以依法先行处理，先行处置所得款项由处置机关统一存入刑事诉讼涉案财物跨部门集中管理信息平台确认的账户或其他专门账户（本单位涉案财物保管的唯一合规账户）。其中，对于冻结的债券、股票、基金份额等财产，有对应的银行账户的，可以将变现后的款项继续冻结在对应账户中。

（2）有期限正在履行的租赁合同中的涉案财物

这是涉众型经济犯罪中涉案财物处置面临的一个突出问题。如被追诉人用于犯罪活动而租赁的厂房、办公用房、住房、车辆等，被追诉人通过签订租赁合同取得一定期限的使用权，由于涉案被羁押无法再支付租金，上述场所、车辆又被查封，产权人无法再行转租他人，其收益权就会受到侵害。同时，被追诉人在租赁期满前不能再进行经营活动，无法获得收益，其赔偿被害人的能力也会减弱，被害人的权利也会受到损害。因此，对有期限正在履行的合同也可以申请先行处置、及时解除。

(3) **不易保管、处置的大宗物品**

如知识产权类案件中的大量侵权商品、非法盗采矿产资源案件中的大量开采设备、野生动物类案件中的大量动物活体等，一般是对相关物品就地查封，但后续缺乏专人保管，查封物品一旦出现被盗、毁坏、病死等问题，可能会给诉讼活动带来不便，对涉案财产价值造成损害。对这类物品，也需要在固定证据的情况下，尽快予以处置。固定证据的方式可以采用笔录、绘图、拍照、录像等方法，如对易烂易腐的物品可以在清点数量、拍照以及录像后先行处置，笔录应当详细记录处置的时间、地点、参与人、处置的过程；对于需要占用大面积仓储空间的涉案财物，也可以留样后处置，如大批量的假冒伪劣商品，可以在清点、拍照、录像、留样后销毁、变卖、拍卖等，同时对处置过程制作笔录；对于需要定性、定价的涉案财物，除上述方法之外，还需要由合法的鉴定机构进行鉴定并出具鉴定意见，如毒品的成分、数量等，产品的真假，涉案物品的价格等，如果涉案财物数量较多，逐一鉴定无法实现、成本太高，也可以采取抽样鉴定的方法，但也要保证开始扣押时财物性质、数量已经得到权利人的认可。

除上述情况外，在实践中，数量较多但价值较小或保管费用过高的财物，或被告人同意处置，且不损害国家利益、公共利益、被害人及其他当事人合法权益的财物多数情况下也可以先予执行。

问题329：行刑衔接中涉案财物已被行政机关采取强制措施但尚未执行的，刑事涉案财物的处置应当如何执行

在行政执法机关已对涉案财物采取强制措施但尚未执行的情况下，存在案件移送司法机关后执行机关的衔接问题。在刑事诉讼中如果须对行政执法机关已经扣押、查封的财物进行处置，应由该行政执法机关具体执行。这样的安排也能够避免与行政执法机关已经先行执行完毕（或者部分）的情形发生冲突。

行政执法环节涉案财物处置根据进展的不同，分为三种情形：

一是行政机关已经对涉案财物采取查封、扣押、冻结等强制措施，但尚未作出行政处罚决定。

二是行政机关已采取强制措施，且已作出行政处罚决定，但尚未执行。

三是行政机关已采取强制措施，已作出处罚决定且已执行完毕（或者部分执行完毕）。

在前两种情形下，因行政机关就涉案财物尚未作出具有终局性的处分行为，或者虽已作出具有终局性的处分行为但并未实际执行，刑事诉讼中不用考虑刑事制裁与行政处罚折抵的问题，可径行作出没收判决，并在判项中对涉案财物的查封、扣押、冻结状态予以注明以确定实际执行机关，可以采用"其中××违法所得/违禁品/犯罪工具已由××行政机关查封/扣押/冻结"之类的表述。

如果这些涉案财物尚未（全部）到案，则法院还应同时判决继续追缴违法所得或责令退赔。例如，在张某锋生产、销售不符合安全标准的食品案〔（2019）浙0205刑初558号〕中，宁波市市场监督管理局以张某锋涉嫌生产、销售不符合安全标准的食品扣押了咸烤虾34.3公斤并移送司法机关，最终法院判决"……二、对被告人张某锋的违法所得人民币261元继续追缴；对查扣的咸烤虾依法予以没收（由查扣的行政机关处理）"。

在第三种情形下，因行政机关已经对涉案财物实施了事实上的处分，基于"一事不再罚"的基本原理，法院最终判决违法所得的数额、违禁品或犯罪工具的范围应该注明行政机关已经合法处置的部分，以便实际执行时予以扣除，可以采用"其中××违法所得/违禁品/犯罪工具已由××行政机关先行执行"等类似表述，例如在孙某甲非法采矿案〔(2019)鲁1321刑初508号〕中,2015年被告人因非法超层开采被沂南县原国土资源局处以没收违法所得218,264元、罚款43,654元的行政处罚,法院经审理认定被告人的违法所得为921,543.5元,判决"……二、追缴被告人孙某甲违法所得921,543.5元(含行政机关已没收违法所得218,264元;余款在沂南县公安局),上缴国库"。

《关于适用〈中华人民共和国刑事诉讼法〉的解释》第446条明确规定第一审判决未对随案移送的涉案财物及其孳息作出处理的,第二审法院可以裁定撤销原判、发回重审。这就意味着如果法院未对随案移送的行政执法环节已处置部分的财物作出处理,判决将会被撤销。

第二节 执行标的

问题330:刑事生效裁判未对查封、扣押、冻结的财物及其孳息作出处理的,执行机构能否直接执行

1. **财物及其孳息外观上属于被执行人**

如果刑事裁判仅判处罚金、没收财产或责令退赔,由于合法财产也可以用于缴纳罚金、没收或责令退赔,因此执行机构有权将其直接执行。

如果刑事裁判判处没收、追缴违法所得或赃款赃物,但生效裁判未对被查封、扣押、冻结的财物及其孳息进行处理,包括未对是否属于赃款赃物作出认定,执行机构无权直接执行,而应当提请审判部门依法对随案移送的财物及其孳息另行作出处理。执行机构直接执行的,被执行人可以提出执行异议。

2. **财物及其孳息外观上属于案外人所有**

此情况下,无论判项如何,只要生效裁判未对随案移送的财物及其孳息作出处理，包括未对是否属于赃款赃物作出认定的，执行机构都不得直接执行，而是应提请审判部门依法对随案移送财物及孳息另行作出处理。执行机构直接执行的，被执行人可以提出执行异议。

问题331：生效刑事裁判对前期扣押的涉财产部分未提出明确处理意见的，所有权人能否申请返还

生效刑事裁判涉财产部分不明确的情形包括未认定涉案财物性质和判决没收财产、追缴违法所得、责令退赔时未明确具体财产对象等。执行机构应当征询审判部门意见，待审判部门答复明确后方可执行。如果侦查机关查封、扣押、冻结的随案财物在裁判文书中确实没有明示，所有权人有权申请返还。

问题332：赃款赃物由第三人取得或设定担保物权的是否可以纳入执行范畴

1. 赃款由第三人取得

如果执行标的是赃款，无论流转几次，只要是无合法原因或合理对价而支付给第三人，就可以根据赃款流向"一追到底"。

至于有合法原因或者合理对价支付给第三人的赃款，通常不会被追回，但是实践中出于平衡善意第三人与被害人利益的需要，下列情形中第三人可能不会被认定为善意，其所取得的赃款有可能被追回：

（1）用赃款清偿债务的，即便债务真实存在，第三人不明知是赃款，但如果所清偿的债务属于正常债务以外的不良债务（用于贬值资产的债务或者高利债务）、已过诉讼时效的自然债务或未到期债务，一般不认定第三人系善意取得。

（2）用赃款购买服务的，需要关注第三人是否支付合理对价以及服务是否履行完毕，服务尚未履行完毕的，不宜认定为善意取得，但在追缴赃款时应扣除相应比例的合理费用。

（3）用赃款投资、购买房屋、土地等不动产的，行为人已将赃款支付给善意第三人，但因刑事案发等原因未能继续履行合同，不动产尚未转移所有权，第三人仅丧失交易机会的，不宜认定为善意取得；同时，因未继续履行合同给善意第三人造成损失的，在追缴时应扣除该部分金额。

（4）用赃款购买商业保险的，对于该部分赃款的追缴，目前司法实践中比较常见的是司法机关要求银行协助冻结、划拨犯罪分子支付给保险公司的保险费。但各个保险公司对司法机关尽管取得赃款的保险公司适用善意取得原则，但司法机关可通过退保等民事手段予以追偿，即根据保险合同的约定，投保人解除保险合同。

如果所有权已经转移，对因此形成的财产及其收益，应当追缴，但是赃款本身则不得再追缴。比如，犯罪嫌疑人用包括赃款在内的资金购买了土地使用权，出卖人所得价款是以土地使用权换取的对价，不应作为赃款追回。如果是将赃款与其他合法财产共同用于投资或者置业，对因此形成的财产中与涉案财物对应的份额及其收益，应当追缴。

2. 赃物由第三人取得

（1）第三人恶意取得所有权或担保物权

第三人恶意取得所有权、担保物权的，相应赃物可以纳入执行范畴。关于恶意取得的标准，如果赃物用于清偿债务、转让或者设置担保权、质押权等担保物权其他权利负担，第三人具有下列情形之一，会被认定系恶意取得，相应赃物将会被追缴：

①第三人明知是涉案财物而接受的；

②第三人无偿或者以明显低于市场的价格取得涉案财物的；

③第三人通过非法债务清偿或者违法犯罪活动取得涉案财物的；

④第三人通过其他恶意方式取得涉案财物的。

具体处理上，第三人恶意取得赃款赃物，法院应在刑事案件中予以追缴，并将具体内容在判决中写明。

(2) 第三人善意取得所有权或担保物权

第三人善意取得涉案财物的，执行程序中不予追缴。作为原所有人的被害人对该涉案财物主张权利的，通过诉讼程序处理。具体而言，如果被害人请求第三人返还赃物，则需要向第三人支付其购买此物时支付的等额价款；如被害人只是向第三人主张退赔或者无法向第三人支付价款，则第三人仅需将该赃物的溢价部分（第三人购买该物价款－物的价值）退还被害人。

问题333：被执行人对他人的到期债权是否可以作为执行标的

可以。

作为被执行人的一项"隐性财产"，在执行财产刑的过程中，被执行人对他人的到期债权也可以被纳入执行范畴。实践中，通常是在刑事诉讼中由公安机关等办案机关将对犯罪嫌疑人、被告人负有到期债务的债务人相应资金冻结，后期执行阶段予以执行。

需要注意的是，尽管根据《刑事涉财执行若干规定》第5条第2款的规定，"对侦查机关查封、扣押、冻结的财产，人民法院执行中可以直接裁定处置，无需侦查机关出具解除手续，但裁定中应当指明侦查机关查封、扣押、冻结的事实"，但该规定仅免除了办理解除手续的流程。在刑事案件执行过程中，执行法院应保护案外人、利害关系人的程序权利与实体权利，也即，对被执行人以外的第三人到期债权的执行应当按照民事诉讼法的要求，向第三人发出履行到期债务的通知，履行通知必须直接送达第三人，告知该第三人有提出异议的权利及行使期间，而非直接裁定处置。

问题334：赃物被典当的是否可以适用善意取得

实践中，对于被典当的赃物是否可以适用善意取得制度存在争议，权威观点认为，典当物品一般不适用善意取得制度①，但从保护典当业合法权益的角度出发存在一定例外情形：

（1）如果典当行在典当过程中履行了审核义务，尤其是物的所有权凭证相关材料，没有过失，系善意收取赃物，被害人（原物主）可持当物所有权证据办理认领手续，按典当行实付当金数额赎取当物，但可免交当金利息和其他费用；

（2）如果典当行违反典当管理制度，未尽审查义务予以收当，则应将典当物品无偿发还被害人；

（3）即使典当行尽到了一定的审查注意义务，但未按照典当管理法规规定的主要流程进行操作的，尤其是未对所有权凭证进行充分审查的，应将典当物品无偿发还被害人。

问题335：赃款用于直播打赏的，是否可以追缴

互联网直播中，主要涉及三方主体，即用户、主播和直播平台。对于赃款用于直播打赏的是否可以向直播平台或主播追缴，需要区分下列情形：

1. 主播或直播平台明知打赏资金是赃款而收取

如果主播、平台明知打赏资金是赃款还予以收取，属于《刑事涉财执行若干规定》第11条所规定的明知是涉案财物而接受的情形，相应款项不仅依法应予追缴，而且还可能视上游犯罪情况构成洗钱罪或掩饰、隐瞒犯罪所得、犯罪所得收益罪。直播平台较主播而言有较高的注意义务，如果用户存在短时间内注册多个账号打赏、随机打赏、打赏金额或频次显著异常等情况，但直播平台却未进行识别，没有对打赏行为进行复核、复查，缺乏相应风控机制，可能会被推定

---

① 上海市第一中级人民法院课题组：《刑事案件涉案财产处置问题研究》，载《人民法院报》2024年1月18日，第8版。

"明知"。

2. 主播或直播平台采取欺骗或其他违法手段获取打赏

如果主播、直播平台采取欺骗手段或其他违法手段，如直播赌博、进行色情直播等诱导用户打赏的属于《刑事涉财执行若干规定》第 11 条所规定的通过非法债务清偿或者违法犯罪活动取得涉案财物的情形，相应款项也依法应当予以追缴。

3. 直播平台或主播为对款项来源不知情且未使用违法手段

在直播平台或主播通过正常直播活动取得打赏款项，且不明知打赏是赃款的情况下，能否向直播平台或主播追缴打赏款项实践中做法不一致，主要存在以下几种裁判观点：

（1）不予追缴。该裁判观点的理由包括两类，一类是认为打赏行为属于消费行为，在网络直播平台为用户提供了主观等值的服务内容（打赏者根据自己的判断，认为对方提供的服务与自己支付的价格具有相等的价值，即可认定对价合理），且在案证据无法证明第三方直播平台主观上明知钱款系赃款或者以其他恶意的方式取得涉案钱款的情况下，应认定构成善意取得，不予追缴，但被害人仍可通过其他民事、行政途径对涉案钱款主张权利。另一类则主张冻结在案的案外人钱款涉及众多法律主体和多重法律关系，不宜直接在刑事审判中通过刑事追缴程序处理，可另行依法解决。例如，在胡某某职务侵占案中，一审、二审法院均认为本案确定的事实是胡某某将本单位财物用于网络直播打赏、网络游戏消费，一审法院以不宜直接在刑事审判中通过刑事追缴程序处理为由判决不予追缴，二审法院则以打赏行为属于消费行为，且在案证据不足以证明第三方网络直播平台对涉案财物的取得系恶意为由，不予追缴。①

（2）予以追缴。该裁判观点认为，用户与直播平台、主播之间

---

① 北京市第三中级人民法院刑事裁定书，（2021）京 03 刑终 623 号。

系赠与关系，若其提供的服务明显不具有相应价值，系无偿或者以明显低于市场的价格取得涉案财物，对直播平台、主播打赏款均予以追缴。例如，在张某某职务侵占案中，一审、二审法院均认为被告人张某某职务侵占公司资金后，在某直播平台充值打赏主播 500 多万元，其中对一个主播的打赏就高达 400 多万元，直播平台在获得高额打赏的同时未提供合理对价服务，不是善意取得。根据《刑事涉财执行若干规定》第 11 条对第三人无偿或者以明显低于市场的价格取得涉案财物的应予追缴的规定，被告人张某某向某直播平台的打赏充值应予追缴。二审维持原判。①

（3）对超出合理对价部分予以追缴。该观点与第一种观点相似，但是在"合理对价"的认定上采取更为严格的标准，主张以民法上的公平公信原则为依据，确定合理对价，对超出合理对价的打赏款项予以追缴。②

我们认为，赃款用于充值打赏的，如果没有证据证明主播及直播平台明知是赃款而接受打赏或以违法手段取得打赏，则不宜直接在刑事诉讼程序中径行予以追缴，而是应当通过民事途径解决赃款返还的问题。

一是在民事上，用户与直播平台、主播之间是构成赠与还是服务合同关系，需要结合民法上规定加以判断。

二是尽管主张对超出合理对价部分予以追缴的观点表面上更符合《刑事涉财执行若干规定》的要求，但由于服务是无形、个性化的，难以直接根据服务本身确定其对价，而是需要结合主播及直播平台支出、时间投入等成本综合确定。但上述事项难以通过刑事诉讼程序

---

① 参见山东省烟台市中级人民法院刑事裁定书，（2021）鲁 06 刑终 443 号。
② 参见张剑、娄毅：《违法所得打赏主播可否予以追缴》，载《中国检察官》2022 年第 16 期。

解决。

三是直播中的充值打赏款项有着更为复杂的流向。在多数追缴充值打赏款项的案件中司法机关直接冻结直播平台账户中的充值打赏款项，并予以追缴。而在打赏款项已经实际结算的案件中，涉案款项的流向及分配则更加复杂，涉及主播与直播平台、公会的分成，税款缴纳等相关问题，法律关系复杂，并不适合在刑事程序中加以解决。

但无论是在刑事诉讼中解决还是在民事诉讼中解决，对于主播及直播平台而言，如果被认定为"无偿或者以明显低于市场的价格取得涉案财物"，有可能被追缴。

第三节　执行措施

问题 336：进入执行程序后，法院可以采取哪些财产查控措施

1. 财产查询措施

（1）移送执行法院/申请执行人提供财产线索

刑事审判部门移送立案时，需同步填写、提交《移送执行表》，《移送执行表》应当载明已查明的财产状况或者财产线索。

在被害人申请执行的刑事退赔案件中，申请执行人可以在提交执行申请书时一并向法院提供被执行人财产状况或财产线索，也可以在案件办理过程中，随时将财产线索提交法官。

（2）法院自行调查

通过网络查控系统查控。网络查控系统主要分为"总对总"和"点对点"。其中"总对总"可以查询被执行人全国范围内的不动产、存款、船舶、车辆、证券、网络资金等信息；而"点对点"则可以查询特定地区当地不动产、当地银行车辆以及社保、公积金等。

现场调查。对下落不明、拒不提供财产线索的被执行人，执行法官也可以采取上门走访的方式，对被执行人的单位、住所地、经常居住地现场调查。隐匿财产的，人民法院有权发出搜查令，对被执行人及其住所或者财产隐匿地进行搜查。

委托调查。执行法院对被执行人户籍在外省市或公司注册在外省市的，可以通过最高人民法院执行指挥系统，委托当地法院代为调查财产、经营等情况。

协助调查。执行法院可以向刑罚执行机关、社区矫正机构等有关单位调查被执行人的财产状况。

（3）被执行人自行申报

法院立案执行后，将会在向被执行人发出《执行通知书》时一并发出《报告财产令》，要求被执行人向法院书面报告财产情况。《报告财产令》附有财产调查表，被执行人必须按照要求逐项填写。若被执行人未收到财产调查表，也可以以财产报告表的形式报告财产。对于尚在监狱服刑的被执行人，法院会同时将《执行通知书》等材料送达被执行人同住家属，由其代为申报财产，并告知其作为被执行人亲属可自愿代被执行人履行。如果拒绝报告或虚假报告，法院将根据情节轻重，对违法人员采取罚款、拘留等措施，严重的还会追究刑事责任。

2. 财产控制措施

（1）查封

查封指人民法院对被执行人的财产加封条予以封存，禁止被执行人转移财产或者处分的措施。财产被查封后，人民法院可以责令被执行人加以保管。若被执行人拒绝保管，人民法院也可以指定他人保管，保管费用由被执行人承担。被执行人申请继续使用被查封财产的，人民法院在确保财产不损坏和不贬值的前提下，可以允许被执行人使用，这种查封通常被称为"活封"。保管期间，因被执行人保管不当造成查封财产损失的，被执行人应当承担相应责任。查封主要适用于各种财物、文件，包括土地、房屋等不动产，或者机器、设备等动产，以及电子邮件、电报等与案件有关的其他财物、文件。

（2）扣押

扣押指人民法院将被执行人的财产运送到相关场所，从而使被执行人不能占有、使用和处分的措施。人民法院对扣押的财产可以自行保管，也可以委托有关部门保管，所需的保管费用由被执行人负担。扣押的适用范围与查封一致。

（3）冻结

冻结指人民法院对被执行人的特定财产等实施管制，禁止被执行人提取、处分的措施。金融机构对人民法院的冻结要求，必须依法协助执行。冻结主要适用于存款、汇款、证券交易结算资金、期货保证金等资金，债券、股票、基金份额和其他证券，以及股权、保单权益和其他投资权益等财产。

问题337：被执行人应如何进行财产报告

1. 报告期限

被执行人应当在《报告财产令》载明的期限内向人民法院书面报告财产情况。在《报告财产令》载明的期限内提交书面报告确有困难的，可以向人民法院书面申请延长期限；申请有正当理由的，人民法院可以适当延长。

2. 报告期间

被执行人应按《执行通知书》履行法律文书确定的义务，应当报告当前以及收到《执行通知书》之日前1年的财产情况。

3. 报告范围

被执行人需要报告财产的范围主要包括：

（1）被执行人所有的财产或享有的财产性权利；

（2）财产在报告期间的变动情况；

（3）财产已出租、已设立担保物权等权利负担，或者存在共有、权属争议，动产由第三人占有，不动产、特定动产、其他财产权等登记在第三人名下等情况。

问题338：执行过程中，法院可以采取哪些财产执行措施

目前的执行实践中，法院通常采取的财产执行措施包括下列几种。

1. **财产变价**

财产变价指执行机关将被执行人已被查封、扣押的财产强制出卖，以实现物状财产转换为金钱财产，并以所得价款价金用于履行财产性判项的执行措施。被执行财产需要变价的，执行法院应当依法采取拍卖、变卖等变价措施。

2. **划拨**

划拨是指法院通过银行或者信用合作社等单位，将被执行款项从被执行人存款账户内划出，并直接划入执行法院所指定账户的强制执行措施。

3. **扣留、提取**

扣留是临时性措施，指将被执行人的收入暂扣下，仍留在原来的单位，不准其动用和转移，如超过期限仍不履行，即可提取该项收入交付申请执行人。

除上述常见措施外，财产执行措施还包括强制被执行人交付法律文书指定的财物或者票证，强制迁出房屋或土地，要求有关单位办理财产权证照转移手续等。

问题339：执行过程中不得对哪些财产适用查封、扣押、冻结措施

根据法律规定，下列常见财产不得在刑事案件执行过程中查封、

扣押、冻结。

1. 被执行人及其所扶养家属生活所必需的衣服、家具、炊具、餐具及其他家庭生活必需的物品。

2. 被执行人及其所扶养家属所必需的生活费用。当地有最低生活保障标准的，必需的生活费用依照该标准确定。

3. 被执行人及其所扶养家属完成义务教育所必需的物品。

4. 未公开的发明或者未发表的著作。

5. 被执行人及其所扶养家属用于身体缺陷所必需的辅助工具、医疗物品。

6. 被执行人所得的勋章及其他荣誉表彰的物品。

7. 根据《缔结条约程序法》，以我国、我国政府或者我国政府部门名义同外国、国际组织缔结的条约、协定和其他具有条约、协定性质的文件中规定免于查封、扣押、冻结的财产。

8. 企业党组织的党费。党费由党委组织部门代党委统一管理，单立账户，专款专用，不属于企业的责任财产。因此，在企业作为被执行人时，人民法院不得冻结或划拨该企业党组织的党费，不得用党费偿还该企业的债务。但如果有证据证明企业的资金存入党费账户，并申请人民法院对该项资金予以执行，人民法院可以对该项资金先行冻结；被执行人提供充分证据证明该项资金属于党费的，人民法院应当解除冻结。

9. 工会经费。工会的经费一经拨交，所有权随之转移。在银行独立开列的"工会经费集中户"，与企业经营资金无关，专门用于工会经费的集中与分配，不能在此账户开支费用或挪用、转移资金。因此，人民法院在审理案件中，不应将工会经费视为所在企业的财产，在企业欠债的情况下，不应冻结、划拨工会经费及"工会经费集中户"的款项。

10. 社会保险基金。参照民事执行的规定，人民法院在执行案件时，不得查封、冻结或扣划社会保险基金。

11. 金融机构交存在人民银行的存款准备金和备付金。被执行人为金融机构的，对其交存在人民银行的存款准备金和备付金不得冻结和扣划，但对其在本机构、其他金融机构的存款，及其在人民银行的其他存款可以冻结、划拨，并可对被执行人的其他财产采取执行措施，但不得查封其营业场所。

12. 信托财产。原则上，信托财产具有独立性，不得被保全或强制执行。但在下列情形下，信托财产无法对抗强制执行：

（1）设立信托前债权人已对该信托财产享有优先受偿的权利，并依法行使该权利的；

（2）受托人处理信托事务所产生债务，债权人要求清偿该债务的；

（3）信托财产本身应担负的税款；

（4）信托目的违反法律、行政法规或者损害社会公共利益；

（5）信托财产不能确定；

（6）委托人以非法财产或者《信托法》规定不得设立信托的财产设立信托；

（7）专以诉讼或者讨债为目的设立信托；

（8）受益人或者受益人范围不能确定；

（9）法律、行政法规规定的其他情形。

13. 证券登记结算机构依法按照业务规则收取并存放于专门清算交收账户内的证券、资金，以及证券登记结算机构依法按照业务规则要求证券公司等结算参与人、投资者或者发行人提供的回购质押券、价差担保物、行权担保物、履约担保物等担保物，在交收完成之前，不得冻结、扣划。

14. 基金销售结算资金、基金份额独立于基金销售机构、基金销售支付机构或者基金份额登记机构的自有财产。基金销售结算资金、基金份额不得作为基金销售机构、基金销售支付机构或者基金份额登记机构的财产被执行。但执行投资人的财产时，可以查封、冻结、扣划或者强制执行其基金份额。

15. 期货交易所向结算会员收取的保证金，用于结算和履约保障，不得查封、扣押、冻结或者强制执行。

16. 药品批准文号系国家药品监督管理部门准许企业生产的合法标志，该批准文号受行政许可法的调整，本身不具有财产价值。因此，人民法院在执行中对药品批准文号不应进行查封。

17. 银行贷款账户。在执行以银行为协助执行人的案件时，不能冻结户名为被执行人的银行贷款账户。

18. 国有企业下岗职工基本生活保障资金。国有企业下岗职工基本生活保障资金是采取企业、社会、财政各承担1/3的办法筹集的，由企业再就业服务中心设立专户管理，专项用于保障下岗职工基本生活，具有专项资金的性质，不得挪作他用，不能与企业的其他财产等同对待。在强制执行时，不得将该项存于企业再就业服务中心的专项资金作为企业财产处置，不得冻结或划拨该项资金用以抵偿企业债务。

《最高人民法院关于人民法院民事执行中查封、扣押、冻结财产的规定》

第三条 人民法院对被执行人的下列财产不得查封、扣押、冻结：

（一）被执行人及其所扶养家属生活所必需的衣服、家具、炊具、餐具及其他家庭生活必需的物品；

（二）被执行人及其所扶养家属所必需的生活费用。当地有最低生活保障标准的，必需的生活费用依照该标准确定；

（三）被执行人及其所扶养家属完成义务教育所必需的物品；

（四）未公开的发明或者未发表的著作；

（五）被执行人及其所扶养家属用于身体缺陷所必需的辅助工具、医疗物品；

（六）被执行人所得的勋章及其他荣誉表彰的物品；

（七）根据《中华人民共和国缔结条约程序法》，以中华人民共和国、中华人民共和国政府或者中华人民共和国政府部门名义同外国、国际组织缔结的条约、协定和其他具有条约、协定性质的文件中规定免于查封、扣押、冻结的财产；

（八）法律或者司法解释规定的其他不得查封、扣押、冻结的财产。

《最高人民法院关于强制执行中不应将企业党组织的党费作为企业财产予以冻结或划拨的通知》

在企业作为被执行人时，人民法院不得冻结或划拨该企业党组织的党费，不得用党费偿还该企业的债务。执行中，如果申请执行人提供证据证明企业的资金存入党费账户，并申请人民法院对该项资金予以执行的，人民法院可以对该项资金先行冻结；被执行人提供充分证据证明该项资金属于党费的，人民法院应当解除冻结。

《最高人民法院关于产业工会、基层工会是否具备社会团体法人资格和工会经费集中户可否冻结划拨问题的批复》

人民法院在审理案件中，不应将工会经费视为所在企业的财产，在企业欠债的情况下，不应冻结、划拨工会经费及"工会经费集中户"的款项。

《最高人民法院关于严禁冻结或划拨国有企业下岗职工基本生活保障资金的通知》

国有企业下岗职工基本生活保障资金是采取企业、社会、财政各承担三分之一的办法筹集的,由企业再就业服务中心设立专户管理,专项用于保障下岗职工基本生活,具有专项资金的性质,不得挪作他用,不能与企业的其他财产等同对待。各地人民法院在审理和执行经济纠纷案件时,不得将该项存于企业再就业服务中心的专项资金作为企业财产处置,不得冻结或划拨该项资金用以抵偿企业债务。

《最高人民法院关于在审理和执行民事、经济纠纷案件时不得查封、冻结和扣划社会保险基金的通知》

各地人民法院在审理和执行民事、经济纠纷案件时,不得查封、冻结或扣划社会保险基金;不得用社会保险基金偿还社会保险机构及其原下属企业的债务。

《最高人民法院关于人民法院执行工作若干问题的规定(试行)》

27. 被执行人为金融机构的,对其交存在人民银行的存款准备金和备付金不得冻结和扣划,但对其在本机构、其他金融机构的存款,及其在人民银行的其他存款可以冻结、划拨,并可对被执行人的其他财产采取执行措施,但不得查封其营业场所。

《信托法》

第十七条 除因下列情形之一外,对信托财产不得强制执行:

(一)设立信托前债权人已对该信托财产享有优先受偿的权利,并依法行使该权利的;

(二)受托人处理信托事务所产生债务,债权人要求清偿该债务的;

(三)信托财产本身应担负的税款;

(四)法律规定的其他情形。

对于违反前款规定而强制执行信托财产,委托人、受托人或者受益人有权向人民法院提出异议。

《最高人民法院关于执行旅行社质量保证金问题的通知》

人民法院在执行涉及旅行社的案件时，遇有下列情形而旅行社不承担或无力承担赔偿责任的，可以执行旅行社质量保证金：

（1）旅行社因自身过错未达到合同约定的服务质量标准而造成旅游者的经济权益损失；

（2）旅行社的服务未达到国家或行业规定的标准而造成旅游者的经济权益损失；

（3）旅行社破产后造成旅游者预交旅行费损失；

（4）人民法院判决、裁定及其他生效法律文书认定的旅行社损害旅游者合法权益的情形。

除上述情形之外，不得执行旅行社质量保证金。同时，执行涉及旅行社的经济赔偿案件时，不得从旅游行政管理部门行政经费帐户上划转行政经费资金。

《最高人民法院、最高人民检察院、公安部、中国证券监督管理委员会关于查询、冻结、扣划证券和证券交易结算资金有关问题的通知》

五、证券登记结算机构依法按照业务规则收取并存放于专门清算交收账户内的下列证券，不得冻结、扣划：

（一）证券登记结算机构设立的证券集中交收账户、专用清偿账户、专用处置账户内的证券。

（二）证券公司在证券登记结算机构开设的客户证券交收账户、自营证券交收账户和证券处置账户内的证券。

六、证券登记结算机构依法按照业务规则收取并存放于专门清算交收账户内的下列资金，不得冻结、扣划：

（一）证券登记结算机构设立的资金集中交收账户、专用清偿账户内的资金；

（二）证券登记结算机构依法收取的证券结算风险基金和结算互保金；

（三）证券登记结算机构在银行开设的结算备付金专用存款账户和新股发行验资专户内的资金，以及证券登记结算机构为新股发行网下申购配售对象开立的网下申购资金账户内的资金；

（四）证券公司在证券登记结算机构开设的客户资金交收账户内的资金。

（五）证券公司在证券登记结算机构开设的自营资金交收账户内最低限额自营结算备付金及根据成交结果确定的应付资金。

七、证券登记结算机构依法按照业务规则要求证券公司等结算参与人、投资者或者发行人提供的回购质押券、价差担保物、行权担保物、履约担保物，在交收完成之前，不得冻结、扣划。

《证券投资基金法》

第一百条第一款 基金销售结算资金、基金份额独立于基金销售机构、基金销售支付机构或者基金份额登记机构的自有财产。基金销售机构、基金销售支付机构或者基金份额登记机构破产或者清算时，基金销售结算资金、基金份额不属于其破产财产或者清算财产。非因投资人本身的债务或者法律规定的其他情形，不得查封、冻结、扣划或者强制执行基金销售结算资金、基金份额。

《期货交易所管理办法》

第六十五条第一款 期货交易所向结算会员收取的保证金，用于结算和履约保障，不得被查封、冻结、扣押或者强制执行……

《最高人民法院关于审理期货纠纷案件若干问题的规定》

第五十九条 期货交易所、期货公司为债务人的，人民法院不得冻结、划拨期货公司在期货交易所或者客户在期货公司保证金账户中的资金。

有证据证明该保证金账户中有超出期货公司、客户权益资金的部分，期货交易所、期货公司在人民法院指定的合理期限内不能提出相反证据的，人民法院可以依法冻结、划拨该账户中属于期货交易所、期货公司的自有资金。

第六十条 期货公司为债务人的，人民法院不得冻结、划拨专用结算账户中未被期货合约占用的用于担保期货合约履行的最低限额的结算准备金；期货公司已经结清所有持仓并清偿客户资金的，人民法院可以对结算准备金依法予以冻结、划拨。

期货公司有其他财产的，人民法院应当依法先行冻结、查封、执行期货公司的其他财产。

《最高人民法院关于人民法院在执行中能否查封药品批准文号的答复》

药品批准文号系国家药品监督管理部门准许企业生产的合法标志，该批准文号受行政许可法的调整，本身不具有财产价值。因此，人民法院在执行中对药品批准文号不应进行查封。

《最高人民法院关于空难死亡赔偿金能否作为遗产处理的复函》

空难死亡赔偿金是基于死者死亡对死者近亲属所支付的赔偿。获得空难死亡赔偿金的权利人是死者近亲属，而非死者。故空难死亡赔偿金不宜认定为遗产。

《最高人民法院〈关于银行贷款账户能否冻结的请示报告〉的批复》

在执行以银行为协助执行人的案件时，不能冻结户名为被执行人的银行贷款账户。

问题340：刑事裁判涉财产部分执行拍卖有哪些环节

1. 拍卖前评估

对拟拍卖的财产，法院应委托具有相应资质的评估机构进行价格评估。但是，对于财产价值较低或者价格依照通常方法容易确定的，可以不进行评估。如果国家财政机关要求不经评估，直接拍卖变价后上缴国库，或是拍卖变价赔偿被害人时，被害人与服刑人员或服刑人员财产保管人共同申请不经评估而直接拍卖，也可以不经评估直接拍卖。实践中，对刑事诉讼程序中已经作出价格鉴定，且没有超过有效期，或者价格没有明显变化的，拍卖时也可以不再进行价格鉴定。

其中，如果涉及股权拍卖前的评估，法院有权责令企业提供会计报表等资料，对此企业应予以配合，否则法院可以强制提取相关的会计资料。

2. 选定评估机构、拍卖机构

在刑事裁判所涉财产的拍卖程序中，如果拍卖所得价款是用于上缴国库，无须征求服刑人员或其财产保管人意见，可以考虑直接由法院通过抽签、摇号等随机方式，或者通过招标的方式确定评估机构、拍卖机构。如果拍卖所得价款是用于退赔被害人的，被害人与服刑人员或其财产保管人可以协商确定评估机构、拍卖机构，协商一致后经法院审查确认；在协商不成的情况下，再由法院确定；在双方提出申请的情况下，也可以通过招标的方式确定评估机构、拍卖机构。

3. 公告拍卖事项

拍卖应当先期公告。公告期视拍卖方式、所处阶段和所拍卖的财物性质而定。参考民事执行的规定，网络司法拍卖公告期动产一拍不少于15日，二拍不少于7日；不动产（或其他财产权）一拍不少于30日，二拍不少于15日。而非网络渠道拍卖动产的，应当在拍卖7日前公告；拍卖不动产或者其他财产权的，应当在拍卖15日前公告。

4. 预交竞买保证金

竞买人须在参加拍卖前预交保证金，保证金数额由法院确定。买受人悔拍的，保证金不仅不退还，还将依次用于支付拍卖产生的费用损失、弥补重新拍卖价款低于原拍卖价款的差价、冲抵本案被执行人的债务以及与拍卖财产相关的被执行人的债务、上缴国库。

5. 正式拍卖

动产在第一次拍卖流拍后，只能再拍卖 1 次，不动产在第一次拍卖流拍后，可以再拍卖 2 次。

6. 拍卖价款支付与标的物移交

拍卖成交后，买受人须在拍卖公告确定的期限或者法院指定的期限内将价款交付到法院或者汇入法院指定的账户。

拍卖成交或者以物退赔/上缴的，除有依法不能移交的情形外，法院须于裁定送达后 15 日内，将拍卖的财产移交买受人或者承受人。

问题 341：相关主体是否可以以评估价格过高、过低为由申请对拟拍卖财产重新评估

不可以。

只有在服刑人员或者其他利害关系人有证据证明评估机构、评估人员不具备相应的评估资质，或者评估程序严重违法而申请重新评估的情况下，人民法院才会准许重新评估。对于此类申请，法院仅对评估机构及其评估人员的评估资质、评估范围、评估程序进行审查，以决定是否准许重新评估。至于评估报告作出的评估结论则不属于法院审查的范围。

因此，只有在有证据证明评估机构、评估人员不具备相应的评估资质，或者评估程序严重违法的情况下，服刑人员或家属可以在收到评估报告后 10 日内以书面形式向法院提出重新评估申请。

问题342：被执行人财产经依法拍卖未能成交，应如何继续处置

1. 财政机关/被害人同意接收

如前所述，动产在第一次拍卖流拍后，只能再拍卖1次，不动产在第一次拍卖流拍后，可以再拍卖2次。如果财产在最后一次拍卖中仍然流拍，在需要上缴国库的情况下，法院应当充分征询财政机关的意见，在涉及退赔被害人的案件中，则应当充分征询被害人的意见，由财政机关或被害人决定是否以最后一次拍卖保留价接受拍卖标的。如果财政机关决定以该次拍卖保留价接受该财产，或者被害人同意以该次拍卖保留价以物退赔，可以让其以该次拍卖保留价接收拍卖标的。

2. 财政机关/被害人不同意接收

如果财政机关或被害人不同意以拍卖保留价接收拍卖标的，法院将进行无保留价拍卖，即所谓的"一元起拍"。无保留价拍卖不限次数，直到拍卖最终成交为止。

值得注意的是，无保留价拍卖仅限于"涉案财物"即与案件有关的物品，而罚金刑的执行标的等属于被执行人的合法财产物品，由于不属于涉案财物，不可以进行无保留价拍卖。

问题343：执行过程中，法院可以采取哪些执行惩戒措施

由于财产性判项的执行与服刑人员的减刑、假释挂钩，因此，不履行财产性判项的，在减刑、假释方面受到的限制本身就属于惩戒的一种。除此之外，法院还可以采取限制高消费、列入失信被执行人名单、限制出境等惩戒措施。

1. 限制高消费

限制高消费，指限制被执行人高消费及非生活或者经营必需的有

关消费。只要被执行人没有履行义务，就可能被采取限制高消费的措施。

2. 列入失信被执行人名单

列入失信被执行人名单以后，征信机构会在其征信系统中记录，相关单位在政府采购、招标投标、行政审批、政府扶持、融资信贷、市场准入、资质认定等方面对失信被执行人予以信用惩戒。"失信"针对的是"故意不还钱"的被执行人，更多的是对被执行人不诚信行为的惩戒，通常针对的是被执行人故意不履行义务、恶意逃避执行的情形。如果被执行人积极配合执行程序，即便确实没有能力履行义务，也并不会被列入失信被执行人名单。

3. 限制出境

除纳入失信被执行人名单、限制高消费外，还可以对未全额履行财产性判项的刑满释放人员和解除矫正人员，采取限制出境等措施。由于针对服刑人员采取纳入失信被执行人名单、限制高消费措施通常不具有实质威慑作用，因此实践中通常是对未全额履行财产性判项的社区服刑人员、刑满释放人员、解除矫正人员发出限制消费令或纳入失信被执行人名单。

第四节　执行顺位

问题344：被执行人同时负有民事责任和刑事责任的应如何处理

在财产足以全部偿付的情况下，不存在民事债权与刑事退赔、罚没何者优先的问题，而在财产不足以全部偿付的情况下，一般按照：（1）人身损害赔偿中的医疗费用；（2）享有优先受偿权的民事债权；(3) 退赔被害人的损失；(4) 不享有优先权的普通民事债权；(5) 罚金；(6) 没收财产的顺序偿付。

其中，"享有优先受偿权的民事债权"指具有优先受偿性质的民事权利，不仅包括抵押权、质权、留置权等担保物权，而且包括建设工程价款优先受偿权及船舶优先权等具有优先受偿性质的权利。需注意的是，优先受偿权得以优先于退赔被害人损失的前提条件是该权利系依法设立，在优先权在犯罪行为发生之后设立的情况下，优先权人还需满足善意取得①的条件。

问题345：非法集资、电信网络诈骗案件中，民事债权和刑事退赔并存的应如何处理

原则上刑事退赔优于民事债权，至于民事优先权是否优先于刑事退赔实践中存在争议。

2019年《关于办理非法集资刑事案件若干问题的意见》第9条"关于涉案财产追缴处置问题"第4款规定：根据有关规定，查封、扣押、冻结的涉案财物，一般应在诉讼终结后返还集资参与人。涉案财物不足全部返还的，按照集资参与人的集资额比例返还。退赔集资参与人的损失一般优先于其他民事债务以及罚金、没收财产的执行。2022年《关于办理电信网络诈骗等刑事案件适用法律若干问题的意见（二）》第17条规定：电信网络诈骗案件中，查扣的涉案账户内资金，应当优先返还被害人，如果不足以全部返还，应当按比例返还。上述规定仅明确了退赔优先于民事债权的一般原则，但未进一步明确享有优先受偿权的民事债权与刑事退赔之间的关系，对此，实践

---

① 《刑事涉财执行若干规定》第11条规定，存在下列情形之一的，权利人将无法被认定为善意取得：(1) 明知是涉案财物而接受的；(2) 无偿或以明显低于市场的价格取得涉案财物的；(3) 通过非法债务清偿或者违法犯罪活动取得涉案财物的；(4) 通过其他恶意方式取得涉案财物的。

中存在不同观点。

观点一：享有优先受偿权的债权优先于刑事退赔

实践中，不乏认为享有优先受偿权的债权优先于刑事退赔的司法观点。例如，德阳农村商业银行股份有限公司与成都欧曼酒店有限公司、德阳博力迅电池有限责任公司金融借款合同纠纷案[①]中，法院认为《关于办理非法集资刑事案件若干问题的意见》第9条只是概括性地规定退赔集资参与人优先于民事债权，但具体到享有优先受偿权的民事债权和退赔集资人的先后顺序时，仍应当适用《刑事涉财执行若干规定》第13条所规定的享有优先受偿权的民事债权优先于刑事退赔的原则。

观点二：刑事退赔优先于享有优先受偿权的民事债权

2020年《江苏省高级人民法院关于正确理解和适用参与分配制度的指导意见》就民事责任与刑事责任的清偿顺序问题，在通常的清偿顺序之外，另行规定执行财产涉及非法集资刑事案件涉案财物的，按照《关于办理非法集资刑事案件若干问题的意见》第9条的规定，退赔非法集资参与人的损失部分，应当优先于其他民事债权以及罚金、没收财产予以执行。仍有剩余的，用于参与分配。根据该表述可以推知，江苏省的规定是将非法集资案件作为一类特殊案件，在非法集资案件中，刑事退赔一律优先于民事债权。

实践中，其他省份判例中也可见该观点。例如，在平顶山银行股份有限公司、尚某淼金融借款合同纠纷再审案[②]中，法院认为《关于办理非法集资刑事案件若干问题的意见》发布时间晚于《刑事涉财执行若干规定》，且是专门针对非法集资类刑事案件的特殊规定，在

[①] 参见四川省德阳市中级人民法院民事判决书，（2020）川06民初136号。
[②] 参见河南省高级人民法院民事裁定书，（2020）豫民申1695号。

涉及非法集资类刑事案件涉案财物的处置时，应优先适用《关于办理非法集资刑事案件若干问题的意见》的规定，即认定非法集资案件中的刑事退赔优先于享有优先受偿权的民事债权。

我们认为，在《刑事涉财执行若干规定》已经就享有优先受偿权的民事债权与刑事退赔的先后顺序作出明确规定的情况下，《关于办理非法集资刑事案件若干问题的意见》和《关于办理电信网络诈骗等刑事案件适用法律若干问题的意见（二）》规定刑事退赔优先于民事债权，也仅限于普通民事债权，享有优先权的民事债权仍应优先于刑事退赔。

《最高人民法院、最高人民检察院、公安部关于办理非法集资刑事案件若干问题的意见》

九、关于涉案财物追缴处置问题

办理跨区域非法集资刑事案件，案件主办地办案机关应当及时归集涉案财物，为统一资产处置做好基础性工作。其他涉案地办案机关应当及时查明涉案财物，明确其来源、去向、用途、流转情况，依法办理查封、扣押、冻结手续，并制作详细清单，对扣押款项应当设立明细账，在扣押后立即存入办案机关唯一合规账户，并将有关情况提供案件主办地办案机关。

人民法院、人民检察院、公安机关应当严格依照刑事诉讼法和相关司法解释的规定，依法移送、审查、处理查封、扣押、冻结的涉案财物。对审判时尚未追缴到案或者尚未足额退赔的违法所得，人民法院应当判决继续追缴或者责令退赔，并由人民法院负责执行，处置非法集资职能部门、人民检察院、公安机关等应当予以配合。

人民法院对涉案财物依法作出判决后，有关地方和部门应当在处置非法集资职能部门统筹协调下，切实履行协作义务，综合运用多种手段，做好涉案财物清运、财产变现、资金归集、资金清退等工作，确保最大限度减少实际损失。

根据有关规定，查封、扣押、冻结的涉案财物，一般应在诉讼终结后返还集资参与人。涉案财物不足全部返还的，按照集资参与人的集资额比例返还。退赔集资参与人的损失一般优先于其他民事债务以及罚金、没收财产的执行。

《最高人民法院、最高人民检察院、公安部关于办理电信网络诈骗等刑事案件适用法律若干问题的意见（二）》

十七、查扣的涉案账户内资金，应当优先返还被害人，如不足以全额返还的，应当按照比例返还。

第五节　执行异议

问题346：哪些情形下相关主体可以提出执行异议

1. 被害人、利害关系人认为执行行为违法

在执行过程中，当事人和利害关系人认为自己的合法权益因执行方法、措施、具体执行程序等程序性事项违反法律规定而受到侵害的，可以通过执行异议程序救济。常见的违法行为包括：执行过程中，采取查封、扣押、冻结、拍卖、变卖、以物抵债、暂缓执行、中止执行、终结执行等执行措施违反法定程序；执行的期间、顺序等违反了法定程序等。

其中，"当事人"是指被害人、自诉人、犯罪嫌疑人、被告人、附带民事诉讼的原告人和被告人。"利害关系人"是指认为法院的执行行为或对执行标的的变价措施违法,妨碍其就轮候查封、扣押、冻结的债权受偿、参与公平竞价或行使优先购买权的;认为人民法院要求协助执行的事项超出其协助范围或者违反法律规定的;认为其他合法权益受到人民法院违法执行行为侵害的。

2. 案外人认为其对执行标的享有足以阻止执行的实体权利

案外人认为其对执行法院选择的执行标的享有足以阻止执行的实体权利的,可以提起案外人执行异议。

其中,"案外人"是指虽然不是原生效刑事裁判判项所涉及的主体,但是基于其他事实而对执行标的享有权利的公民、法人和其他组织。"足以阻止执行的实体权利"并不限于案外人对执行标的享有所有权的情形,案外人对执行标的物享有土地承包经营权、建设用地使用权等物权,或者其对标的物占有、使用的权利因强制执行无法继续行使,或者保障其所享有的权利足以使执行机构无法对执行标的进行进一步处分的,均属于"足以阻止执行的实体权利"。

问题347:哪些情形无法通过执行异议的方式取得救济

相关主体提出的异议涉及赃款赃物、涉案财物的认定等事项,可能导致原刑事裁判认定的事实被否定、变更的,应通过再审程序解决,可以请求检察院提起抗诉。如果是因原生效裁判笔误或表述不清所致,则可以通过请求生效裁判作出法院出具补正裁定或书面答复意见的方式解决。

实践中,常见的无法通过执行异议程序进行救济的情形包括:

1. 在追缴赃款赃物的执行中,被执行人、案外人或被害人认为刑事裁判对涉案财物是否属于赃款赃物认定错误或应予认定而未认定的。

2. 刑事裁判中关于财产性判项的内容不明确,刑事审判部门出具了补正裁定或书面答复意见,被执行人、案外人对该补正裁定或书面答复意见提出异议的。

3. 在没收、追缴违法所得或赃款赃物的执行中，案外人对公安机关、检察机关等在刑事诉讼阶段已采取查封措施并随案移送执行的财产主张实体权利，请求不得对标的物执行的。

4. 公安机关、检察机关等在刑事诉讼阶段对外观上属于案外人的财产已采取查封措施并随案移送执行的，案外人对该财产主张实体权利，请求不得对标的物执行的。

以上情形之所以无法通过执行异议的方式得到救济，是因为涉案财物，如违法所得及其转化物的认定以及财产性判项的具体内容应当在刑事审判程序中予以确认，推翻原认定的事实也需要通过刑事审判程序进行。而如果执行法院执行异议中认可了异议人提出的上述事实，则会导致本应由刑事审判程序认定的事实在执行程序中被推翻，这违反了审判与执行相分离的原则。

实践中，依法应提起再审的情形常与应提起案外人执行异议的情形容易发生混淆。二者区分的关键在于：发生争议的执行标的是在刑事审判程序中就确认下来的，还是在执行阶段由执行法院认定的，如果是前者，就应当通过再审程序解决，如果是后者，则应当通过提起执行异议的方式解决。例如，生效裁判责令被告人向被害人退赔10万元。执行程序中，由于被告人取得的赃款已经挥霍一空，因此法院选择将原生效裁判并未涉及的被告人合法所有的首饰拍卖，所得价款用于退赔被害人。如果有案外人对首饰所有权有异议，则应当提起案外人执行异议，因为执行标的首饰并非原生效裁判所认定的赃物，而是执行法院在执行程序中确认的执行标的。而如果原生效裁判认定首饰是被告人从被害人处窃取，依法应当退还被害人，但进入执行程序后，案外人主张首饰并非从被害人处窃取，而是被告人此前向其借用的，不属于赃物，由于案外人的主张可能直接导致原生效裁判对于赃物的认定发生改变，故应当通过再审而非执行异议程序解决。

【典型案例】

李某峰、韩某华、肖某娜集资诈骗罪案〔(2017) 辽 01 执异 1313 号〕

要旨

异议人请求终止对财产的追缴并解除查封的请求，实质上是针对执行依据产生的异议，该请求不属于执行异议的审查范围，不予审查。对执行依据产生的异议，应当通过审判监督程序处理。

事实

沈阳市沈河区人民法院于 2014 年 8 月 7 日作出 (2014) 沈河民三初字第 714 号民事判决，判决李某峰、韩某华、肖某娜偿还贾某珍借款本金 4,077,200 元及利息，沈阳圣润泡塑制品有限公司承担连带责任。在诉讼中，保全查封了沈阳圣润泡塑制品有限公司位于沈阳市苏家屯区姚千户镇朱家庄子村的房产及其土地使用权。该判决生效后，沈阳市沈河区人民法院立案执行，执行中作出拍卖裁定，将上述房产及土地予以拍卖，经过二次流拍后，贾某珍同意按 1,827,981 元拍卖价格受让上述房产及土地使用权，执行法院于 2017 年 4 月 26 日作出 (2017) 辽 0103 执 1845 号执行裁定书，裁定将上述房产及土地使用权支付贾某珍抵偿债务，上述房产及土地使用权自裁定送达贾某珍时起转移，贾某珍可持该裁定书向房产机构办理产权过户登记手续。

另查明，(2015) 沈中刑三初字第 12 号刑事判决书的主要内容为：(1) 被告人李某峰犯集资诈骗罪，判处无期徒刑，剥夺政治权利终身，并处没收个人全部财产；被告人韩某华犯集资诈骗罪，判处有期徒刑 15 年，并处罚金人民币 50 万元；被告人肖某娜犯非法吸收公众存款罪，判处有期徒刑 4 年，并处罚金人民币 20 万元。(2) 继续追缴被告人李某峰、韩某华、肖某娜违法所得，依法返还被害人。

（2015）沈中刑三初字第12号刑事裁定书的主要内容为：经审查侦查机关提供的证据材料，可以认定被告人李某峰、韩某华将骗取的部分赃款用于购买沈阳圣润泡塑制品有限公司和沈阳鼎峰科技有限公司股权及进行生产经营，另外还用集资款购买房产、车辆等分别奖励给被告人韩某华、肖某娜和卓龙公司工作人员崔某文。案发后，侦查机关针对上述财物及相关权利予以了扣押、查封。该裁定书裁定，将侦查机关扣押、查封的以下股权、房产、车辆、物品依法追缴，按比例返还各被害人：沈阳圣润泡塑制品有限公司位于沈阳市苏家屯区姚千户镇朱家庄子村的房产及其土地使用权，房证号分别为：×，×，×（轮候查封）。

沈阳市中级人民法院向沈阳市和平区人民法院、沈阳市沈河区人民法院作出（2017）辽01执230号的函，并于2017年6月8日向沈阳市沈河区人民法院送达，内容为：本院在执行边某、张某琴等46人与李某峰、韩某华、肖某娜财产刑纠纷执行一案中，依据（2015）沈中刑三初字第12号刑事裁定书，须对韩某华、肖某娜使用赃款购买的下列财产予以追缴：沈阳圣润泡塑制品有限公司位于沈阳市苏家屯区姚千户镇朱家庄子村的房产及其土地使用权，房证号分别为：×，×，×，请求依据《最高人民法院关于刑事裁判涉财产部分执行的若干规定》予以协助追缴。

理由

沈阳市中级人民法院认为，（2015）沈中刑三初字第12号刑事裁定书已经发生法律效力，该裁定书将沈阳圣润泡塑制品有限公司位于沈阳市苏家屯区姚千户镇朱家庄子村的房产及其土地使用权（房证号分别为：×，×，×）认定为应当追缴的财产。异议人贾某珍请求终止对上述财产的追缴并解除查封的请求，实质上是针对执行依据产生的异议，该请求不属于执行异议的审查范围，本院不予审查。其对执行依据产生的异议，应当通过审判监督程序处理。故异议人的理由不能成立，本院不予采纳。

结果

驳回案外人贾某珍的异议。

问题348：相关主体应当如何提起执行异议、复议

1. 准备执行异议、复议申请书

当事人、利害关系人或者案外人提出执行异议或者申请复议的，应当提交申请书。申请书应当载明具体的异议或者复议请求、事实和理由等内容。除申请书外，提出执行异议人、申请复议人还应当附带提交：

（1）申请人的身份证明；

（2）证明异议的证据材料；

（3）送达地址和联系方式。

2. 提交相关材料

当事人、利害关系人或者案外人向执行法院提出执行异议或者申请复议的，应当向执行法院立案部门提交申请书及其所附材料。

如果案件在执行阶段出现被指定执行、提级执行、委托执行的情况，当事人、利害关系人对原执行法院的执行行为、原执行法院的执行标的提出异议，由提出异议时负责该案执行的法院审查处理，但受指定或者受委托的法院是原执行法院的下级法院的，仍由原执行法院审查处理。

3. 法院的立案程序及处理

对于提出执行异议人提出的异议，法院将在自收到书面异议申请之日起15日内审查，并根据不同情况分别处理：

（1）执行异议材料不齐备的，法院将一次性告知异议人须在3

日内将缺失的材料补足,逾期未补足的,法院将不予受理;

(2)执行异议符合法律规定条件的,法院将在 3 日内立案,并在立案后通知异议人及有关当事人;

(3)执行异议不符合受理条件的,裁定不予受理;

(4)立案后发现不符合受理条件的,裁定驳回申请。

4. 对执行异议处理结果不服的救济

异议人对法院的立案处理不服以及对法院消极立案或者消极作出裁定的,可以通过以下程序寻求救济:

(1)对不予受理或者驳回申请裁定不服的,可以自裁定送达之日起 10 日内向上一级法院申请复议。上一级法院经过审查,认为符合执行异议受理条件的,将会裁定撤销原裁定,指令执行法院立案或者对执行异议进行审查。

(2)执行法院收到执行异议后 3 日内既不立案,又不作出不予受理裁定,或者在受理后无正当理由超过法定期限不作出异议裁定的,异议人可以向上一级法院提出异议。上一级法院经审查认为理由成立的,将指令执行法院在 3 日内立案或者在 15 日内作出异议裁定。

问题 349:提出执行异议或对异议结果复议后是否可以撤回

可以向法院提出撤回申请,但并非一申请就可以立即撤回,是否准许撤回需要由法院裁定。

如果当事人、利害关系人对同一执行行为有多个异议事由,但未在异议审查过程中一并提出,撤回异议或者被裁定驳回异议后,再次就该执行行为提出异议,法院将不予受理。案外人撤回异议后,再次就同一执行标的提出阻止执行的异议的,法院也将不予受理。因此,提出撤回申请应当慎重,否则很有可能丧失救济的机会。

问题 350：执行异议类案件是否必须听证，是否可以申请召开听证会

对于案外人对执行标的主张足以排除执行的实体权利提出异议的，法院必须召开听证会公开听证审查，不组织听证的，属于严重违反法定程序。除此之外，无论是执行异议还是对执行异议裁定提起复议，只有案情复杂、争议较大，或法院认为需要听证的，才进行听证。即便申请人申请进行听证，召开与否最终也取决于法院。

对于进行听证的案件，执行法院将组织各方当事人到场听证。如被执行人正在服刑无法参加听证，执行法院会通知其在执行程序中委托的诉讼代理人参加；无委托诉讼代理人的，法院将通知被执行人限期内向法院反馈书面意见。如果经法院传唤，无正当理由拒不参加听证，或者未经法庭许可中途退出听证，相应的不利后果将自行承担。

问题 351：法院对执行异议如何审查

法院对于执行异议会进行实体审查，尤其是在案外人对执行标的提出异议的案件中。法院需要对案外人是否享有权利、享有何种权利及享有的份额进行审查，因此，案外人提出执行异议时，需要就享有实体权利的事实提供充分的证据证明。

1. 根据权利外观判断，即有登记的，如房屋、机动车等，按照登记机构的登记判断权利情况，没有登记的，按照实际占有情况、合同等证明财产权属或者权利人的证据判断。因此，异议人需提供或申请法院调取相关登记信息，或提供自己实际占有、依合同等取得财产的证据。

2. 如果是依据另案生效法律文书提出排除执行异议，该法律文书认定的执行标的的权利人与按照权利外观得出的判断不一致的，法院将按照下列标准处理：

区分财产性判项的类型，如果财产性判项涉及退赔、追缴、没收

特定物，案外人依据的另案生效法律文书对物的权属作出不同认定的，属于裁判内容冲突，应当通过再审程序解决。

如果财产性判项涉及退赔、追缴、罚没金钱，需要区分另案生效法律文书作出的时间是在执行标的被查封、扣押、冻结之前还是之后，查封、扣押、冻结之后作出的，不能排除本案的执行。之前作出的，区分另案法律文书是物权纠纷还是债权纠纷，如果该另案法律文书是就案外人与被执行人之间的权属纠纷，判决、裁定执行标的归属于案外人或者向其返还执行标的且其权利能够排除执行，应予支持。如果是就债权纠纷作出的裁判文书，仅有不以转移财产权属为目的的合同纠纷，如租赁、借用、保管等能够排除本案执行。

除上述情形外，如果法律文书涉及案外人受让执行标的的拍卖、变卖成交裁定或者以物抵债裁定且其权利能够排除执行的，法院应予支持。

问题352：执行异议程序是否会对执行程序的进程产生影响

1. **执行行为异议**

执行异议审查和复议期间，不停止执行。但被执行人、利害关系人提供充分、有效的担保请求停止相应处分措施如拍卖、变卖、划扣的，法院可以准许；但即便提供担保，停止的也仅是处分措施，保全措施如查封、扣押、冻结等并不会被解除。

2. **案外人异议**

在异议审查期间，会停止处分措施，案外人向法院提供充分、有效的担保请求解除对异议标的的查封、扣押、冻结的，法院可以准许。如果因案外人提供担保解除查封、扣押、冻结有错误，致使该标的无法执行，人民法院可以直接执行担保财产。

第六节 执行和解

问题353：刑事责令退赔是否可以适用执行和解

目前关于刑事责令退赔是否可以适用执行和解目前尚无明确规定。各地倾向于允许当事人合意处分，即**允许被执行人和被害人在刑事涉财产部分执行的过程中达成执行和解**。例如，《上海市高级人民法院关于刑事判决中财产刑及财产部分执行的若干意见》第36条明确规定对退赔经济损失事项，被执行人与被害人达成和解协议，同时案件不涉及的财产刑、没收违法所得或供犯罪使用财产上缴国库事项，或涉及的财产刑、没收违法所得或供犯罪使用财产上缴国库事项已执行到位的，以和解方式结案。

刑事程序中，常见的执行和解内容包括变更退赔数额、变更履行期限和履行方式、以物抵债等。例如，在刘某职务侵占、行贿执行案①中，被执行人刘某与被害单位就退赔320万元达成执行和解协议，被害单位不再强制执行这一判项内容。又如，在张某丁与俞某伦诈骗执行案②中，双方当事人自愿达成分期履行的执行和解协议，被执行人俞某伦同意每月偿还申请执行人张某丁500元，扣除以前已还的借款，直至欠款还清止。

此外，尽管财产刑、没收不允许和解，但是在执行过程中，可以参照执行和解中关于分期履行的规定，允许分期缴纳罚金。例如，在海南省高级人民法院公布的典型案例被执行人云某罚金执行案③中，

---

① 参见广东省东莞市中级人民法院刑事裁定书，（2015）东中法刑执字第363号。
② 参见福建省顺昌县人民法院执行裁定书，（2015）顺执字第816号。
③ 海南省高级人民法院关于强化刑事裁判涉财产部分执行的典型案例。

执行法官综合考量全案后认为,如不给予一定的宽限期直接处置该房产,可能面临案外人执行异议以及处置周期较长的问题。结合《民事强制执行法(草案)》中提及的比例原则的精神,从节省司法资源的角度出发,执行法官给予云某一定宽限,分期履行。云某分别于2019年8月21日支付了10万元、2020年1月3日支付了5万元、2020年1月17日支付了5万元。

【典型案例】

海南省高级人民法院关于强化刑事裁判涉财产部分执行的典型案例:被执行人云某罚金执行案

要旨

在减刑假释案件中,司法解释明确规定了罪犯对于财产性判项的履行情况将作为是否具有悔改表现的考量,考量结果直接影响减刑假释结果,这在很大程度上会促进有履行能力的被执行人主动履行,提高执行到位率,避免国家财政损失。但对于被判处缓刑的罪犯,在其作为被执行人的情况下,当前还缺乏结合缓刑监督机制进行考量的相应构建。

事实

对被告人云某犯受贿罪一案,海口市龙华区人民法院(以下简称龙华法院)于2017年4月25日作出生效判决,判处被告人云某有期徒刑3年,缓刑4年,并处罚金人民币20万元,没收扣押在案的赃款人民币60万元,上缴国库。刑事判决生效后,云某扣押在案的赃款被没收上缴国库,但云某未在限定期限内主动缴纳罚金,刑事审判庭将云某罚金一案移送执行。

在执行过程中,龙华法院发现云某除了一套登记在其名下的房产外,无其他可供执行财产。龙华法院查封了该房,并将向云某送达查封裁定。云某向法院表示该房虽登记在其名下,但系案外人财产。执行法官告知云某其在缓刑考验期限内应主动履行生效判决确定的义务，遵守法律，服从监督，如存在有履行能力而不履行的情况，法院将就其缓刑期间表现向相关部门发出司法建议。云某当即表示服从执行法官的训诫，但由于20万元罚金金额较大，申请法院暂缓执行房产，对履行期限给予宽限。执行法官综合考量全案后认为，如不给予一定的宽限期直接处置该房产，可能面临案外人执行异议以及处置周期较长的问题。结合《民事强制执行法（草案）》中提及的比例原则的精神，从节省司法资源的角度出发，执行法官给予云某一定宽限，分期履行。云某分别于2019年8月21日支付了10万元、2020年1月3日支付了5万元、2020年1月17日支付了5万元。

理由

1. 契合善意文明执行理念

根据《最高人民法院关于在执行工作中进一步强化善意文明执行理念的意见》的精神，人民法院在依法保障胜诉当事人合法权益的同时，要最大限度减少对被执行人权益的影响；在不影响执行效率和效果的前提下，人民法院应合理选择执行财产，选择对被执行人生产生活影响较小且方便执行的财产执行。

本案如无视被执行人分期履行的申请，直接处置房产，不但将拉长案件办理周期，且很可能对居住其中的案外人生活造成影响。本案在兼顾执行效率、社会效果的情况下，选择了对被执行人及其家庭成员生活影响较小且便于执行的方式，该案在短期内执行完毕完美契合了善意文明执行的理念。

2. 灵活参照民事执行和解分期履行

《最高人民法院关于刑事裁判涉财产部分执行的若干规定》第16条规定："人民法院办理刑事裁判涉财产部分执行案件，刑法、刑事诉讼法及有关司法解释没有相应规定的，参照适用民事执行的有关规定。"

罚金执行案件无申请执行人，当被执行人欲分期履行时，并无执行和解的具体规定。本案执行法官结合案情，给予被执行人宽限后，被执行人分期履行完毕。该种执行工作方法，实际上适用的是前述司法解释的规定，参照了民事执行和解长期履行的规定，取得了较好的法律效果。

3. 比例原则节省司法资源

根据《民事强制执行法（草案）》确定的比例原则，强制执行应当合理、适当，不得超过实现执行目的所需的必要限度。

由于本案执行款项最终为上缴国库，而处置房产的司法资源同样来自国家力量，从节约司法资源、避免案涉房产可能涉及的执行异议、处置成本问题的角度出发，给予被执行人宽限期履行，在节省司法资源的情况下执行到位，遵循了比例原则。

4. 结合缓刑考验促履行

根据《刑法》第77条第2款规定，被宣告缓刑的犯罪分子，在缓刑考验期限内，违反法律、行政法规或者国务院有关部门关于缓刑的监督管理规定，情节严重的，应当撤销缓刑，执行原判刑罚。

对于在缓刑考验期内不积极履行财产性判项的被执行人，执行法院可结合其履行能力以及是否违反法律规避执行、抗拒执行，依法适用缓刑考验机制，将向有关部门发送司法建议作为打击手段，督促其主动履行。

结果

被执行人云某主动履行完毕罚金20万元，法院解除对案涉房产的查封，本案于2020年1月17日以执行完毕方式结案。

问题354：达成执行和解的，执行程序如何处理

1. 终结本次执行

经法院穷尽财产调查措施，被执行人确无财产可供执行或虽有财

产但不宜强制执行，当事人达成分期履行和解协议，但未履行完毕的，法院将裁定终结本次执行。

2. 执行结案/撤回强制执行申请

当事人达成和解协议并履行完毕，且除责令退赔外无财产刑、没收违法所得或供犯罪使用财产上缴国库事项，或涉及的财产刑、没收违法所得或供犯罪使用财产上缴国库事项已执行到位的，以和解方式结案。

司法实践中，也有当事人达成执行和解协议且履行完毕后，刑事审判庭或申请执行人申请撤回强制执行，并据此结案的做法。例如，在安徽农腾农业开发有限公司非法吸收公众存款罪案[①]中，被害人与被执行人自行达成执行和解协议，法院刑事审判庭申请撤回强制执行，执行案件结案。

3. 暂缓执行

实践中，部分省市允许案外人以其财产为被执行人应当履行的财产刑向执行法院提供担保。例如，《深圳市中级人民法院关于刑事裁判涉财产部分的执行指引（试行）》规定，案外人以其财产为被执行人应当履行的财产刑向执行法院书面提供担保的，经审查，被执行人没有财产可供执行或者担保财产的处置更为便利的，可以根据案件情况决定是否暂缓执行。案外人以其财产为被执行人退赔义务的执行书面提供担保，并与权利人达成和解的，经权利人书面申请，可以暂缓执行。暂缓执行的期限最长不得超过一年，暂缓执行之前应当对担保财产采取控制措施。

尽管在民事执行领域，当事人达成执行和解协议并向法院提交的，法院可以裁定中止执行，但实践中，并未检索到当事人达成执行和解协议后申请法院中止执行的案例，且各地规定中均未将达成执行

---

① 参见安徽省广德县人民法院执行裁定书，（2018）皖 1822 执 30 号之二。

和解协议作为可以中止执行的情形。

第七节 执行结案

问题355：刑事裁判涉财产部分执行案件在哪些情形下可以终本

判决继续追缴违法所得并有明确数额的，已经穷尽财产调查措施，并对侦查机关、检察机关和审判部门提供的已掌握的财产线索核实完毕，但未能继续追缴到位的。

判决罚金的，已经穷尽财产调查措施，未发现被执行人有可供执行的财产，或者发现的财产不具备处置条件，符合司法解释规定的终结本次执行程序条件的。

责令退赔的案件中，经法院穷尽财产调查措施，被执行人确无财产可供执行或虽有财产但不具备处置条件，当事人达成分期履行和解协议，但未履行完毕的。

终结本次执行程序后，具备恢复执行条件的，法院将依职权恢复执行，有申请执行人的责令退赔案件也可以由申请执行人申请恢复执行。

问题356：实践中，哪些情形可能会被认定为"暂不具备处置条件"

在部分案件中，虽然被执行人名下有财产，但是财产暂时不具备处置条件，无法或不宜强制执行的，如果无其他可供执行的财产，法院也会裁定终结本次执行。实践中，通常会被认定为暂不具备处置条件的财产包括：

（1）查封、扣押在案的财物价值过小，或设有优先受偿权，优先受偿权实现后的剩余价值过小的；

（2）判决追缴的财物尚未查扣在案，下落不明的；

（3）查扣在案的财物系被执行人与他人共有或者设有担保物权等权利，直接处置将会损害案外人的合法权益的。

问题357：刑事裁判涉财产部分执行案件终结执行情形有哪些

财产性判项虽然没有执行到位，但是因发生某种法定的特殊情况，执行程序无法或无须继续进行的，应当裁定终结执行，具体而言包括：

（1）已执行的判决、裁定被撤销的；

（2）被执行人死亡且无遗产可供执行，或者被执行单位终止且无财产可供执行的；

（3）依照《刑法》第53条规定免除罚金，且刑事裁判中没有其他财产部分执行内容的；

（4）没收财产案件中无财产可供执行的，或者虽有可供执行的财产，但有其他清偿顺位在先的债务要执行，且执行后明显无剩余财产可能的；

（5）作为执行依据的刑事裁判判项中权利义务主体或者执行内容不明确、不具体，且无法补正的；

（6）应当终结执行的其他情形。

裁定终结执行后，发现被执行人的财产有被隐匿、转移等情形的，法院将会重新立案执行。

问题358：刑事裁判涉财产部分执行案件执行完毕情形有哪些

财产性判项执行到位的，应当以执行完毕的方式结案，具体而言：

（1）判决罚金、没收部分财产、追缴违法所得，相应金额及财产已经全部执行或者追缴到位，并已依法上缴国库或者返还、退赔被害人的。

（2）判决没收全部财产，已经穷尽财产调查措施，对判决生效时被执行人所有的全部合法财产执行到位，并已依法上缴国库的。但如果没收财产类案件以执行完毕方式结案后，发现被执行人的财产有被隐匿、转移等情形，应当重新立案执行。

问题359：在刑事程序终结前，能否就涉案财产处置申请国家赔偿

《最高人民法院、最高人民检察院关于办理刑事赔偿案件适用法律若干问题的解释》第3条对侵犯财产权的刑事赔偿范围作了扩大规定，受害人在刑事程序终结前也可申请赔偿。

适用条件：

其一，赔偿请求人有证据证明财产与尚未终结的刑事案件无关，经审查属实的，即属于案外财产。

其二，终止侦查、撤销案件、不起诉、判决宣告无罪终止追究刑事责任的，即刑事诉讼程序在形式上已经终结。

其三，采取取保候审、监视居住、拘留或者逮捕措施，办案机关在解除、撤销强制措施或者强制措施法定期限届满后超过一年未移送起诉、作出不起诉决定或者撤销案件。

其四，未采取取保候审、监视居住、拘留或者逮捕措施，办案机关在立案后超过两年未移送起诉，作出不起诉决定或者撤销案件。

其五，人民检察院撤回起诉或者按撤诉处理后超过30日，未作出不起诉决定。

其六，对生效裁决没有处理的财产或者对该财产违法进行其他处理的。

第八节 具体财产性判项的执行问题

问题 360：追缴和责令退赔的范围是否一致

《刑法》第 64 条规定，犯罪分子违法所得的一切财物，应当予以追缴或者责令退赔。《刑法》并不存在"退赃退赔"一词，而是将退赃与退赔分开使用，实践中处理赃款、赃物的常见形式有四种：追缴（追赃）、责令退赔、退赔和退赃，其中追缴（追赃）、责令退赔是司法机关依职权采取的行为，退赔和退赃是犯罪嫌疑人、被告人主动行为。

"追缴"，是将犯罪分子的违法所得强制收缴。例如，在刑事诉讼过程中，对犯罪分子的违法所得进行追查、收缴；对于在办案过程中发现的犯罪分子已转移、隐藏的赃物追查下落，予以收缴。

"责令退赔"，是指犯罪分子已将违法所得使用、挥霍或者毁坏的，责令其按违法所得财物的价值退赔给被害人。

"退赔"是指犯罪嫌疑人、被告人在其犯罪行为致损范围内对被害人进行赔偿，一般指物质上的直接损失，但不包括补偿性赔偿。

"退赃"是指犯罪嫌疑人或被告人、罪犯及其委托人依据法律法规主动或被动性地将非法获得的财物直接退还给被害人或者上缴司法机关的行为。

实践中，退赃和退赔虽然是被告人主动行为，但是其退赃、退赔的范围往往与追缴和责令退赔的范围一致，因此，需要明确追缴和责令退赔的范围。最高人民法院 1999 年 10 月 27 日发布的《全国法院维护农村稳定刑事审判工作座谈会纪要》的第三部分第五点规定："如赃款赃物尚在的，应一律追缴；已被用掉、毁坏或挥霍的，应责令退赔。"**实践中一般的掌握原则：如果部分赃款赃物尚在部分赃款**

赃物已经不在，判决主文可以不作区分，只写责令退赔；如果赃物虽然尚在但已被毁坏，或者不能排除第三方属于善意取得，宜判决责令退赔。

问题361：追缴的对象是否包括合法财产

1. 黑恶势力刑事案件

黑恶势力刑事案件中，出于"打财断血"的考量，依法应当被追缴的财产范围广于普通刑事案件，应当被追缴的财产包括：

（1）黑恶势力组织及其成员通过违法犯罪活动或者其他不正当手段聚敛的财产及其孳息、收益，与普通刑事案件相比，不仅违法犯罪所得要被追缴，"其他不正当手段聚敛的财产"也被纳入被追缴财产范畴。

（2）黑恶势力组织成员通过个人实施违法犯罪活动聚敛的财产及其孳息、收益。

（3）其他单位、组织、个人为支持该黑恶势力组织活动资助或者主动提供的财产。

（4）黑恶势力组织及其成员通过合法的生产、经营活动获取的财产或者组织成员个人、家庭合法财产中，实际用于支持该组织活动的部分。由于此类财产实际是合法财产，因此，追缴此类合法财产的前提是有证据证明该合法财产用于支持该组织活动，否则不能认定为涉案财产。

（5）黑恶势力组织成员非法持有的违禁品以及供犯罪所用的本人财物。

（6）其他单位、组织、个人利用黑恶势力组织及其成员违法犯罪活动获取的财产及其孳息、收益。

（7）其他应当追缴、没收的财产。

2. 普通刑事案件

在普通刑事案件中，在犯罪所得依法应当发还被害人的场合，犯罪所得灭失、下落不明、被他人善意取得的，可以适用责令退赔。但违法犯罪所得的财产下落不明、被他人善意取得、价值灭失或者与其他合法财产混合等情况下，能否追缴被执行人的等值合法财产在实践中存在争议。实践中，主要存在两类观点：一类观点认为，有证据证明依法应当追缴、没收的涉案财产无法找到、被他人善意取得、价值灭失或者与其他合法财产混合且不可分割的，可以追缴、没收其他等值财产，这符合任何人不能从违法犯罪中获得利益的基本原则。例如，在何某霞受贿罪执行案[1]中，法院认为，在刑事裁判涉及追缴违法所得的执行程序中，应当首先对生效判决已认定的违法所得部分进行追缴；如果被执行人违法所得的财产查无下落或与其他合法财产混同，应当对被执行人相应的等值财产执行追缴。

另一类观点则认为，追缴违法所得应以违法犯罪所得为限，不能将被告人的合法所得作为执行对象。例如，在齐某某受贿罪执行案[2]中，法院认为，我国《刑法》第 64 条规定，犯罪分子违法所得的一切财物，应当予以追缴或者责令退赔。因此，追缴违法所得应以违法犯罪所得为限，不能将被告人作案前的合法所得作为执行对象。本案刑事判决未认定原已由广州市人民检察院查封的涉案 901 号房系齐某某用违法所得购置，执行程序中，广州市中级人民法院也未有其他证据证明该房产系齐某某的违法所得，故朱某要求广州市中级人民法院解除对涉案 901 号房查封措施的复议请求，理由成立，广东省高级人民法院予以支持。广州市中级人民法院异议裁定认为因齐某某未履行上缴违法所得的法定义务故可执行齐某某名下等值财产的做法，于法

---

[1] 参见广东省高级人民法院执行裁定书，（2020）粤执复 408 号。
[2] 参见广东省高级人民法院执行裁定书，（2020）粤执复 59 号。

无据，广东省高级人民法院予以撤销。

从目前的裁判观点来看，实践中，关于在普通案件中能否将与违法所得等值的合法财产纳入追缴范畴仍存在较大争议。但笔者认为，在此类案件中至少不应过分扩张追缴的财产范围。例如，在未查明违法犯罪所得财产具体流向，无证据证明违法犯罪所得的财产下落不明、被他人善意取得、价值灭失或者与其他合法财产混合等情况时，不应直接执行合法财产。

问题362：行受贿双方分别退出赃款是否均应追缴

行受贿案件中，经常会出现受贿人在案发前出于各种原因将受贿款退回行贿人或者仍由行贿人控制行贿款的情况，案发之后，监察机关在办案时既会要求受贿人对全部受贿金额进行退赃，也会要求行贿人退出行贿款。这种情况下，行受贿双方均退出赃款的，是否均应追缴，存在不同观点。如一种观点认为，受贿人退还行贿人的款项系其对赃款的处置，对受贿人及其家属的全额退赃应当予以扣押，对于行贿人占有的行贿款系其用于行贿活动的赃款，也应予以扣押。另一种观点认为，受贿人将收受的赃款已退给行贿人，应向行贿人追缴，应扣押行贿人主动退出的款项，对于受贿人，仅需扣押剩余部分款项，与行贿人退赃重复的部分应解除扣押予以归还。

我们同意第二种观点，即不应重复追缴。

1. 针对同一笔行受贿事实，不宜分别扣押行受贿双方主动退出的赃款

《刑法》第64条规定，犯罪分子违法所得的一切财物，应当予以追缴或者责令退赔；对被害人的合法财产，应当及时返还；违禁品和供犯罪所用的本人财物，应当予以没收。根据该规定，行贿人给予受贿人的财物，系行贿人用于行贿犯罪的财物，依法应当予以没收。受贿人收受的财物系其受贿所得，依法应予以追缴。由于行贿与受贿属于对合犯罪,对于同一起犯罪事实而言,行受贿双方权钱交易所涉及的财物既是行贿罪的犯罪对象也是受贿罪的犯罪对象,受贿人的违法所得与行贿人用于行贿的财物具有同一性。

在受贿人将受贿款退给行贿人的情况下,受贿人并不存在实际的受贿所得,此时扣押受贿人主动退出的赃款,实际上扣押的是与该犯罪事实无关的受贿人的其他财产。在受贿人未将受贿款退给行贿人的情况下,行贿人用于行贿犯罪的财物已转移为受贿人的犯罪所得,此时扣押行贿人主动退出的赃款,实际上扣押的是与该犯罪事实无关的行贿人的其他财产。针对同一犯罪事实,分别扣押行受贿双方主动退出的赃款,必然会导致行受贿中某一方与案件无关的财产受到侵害。因此,针对同一起犯罪事实,不宜分别扣押行受贿双方主动退出的赃款。

2. 受贿人已将赃款退给行贿人,行受贿双方均主动退赃的,应区别不同情况处理

(1) 行受贿双方均构成犯罪的。在行受贿双方均构成犯罪的情况下,行贿人将财物给予受贿人之前,该财物属于行贿人用于犯罪的本人财物,依法应当没收;在该财物给予受贿人之后,该财物属于受贿人的受贿所得,依法应当追缴。虽然受贿人将该财物退给行贿人,但并不改变该财物系行贿人用于犯罪的本人财物和受贿人受贿所得的性质,因涉案财物已实际转移至行贿人所占有,故应扣押行贿人主动退出的赃款。

(2) 受贿人构成犯罪,行贿人因系被勒索而不构成犯罪。《刑法》第 389 条第 3 款规定,因被勒索给予国家工作人员以财物,没有获得不正当利益的,不是行贿。这种情形下,相对方本身没有行贿犯罪的故意,其给予受贿人财物完全系被迫,受贿人违背相对方意愿而占有其财物,一定程度上侵犯了相对方的财产权,相对方此时属于被害人的角色,受贿人退还的财物实际上属于相对方的合法财产。依据

《刑法》第64条的规定，对被害人的合法财产，应当及时返还。因此，这种情况下，如受贿人在案发前已将受贿款退还相对方，不能认定给予财物的一方为行贿方，不宜以追缴赃款的名义扣押其主动退出的财物。

（3）国家工作人员将财物及时退还，不构成犯罪，行贿人构成犯罪。根据《最高人民法院、最高人民检察院关于办理受贿刑事案件适用法律若干问题的意见》第9条的规定，国家工作人员收受请托人财物后及时退还或者上交的，不是受贿。如国家工作人员及时将财物退还给行贿人，只是国家工作人员不构成受贿罪，并不意味着行贿人也不构成行贿罪。由于行贿罪属于行为犯，若行贿人为谋取不正当利益给予国家工作人员财物，该财物仍属于行贿人用于行贿犯罪的财物，依据《刑法》第64条的规定，依法应予没收。此时，应扣押行贿人主动退出的赃款。

问题363：行贿犯罪中不正当利益是否应追缴

应当追缴，追缴的范围包括直接及间接不正当财产性利益。

中央纪委国家监委、中央组织部、中央统战部、中央政法委、最高人民法院、最高人民检察院联合印发的《关于进一步推进受贿行贿一起查的意见》明确，对于行贿所得的不正当财产性利益依法予以没收，不正当非财产性利益要予以纠正。《最高人民法院、最高人民检察院关于办理行贿刑事案件具体应用法律若干问题的解释》第11条也规定"行贿犯罪取得的不正当财产性利益应当依照刑法第六十四条的规定予以追缴、责令退赔或者返还被害人。因行贿犯罪取得财产性利益以外的经营资格、资质或者职务晋升等其他不正当利益，建议有关部门依照相关规定予以处理"。

至于不正当财产性利益的没收范围，实践中的主流观点认为应涵盖直接和间接财产性利益。直接财产性利益包括通过行贿行为取得的财政补贴,将取得的工程项目对外转让所得款项等,一般较易确定。间接财产性利益,通过行贿中标的,在后续生产建设中取得的财产性利益,一般较难确定。实践中,通常是办案机关委托进行价格认定或者依法指派、聘请有专门知识的人进行鉴定。经认定或者鉴定后,被调查人后续实际取得的财物扣除合理成本后的剩余部分即为违法所得,依法应当被追缴。据此,实践中的主流观点所界定的行贿罪追缴范畴较宽泛。为了避免本不属于不正当利益的财产被追缴,在行贿案的执行过程中,需关注以下方面:

一方面,应审查在案证据是否足以证明相应财产均为违法所得,如果在案证据不能证明,则可以根据存疑有利于被告的原则,主张不追缴相应财产。

另一方面,在涉及间接财产性利益的场合,应审查在案证据是否足以证明所谓的间接违法所得与行贿行为之间存在因果关系,以防止与行贿行为不具有关联关系的财产被不当追缴。

问题364:非法集资等涉众案件中员工工资是否会被追缴

最高人民法院、最高人民检察院、公安部于2014年联合颁行的《关于办理非法集资刑事案件适用法律若干问题的意见》第5条"关于涉案财物的追缴和处置问题"规定:"向社会公众非法吸收的资金属于违法所得。以吸收的资金向集资参与人支付的利息、分红等回报,以及向帮助吸收资金人员支付的代理费、好处费、返点费、佣金、提成等费用,应当依法追缴。"据此,向社会公众非法吸收的资金,以吸收的资金向集资参与人支付的利息、分红等回报,向帮助吸收资金人员支付的代理费、好处费、返点费、佣金、提成等费用,这三类资金依法属于应当被追缴的范畴。实践中存在较大争议的是员工的基本薪资报酬(工资)是否属于被追缴的范畴。对此,需要审查资金来源是否系非法吸收资金,以及员工是否涉案,如果二者都为否定答案,不应将员工工资作为赃款纳入退赃范围。

1. 关于员工是否涉案的认定

非法集资等公司型案件中,除了公司负责人或实控人外,不管是下属的部门主管,还是一般业务员,或是业务辅助人员,通常都被视为"帮助吸收资金人员"。但如果主观上不存在犯罪明知,或者客观上所提供的工作,并不能归属为"帮助吸收资金人员"(此处应作狭义理解),则不应作为涉案人员处理,其获取的基本工资,应属合法收入,不应予以追缴,不应要求其退出。

2. 关于资金来源的认定

如果是以吸收的资金支付一般员工工资,因为系违法所得,应予以追缴,故属于"退赃退赔"的范围。如果不属于吸收的资金,如在单位犯罪中,涉案公司非法吸收资金,只是其经营过程中的一个业务分支,公司仍有其他正常的经营业务和合法盈利来源,那一般员工的基本薪资报酬,可以有合法资金用于支付。所以,此时需要查明涉案公司支付员工基本工资的资金来源,不能"一刀切"让一般员工退出工作期间的所有工资。这种理解,也符合法律规范的应有之义。《关于办理非法集资刑事案件适用法律若干问题的意见》并未将员工的基本工资纳入追缴的范畴,即使《关于办理非法集资刑事案件适用法律若干问题的意见》中规定了"等"费用的情形,根据同类解释规则,"等"前列举事项与"等"后概括部分,均应限制对"等"的解释,即《关于办理非法集资刑事案件适用法律若干问题的意见》中"等"前列举的"代理费、好处费、返点费、佣金、提成"事项,显而易见,均不属"基础工资"的范畴,而是在"基础工资"之外,公司基于员工超长工作时间、完成超高业绩量等,给员工支付的额外报酬或奖励。因此,不能基于《关于办理非法集资刑事案件适用法律若干问题的意见》中的"等"费用情形,而将员工的基本工资纳入应予追缴的范围。

问题365：对非法集资犯罪中前期离场的集资参与人是否需要追缴违法所得

在非法集资犯罪案件中，因非法集资时间持续较长，往往存在先期集资参与人获取本息后离场的问题，而其中的利息部分又来源于后期的集资参与人投入的资金，那么对已经足额领取本息而先期离场的集资参与人，其所得利息、分红等是否应予追缴？对此，《关于办理非法集资刑事案件适用法律若干问题的意见》作了相关规定，即"向社会公众非法吸收的资金属于违法所得。以吸收的资金向集资参与人支付的利息、分红等回报……应当依法追缴"。但该意见并没有区分集资参与人是否已先期离场，即不管集资参与人是否已经先期离场，只要其获取的利息、分红等源于非法吸收的资金，均应依法追缴。

司法实践中，对于已经先期离场的集资参与人，因实践操作较为困难，对其所得的利息、分红等收益往往无人追缴。司法机关的倾向性意见为：实践中很多集资参与人是明知非法集资性质而参与，就是意图先期获取好处后及时离场，而且随着非法集资犯罪的发展，这类集资参与人越来越多，这个群体已不单纯是非法集资活动的参与者，在某种意义上对后期的非法集资犯罪起到推波助澜作用。因此，依法惩治非法集资犯罪，不仅要依法打击实施非法集资的犯罪分子，也要依法处置明知非法集资性质而参与其中的获利者，通过司法行为明确"任何人不得从自己的违法行为中获得好处"这一道理。换言之，不能让集资参与人从非法集资中获利，从源头上防止非法集资的发生与蔓延。故此，司法机关倾向于对获利后先期离场的集资参与人追缴其利息、分红等收益。

《最高人民法院、最高人民检察院、公安部关于办理非法集资刑事案件适用法律若干问题的意见》

五、关于涉案财物的追缴和处置问题

向社会公众非法吸收的资金属于违法所得。以吸收的资金向集资参与人支付的利息、分红等回报,以及向帮助吸收资金人员支付的代理费、好处费、返点费、佣金、提成等费用,应当依法追缴。集资参与人本金尚未归还的,所支付的回报可予折抵本金。

将非法吸收的资金及其转换财物用于清偿债务或者转让给他人,有下列情形之一的,应当依法追缴:

(一)他人明知是上述资金及财物而收取的;

(二)他人无偿取得上述资金及财物的;

(三)他人以明显低于市场的价格取得上述资金及财物的;

(四)他人取得上述资金及财物系源于非法债务或者违法犯罪活动的;

(五)其他依法应当追缴的情形。

查封、扣押、冻结的易贬值及保管、养护成本较高的涉案财物,可以在诉讼终结前依照有关规定变卖、拍卖。所得价款由查封、扣押、冻结机关予以保管,待诉讼终结后一并处置。

查封、扣押、冻结的涉案财物,一般应在诉讼终结后,返还集资参与人。涉案财物不足全部返还的,按照集资参与人的集资额比例返还。

问题366:执行追缴过程中发现赃款赃物已不存在的,是否可以直接执行退赔

在刑事判决仅判处继续追缴内容的情况下,执行机构在执行追缴

中如果发现赃款赃物已经被用掉、毁坏或挥霍，能否直接转为执行退赔，即执行被执行人的合法财产，实践中存在不同做法。尽管从防止被执行人规避执行或者逃避应承担的刑事责任方面考虑，在执行中发现赃款赃物已不存在转而执行被执行人的合法财产，符合公平、效率原则。但是从审判与执行相分离的原则考虑，是追缴还是执行退赔须经刑事判决予以确认，执行机构仅可根据刑事判决执行，无权在执行程序中改变判决内容，即便判决内容有误，也应通过法定程序如裁定补正或启动审判监督程序予以解决，否则将违反审判与执行相分离的原则。

问题367：被害人损失中，哪些属于应予退赔的范畴

被害人损失中，仅被执行人非法占有、处置的被害人财产可以通过退赔的方式挽回，且能够挽回的部分仅限于直接损失，即由被执行人直接占有、处置财产所造成的损失，至于间接损失如利息、折旧、合同正常履行情况下预期可得的利益等均无法通过追缴或退赃退赔。

《最高人民法院关于适用刑法第六十四条有关问题的批复》指出，被告人非法占有、处置被害人财产的，应当依法予以追缴或者责令退赔。据此，对于非法占有、处置类（诸如盗窃罪，掩饰、隐瞒犯罪所得罪，诈骗罪等）财产犯罪，被害人不能提起附带民事诉讼请求赔偿。涉案财产只能由刑事部分判决追缴或者责令退赔。至于追缴、责令退赔的范围，《〈关于刑事裁判涉财产部分执行的若干规定〉的理解与适用》中认为，"实际损失"仅指被害人原有财物的等价赔偿，而不包括其他损失的赔偿。据此，退赔被害人的损失应仅指本金损失、原物损失，而不包括被害人利息、折旧等间接损失。至于无法通过追缴或退赔程序挽回的上述间接损失，则可能通过另行提起民事诉讼方式挽回。

对于因人身权利受到故意伤害等人身犯罪侵犯而遭受的直接物质损失，如医药费、护理费、误工费、营养费、交通费、残疾辅助器具费等，以及因公私财物受到故意毁坏财物等毁弃型财产犯罪侵犯而遭受的物质损失，通常为被毁弃的原物价值，被害人则可以通过附带民事诉讼或另行提起民事诉讼的方式追回。值得注意的是，通过附带民事诉讼或另行提起民事诉讼挽回因受到犯罪侵犯而遭受的物质损失时，除了因驾驶机动车致人伤亡或者造成公私财产重大损失的刑事案件外，死亡赔偿金、伤残赔偿金（含被扶养人生活费用）、精神抚慰金均不在赔偿范围之内。但如果通过调解、和解的方式就赔偿范围、数额等达成一致，则不受上述限制。

问题368：刑事案件追缴退赔无法全部挽回损失，被害人能否另行提起民事诉讼

如果基于与刑事案件不同的事实，被害人可以另行提起民事诉讼，如果事实相同，但刑事判决没有对退赔问题作出明确处理，或退赔未涵盖全部直接物质损失，也可以另行提起民事诉讼。但如果是主体相同，只是针对刑事诉讼中未能得到退赔的间接损失，如利息等另行提起民事诉讼，法院一般不予受理或裁定驳回。应当注意的是，在非法集资、典型诈骗等涉众刑事案件中，另行提起民事诉讼往往存在较大难度。

1. 基于与刑事案件不同的事实另行提起民事诉讼

如果民事案件被告与刑事案件犯罪嫌疑人、被告人不同，或民事案件原告与刑事案件被害人实质不同（虽然是不同主体但维护的是相同主体利益），则一般会被认定为因不同事实另行提起民事诉讼，民事司法实践中对于此类诉讼多予以受理。

2019年最高人民法院发布《全国法院民商事审判工作会议纪要》，该纪要第128条明确规定，同一当事人因不同事实分别发生民商事纠纷和涉嫌刑事犯罪，民商事案件与刑事案件应当分别审理，该条列举的典型的不属于同一事实的情形包括：

（1）主合同的债务人涉嫌刑事犯罪或者刑事裁判认定其构成犯罪，债权人请求担保人承担民事责任的；

（2）行为人以法人、非法人组织或者他人名义订立合同的行为涉嫌刑事犯罪或者刑事裁判认定其构成犯罪，合同相对人请求该法人、非法人组织或者他人承担民事责任的；

（3）法人或者非法人组织的法定代表人、负责人或者其他工作人员的职务行为涉嫌刑事犯罪或者刑事裁判认定其构成犯罪，受害人请求该法人或者非法人组织承担民事责任的；

（4）侵权行为人涉嫌刑事犯罪或者刑事裁判认定其构成犯罪，被保险人、受益人或者其他赔偿权利人请求保险人支付保险金的；

（5）受害人请求涉嫌刑事犯罪的行为人之外的其他主体承担民事责任的。

在上述主体不同的情况下，即便是民事判决需要根据刑事判决的结果作出，法院也应当受理，并裁定中止，而非直接不予受理或裁定驳回起诉。

但在非法集资等涉众案件中，由于被害人多且被告人的财产往往不足以退赔全部被害人损失，为了确保各被害人都能较为均衡地挽回损失，防止部分受害人通过民事诉讼挽回全部损失，而部分受害人因此完全得不到退赔的情况，在涉众刑事案件中，司法实践多采取刑事集中处理的司法机制，即通过刑事退赔的途径解决被害人挽损的问题，一般不会受理被害人另行提起的民事诉讼。

2. 事实相同，但刑事判决没有对退赔问题作出明确处理，或退赔未涵盖全部直接物质损失

尽管在刑事判决已经认定为被告人非法占有、处置被害人财产的应该依法追缴或责令退赔的，不可以再另行提起民事诉讼，但该规定并未禁止被害人在刑事判决没有对退赔问题作出明确处理，或退赔未涵盖全部直接物质损失再提起民事诉讼。该做法是为了防止被害人因司法机关的原因丧失本应有的获取救济的机会。

但上述规定仅针对直接损失在刑事诉讼中未得到挽回的情形，根据权威观点，在退赔基本能够填平实际损失即直接物质损失的情况下，原则上应不予受理或裁定驳回起诉。因此，如果主体相同，被害人方仅就间接损失另行起诉，原则上得不到法院支持，但如果向刑事案件被告人之外的主体主张该间接损失，则可以得到法院支持。

【典型案例】

江山市江建房地产开发有限责任公司（以下简称江建公司）与雷某程与江西四季青生态科技有限公司（以下简称四季青公司）、吴某旺、俞某貂民间借贷纠纷案〔（2016）最高法民申425号〕

要旨

刑事案件的犯罪嫌疑人或犯罪人仅与民间借贷纠纷中的借款人重合，而出借人要求担保人承担担保责任的案件，其责任主体与刑事案件的责任主体并不一致。

事实

2009年12月至2011年6月，雷某程与吴某旺发生多笔借款，且双方之间借款还款的资金来往频繁。2011年5月2日吴某旺向雷某程出具《借条》，载明：借到雷某程400万元。2011年7月19日吴某旺向雷某程出具《借条》，载明：借到雷某程15万元。同日，雷某程与吴某旺、江建公司、四季青公司订立《还款协议》，约定：吴某旺承诺按照其出具的借条及还款计划向雷某程归还借款，如未按还款计划还款，按每延期1天罚款2万元赔偿雷某程的损失，并同意用个人资产（包括家庭财产及公司股权）作担保；江建公司和四季青公司均同意为吴某旺的借款提供连带责任担保；其他相关内容。雷某程、吴某旺在该协议上签字，江建公司、四季青公司及俞某貂在该协议上盖章。2011年10月8日吴某旺向雷某程出具《借条》，载明：借到雷某程70万元，借期6天。2011年10月15日雷某程与吴某旺、俞某貂、江建公司、四季青公司订立协议书，约定：吴某旺、俞某貂共计向雷某程借款850万元，及还款期限、还款方式、利息计算方式（本金部分的银行同期商业贷款利息的4倍）和江建公司、四季青公司对吴某旺的还款承担连带担保责任等内容。雷某程、吴某旺、俞某貂在该协议上签字，四季青公司在该协议上盖章，江建公司未在该合同上签章。另查明，吴某旺与俞某貂系夫妻关系。吴某旺挂靠江建公司开发"金迪商厦"项目，上述借款部分用于"金迪商厦"项目的建设。江建公司现使用的印章为带编码的印章，亦曾使用过未带编码的公司印章。雷某程起诉要求吴某旺、俞某貂向其归还尚欠的借款本金491万元及利息，江建公司及四季青公司承担连带责任。吴某旺抗辩其已归还了雷某程的全部借款本金。江建公司抗辩其从未为吴某旺借款提供担保，不应承担连带责任。

理由

1. 关于一审、二审是否存在程序违法：对于借款人是否涉嫌犯罪的认定，不影响担保责任的认定与承担。在由第三人提供担保的民间借贷中，就法律关系而言，存在出借人与借款人之间的借款关系以及出借人与第三方的担保关系两种法律关系，而借款人涉嫌犯罪或者被生效判决认定有罪，并不涉及担保法律关系。刑事案件的犯罪嫌疑人或犯罪人仅与民间借贷纠纷中的借款人重合，而出借人要求担保人承担担保责任的案件，其责任主体与刑事案件的责任主体并不一致。因此，借款人涉嫌或构成刑事犯罪时，出借人起诉担保人的，应适用民刑分离的原则。江建公司关于本案程序违法的主张缺乏依据，法院不予支持。

2. 关于江建公司是否应当承担担保责任：吴某旺与雷某程达成

的《还款协议》是双方真实意思表示，应为有效，《还款协议》中江建公司作为担保人加盖公章。虽然该公章已被刑事判决认定为吴某旺伪造，但从一审查明的情况看，吴某旺多次使用该枚公章从事一系列经营活动，且该公章已为施工单位和相关政府职能部门确认。本案中，吴某旺通过挂靠江建公司，取得了"金迪商厦"项目的开发人资格，吴某旺是该项目的实际控制人，吴某旺所借款项部分用于"金迪商厦"项目。江建公司为涉案款项提供担保的行为合法有效。吴某旺在《招标通知书》和《建设工程施工招标备案资料》以及与施工单位订立的《建设工程施工合同》中均使用了该枚私刻的公章。上述法律行为必须要使用公章，在此情况下，二审判决推定江建公司对于吴某旺使用该枚公章知情并无不当。且依据一审时的鉴定结论，吴某旺使用的该枚公章与其向东乡县房管局申报《承诺书》中的公章相同。上述事实使雷某程对于该公章形成合理信赖，雷某程的合理信赖利益应当受到保护。一审、二审判决认定江建公司承担担保责任并无不当。

结果

驳回江建公司的再审申请。

问题369：通过违法犯罪行为间接取得的财物是否应当予以没收

通过违法犯罪行为直接、间接取得的财物都属于予以追缴、没收的范畴。但是违法所得收益的收益原则上不应作为间接取得的财物予以没收。

按照是否是通过违法犯罪行为直接取得的标准，可以将违法所得分为直接所得和间接所得。前者如盗窃、诈骗行为直接取得的财物，后者是指对违法犯罪行为的直接所得加以利用所取得的利益，即违法所得收益。此外，根据《人民检察院刑事诉讼规则》第515条，违法所得已经部分或者全部转变、转化为其他财产的，转变、转化后的财产应当视为"违法所得"。来自违法所得转变、转化后的财产收益，或者来自已经与违法所得相混合财产中违法所得相应部分的收益，也应当视为违法所得。据此，违法所得的收益仅限于违法所得本身或其转变、转化后的财产直接产生的收益，而不包括收益的收益。

从种类上划分违法所得收益可以分为违法所得的孳息和投资收益。前者是指以违法所得为原物，由原物按照自然规律所产生的物（自然孳息）或者因法律关系得到的物（法定孳息），法定孳息包括利息、租金及其他收益，上述方式产生的收益；违法所得投资收益，指的是以违法所得作为基础，进行投资经营活动产生的利益。"射幸"活动（指偶然碰运气的"侥幸"行为，如买彩票）产生的收益，也属于投资收益的范畴。

直接通过违法犯罪行为取得的财物、违法所得收益中的孳息属于应当追缴、没收的范畴，这一点在实践中不存在争议。但对于直接违法所得对应的投资收益是否应当全部追缴，在实践中存在争议。根据《关于刑事裁判涉财产部分执行的若干规定》第10条第2款、第3款，"被执行人将赃款赃物投资或者置业，对因此形成的财产及其收益，人民法院应予追缴。被执行人将赃款赃物与其他合法财产共同投资或者置业，对因此形成的财产中与赃款赃物对应的份额及其收益，人民法院应予追缴"。因此，实践中的通常做法是将违法所得对应的全部投资收益予以追缴。但也有观点认为在投资经营过程中，行为人投入了其他劳动及其他生产要素的，应当仅追缴违法所得对应部分的投资收益，其他合法生产要素对应的投资收益不应追缴。

笔者认为，对于合法投资活动中违法所得与行为人劳动投入相结合的情形，如劳动投入较为显著，且可以量化其价值（如可以明确计算出工时，并可以按照工时计算对应的劳动价值），则可以主张对投资收益按照劳动投入形成的投资收益和其他有形资产投入形成的投资收益相区分，对劳动投入形成的价值予以保留，归行为人所有；对于投入资产区分合法和违法，按比例追缴违法所得对应的投资收益。常见的可以主张劳动价值对应收益不予没收的场合为投资经商办企，而不可主张的场合为房产投资、理财产品投资等以资本为主的投资。

问题370：涉案财物贬值或利用涉案财物投资发生亏损时应如何进行没收

对于涉案财物发生贬值或者价格下跌时如何处理，需要区分下列情况。

1. 通过犯罪行为直接取得不动产

在通过贪污、受贿等犯罪行为取得房屋等不动产的情况下，如果价格贬损，则需要区分被执行人是否从中有其他收益。如果房屋等一直处于闲置状态，被执行人没有获利，直接没收原物即可。如果被执行人居住或者出租该房产从中有获利，可以按照犯罪时的房产价值追缴，涉案房产变卖后不足部分由被执行人以钱款补足。

2. 通过犯罪行为直接取得动产

对于动产而言，均应对取得时的财物价值进行评估，并以该金额为犯罪金额追缴，而不能直接将涉案物品没收了之。被执行人能够缴纳等值货币的，不再扣押相关物品。已经扣押了相关物品，被执行人缴纳等值货币的，可以将扣押物品发还。已经扣押了相关物品，被执行人不能缴款退赃的，可以判决追缴受贿金额，扣押在案的物品变价款予以充抵追缴款。

3. 通过犯罪行为取得钱款后用于投资置业

对此，实践中存在争议。

一种观点认为应当以没收当时的剩余价值为基础进行没收，如果违法所得与合法财产混同，则按照比例没收。例如，被告人支付1000万元购买一套房屋，其中800万元为受贿所得，200万元为个人合法收入。案发时，该房屋市场评估价为 800 万元。第一种观点认为，能够确定 800 万元系受贿所得的情况下，则不存在比例问题，应当优先将该 800 万元违法所得予以没收。第二种观点则认为，如果直接没收，将侵害被执行人、第三人在该房产中的合法权益，因此，应当按照比例原则，被告人购买房屋时违法所得与合法财产的比例为 4∶1，则应当没收违法所得的数额为 640 万元，即 800 万元 × 4÷5＝640 万元，差额部分由被执行人以其财产补足。

从尊重被执行人财产权的角度来看，应当给予被执行人选择权，由被执行人选择是直接以财产变卖价款没收还是按比例没收后以其他财产补足差额部分。

问题 371：扣押在案的合法财物是否可以直接用于折抵罚金

实践中，以扣押在案的合法财物折抵罚金的做法较为常见，对此，司法机关不应直接将合法财产用于折抵罚金，或应允许被执行人以等值财物更换执行标的。

首先，任何人的合法私有财产均应受到平等保护，即使是犯罪的人，其合法私有财产也应当受到保护，不得随意被处置。

其次，实践中用于折抵罚金的财物多是与案件无关的手机、笔记本电脑等，此类财物除具备财物的经济价值外，对于多数人而言具有更高的个人身份属性。因此，在处置被执行人的手机、电脑等个人财物时，应尊重及保护其隐私权。

此外，罚金刑执行期限仍需考虑。将扣押在案的被告人合法财产直接判决变价折抵罚金的做法，也否定了罚金缴纳期限的规定。《刑法》第 53 条规定："罚金在判决指定的期限内一次或分期缴纳。"该条规定明确为罚金刑执行设置了一定期限，作为司法之债，赋予被告人一定的给付期限，而非立即执行。然而，在判决主文中直接将在案扣押的被告人的合法财产变价折抵罚金，直接剥夺了被告人缴纳罚金所享有的法定期限。甚至还可能出现，期限内自愿缴纳与变价执行间的冲突，影响司法的公信力。

问题372：没收财产刑中的财产范围如何认定

没收财产刑因为没收的是被执行人个人的合法财产，因此，财产范围的确定尤为重要，适用时应限定为被执行人个人在判决生效前享有的合法财产，如相关财产属于违法所得，应通过追缴、退赔程序予以追回；如相关财产确属被执行人家属所有或者应有的财产，也不得作为没收对象；在没收财产前，如犯罪分子的财产与其他家庭成员的财产处于共有状态，应当从中分割出属于被执行人个人所有的财产后予以没收；同时，应当为被执行人及其家属保留必要的生活费用。

问题373：哪些合法财产可以不被没收

刑法规定在适用没收全部财产刑时，要对犯罪分子及其抚养的家属保留必要的生活费用，涉及合理确定上述费用的范围。

（1）被执行人所扶养家属范围如何确定。根据司法解释的规定，这里的家属主要是对一个家庭内共同生活的人而言，被执行人所扶养家属，主要包括依据法律规定，应由被执行人履行扶养义务的共同生活的家庭成员，如配偶、父母、子女、祖父母、外祖父母、孙子女、外孙子女、养子女、兄弟姐妹等近亲属，包括与被执行人订有扶养协议，并依法已形成扶养关系的亲属或非亲属。（2）生活必需费用标准如何确定。根据《刑事涉财执行若干规定》，保留生活必需费用的标准，应当参照被扶养人住所地政府公布的上年度当地居民最低生活费标准。同时，《最高人民法院关于人民法院民事执行中查封、扣押、冻结财产的规定》也规定被执行人及其所扶养家属所必需的生活费用,当地有最低生活保障标准的,必需的生活费用依照该标准确定。"被扶养人住所地"是确定保留最低生活费标准的地域条件;"上年度"是确定最低生活费标准的时间条件,应以强制执行时的上一年度为标准。对于保留生活必需费用的年限,可由执行机构根据案件具体情况掌握。

问题374:债权人是否可以主张以被告人没收的财产偿还所负债务

《刑法》赋予了债权人申请以没收财产先予偿还民事债务的权利,但也有相应限制。首先,需要是在判决生效前所负债务,且一般是在执行阶段向法院提出,如果法院并未优先以被执行人的财产支付民事债务,债权人可以在执行过程中向执行法院提出执行异议,如果对法院决定不服,还可以申请复议,或者另行提起民事诉讼申请执行;其次,在偿还顺序中次于刑事退赃、退赔,仅优先于罚金和没收财产的执行,如果是有优先权的民事债权,则可以优先于刑事退赃、退赔。最后,如果没收财产刑已经执行完毕,债权人仍然可以依据《刑法》第60条主张以被告人没收的财产偿还所负债务,涉及执行回转问题。

问题375:行政没收是否可以折抵没收

需要视刑事没收的性质和范围来确定行政没收是否可以折抵。实践中,有被执行人被判处罚金或没收部分财产,但以其部分财产被行政执法机关行政没收为由,请求用该部分财产折抵没收部分财产。根据我国《行政处罚法》的规定,罚款针对的是行政相对人的合法财产,而没收则仅包括没收违法所得、没收非法财物,不包括针对合法财产的没收。但作为附加刑的没收财产刑与罚金类似,均针对的是被告人个人所有的合法财产,由此可见,行政处罚中的罚款与作为刑罚的罚金在属性上相近，根据《行政处罚法》第 35 条的规定可以用罚款折抵罚金。但是由于没收财产收取的是刑事没收范围以外的合法财产，不需要证明财产的非法性质或与犯罪的关联性，而没收违法所得、没收非法财物针对的是行政相对人的非法财产，这些非法财物在刑事诉讼中原本理当视为赃物进行没收，不能对没收财产进行折抵。

根据《行政处罚法》的规定，违法行为构成犯罪，人民法院判处罚金时，行政机关已经给予当事人罚款的，应当折抵相应罚金；行政机关尚未给予当事人罚款的，不再给予罚款。